GESTÃO AMBIENTAL

GESTÃO AMBIENTAL

Consultora técnica
Denise Curi
Coordenadora do curso de lato sensu em Sustentabilidade e governança da Universidade Presbiteriana Mackenzie

© 2011 by Pearson Education do Brasil

Todos os direitos reservados. Nenhuma parte desta publicação poderá ser reproduzida ou transmitida de qualquer modo ou por qualquer outro meio, eletrônico ou mecânico, incluindo fotocópia, gravação ou qualquer outro tipo de sistema de armazenamento e transmissão de informação, sem prévia autorização, por escrito, da Pearson Education do Brasil.

Diretor editorial: Roger Trimer
Gerente editorial: Sabrina Cairo
Supervisor de produção editorial: Marcelo Françozo
Editora plena: Thelma Babaoka
Coordenadora de texto: Thelma Guimarães
Redação: Erika Coachman
Revisão: Luciana Garcia
Capa: Alexandre Mieda sobre *View of Water Lily Pond with Willow Tree*, Claude Monet, 1918
Editoração eletrônica e diagramação: Globaltec Artes Gráficas Ltda.

Dados Internacionais de Catalogação na Publicação (CIP)
(Câmara Brasileira do Livro, SP, Brasil)

Pearson Education do Brasil
Gestão ambiental / Pearson Education do Brasil. -- São Paulo : Pearson Prentice Hall, 2011.

ISBN 978-85-7605-698-0

1. Empresas - Aspectos ambientais 2. Ética em negócios 3. Gestão ambiental 4. Impacto ambiental - Estudos 5. Meio ambiente 6. Política ambiental - Brasil 7. Responsabilidade social das empresas I.Título.

10-08775	CDD-658.408

Índice para catálogo sistemático:
1. Gestão ambiental empresarial : Administração 658.408

2016
Direitos exclusivos para a língua portuguesa cedidos à
Pearson Education do Brasil,
uma empresa do grupo Pearson Education
Avenida Santa Marina, 1193
CEP 05036-001 - São Paulo - SP - Brasil
Fone: 11 3821-3542
vendas@pearson.com

SUMÁRIO

Prefácio...vii

Apresentação...ix

Parte I **Desenvolvimento sustentável**

Capítulo 1   As pessoas, o lucro e o planeta

Introdução...4

O homem e a natureza: uma história com origem e destino comuns...........4

O conceito de meio ambiente 5

A evolução da ação predatória 8

Capítulo 2   Da Revolução Industrial à Copenhague

Introdução..20

A evolução da questão ambiental 20

Primeira metade do século XX 22

Conferência de Estocolmo e seus desdobramentos 24

Eco-92 ou Cúpula da Terra..30

Protocolo de Quioto..36

Conferência de Copenhague...43

Capítulo 3   Visão dos economistas

Introdução..54

Questões ambientais e economia segundo os neoclássicos 54

Questões ambientais e economia, segundo os economistas ecológicos......59

Negócios na era da sustentabilidade....................................61

Desafios socioambientais e o papel da empresa 64

Negócios, mercados e o meio ambiente...................................71

Capítulo 4   A transformação das organizações: o perfil do novo gestor

Introdução 78

O papel do gestor empresarial através do tempo 78

O modelo de gestão pós-fordista e a era da responsabilidade 81

Capítulo 5   Visão sistêmica no Brasil e no mundo

Introdução 92

As diferentes abordagens à administração e a abordagem sistêmica 92

O conceito de gestão ambiental 97

Gestão ambiental no mundo 99

Gestão ambiental e os acordos intergovernamentais............................. 102

Gestão ambiental no Brasil 105

Parte II   Sistemas de gestão ambiental: fundamentos e implementação

Capítulo 6   Da preocupação com o meio ambiente aos sistemas de gestão ambiental

Introdução.. 116

Medidas isoladas para o meio ambiente... 116

Sistema de Gestão Ambiental (SGA)... 120

O Sistema de Gestão Ambiental e a ISO 14001..................................... 123

Integração dos sistemas de gestão... 128

Capítulo 7   Rotulagem ambiental e ciclo de vida do produto

Introdução.. 134

Rotulagem ambiental.. 134

Ciclo de vida do produto 141

Capítulo 8   Aspectos jurídicos da gestão ambiental

Introdução.. 150

Política ambiental pública... 150

Direito ambiental brasileiro.. 155

Capítulo 9   Obtenção de licenças ambientais (AIA, EIA, Rima)

Introdução.. 170

Impacto ambiental.. 170

Estudo de impacto ambiental (EIA) 173

Relatório de impacto ambiental (Rima) 177

Outros estudos e relatórios ambientais 179
Licenciamento ambiental 180

Capítulo 10   Certificação do SGA

Introdução **190**
O processo de certificação 190

Capítulo 11   Auditorias ambientais

Introdução **200**
Modelos de auditoria ambiental.. 200
Auditoria de sistema de gestão ambiental (SGA)................................ 206
Auditoria ambiental segundo organismos internacionais e nacionais 208

Capítulo 12   Relatórios ambientais

Introdução **222**
Relatórios ambientais: o que, por que e para quem 222
Modelos de relatórios de sustentabilidade.. 225

Parte III   Outros enfoques do SGA na organização

Capítulo 13   A visão dos exportadores/importadores

Introdução **242**
Motivações históricas para o multilateralismo no comércio 242
Comércio internacional no âmbito do Gatt 245
Rodadas do Gatt 250
Comércio internacional no âmbito da OMC 251
Protocolo de Cartagena 252
Convenção da Basileia 253
Importação e exportação de produtos de origem animal e
vegetal no Brasil 254

Capítulo 14   Sistema de gestão ambiental e gestão da qualidade total

Introdução **262**
O conceito de qualidade 262
A evolução histórica da gestão de qualidade 263
Gestão da qualidade – TQM – e as normas ISO 266
Gestão ambiental da qualidade total – TQEM 268

Capítulo 15   Comprometimento da empresa: empresa verde

Introdução **286**
Atuação responsável 286
Produção mais limpa 287

Ecoeficiência 291

Design for Environment 291

Modelos baseados na natureza: ecologia e metabolismo industriais 293

Vantagens "verdes" 295

Capítulo 16 Inovação e sustentabilidade

Introdução **300**

Inovação: um imperativo empresarial 300

A lição da sustentabilidade: o exemplo da Nike 302

Rumo à sustentabilidade: o papel da empresa 303

Estratégia de sustentabilidade 305

O Projeto Juruti e a sustentabilidade empresarial... 308

Rumo à sustentabilidade: o papel do governo 309

Nossa capa...313

PREFÁCIO

Atuo na área de meio ambiente há quase vinte anos e costumo dizer que quem ingressa nessa área não tem noção da seriedade que acompanha o assunto. Ao mesmo tempo que é um tema apaixonante, por tratar da essência do papel do homem neste universo e de sua integração com a natureza, é, também, um tema pesado, excessivamente técnico.

Trabalhar com o meio ambiente exige um conhecimento prévio de várias áreas da empresa. O profissional envolvido com esse assunto deve conhecer as minúcias da legislação ambiental pertinente às atividades da companhia; deve estar à altura para discutir, com profissionais de marketing, o comportamento do consumidor e suas expectativas em relação à postura — e, principalmente, às ações — da organização nesse quesito; deve, ainda, conhecer a cadeia de fornecimento, seus impactos sobre a produção e as práticas socioambientais dos fornecedores. É preciso, finalmente, envolver-se com as áreas produtivas de logística.

Enfim, as pessoas que decidem trabalhar com meio ambiente devem ter uma visão holística das atividades da empresa, bem como de sua interação com a sociedade onde está inserida. Pensar em meio ambiente é pensar de forma integrada: na integração do homem com o meio ambiente, na integração do homem com a empresa, na integração da empresa com a comunidade.

Sendo assim, como transformar um tema tão complexo em algo atrativo e, ao mesmo tempo, de fácil entendimento?

A Pearson descobriu a receita.

O livro *Gestão ambiental* traduziu para uma linguagem contemporânea os principais aspectos teóricos e práticos da gestão ambiental. Por meio de reportagens recentes, extraídas de jornais e revistas de grande circulação, e estudos de caso, o livro traz para o dia a dia do leitor situações vividas, efetivamente, pelas organizações.

Em um só livro foram integradas, de forma clara e precisa, as diversas áreas que versam sobre o tema. Buscando introduzir o leitor na história do ambientalismo, a primeira parte da obra resgata os principais acontecimentos que culminaram com o surgimento do conceito de desenvolvimento sustentável, mostrando toda a sua evolução, desde as discussões que o precederam na Conferência de Estocolmo, em 1972, até o século XXI. A primeira parte mostra, também, como pensam os economistas e qual deve ser o perfil do novo gestor.

A segunda parte da obra aborda os aspectos técnicos de um bom Sistema de Gestão Ambiental e todas as suas implicações, tais como análise do ciclo de vida, rotulagem ambiental e certificações ambientais. Por fim, na terceira e última parte, a obra toca em temas relacionados ao comércio internacional, à inovação, à qualidade e a uma "gestão mais verde".

É importante lembrar que, alguns anos atrás, a gestão ambiental era um fardo para a maioria das organizações. Falar em gestão ambiental era lembrá-las dos impactos negativos que suas atividades causavam ao meio ambiente; imediatamente vinham à mente dos gestores questões relacionadas a passivos ambientais e custos. O que se conseguia, no máximo, era abrir algum diálogo sobre reciclagem.

Nos últimos dez anos, ao contrário, a gestão ambiental tem ganhado vulto e, como mencionado anteriormente, o meio ambiente passou a circular por discussões que vão desde sua relação com as estratégias empresariais e de marketing até inovação e desenvolvimento de produtos. Há, ainda, uma grande preocupação com a governança corporativa das empresas: é importante saber se elas possuem uma diretoria que cuida do assunto e qual o grau de transparência que é dado ao tema. Políticos, diretores e altos executivos não deixam de incluir, em sua pauta de discussões, questões orientadas ao meio ambiente.

Nesse cenário, é possível identificar ações importantes de grandes empresas na área ambiental. Empresas brasileiras têm sido reconhecidas, em âmbito nacional e internacional, por sua governança ambiental: suas ações, quando negociadas em bolsa, são mais valorizadas, além de contar com o prestígio dos consumidores. O maior ganho, na verdade, diz respeito ao fato de a gestão ambiental ter deixado de ser "um custo" para se tornar um de seus investimentos mais rentáveis.

Por tudo isso, é importante haver um livro que trate o assunto de forma direta e clara. Esta obra é, portanto, endereçada aos jovens que estão ingressando nessa área tão cativante, mas, também, a líderes e executivos empresariais que têm em sua missão a responsabilidade de dirigir suas empresas para um mundo melhor.

Aproveitem a leitura!

Denise Curi

APRESENTAÇÃO

Em algum momento da vida estudantil, todos nós já tivemos um professor inesquecível. Alguém capaz de tornar atraentes os mais áridos temas, lançando mão de exemplos e imagens instigantes. Esse professor especial tinha o dom de falar com simplicidade sobre coisas complicadas. Não porque desrespeitasse nossa inteligência, nem porque caísse na armadilha da simplificação. Mas porque sabia que palavras claras são sinal de respeito pelo interlocutor. Como escreveu o filósofo Friedrich Nietzsche em *A gaia ciência*: "Aquele que se sabe profundo esforça-se por ser claro, aquele que deseja parecer profundo à multidão esforça-se para ser obscuro".

O professor que ficou gravado na nossa memória buscava, ainda, o equilíbrio entre o saber teórico dos livros e o saber prático do cotidiano, que dia após dia revisa e atualiza o anterior. Acima de tudo, era um professor que valorizava nosso conhecimento prévio e, guiando-nos com paciência pelos novos conteúdos, fazia com que nos sentíssemos capazes de superar as dificuldades e aprender sempre mais.

Nós, da Pearson Education do Brasil, também tivemos professores assim. E foi com inspiração neles que criamos a **Academia Pearson**, uma coleção de livros-texto que apresentam os mais importantes conteúdos curriculares do ensino superior de um jeito diferente. Leve e atraente, porém fundamentado na mais rigorosa pesquisa bibliográfica. Claro e didático, porém tão aprofundado quanto exige o debate universitário. Sintonizado com as mais recentes tendências, mas sem deixar de lado os saberes tradicionais que resistiram à passagem do tempo.

Outro diferencial importante da Academia Pearson é que seus livros foram pensados especificamente para o graduando brasileiro. Isso vem preencher uma importante lacuna no mercado editorial, que até agora só oferecia duas opções. De um lado, os livros-texto estrangeiros (a maioria norte-americanos), muitos deles excelentes, mas elaborados para uma realidade diferente da nossa. Tal limitação tornava-se particularmente grave nas áreas em que é preciso conhecer leis, mercados, regulamentos ou sistemas oficiais que variam de país para país. Do outro lado, tínhamos as obras de autores nacionais — escassas e, na maioria das vezes, desatualizadas e pouco abrangentes. Portanto, ao lançar a Academia

Pearson, abraçamos o desafio de unir o melhor desses dois tipos de bibliografia: a contemporaneidade e solidez das edições estrangeiras e o foco na nossa realidade que as edições brasileiras permitem.

Por fim, uma última originalidade desta coleção diz respeito à extensão dos livros-texto. Buscamos oferecer uma alternativa prática e econômica aos gigantescos volumes que tradicionalmente compõem a bibliografia básica dos cursos. Para tanto, apostamos numa única fórmula: objetividade. Todos os pontos importantes de cada área são abordados, com a profundidade e a precisão necessárias, mas sem perda de tempo com redundâncias ou detalhes supérfluos.

Uma estrutura pensada para a sala de aula

Em relação à estrutura, os livros-texto de Academia Pearson foram pensados especialmente para o uso em sala de aula. Cada capítulo representa uma aula completa sobre o assunto que aborda, podendo ser examinado em um ou mais dias, a critério do professor. Para facilitar o processo de ensino e aprendizagem, foram incluídos os seguintes elementos didáticos:

- **perguntas introdutórias**: elas indicam os objetivos de aprendizagem do capítulo e direcionam a leitura, levando o aluno a se concentrar nos conceitos mais importantes;
- **boxes de hipertexto**: situados nas margens, eles acrescentam curiosidades, explicações adicionais, sugestões de leitura e outros detalhes, sem interromper o fluxo de leitura do texto principal;
- **seção "Estudo de caso"**: alguns capítulos são finalizados com um estudo de caso, isto é, uma situação real para os estudantes examinarem e elaborarem propostas de intervenção;
- **seção "Saiu na imprensa"**: os capítulos que não são finalizados com estudo de caso trazem matérias atuais da imprensa a respeito dos assuntos abordados, sempre acompanhadas por questões de análise e reflexão;
- **seção "Na academia"**: esta é a seção de atividades propriamente dita; nela, os alunos são convidados a realizar variados trabalhos de fixação e aprofundamento, individualmente ou em grupo;
- **seção "Pontos importantes"**: esta seção, a última do capítulo, resume os principais pontos estudados, o que a torna a fonte ideal para uma consulta ou revisão rápida.

Por todas essas características, temos certeza de que os livros da Academia Pearson serão importantes aliados de professores e graduandos. E é assim que esperamos dar nossa contribuição para que o ensino superior brasileiro alcance uma qualidade cada vez mais elevada.

Na Sala Virtual do livro (sv.pearson.com.br), professores e estudantes tem acesso a materiais adicionais que facilitam tanto a exposição das aulas como o processo de aprendizagem.

Para o professor:

- Apresentações em PowerPoint

Esse material é de uso exclusivo dos professores e está protegido por senha. Para ter acesso a ele, os professores que adotam o livro devem entrar em contato com seu representante Pearson ou enviar e-mail para ensinosuperior@pearson.com.

Para o estudante:

- Links úteis

PARTE I
DESENVOLVIMENTO SUSTENTÁVEL

Nesta primeira parte, você entenderá o conflito entre dois interesses antagônicos: de um lado, a necessidade de preservar o planeta, nosso bem comum; de outro, a busca desenfreada por lucro imediato. Fazendo um retrospecto desde os primórdios da Revolução Industrial até a recente Conferência de Copenhague, analisaremos a visão dos economistas e as transformações que produziram o perfil do novo administrador, não mais voltado exclusivamente para a produtividade, mas também para a gestão ambiental do seu empreendimento.

Capítulo 1

AS PESSOAS, O LUCRO E O PLANETA

Neste capítulo, abordaremos as seguintes questões:

- Quais pressupostos estão por trás da expressão *meio ambiente*?
- O que é ecossistema?
- É verdade que, em um passado distante, o homem vivia em harmonia com a natureza? Por quê?
- O que são as teses malthusianas?

Introdução

Quando falamos em preocupações ambientais, é comum pensar que elas são mais um modismo dos séculos XX e XXI. De fato, o assunto ganhou muita visibilidade a partir da década de 1960. Posteriormente, ameaças globais, como a erosão da camada de ozônio e o aquecimento do planeta, incluíram a questão ambiental no rol das grandes questões internacionais. Porém, um bom gestor ambiental deve compreender que o uso predatório da natureza e a poluição do meio ambiente não são novidades.

Ao contrário do que sugere o senso comum, a utopia de um passado distante, quando homem e natureza se confundiam, nunca saiu das páginas dos romances. Na prática, o ser humano sempre usou a natureza como se fosse um repositório infinito de bens, dispostos unicamente com o propósito de servi-lo – daí o próprio termo "recursos ambientais". O que mudou com o tempo foi o poder destrutivo de nossos instrumentos.

O planeta Terra já dá sinais claros de não suportar mais a agressão desenfreada a que vem sendo submetido. A chave para conciliar as necessidades de hoje sem comprometer a sobrevivência das gerações futuras só tem um nome: sustentabilidade.

O homem e a natureza: uma história com origem e destino comuns

> "O mundo tornou-se perigoso, porque os homens aprenderam a dominar a natureza antes de dominarem a si mesmos."
>
> Albert Schweitzer, filósofo alemão

Há 4,6 bilhões de anos surgia o nosso planeta, uma esfera incandescente e inabitada. Somente 1 bilhão de anos depois a Terra proporcionou condições propícias para o aparecimento do primeiro ser vivo – uma bactéria. A partir daí, teve início um processo de bilhões de anos que conduziu ao primeiro hominídeo, há apenas 4 milhões de anos. O *Homo erectus*, um dos antepassados mais próximos do *Homo sapiens*, habitou a Europa, a Ásia e a África, onde desenvolveu utensílios de pedra lascada e pequenos machados. Supõe-se que tenha sido o responsável pelos primeiros usos da linguagem e pelo controle do fogo. No entanto, foi apenas com o *Homo sapiens* que o cérebro humano atingiu suas capacidades atuais.

Embora seja amplamente aceita nos dias de hoje, a corrente evolucionista descrita não é a única explicação para o surgimento do homem. Para os índios brasileiros carajás, o homem é obra do deus Kananciué. A divindade teria criado o homem por conta da insistência dos peixes aruanãs, que queriam viver em terra firme. Cristãos e judeus também atribuem o surgimento da humanidade à mão divina, que teria moldado o primeiro homem a partir do barro.

Seja pela religião, pelo mito ou pela ciência, uma verdade permanece irrefutável: o homem é fruto da natureza. Extraídos do barro ou descendentes longínquos das bactérias, o passado não nos permite negar nossas raízes. Afinal de contas, o que é o corpo humano senão um conglomerado de substâncias que encontramos na Terra? A água é um dos melhores exemplos da indivisibilidade entre o homem e a natureza: ela corresponde a aproximadamente 70% do corpo humano, percentual semelhante ao encontrado na composição do planeta.

Ora, se a ligação entre o homem e o meio ambiente é tão íntima, é de estranhar que a natureza seja vista como algo separado de nós. O jornalista André Trigueiro (2005, p. 13) comenta tamanho disparate, mostrando que não é raro conceituarmos *meio ambiente* como *flora e fauna*, deixando o homem à margem desse conjunto:

> Um erro bastante comum é confundir meio ambiente com fauna e flora, como se fossem sinônimos. É grave também a constatação de que a maioria dos brasileiros não se percebe como parte do meio ambiente, normalmente entendido como algo de fora, que não nos inclui.

Na verdade, as consequências dessa visão míope não se restringem a problemas conceituais. O homem, não percebendo seu vínculo com a natureza, tem cometido uma série de abusos contra o planeta. Na euforia do desenvolvimento econômico, ele esgota os recursos naturais como se jamais tivesse de prestar contas. Agindo dessa forma, o ser humano se esquece de que uma sentença inapelável o aguarda e que seu destino será traçado a partir dos rumos que ele próprio escolher para o meio ambiente. Não há para onde fugir: origem comum, futuro comum. Estamos presos à natureza.

O conceito de meio ambiente

Assim como o jornalista André Trigueiro, o professor José Carlos Barbieri (2007) mostra que o modo como definimos *meio ambiente* reflete o nosso tipo de interação com ele. O prefixo latino *ambi*, presente em *ambiente*, pode ser traduzido como *ao redor*, sentido ainda realçado pela palavra *meio*. Com as línguas francesa e inglesa não é diferente. As palavras *environnement* e *environment* derivam do francês antigo *environer*, que significa *rodear*. Como era de imaginar, a noção de *meio ambiente* reforça a ideia de um lugar que está *em volta* do homem sem, contudo, incluí-lo.

Ao contrário do que a etimologia nos leva a crer, não devemos ver o *meio ambiente* como o cenário de uma peça de teatro – um simples pano estendido no fundo do palco, sinalizando para a plateia onde a trama ocorre. Em outras palavras, o meio ambiente não é apenas o lugar onde vivemos. Ele abrange o próprio ser humano e os demais organismos vivos, bem como as circunstâncias que tornam possível a vida no planeta. Veja como Barbieri (2007, p. 6) explica as fronteiras amplas da expressão *meio ambiente*:

> O meio ambiente, como condição de existência da vida, envolve a biosfera e estende-se muito além dos limites em que a vida é possível. Por exemplo, os seres vivos estão condicionados a

uma certa exposição às radiações ultravioleta que, por sua vez, dependem da camada de ozônio existente na estratosfera, região da atmosfera que vai até cerca de 35 km de altitude e onde não há vida.

Já que alargamos os limites do meio ambiente, convém analisarmos a definição que o físico Fritjof Capra (2005) oferece para *ecologia*. A origem grega da palavra nos leva ao termo *oikos*, que significa *casa*. Ora, se o sufixo *logos* quer dizer *estudo*, a *ecologia* nada mais é do que o *estudo da casa*. Embora pareça ingênua, a definição conduz a reflexões importantes. O físico alerta, por exemplo, que o estudo da Casa Terra não se restringe a descrições de suas "paredes" e "estruturas"; tal estudo também dá conta de como os seus moradores convivem e das relações que estabelecem entre si.

Infelizmente, nem todos veem a ecologia de forma integrada. Segundo Capra, os defensores da *ecologia rasa* acreditam que o homem está fora da natureza. E não é só: essa corrente ainda propõe que o ser humano, senhor do meio ambiente, tem o direito ilimitado de explorar os recursos naturais em prol do seu desenvolvimento. A ecologia rasa propaga, assim, uma visão utilitarista do meio ambiente, justificando as agressões cometidas contra ele.

A *ecologia profunda* não separa o homem da natureza. Aliás, os estudiosos dessa vertente não deixam nada de fora. Em vez disso, eles nos desafiam a entender o planeta por meio do conceito de *teias da vida* (CAPRA, 2005). Sob essa nova ótica, tudo que há no mundo é composto por diferentes tipos de redes. A sociedade, por exemplo, é constituída por redes sociais, onde os seres humanos convivem. Já os seres humanos são formados por uma rede de órgãos que, por sua vez, é composta por redes de células. Como tudo está interligado, a preservação da vida no planeta depende do cuidado que temos com as teias. Essa é a razão por que não devemos abrir mão de nenhuma forma de vida, nem da mais simples das bactérias. Afinal, como ela entra na composição das redes, a sua eliminação surtiria efeitos negativos, desequilibrando a teia da vida como um todo.

> *Também conhecido como biocenose, o conceito de comunidade biológica designa o conjunto de organismos que compartilha um mesmo biótopo (habitat). A análise das interações nessas comunidades permite entender as inter-relações entre as espécies em uma determinada área geográfica. A cadeia alimentar é um exemplo dessa interdependência na busca das condições de sobrevivência.*

A noção de *ecossistema* também nos ajuda a entender as relações de interdependência. Composto pelas palavras gregas *oikos* e *systema*, seu significado literal é *sistema da casa*. Como seu ponto de partida é o conjunto, o conceito de ecossistema permite explorar as inter-relações existentes entre os organismos vivos e os demais elementos que o compõem. Com efeito, uma boa definição de ecossistema seria um conjunto composto por diversas comunidades biológicas (ver boxe na lateral) que vivem e interagem em uma determinada região e, também, pelos fatores abióticos (água, ar, solo, relevo, luz, temperatura, pressão atmosférica, entre outros). Portanto, mesmo a alteração mais sutil de um componente do ecossistema desencadeia mudanças no lugar onde ele vive, afetando não apenas o espaço físico, mas também outros organismos.

Essa conceituação de ecossistema dá destaque especial à capacidade dos organismos e do ambiente físico de se influenciarem mutuamente e lutarem por um equilíbrio que garanta a sua sobrevivência. Tal equilíbrio é o que permite a realização do *ciclo da matéria*, ou seja, a renovação da matéria, quer mineral, quer orgânica, de modo que esta exista permanentemente em todas as formas necessárias aos diferentes seres vivos.

No entanto, características como o raciocínio e o aperfeiçoamento técnico colocaram o ser humano em uma posição privilegiada, aumentando o seu impacto sobre o ambiente. Por conta do nosso poder de manipular a natureza, hoje já podemos falar em três tipos de ambiente, como mostra o professor Barbieri (2007): ambiente natural, domesticado e fabricado (ver Quadro 1.1).

Como você pode ver nesse quadro, tanto o ambiente domesticado quanto o fabricado ilustram a ação do homem na transformação do espaço. Dentre os três, o ambiente fabricado é aquele que mais depende dos demais. Incapaz de suprir suas necessidades vitais, os espaços urbanos industrializados contam com os ambientes domesticados e naturais para o abastecimento de alimentos e outros recursos. Como se não fosse o bastante, as cidades não favorecem práticas como a reciclagem e o reaproveitamento, produzindo quantidades assustadoras de lixo. Para piorar, os resíduos urbanos, frequentemente não biodegradáveis, são despejados em ambientes naturais, provocando a sua contaminação.

Graças à aceleração dessas práticas, a insustentabilidade vem se tornando cada vez mais visível. O meio ambiente já dá sinais de esgotamento, deixando claro que não suporta mais a exploração ininterrupta de seus recursos. Nesse sentido, o teólogo Leonardo Boff (2005, p. 35) destaca o alto grau predatório que a ação humana alcançou nos últimos séculos:

> Como espécie – *Homo sapiens et demens* –, temos ocupado já 83% do planeta, explorando para nosso proveito quase todos os recursos naturais. A voracidade é tal que temos depredado os ecossistemas a ponto de a Terra ter superado já em 20% sua capacidade de suporte e regeneração. Mais ainda, fizemo-nos reféns de um modelo civilizatório depredador e consumista que, se universalizado, demandaria três planetas semelhantes ao nosso.

Quadro 1.1 Três tipos de meio ambiente (BARBIERI, 2007).

Tipos de meio ambiente	Exemplos
Ambiente natural	Matas virgens e outros ambientes ainda inexplorados pelo homem.
Ambiente domesticado	Áreas de reflorestamento, açudes e lagos artificiais.
Ambiente fabricado	Centros urbanos e estradas.

O "modelo depredador e consumista" a que se refere o teólogo só passou a ser questionado com mais vigor quando a chuva ácida, o desgaste da camada de ozônio e as mudanças climáticas tornaram-se assuntos do nosso cotidiano. Atualmente, não há como negar: o planeta Terra está doente.

Em 1962, o movimento ambientalista ganhou impulso com a publicação do livro Silent spring (publicado no Brasil como Primavera Silenciosa, pela editora Gaia, em 2010), da cientista Rachel Carson. A obra denunciava os terríveis efeitos do DDT (dicloro-difenil-tricloroetano), então largamente usado na agricultura. Aspergido por aviões, o pesticida comprometia os recursos naturais, prejudicando a saúde dos animais por meio da contaminação da cadeia alimentar. Quanto aos insetos, tornavam-se resistentes ao veneno, exigindo a elaboração de novas fórmulas para exterminá-los. Como era de imaginar, a reação dos laboratórios foi violenta: houve duras investidas contra a publicação do livro. Mas os editores resistiram e Primavera silenciosa tornou-se um sucesso de vendas. Sob forte pressão dos ambientalistas e da mobilização da opinião pública, o governo norte-americano teve de recuar: em 1969, foi aprovada a Lei Nacional de Políticas Ambientais. Em seguida, o Instituto Nacional do Câncer dos Estados Unidos comprovou a ação cancerígena do DDT, o que levou à proibição definitiva de seu uso em 1972.

A evolução da ação predatória

Hoje em dia é comum acreditar que a questão ambiental é uma invenção do século XX. De fato, o tema só ganhou projeção a partir dos anos 1960, década que testemunhou os primeiros esforços de chamar a atenção do mundo para as consequências da exploração irrestrita dos recursos naturais. Contudo, apesar da inegável aceleração dos problemas ambientais, o século XX não rompeu uma tradição de harmonia com a natureza. Tampouco foi a Revolução Industrial dos séculos XVIII e XIX um divisor de águas no modo como o homem enxergava o meio ambiente. Na verdade, como afirma o ex-ministro da Cultura Gilberto Gil (2005, p. 45), "a suposta comunhão integral entre o ser humano e o mundo natural nunca chegou a se manifestar nos dias mais antigos de nossa existência terrestre".

Ora, se a ação do homem sempre se deu em bases predatórias, o que provoca a falsa impressão de que, em um passado remoto, vivíamos em paz com o planeta? Em primeiro lugar, merece destaque o desenvolvimento técnico ao longo da história. Afinal de contas, as diferentes civilizações agiam de acordo com o nível de sofisticação atingido à época. É óbvio, portanto, que grupos sem acesso à tecnologia produziam um impacto menor sobre a natureza, transmitindo uma imagem equivocada de que eram ecologicamente corretos.

As evidências históricas, porém, não deixam margem para dúvidas, revelando que, em todos os momentos de sua existência, o homem nunca se viu como parte do meio ambiente. Ele jamais abriu mão dos seus desejos mais supérfluos em nome da natureza, enxergando-a sempre como uma fonte inesgotável de insumos para suas atividades. Logo, o que mudou com o passar dos anos não foi a postura do homem, mas sim o poder de destruição das suas ferramentas, como revela Gilberto Gil (2005, p. 45-56):

A Humanidade, em suas variadas formas de vida social, sempre estabeleceu uma linha divisória clara, uma demarcação nítida, entre ela mesma e o mundo natural. Dos índios tupinambás que viviam nos litorais atualmente brasileiros aos aborígenes australianos, dos esquimós aos povos mais antigos da África e da Ásia, das sociedades indígenas da América do Norte aos guaranis da América do Sul, ninguém se fundiu ou se confundiu com o meio ambiente. A Humanidade sempre se viu como completamente distinta da flora e da fauna.

Em seu livro Armas, germes e aço *(2003), o geógrafo Jared Diamond mostra que a forma como as sociedades interagem com o meio ambiente pode ser decisiva tanto para o seu apogeu quanto para o seu declínio. Segundo ele, o predomínio das civilizações ocidentais pode ser explicado pela abundância de recursos naturais, ingredientes indispensáveis para o desenvolvimento de atividades econômicas. Após analisar histórias de ascensão e decadência, o autor conclui que a maioria compartilha um denominador comum: a euforia gerada pelo sucesso ofusca os riscos ambientais provocados pela exploração predatória.* Armas, germes e aço *é um alerta para as consequências desastrosas dessa cegueira — o colapso geralmente advém do impacto ambiental provocado pela própria civilização.*

Para entender a evolução da relação homem-natureza, nada melhor do que uma visita ao passado, avaliando como os modos de produção de cada época determinaram a ação humana. Se voltarmos ao marco inicial da história da humanidade, encontraremos os homens primitivos, protagonistas dos seus primeiros capítulos. Desprovidos de grandes avanços técnicos, os nossos ancestrais dedicavam-se à caça, à pesca e à coleta de frutas e vegetais, garantindo sua subsistência. Eram nômades, porque ainda não conheciam as práticas de agricultura e pecuária. Uma vez esgotados os alimentos, viam-se obrigados a transferir o acampamento para outro lugar. Formados por poucos indivíduos, esses agrupamentos humanos não abalavam os alicerces do ambiente em que viviam. Além do mais, eles nem sequer estabeleciam moradia fixa, permitindo que a natureza local se regenerasse após sua saída.

A vida sedentária só foi possível graças às técnicas de plantio e criação de animais, desenvolvidas há cerca de 10 mil anos, na chamada *Revolução Neolítica*. Aos poucos, os grupos cresceram, estabelecendo formas de organização social. Dentre elas, destacava-se a relativa igualdade na distribuição das tarefas entre os membros, sendo dever comunitário zelar pelo bem-estar geral. Com o tempo, a divisão do trabalho gerou hierarquias dentro dos grupos, concedendo maior prestígio e poder a apenas alguns ofícios. Não demorou para que o homem inventasse a ideia de propriedade, nomeando-se dono de bens e terras. Plantava-se, ainda nos primórdios da civilização humana, a primeira semente da desigualdade, característica lamentável que as sociedades seguintes cuidaram de acentuar.

Os assentamentos não paravam de crescer, e as pequenas aldeias do início deram lugar às primeiras cidades. Para dar conta dos problemas internos, foram instituídas unidades administrativas, incumbidas de assegurar a ordem. Enquanto o homem primitivo só contava com gravetos, ossos e pedras, seus descendentes fizeram avanços importantes, aprendendo a moldar o metal de acordo com sua vontade. Surgiam, assim, novidades como flechas, espadas e facas, entre outros instrumentos.

Embora muitos pensem que o ser humano era ecologicamente correto no passado, as evidências arqueológicas mostram o contrário. Há milhares de anos, as civilizações grega e romana já produziam níveis expressivos de poluição. Na época, o grande vilão ambiental era o chumbo, metal usado para fabricar moedas. Durante a cunhagem, 5% do chumbo evaporava, contaminando a atmosfera. Espalhadas pelo vento, as partículas do metal venenoso atingiam todo o hemisfério norte, chegando inclusive à Groelândia, onde arqueólogos recentemente encontraram quantidades impressionantes de chumbo escondidas nas geleiras. As fundições dos césares alcançaram seu auge na ocasião do nascimento de Cristo, quando emitiam quantidades de poluentes comparáveis às da frota de veículos de 1930.

Em termos de degradação ambiental, a Idade Média tampouco foi uma época inocente. O modo de produção da época apoiava-se essencialmente na agricultura, promovendo o desmatamento para abrir espaço para as plantações.

No século XV, o feudalismo, já decadente, estava com os dias contados. Dentre os problemas que comprometiam a saúde do velho sistema, destacava-se o vigor do seu maior concorrente: o modelo capitalista. Nascido do comércio em Florença, Veneza, Bruxelas e outros ricos centros urbanos, o *capitalismo mercantil* criou um modo de produção baseado na manufatura e na noção de *mercadoria* — bem cujo objetivo final é a venda e a obtenção de lucro. Abandonava-se, assim, o vínculo feudal entre trabalho e subsistência, estabelecendo-se o acúmulo de capital como nova meta. Com isso, o eixo do poder deslocava-se do campo para a cidade, inaugurando uma era de premência urbana que persiste até os dias de hoje.

A chegada da modernidade só acentuou as características observadas no apagar das luzes da Idade Média. Fruto do pensamento renascentista, o antropocentrismo orientou tanto a produção cultural quanto a relação do homem com o meio ambiente. O ser humano era visto, então, como senhor da natureza. Impulsionado pela nova doutrina, o homem respirou fundo e partiu rumo ao desconhecido. As grandes navegações do século XVI lhe abriram as portas do Novo Mundo, oferecendo ao mesmo tempo matérias-primas abundantes e novos destinos para as mercadorias europeias. Obcecadas pela oportunidade de lucros vultosos, as coroas espanhola e portuguesa organizaram inúmeras expedições marítimas, trazendo de volta navios abarrotados de recursos extraídos das colônias, aquelas fontes inesgotáveis de lucro — pelo menos era assim que os europeus as viam.

No decorrer desse passeio pelas páginas da história, você pôde observar um aumento contínuo do impacto que as atividades humanas produziram sobre o meio ambiente. Se traçarmos um gráfico a partir das civilizações primitivas, veremos que as atividades de extração dos recursos naturais jamais retrocederam. Porém, é só no século XVIII que essas transformações ganham um novo ritmo. Velha conhecida dos ambientalistas como uma grande inimiga, a Revolução Industrial é um marco histórico importante. Como o próprio nome sugere, ela revolucionou os modos de produção até então conhecidos. Sua chegada foi comemorada pelos capitalistas, que viam nela uma forma de alcançar maior produtividade. Mais mercadorias em menos tempo: nascia o *capitalismo industrial.*

A contínua sofisticação dos meios de produção não ficou por aí. A industrialização foi apenas o pontapé inicial de um processo que se estende até os dias atuais. De lá para cá, o capitalismo também se adaptou, assumindo diferentes formas. A importância crescente dos bancos para a economia mundial inaugurou o que ficou conhecido como *capitalismo financeiro*. Mais tarde, o conhecimento assumiu as rédeas, mostrando que tem mais dinheiro e poder aquele que consegue agregar informações valiosas. Recentemente, já se criou até um rótulo para a nova fase: *capitalismo informacional*.

Do ponto de vista ambiental, repare que a história do homem pode ser vista como uma transição gradual do ambiente natural para o artificial, passando pelo espaço domesticado. Em outras palavras, o primeiro lar da humanidade foi a natureza selvagem, lugar onde se desenvolveram as civilizações primitivas. Aos poucos, o homem aprendeu a manipular os produtos que a natureza lhe oferecia, domesticando o espaço. Por último, suas técnicas atingiram tamanho estágio de sofisticação que, hoje em dia, já produzem ambientes artificiais. A Figura 1.1 resume as etapas dessa evolução.

Na fase atual, atividades de extração animal, vegetal e mineral têm sido praticadas de forma ininterrupta, alimentando uma crença ingênua na capacidade ilimitada das suas fontes. Além disso, as tendências predatórias são acentuadas por novidades como as mercadorias descartáveis e os produtos tecnológicos que se tornam obsoletos em pouco tempo. Esses bens não apenas estimulam o consumo desenfreado, como também exigem uma exploração mais veloz do meio ambiente, fornecedor da matéria-prima necessária.

Em meio a tantas transformações, poucos conceitos permaneceram intocados. Uma das poucas visões que se manteve praticamente inalterada diz respeito aos recursos naturais. Influenciado pela lógica capitalista da utilidade, o ser humano reforçou a ótica instrumentalista com que sempre encarou a natureza, identificando como recurso somente aquilo que resulta

Figura 1.1   Evolução do impacto humano sobre o ambiente.

Pré-História e Antiguidade	Idade Média e Idade Moderna	Revolução Industrial em diante
O ser humano ainda não contava com técnicas aprimoradas para manipular o meio ambiente, o que reduzia o seu impacto no ecossistema local. Além disso, a população mundial ainda era pequena.	Fase em que a agricultura era a atividade econômica predominante. Embora promovesse o desmatamento das florestas nativas, o impacto ambiental da ação humana ainda não tinha atingido o seu ápice.	O poder de manipulação da natureza atinge seu potencial máximo, transformando por completo o meio ambiente e produzindo impactos profundos e irreversíveis sobre ele.

Observe que a própria expressão recurso natural já revela um pouco da nossa prepotência em relação ao ambiente. O ser humano acredita-se em uma posição tão superior que entende que os produtos fornecidos pela natureza são recursos pertencentes a eles. É como se entrássemos em um supermercado e, ao ver as mercadorias expostas nas prateleiras, não as chamássemos de produtos, que podem ser comprados mediante o pagamento de certa quantia, mas, sim, de recursos, dos quais todos podem se servir a seu bel-prazer.

Neste livro, por simplificação didática, usaremos a expressão recursos naturais; não deixe, contudo, de refletir sobre o conceito de produtos naturais — aqueles que a natureza nos oferece, mas pelos quais temos de pagar um "preço" — e o de serviços naturais, como a chuva que irriga nossas lavouras, os rios que movimentam as turbinas de nossas hidrelétricas, e assim por diante.

em lucro. Essa concepção limitada diverge do ponto de vista de ambientalistas. Ao defender uma definição abrangente, estes mostram que os recursos naturais compõem o conjunto das condições necessárias à vida, incluindo os organismos vivos como parte indispensável desse sistema. Apesar de gratuitos, o ar, a camada de ozônio e a luz do sol passam a ser vistos como recursos preciosos, pois sem eles o planeta morre.

Quando criança, você deve ter ouvido falar de recursos naturais na escola. Tradicionalmente, ensina-se que eles são divididos em duas categorias: renováveis e não renováveis. Mesmo consagrados pelo uso, esses rótulos não deixam de inspirar muita polêmica. O professor Barbieri (2007, p. 9) engrossa o coro daqueles que se opõe à divisão, mostrando que as classificações estão presas a uma perspectiva essencialmente humana:

> A noção de esgotamento ou renovação de recursos envolve a dimensão de tempo, e a perspectiva de tempo dos humanos nem sempre é a mesma daquela que seria necessária para a renovação de um certo recurso. Assim, por recurso renovável se entende aquele que pode ser obtido indefinidamente de uma mesma fonte, enquanto o não renovável possui uma quantidade finita, que em algum momento irá se esgotar se for continuamente explorado. Na realidade, todos os recursos podem se renovar através de ciclos naturais, embora alguns possam levar até milhões de anos, o que é impensável para o padrão humano de tempo. A perspectiva de tempo humana e o modo de usar os recursos são as condições que os tornam renováveis ou não.

Ao criticar a divisão dos recursos em renováveis e não renováveis, o autor aponta duas fragilidades nessa classificação. Em primeiro lugar, destaca-se a questão temporal, que aparece atrelada à visão do homem e à utilização que ele faz dos recursos. Veja o petróleo, por exemplo: trata-se de um combustível fóssil que existia em abundância na Terra; contudo, o ritmo da sua extração não respeitou o ciclo natural de formação, tornando-o escasso, e, como são necessários milhões de anos para a formação de novas reservas de petróleo, o homem passou a classificar esse recurso como não renovável.

A questão da água também desafia as classificações propostas, colocando teoria e realidade em posições conflitantes. É o que mostra Barbieri (2007, p. 13) mais adiante:

A água, que tecnicamente é um recurso renovável, também dá sinais inequívocos de deterioração em quase todos os cantos do globo. Os prognósticos sobre a qualidade e a quantidade dos recursos hídricos são verdadeiramente alarmantes e já se tornou lugar-comum afirmar que a água será o recurso mais escasso do século XXI e que provavelmente será a causa de muitas guerras.

De fato, a classificação da água como recurso renovável revela uma enorme brecha nas categorias tradicionais. Afinal, como chamar de *renovável* um recurso cuja escassez é tão nítida que coloca em xeque o bem-estar de nações inteiras? Para complicar, a sua distribuição geográfica desigual ameaça incendiar conflitos no século XXI, motivo que tornou o acesso à água potável um tema de destaque na agenda de chefes de Estado e organizações internacionais.

Exemplos como o da água e o do petróleo mostram quanto a renovação dos produtos da natureza depende da forma como eles são utilizados. Desde que extraído em bases sustentáveis, qualquer produto da natureza pode ser usado indefinidamente. Mas, para preocupação dos ambientalistas, não é isso o que vem acontecendo. A extinção de várias espécies animais, vegetais e minerais é prova de que a ação humana leva em conta apenas o atendimento de suas necessidades, e não as necessidades do meio ambiente. Ela parece surda aos apelos da natureza, ignorando solenemente seus ciclos de regeneração.

> *Segundo especialistas, a água será um dos recursos naturais mais valiosos no novo milênio. Embora ela cubra aproximadamente 70% da superfície do planeta, só 1% é apropriado para o consumo. Infelizmente, a ação humana em relação à água não podia ser mais irresponsável: em vez de preservá-la, o homem tem poluído lagos, rios e lençóis freáticos, comprometendo a qualidade de suas reservas hídricas mais importantes. Além disso, problemas como o assoreamento dos rios e o derretimento das geleiras, outra fonte de água potável, contribuem para complicar a situação. A escassez de água potável já é realidade em diversas partes do planeta, e promete afetar ainda mais as próximas gerações.*

Infelizmente, são muitos os casos de ignorância humana que levam a incidentes desastrosos. Leia abaixo a trágica história da indústria da baleia nas palavras do presidente da consultoria ambiental Sustainable Business Strategies, Andrew Savitz (2007, p. 1):

> A indústria da baleia representou a prosperidade americana durante mais de cem anos. Empregava 70 mil vigorosos habitantes da Nova Inglaterra e abastecia centenas de milhares de lares e de empresas nos Estados Unidos e no exterior, rendendo fortunas para os proprietários de barcos e para muitos tripulantes intrépidos. A bravura dos baleeiros foi celebrada em canções, em contos e até na arte, inclusive na obra que é considerada o mais importante romance americano, *Moby Dick*, de Melville. A pesca da baleia é uma epopeia de coragem e iniciativa – um conto americano. Hoje, a população de baleias se rarefez, e a antiga indústria que se desenvolveu ao seu redor já não existe mais. A decadência começou em meados da década de 1840, quando os caçadores ignoraram as ameaças de extinção e continuaram a arpoar espécimes cinzentos, brancos e de qualquer outro tipo desse mamífero enorme e elegante. Em poucos anos, a indústria que florescera durante todo um século entrou em colapso. A era da pesca da baleia nos Estados Unidos ainda se destaca como símbolo de uma época – mas, agora, é exemplo típico da miopia em negócios, quando a sede por lucro torna o empreendimento insustentável.

Além de Primavera silenciosa, um outro livro ajudou a colocar a questão ambiental sob os holofotes na década de 1960: trata-se de The populational bomb (ou "A bomba populacional", sem tradução no Brasil), obra do biólogo americano Paul Ralph Ehrlich lançada em 1968. Segundo Ehrlich, o crescimento demográfico é uma bomba-relógio, que explodirá quando a demanda por alimentos for superior à capacidade de produção do planeta. O descompasso se agravou, de acordo com o autor, porque a erradicação de doenças e a redução da mortalidade infantil contribuíram para uma aceleração vertiginosa do crescimento populacional. Preocupado com os efeitos da explosão demográfica, Elrich fundou a ONG Crescimento Populacional Zero (Zero Population Growth), instrumento que usou para pressionar governos em prol de medidas para o controle de natalidade.

Apesar de lamentáveis, são episódios como o das baleias que têm contribuído para a conscientização ambiental da opinião pública. Diante de quadros tão alarmantes, já se ouvem até vozes mais pessimistas anunciando a irreversibilidade dos estragos, como a tese malthusiana que estudaremos em seguida.

A corrente pessimista: Malthus e o colapso mundial

Sem dúvida, o economista britânico Thomas Malthus foi um dos maiores expoentes da corrente pessimista sobre o futuro do planeta. No amanhecer do século XIX, ele já tecia previsões sombrias, denunciando um profundo descompasso entre o nível de produção que a natureza suporta e a demanda por alimentos. Sua famosa tese sustenta que a população aumenta em uma progressão geométrica, ao passo que os recursos necessários para sua sobrevivência seguem uma progressão aritmética. Para entender o destino apocalíptico anunciado por Malthus, pensemos em números. Imagine, por exemplo, que a população total da Terra é composta por apenas dois habitantes em 2010. Como o planeta aguenta produzir uma quantidade 16 de alimentos, seus moradores vivem com fartura, esbanjando os recursos encontrados na natureza. Com o aumento populacional, o quadro antes confortável ganha contornos alarmantes, como ilustra a Figura 1.2.

Figura 1.2 O crescimento demográfico e a quantidade de alimentos.

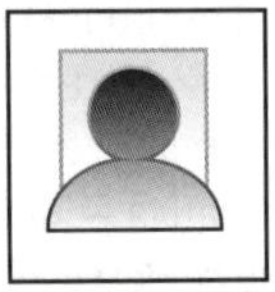	2	4	8	16	32	64	128	256	512
	16	18	20	22	24	26	28	30	32

Repare que, até alcançar o número de 16 habitantes, a produção de alimentos era capaz de atender às necessidades humanas. A partir do número 32, ocorre um cruzamento das curvas de crescimento, tornando insuficiente o abastecimento diante da demanda acentuada.

Embora não seja uma doutrina recente, a tese malthusiana ainda encontra adeptos na atualidade. Motivados pelas altas taxas de natalidade, em especial dos países subdesenvolvidos, os *neomalthusianos* veem no crescimento populacional o maior problema da humanidade. Por conta da falta de políticas rígidas para o controle conceptivo, eles consideram inevitável o esgotamento dos recursos naturais e o colapso mundial.

Sob influência dessas previsões, um grupo de especialistas conhecido como Clube de Roma (sobre o qual falaremos mais no próximo capítulo) sugeriu, nos anos 1970, a paralisação do crescimento econômico, reduzindo-o a zero. A proposta, intitulada *Os limites do crescimento*, desagradou tanto aos países desenvolvidos, que não queriam abrir mão das benesses proporcionadas por seu avançado sistema capitalista, quanto os países subdesenvolvidos, que não queriam saber de barreiras às suas pretensões de crescimento. Só após décadas de muitos debates polêmicos chegou-se ao termo *sustentabilidade*, nova palavra de ordem para o século XXI.

SAIU NA IMPRENSA

MUDANÇA CLIMÁTICA É MAIOR AMEAÇA À SAÚDE NO SÉCULO 21, DIZ REVISTA

da Efe, em Londres

A mudança climática é a maior ameaça à saúde mundial no século 21, segundo um relatório feito pela revista médica *The Lancet* e por cientistas da University College de Londres, que aponta a necessidade de uma ação urgente.

"Isto não é um filme de catástrofes com final feliz, é algo real", disse o professor Anthony Costello, diretor do relatório, acrescentando que "a mudança climática é uma questão de saúde que afeta bilhões de pessoas — e não só um problema ambiental que atinge os ursos polares e as florestas".

O estudo é um esforço conjunto de especialistas em saúde, antropologia, geografia, climatologia, engenharia, economia, direito e filosofia, que pretende servir de modelo para que os governos atuem de maneira multidisciplinar contra a mudança climática.

O impacto do que já está acontecendo "não será algo que perceberemos em um futuro distante, mas durante nossas vidas e, definitivamente, nas vidas de nossos filhos e netos", alertou Costello em entrevista coletiva, na qual apresentou o relatório.

O especialista em obstetrícia admitiu que até um ano e meio duvidava da mudança climática, e disse que o aumento da temperatura média da Terra é uma realidade e que é questão de tempo perceber seus efeitos.

"Não devemos pensar se a Groenlândia vai derreter, mas quando. Devemos pensar em quando Nova York e Londres se inundarão se a temperatura dos polos subir 5 °C em média, o que fará subir o nível dos oceanos", ressaltou Costello.

Mas a principal novidade desse relatório tem a ver com as implicações sanitárias da mudança climática, desde a constatação de que com temperaturas entre 2 °C e 6 °C mais altas aumentará o número de afetados por doenças frequentes do trópico, como dengue e malária, e os mortos por efeito direto do calor.

Os autores do relatório se referem ao calor como "o assassino silencioso", o mesmo que causou a morte de 70 mil pessoas na Europa em 2003 e que provoca o falecimento não registrado de dezenas de milhares de pessoas por ano em países em desenvolvimento.

O objetivo do trabalho, segundo os autores, é estimular o debate e aumentar a pressão em favor da redução das emissões de dióxido de carbono na atmosfera nos profissionais e responsáveis da saúde, a partir de um ponto de vista humanitário e também a partir de um ponto de vista econômico.

Se não for feito nada para combater o problema, os países pobres registrarão o aumento da mortalidade devido a uma maior transmissão de malária e outras doenças infecciosas, ou por questões tão simples como diarreias por consumo de alimentos malcozidos.

Os países ricos serão menos afetados, pois buscam construir sociedades com menos liberação de carbono, e, por consequência, terão cidadãos mais saudáveis.

Isso traria menos obesidade e menos diabetes por efeito do exercício físico, o não uso de veículos particulares, menos problemas pulmonares por redução de poluição e menos estresse, pois os habitantes podem desfrutar de cidades mais limpas.

A comparação entre ricos e pobres é arrasadora, afirma a *Lancet*. "A perda de anos de vida saudável como consequência de uma mudança ambiental global será 500 vezes maior na África que nas nações europeias, apesar de as nações africanas contribuírem pouco ao aquecimento global", afirma a publicação.

As inundações e as secas também terão efeito devastador na saúde das nações mais pobres, com menores colheitas e, consequentemente, alimentos mais caros, e com situações de saúde deficientes.

O professor Hugh Montgomery destacou a gravidade da situação, mas assegurou que não há exagero nos prognósticos dos cientistas, porque o ritmo de aquecimento da Terra é o mais rápido do qual se tem notícia nos últimos 10 mil anos.

"Entre um terço e dois terços das espécies existentes hoje em dia no planeta estão em risco de extinção nos próximos trinta anos" se a tendência atual se mantiver, disse Montgomery.

No mês passado, a Agência de Proteção Ambiental (EPA, na sigla em inglês) dos Estados Unidos conclui que o dióxido de carbono e cinco outros gases prejudiciais ao ambiente são perigosos para a saúde pública e para o bem-estar social.

Fonte: Folha Online, 14 maio 2009.

1. De que forma o problema mencionado na reportagem contraria a definição tradicional de meio ambiente?

2. Como uma releitura do conceito de meio ambiente pode favorecer práticas ecologicamente corretas?

NA ACADEMIA

- Forme um grupo de cinco integrantes. Prepare com seus colegas uma apresentação do tipo PowerPoint® sobre a relação entre homem e meio ambiente no decorrer da história. Reúnam imagens e dados estatísticos sobre o impacto produzido pela ação humana em diferentes épocas.
- Prontas as apresentações, os grupos devem exibi-las à classe. Quando todos tiverem se apresentado, comparem as informações coletadas pelos diferentes grupos e discutam o que aprenderam com a pesquisa.

Pontos importantes

- Etimologicamente, o termo *meio ambiente* significa aquilo que está em redor do homem, envolvendo-o. Essa definição está em sintonia com a exploração irresponsável dos recursos naturais: o homem não se sente parte da natureza, promovendo sua depredação como se sua própria existência não estivesse ligada a ela.
- A palavra *ecossistema* designa o "sistema da casa". Seu estudo permite compreender as relações de interdependência estabelecidas por seus "moradores". O equilíbrio do ecossistema depende, portanto, do convívio harmonioso entre os organismos que o compõem.
- O homem nunca viveu em perfeita sintonia com o meio ambiente. Desde os tempos mais remotos, o ser humano vem empregando seus instrumentos para depredar a natureza, extraindo seus recursos sem respeitar seus ciclos de renovação. O que mudou com o passar do tempo foi o poder de destruição das ferramentas humanas, bem como o impacto causado por nosso assombroso crescimento populacional.
- No início do século XIX, o economista britânico Thomas Malthus divulgou uma tese que se tornaria famosa: segundo ele, existiria um preocupante descompasso entre o crescimento demográfico e a capacidade do planeta de fornecer alimentos. Para Malthus, era primordial frear o aumento populacional, evitando problemas resultantes da escassez de recursos, como fome, miséria e epidemias.

Referências

BARBIERI, José Carlos. *Gestão ambiental empresarial.* São Paulo: Saraiva, 2007.

BOFF, Leonardo. Ecologia e espiritualidade. In: TRIGUEIRO, André (Org.). *Meio ambiente no século 21.* Campinas: Armazém do Ipê, 2005.

CAPRA, Fritjof. Alfabetização ecológica: o desafio para a educação do século XXI. In: TRIGUEIRO, André (Org.). *Meio ambiente no século 21.* Campinas: Armazém do Ipê, 2005.

DIAMOND, Jared. *Armas, germes e aço:* os destinos das sociedades humanas. 4. ed. Rio de Janeiro: Record, 2003.

GIL, Gilberto. Algumas notas sobre cultura e ambiente. In: TRIGUEIRO, André (Org.). *Meio ambiente no século 21.* Campinas: Armazém do Ipê, 2005.

SAVITZ, Andrew. *A empresa sustentável.* Rio de Janeiro: Elsevier, 2007.

TRIGUEIRO, André. Introdução. In: TRIGUEIRO, André (Org.). *Meio ambiente no século 21.* Campinas: Armazém do Ipê, 2005.

Capítulo 2

DA REVOLUÇÃO INDUSTRIAL À COPENHAGUE

Neste capítulo, abordaremos as seguintes questões:

- Por que a Revolução Industrial foi um divisor de águas na evolução das relações entre homem e meio ambiente?
- Que temas ocuparam o debate ambiental da primeira metade do século XX? Por quê?
- Por que a Conferência de Estocolmo revolucionou as discussões sobre o meio ambiente?
- Qual foi a principal contribuição do Relatório Brundtland?
- Qual foi o impacto da Eco-92?
- Quais os principais pontos do Protocolo de Quioto?
- O que significa MDL?
- Quais foram as principais contribuições da Conferência de Copenhague? Por que ela é alvo de críticas?

Introdução

Como você viu no Capítulo 1, a ação predatória do homem sobre o meio ambiente não é novidade. Os pesquisadores Alexandre Shigunov Neto, Lucila Campos e Tatiana Shigunov (2009) contam que há milhares de anos os sumérios pagaram caro pelo uso inadequado do solo. Trabalhos arqueológicos na Mesopotâmia mostram que seus habitantes acompanharam apreensivos sua terra ficar cada vez mais branca, dia após dia. O que para eles devia ser um mistério é um velho conhecido dos cientistas de hoje: a salinização, fruto das intensas atividades agrícolas na região. Com os antigos nativos do México e dos países da América Central não foi diferente. Evidências históricas apontam o assoreamento dos rios e a erosão do solo como os principais responsáveis pelo declínio dos maias — outra grande civilização que não ficou imune às consequências da depredação ambiental.

A ruína dos sumérios e dos maias é um alerta importante para a sociedade contemporânea. Herdeiro da miopia desses povos antigos, o homem atual ainda não mudou sua postura em relação ao ambiente. É comum que setores da economia como a indústria e a agricultura vejam a preservação como uma pedra no sapato, ignorando sua dependência do meio ambiente. Este é um engano fatal: o que seria da agricultura sem o solo fértil? O que seria da indústria sem a matéria-prima e as fontes de energia?

Por causa da diminuição na disponibilidade dos recursos e da aceleração dos problemas ambientais, o debate sobre a natureza não parou de crescer nos últimos tempos. Não foi à toa: a introdução da máquina e os efeitos da produção em larga escala deram uma velocidade inédita à exploração do meio ambiente, despertando a preocupação com o futuro dos recursos naturais e do próprio planeta. Neste capítulo, conheceremos a evolução da questão ambiental, passeando pelas páginas da história desde a Revolução Industrial até os dias de hoje.

A evolução da questão ambiental

A subsistência do homem sempre dependeu dos recursos naturais à sua volta. Ao longo da história, a exploração do meio ambiente contribuiu para o apogeu e para o declínio de grandes civilizações. Por conta dessa forte interdependência, o debate ambiental ganhou visibilidade aos poucos, trazendo diferentes visões sobre o desenvolvimento e a conservação da natureza.

Durante milhares de anos, o homem argumentou que destruía o meio ambiente para obter os recursos indispensáveis à sua subsistência. Hoje, cientistas mostram que a própria sobrevivência da humanidade está em xeque por causa da exploração desenfreada. Já não resta outra saída: a preservação da nossa espécie depende de uma mudança radical.

Praticada há milênios, a agricultura sempre produziu impactos negativos sobre o meio ambiente. O desmatamento e a desertificação do solo promovidos por nossos ancestrais são prova disso. Porém, não se pode negar que foi o avanço tecnológico que impôs um novo ritmo à ação predatória. Foi só a partir da industrialização que os cientistas começaram a se articular para discutir os efeitos da **poluição** e os inúmeros problemas socioambientais causados pelo novo modelo de produção.

Iniciada na **Inglaterra**, a Revolução Industrial foi um divisor de águas na história da humanidade. Ela transformou artesãos em proletários, ambientes domesticados em artificiais, subsistência em salário, imprimindo uma drástica mudança na organização social. Além das transformações socioeconômicas, a Revolução Industrial também intensificou problemas ambientais, acelerando a extração dos recursos naturais.

A introdução das máquinas nas fábricas modificou profundamente as relações de trabalho. O artesão, antes independente, tornou-se assalariado e perdeu o controle sobre o fruto dos seus esforços. Crianças, mulheres e homens amontoavam-se nas indústrias sob condições desumanas. A ganância dos poderosos parecia não ter limites, atropelando questões sociais e ambientais. Aliás, os donos das indústrias pouco se importavam com esses temas: eles eram apenas entraves ao progresso.

Os intelectuais não ficaram alheios ao que acontecia nas fábricas. Surgiam no final do século XVIII os primeiros socialistas, defensores de um planejamento social justo e igualitário. Já a comunidade científica passou a se interessar mais intensamente pelas questões ambientais. Preocupados com a falta de freio do progresso tecnológico, os cientistas argumentavam que era necessário estabelecer áreas intocáveis, onde a ação transformadora do homem fosse bloqueada. Nasciam, assim, os primeiros santuários ecológicos, como o Parque Yellowstone nos Estados Unidos, criado em 1872. O desaparecimento de muitas espécies também mereceu cuidados. Apesar de insuficientes, algumas medidas foram tomadas. José Carlos Barbieri (2007) conta que o século XIX trouxe o primeiro acordo internacional sobre o meio ambiente: assinado em Paris em 1883, ele tinha por objetivo proteger as focas do mar de Behring.

Quando falamos de poluição, estamos nos referindo à degradação do meio ambiente causada pela ação humana. Existem diversas formas de poluir: quando o homem deixa materiais não biodegradáveis na natureza – como resíduos industriais e embalagens –, ele está poluindo. A poluição também é provocada pela liberação de energia sob a forma de luz, calor ou som, por exemplo. Por isso, hoje em dia se fala muito em diversos tipos de poluição, como a sonora, a hídrica e a atmosférica. As chuvas ácidas, a aceleração do efeito estufa e a contaminação de rios e lagos são apenas algumas consequências desastrosas da poluição.

A industrialização precoce da Inglaterra não trouxe só progresso econômico: o país também foi o primeiro a relatar problemas ambientais. Não é de se estranhar; afinal, suas indústrias e residências utilizavam carvão para a geração de energia. Veja o que aconteceu em Londres em dezembro de 1952: para enfrentar uma forte frente fria, os londrinos queimaram mais carvão que de costume. Eles ignoravam que a massa de ar frio e o aumento da poluição formariam uma combinação desastrosa, causando uma grave inversão térmica – fenômeno que ocorre toda vez que a massa de ar quente retida nas altitudes im-

pede que o ar frio suba. Agora, imagine o tamanho do problema quando a massa de ar frio presa junto ao solo está carregada de poluentes liberados pela queima de combustíveis: a poluição atmosférica torna-se insuportável. E foi exatamente isso que aconteceu em Londres naquele ano. Conhecido como smog (smoke + fog), o nevoeiro de 1952 provocou oito mil mortes — a maioria por problemas cardíacos e respiratórios.

Nas últimas décadas, a poluição do ar na cidade de São Paulo também atingiu níveis preocupantes. Nesse caso, os grandes vilões são os automóveis e as chaminés das fábricas. A inversão térmica faz várias vítimas no inverno, quando o ar frio e os poluentes comprometem a saúde dos paulistanos

O movimento ambientalista só ganhou um novo impulso no pós-guerra. Após um século de paz, o mundo assistiu com pavor às duas grandes guerras. As bombas nucleares lançadas contra Hiroshima e Nagasaki, em especial, não deixavam dúvidas: o desenvolvimento técnico tinha conferido ao homem um poder destrutivo sem precedentes. E não parou por aí. Durante as décadas da Guerra Fria, Estados Unidos e União Soviética armaram-se até os dentes, ostentando arsenais bélicos suficientes para destruir o planeta inteiro, várias vezes. Como era de imaginar, a corrida armamentista alarmou não apenas os estudiosos, mas toda a população mundial. O debate ambiental, antes restrito às camadas intelectuais, ganhou a atenção de todas as classes, tornando-se um assunto do dia a dia.

Influenciados pela crescente pressão social, os governos não ignoraram esses alertas. Com a chegada do século XX, diversos acordos buscaram mitigar os efeitos nocivos da ação humana sobre a natureza. Para o professor de geografia Wagner Ribeiro (2001), a evolução dos acordos internacionais sobre o tema pode ser dividida nas três fases que você conhecerá a seguir.

Primeira metade do século XX

Embora a maior parte das Américas já estivesse livre do domínio político europeu, muitos países africanos e asiáticos chegaram ao século XX na condição de colônias. Em busca do lucro fácil proporcionado pelos territórios conquistados, as metrópoles os exploravam sem nenhuma preocupação com os danos socioambientais resultantes.

As poucas iniciativas para frear a depredação vieram da parte das próprias metrópoles europeias; contudo, como perceberemos a seguir, o objetivo não era assegurar a preservação ambiental em si, mas sim garantir que a exploração permanecesse viável no futuro. Em 1900, por exemplo, a coroa inglesa convocou as demais potências que mantinham colônias na África — Alemanha, Bélgica, França, Itália e Portugal — para uma reunião em Londres. Conhecido como Convenção para a Preservação de Animais, Pássaros e Peixes da África, o encontro criou calendários que estipulavam períodos para a caça no continente africano, evitando que a extinção das espécies inviabilizasse essa prática no futuro. Dois anos depois, o uso excessivo das espingardas foi combatido, novamente, na Convenção para a Proteção de Pássaros Úteis à Agricultura. Em 1923, Paris sediou o I Congresso Internacional para a Proteção da Natureza, palco de amplas discussões sobre a preservação ambiental. Na ocasião, também se fizeram ouvir as primeiras vozes a favor da criação de uma organização para a proteção do meio ambiente. Não demorou muito até que as metrópoles imperialistas negociassem um novo acordo: em 1933, a Convenção para a Preservação da Fauna e da Flora propôs a preservação de animais e plantas do território africano, criando áreas de preservação ambiental no continente.

O início do século XX deu os primeiros passos rumo à discussão multilateral, que se intensificou com o passar das décadas. No entanto, os acordos à época ficaram muito aquém de uma preservação eficaz. Apoiados em uma visão precária de meio ambiente, os governos buscavam conservá-lo apenas para garantir a manutenção de atividades econômicas. Por isso, a proteção da natureza ficava limitada a determinadas espécies consideradas "úteis". Não existia ainda uma preocupação genuína com os efeitos do desenvolvimento sobre a natureza. Aliás, a própria noção de desenvolvimento era bem diferente da atual: interpretada como sinônimo de industrialização, ela ignorava por completo questões de caráter socioambiental.

Problemas ligados à desigualdade social eram negligenciados, pois se acreditava que o progresso tecnológico traria todas as soluções. Era assim que pensava nosso ex-ministro da Fazenda Delfim Netto, por exemplo. Dono da receita do "milagre econômico" brasileiro, ele acreditava que era preciso "fazer o bolo crescer para depois reparti-lo". Ao contrário do previsto, o "bolo" brasileiro cresceu, mas os pobres jamais receberam sua fatia. O modelo chinês não foi muito diferente: a China transformou-se em uma grande potência econômica, mas não deixou de abrigar profundas disparidades sociais.

Deixada de lado, a questão ambiental ficou longe de protagonizar os debates na segunda metade do século XX. Afinal, que tema poderia disputar a atenção da mídia com a queda de braço entre Estados Unidos e União Soviética? Acontecimentos como a guerra das Coreias e a crise dos mísseis cubanos roubaram a cena, inibindo a popularização de assuntos ligados à natureza.

Enquanto isso, o mundo assistia apreensivo às chuvas ácidas, ao aumento da poluição atmosférica e ao comprometimento das reservas hídricas. No final dos anos 1950, um acidente ecológico de grandes proporções veio à tona na cidade japonesa de Minamata. Durante muitos anos, a fábrica de produtos químicos Chisso despejou mercúrio na baía de Minamata e no mar de Shiranui, contaminando peixes consumidos pela população local. O envenenamento pela substância tóxica provocou o que ficou conhecido como a *doença de Chisso Minamata*, uma síndrome neurológica que podia se manifestar sob a forma de deficiências na fala e na audição, paralisia, fraqueza muscular, dormência nas mãos e nos pés e — em casos mais graves — causar a morte. O mercúrio fez centenas de vítimas em Minamata desde a década de 1930, mas o governo e a fábrica preferiam fazer vistas grossas, ignorando o número de mortes por envenenamento na região. Graças às pressões de ambientalistas, o governo japonês admitiu que mais de mil pessoas morreram por causa do despejo da substância tóxica, estipulando os valores das indenizações que a Chisso deveria pagar em 1959.

Pouco tempo depois, em 1962, a cientista Rachel Carson publicou o *best-seller Silent Spring* (publicado no Brasil como *Primavera silenciosa*, pela Editora Gaia, em 2010), que pela primeira vez chamou a atenção para a utilização indiscriminada do pesticida DDT, conforme já vimos no Capítulo 1. Não demorou para que outros especialistas bradassem gritos de alerta com previsões funestas sobre o meio ambiente.

24 | Gestão ambiental

Conforme também mencionado no Capítulo 1, em 1968, cientistas, políticos e outros intelectuais fundaram o Clube de Roma com o objetivo de estudar diversos temas, como política e economia, entre outros. Para entender os problemas ambientais, o Clube de Roma contratou uma equipe de pesquisadores do Massachusetts Institute of Technology (MIT). Inspirados pelas ideias de Thomas Malthus, eles produziram o *Relatório Meadows* ou *Os limites do crescimento* (*The limits of growth*), em que pregavam a necessidade de frear o crescimento populacional e econômico. Apelidada de *Tese do Crescimento Zero*, a proposta neomalthusiana desses estudiosos indicava a paralisação do desenvolvimento como única alternativa ao esgotamento dos recursos naturais. Na época, as principais conclusões do estudo foram estas:

- Se as tendências correntes de industrialização, poluição, produção de alimentos, diminuição de recursos naturais e crescimento populacional forem mantidas, o planeta chegará ao limite nos próximos 100 anos. O resultado será um declínio súbito e incontrolável, tanto da população quanto da capacidade de produção industrial.

- É preciso mudar essas tendências de crescimento e formar uma condição de estabilidade ecológica e econômica que possa ser mantida até um futuro remoto. O estado de equilíbrio global poderá ser planejado de modo que as necessidades materiais básicas de cada pessoa na Terra sejam satisfeitas, oferecendo-se oportunidades iguais para que todos realizem seu potencial humano individual.

Para os pesquisadores do MIT, a população do mundo precisava remar contra a maré, combatendo as tendências então vigentes de crescimento populacional e econômico. Quanto mais cedo ela começasse a trabalhar para alcançar resultados, maiores seriam suas possibilidades de êxito.

De acordo com a cientista social Samyra Crespo (2005), as décadas de 1960 e 1970 também marcaram o despertar brasileiro para os problemas ambientais. Apesar de tímidas, as primeiras discussões sobre a poluição do ar em São Paulo apresentaram ao nosso país o lado negativo da tão almejada industrialização.

Em 1968, a Unesco, braço do conhecimento da ONU, organizou em Paris uma conferência de especialistas sobre biosfera. Das discussões realizadas resultou o consenso sobre a inevitável interdependência entre humanidade e natureza. Caberia ao homem, portanto, encontrar o ponto de equilíbrio entre o suprimento da sua subsistência e as necessidades do meio ambiente. Como resultado, a questão ambiental começou a se infiltrar em diferentes países e culturas, tornando indispensável a sua discussão no âmbito das Nações Unidas.

Conferência de Estocolmo e seus desdobramentos

A Conferência de Estocolmo representou uma verdadeira ruptura com as visões tradicionais de meio ambiente. Seu impacto foi tão grande que é comum dividir a evolução do debate ambiental em antes e depois de Estocolmo. Não é para menos: a capital sueca produziu em

1972 as primeiras reflexões sobre os reveses da industrialização. Em vez de abordar apenas a proteção de algumas espécies, a discussão tomou proporções muito mais abrangentes, trazendo à tona aspectos político-econômicos e suas consequências sobre a natureza.

A conferência sueca também atraiu um público diferente das demais convenções – em vez de reunir somente a comunidade científica, Estocolmo recebeu representações diplomáticas de diferentes países. Graças à sua veia política, a conferência conseguiu aprovar a Declaração sobre o Meio Ambiente Humano, documento que incluía 110 recomendações e 26 princípios. As diretrizes abraçadas em Estocolmo criaram um plano de ação para os países e suas relações internacionais, oferecendo bases sólidas para a preservação ambiental em nível mundial.

O consenso atingido em Estocolmo lançou os alicerces para documentos posteriores, despertando os Estados para os problemas ambientais. Porém, como o contexto internacional não favorecia a imposição de regras, as recomendações elaboradas na Suécia não tinham força de lei. Preocupados com a explosão de uma nova guerra mundial, muitos países não aceitaram abrir mão dos recursos naturais necessários ao seu desenvolvimento técnico. Por isso mesmo, o 21º princípio da declaração sueca assegurava o direito soberano dos Estados de explorar livremente as fontes de matéria-prima em seus territórios, desde que outros não fossem prejudicados.

Além do forte apelo soberanista, a Conferência de Estocolmo também ficou marcada pelo confronto entre dois blocos. De um lado, os países desenvolvidos defendiam a intocabilidade do meio ambiente. Do outro, Estados subdesenvolvidos rejeitavam qualquer tentativa de privá-los dos benefícios da era tecnológica. Assolado por problemas como a fome, a miséria e a falta de saneamento, o **Terceiro Mundo** via na industrialização sua única saída. Não é de estranhar, portanto, que as propostas neomalthusianas de crescimento zero não tenham agradado aos chefes de Estados periféricos.

> *Em Estocolmo, a postura terceiro-mundista se fez ouvir na voz da líder de governo da Índia: para Indira Gandhi, seria injusto prejudicar o desenvolvimento dos países periféricos em nome da natureza. Em vez disso, a primeira-ministra pregava o combate à pobreza que, segundo ela, era a "maior das poluições".*

Preservação *versus* conservação

O conflito entre países periféricos e desenvolvidos fragmentou ainda mais o mundo bipolar da segunda metade do século XX. Além da disputa leste–oeste protagonizada por comunistas e capitalistas, o confronto norte–sul no âmbito das Nações Unidas impossibilitou o consenso nas discussões ambientais. Enquanto o grupo desenvolvido defendia a postura *preservacionista*, as nações periféricas sugeriam o *conservacionismo*.

Apesar de usados indiscriminadamente, os conceitos de preservação e conservação são muito diferentes. Adotar medidas preservacionistas pressupõe proteger a intocabilidade da natureza, proibindo a ação do homem sobre o meio ambiente. Apoiado em teses neomalthusianas, o norte sugeria que não era mais viável depredar os recursos naturais sob o pretexto de alavancar o desenvolvimento.

Para os países pobres, o bom-mocismo dos ricos era, na verdade, um golpe baixo: como suas reservas naturais já eram escassas, eles empurravam para as nações do sul, detentoras da maior parte da massa florestal do globo, a responsabilidade de preservação em larga escala. Dessa forma, o "zerismo" advogado pelo Clube de Roma congelaria as desigualdades mundiais, propondo não apenas a estagnação demográfica, mas também o fim do crescimento econômico. Para os neo-malthusianos, a defesa da exploração dos recursos naturais não era coerente com as necessidades de preservação do meio ambiente, colocando em risco a sobrevivência das próximas gerações.

Como alternativa à preservação, o sul defendia o ideal de conservação. Diante da inevitável necessidade de desenvolvimento, eles dependiam da exploração dos recursos naturais para garantir a expansão das atividades econômicas. Ao mesmo tempo, os países pobres prometiam que sua ação sobre o meio ambiente se daria em bases responsáveis.

Criação do Pnuma e da CMDMA e publicação do Relatório Brundtland

Apesar das controvérsias, os conferencistas de Estocolmo deixaram um importante legado, produzindo uma nova visão sobre os problemas do planeta. Entre os resultados da reunião, destaca-se a construção de um organismo internacional para debate da gestão ambiental — o Programa das Nações Unidas para o Meio Ambiente (Pnuma). Até as instituições financeiras foram convidadas a participar: o Banco Mundial e o Banco Interamericano, por exemplo, envolveram-se com a questão ambiental, financiando iniciativas ecologicamente corretas ao redor do mundo.

Diversos acontecimentos nos anos 1970 fortaleceram ainda mais o ambientalismo. Em 1972, a Holanda lançou o primeiro selo ecológico. Quatro anos depois, a pequena cidade italiana de Seveso atraiu os olhares da mídia internacional: os tanques da indústria química ICMESA romperam, contaminando 1.800 hectares de terra com a **dioxina TCDD**. Estima-se que três mil animais morreram, e outros milhares foram sacrificados para que a substância não entrasse na cadeia alimentar.

Em 1978, a Alemanha criou o selo ecológico Anjo Azul (*Blauer Engel*), destinado a rotular produtos "ambientalmente

---

O termo dioxina descreve um grande grupo de compostos orgânicos, dos quais o mais conhecido é o 2,3,7,8-tetra-clorodibenzo-p-dioxina, ou TCDD. "Pesquisas têm mostrado que esses compostos não ocorrem naturalmente; são frutos principalmente da era industrial, em especial no século XX, formados como subproduto não intencional de vários processos envolvendo o cloro ou substâncias e/ou materiais que o contenham, como a produção de diversos produtos químicos, em especial os pesticidas, branqueamento de papel e celulose, incineração de resíduos, incêndios, processos de combustão (incineração de resíduos de serviços de saúde, incineração de lixo urbano, incineração de resíduos industriais, veículos automotores) e outros", explicam os professores João V. de Assunção e Célia R. Pesquero (1999, p. 524). A dioxina TCDD, em particular, é a substância mais tóxica produzida pelo ser humano. Além de ter provocado o desastre de Seveso, a TCDD tornou-se tristemente famosa por ser o principal componente do Agente Laranja, arma química usada na Guerra do Vietnã, e, mais recentemente, por ter sido o veneno empregado em 2004 em um atentado contra Viktor Yushchenko, candidato à presidência da Ucrânia.

corretos". Desde então, boa parte do povo alemão aderiu ao selo e passou a dar preferência a mercadorias cuja utilização ou descarte não agrida a natureza. A mudança no perfil de compra dos alemães pressionou as empresas, obrigando-as a obedecer às novas regras do jogo.

As Nações Unidas também deram mais alguns passos. Em 1983, era criada a Comissão Mundial para o Desenvolvimento e Meio Ambiente (CMDMA), com um desafio quase intransponível pela frente: conciliar interesses econômicos e ambientais. Quatro anos após seu nascimento, a comissão já dava seus primeiros frutos. Sob a liderança da primeira ministra da Noruega Gro Brundtland, produziu-se o relatório conhecido como *Nosso futuro comum* ou simplesmente *Relatório Brundtland*, no qual foi cunhada a expressão *desenvolvimento sustentável*. O novo conceito designa uma forma de promover atividades econômicas sem comprometer o atendimento às necessidades das gerações futuras, como explica José Carlos Barbieri:

> O desenvolvimento sustentável resultaria, portanto, de um pacto duplo, um pacto integracional, que se traduz na preocupação constante com o gerenciamento e a preservação dos recursos para as gerações futuras, e um pacto integracional que se expressa nas preocupações quanto ao atendimento às necessidades básicas de todos os humanos. (2007, p. 37.)

Embora não sugerisse o congelamento da industrialização, o relatório não poupou críticas ao modelo de desenvolvimento dos países ricos. Não deixou, também, de avisar as nações pobres sobre a impossibilidade de imitar o mau exemplo.

Apesar de seu foco ser o meio ambiente, o texto não ficou alheio às mazelas do Terceiro Mundo. Dotado de uma visão abrangente, o Relatório Brundtland defendia a conservação ambiental aliada à melhoria dos índices socioeconômicos. De acordo com a CMDMA, o desenvolvimento sustentável apoiava-se no seguinte tripé: equilíbrio ambiental, equidade social e crescimento econômico. Na década de 1990, esse tripé da sustentabilidade inspirou o pensador britânico John Elkington, que cunhou a expressão *triple bottom line*. Segundo Elkington (2001), o desenvolvimento saudável não pode abrir mão dos aspectos econômicos, sociais e ambientais (*profit, people e planet*, como você vê na Figura 2.1) – ingredientes indispensáveis do progresso duradouro.

Figura 2.1 O tripé da sustentabilidade: *people, profit, planet* (ELKINGTON, 2001).

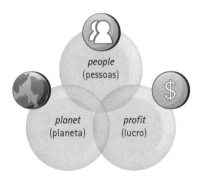

A questão do ozônio: protocolos de Viena e Montreal

Nos anos 1980, a descoberta de um "buraco" na camada de ozônio sobre a Antártida deu mais força aos alarmes científicos. Essa década trouxe debates mais profundos sobre o tema, que conduziram à realização da Convenção de Viena sobre a Camada de Ozônio, em 1985.

A preocupação da comunidade científica não era exagero. Embora o ozônio seja tóxico na biosfera, ele é indispensável à vida das espécies. Concentrado na estratosfera, camada entre 15 km e 50 km da superfície, o ozônio envolve o planeta, funcionando como um verdadeiro "filtro solar natural". Veja como o professor José Carlos Barbieri explica a importância desse gás:

> O ozônio estratosférico, produzido naturalmente pela ação dos raios solares sobre as moléculas de oxigênio, forma uma camada, daí a expressão camada de ozônio, que envolve a Terra e a protege das radiações ultravioleta do Sol. Os raios ultravioleta (UV), com comprimento de onda de 280 a 320 nanômetros, denominados UV-B, são prejudiciais aos seres vivos, pois estes não desenvolveram defesas naturais contra estas radiações devido a sua ausência durante milhões de anos, graças à função de filtro desempenhada pela camada de ozônio. (2007, p. 45.)

As emissões de clorofluorcarbonetos, popularmente conhecidos como CFCs, são as grandes culpadas pela redução dessa camada protetora. Produzidos comercialmente desde a década de 1930, esses gases estavam presentes em aerossóis, solventes industriais e equipamentos de ar-condicionado. Inicialmente, os CFCs foram bem recebidos pelos especialistas, que os viam como boa alternativa às substâncias corrosivas e inflamáveis usadas até então. Não se sabia à época que o aparente milagre da indústria química se revelaria um tiro pela culatra: aparentemente inocentes, os CFCs destruíam a proteção de ozônio ao chegar à estratosfera.

O desgaste da camada provoca diversos efeitos nocivos. Entre eles, destacam-se as doenças de pele, como o melanoma, câncer causado pela exposição intensa aos raios UV-B. Mais do que simplesmente destruir um recurso natural, a redução desse importante filtro lesa o conjunto dos seres vivos, inclusive o homem.

Apesar da urgência do tema, as discussões na Áustria, em 1985, produziram apenas declarações vagas, desprovidas de prazos ou metas para diminuir as emissões dos gases CFC. Pelo menos, os países signatários do Protocolo de Viena assumiram o compromisso de se empenhar no combate às emissões.

Assinado dois anos depois, o Protocolo de Montreal superou as fragilidades da Convenção de Viena. Ao contrário do acordo austríaco, o protocolo canadense propôs metas de redução drástica das emissões de CFC com vistas à sua completa eliminação. O ano de 2010 foi escolhido como prazo final para a erradicação dos CFCs nos países em desenvolvimento. Apesar de não terem banido completamente o uso dos gases nocivos, as nações signatárias implementaram as medidas de forma muito satisfatória, reduzindo bruscamente as emissões.

Os resultados do Protocolo de Montreal foram acolhidos com entusiasmo pelos especialistas. Afinal, o sucesso do acordo foi interpretado como prova de que é possível resolver problemas ambientais globais por meio de uma articulação harmoniosa entre os Estados. Com o passar do tempo, a discussão ambiental seguiu essa tendência, ampliando o debate internacional sobre os efeitos colaterais do progresso técnico.

As últimas décadas do século XX intensificaram o debate ambiental, acrescentando à pauta internacional a discussão das catástrofes ecológicas. Foram registrados acidentes de grande porte em todo o mundo: vazamentos de petróleo no oceano, acidentes com reatores nucleares e a liberação de substâncias tóxicas na atmosfera ocuparam as manchetes da década de 1980.

Em 1984, por exemplo, a cidade indiana de Bhopal pagou caro pela irresponsabilidade de uma fábrica da Union Carbide: o vazamento de isocianeto de metila deixou 3.800 mortos e 40 feridos. Dois anos depois, a Ucrânia seria palco de um dos piores desastres ambientais de todos os tempos. No dia 26 de abril de 1986, os funcionários da central nuclear em Chernobil decidiram testar um reator. Para sua surpresa, o que era para ser um procedimento de segurança transformou-se em uma tragédia. O reator nuclear explodiu durante os testes, gerando uma nuvem radioativa que atingiu diversos países europeus e fez milhares de vítimas. Até hoje não se sabe ao certo quantas pessoas foram atingidas. Os oficiais do exército, bombeiros e funcionários de minas que trabalharam no acidente estão começando a sentir os efeitos da radiação agora, quando muitos deles estão chegando aos 45 anos. A maioria não pode ter filhos, e os que tiveram geraram crianças com problemas.

Em 1986, um grande incêndio na fábrica suíça da Sandoz, uma produtora de medicamentos, provocou outro grave acidente ambiental. Por ignorância, tentou-se apagar as chamas com água, que vazou para o rio Reno e contaminou uma vasta região agrícola. O final da década de 1980 ainda testemunhou outra catástrofe ambiental de proporções assustadoras: o derramamento de óleo nas águas do Alasca, lar de inúmeras espécies marítimas. Os pesquisadores Alexandre Shigunov, Lucila Campos e Tatiana Shigunov contam as consequências desastrosas do acidente envolvendo a gigante Esso:

> Finalizando a lista dos grandes acidentes ambientais da década, em 1989, um navio, o Exxon Valdez, derrama no Alasca 37 milhões de litros de óleo, causando graves danos ao ecossistema local e um prejuízo que quase levou à falência uma das maiores potências mundiais, a ESSO. A queda das suas ações no mercado e a quantia gasta na tentativa de recuperar totalmente a água degradada deixou claro às organizações que o meio ambiente merecia, na próxima década e, quem sabe, também nas futuras, cuidados e atenção especial, caso contrário a sobrevivência destas organizações poderia estar comprometida. (2009, p.61.)

Nos próximos capítulos, continuaremos falando de outros desastres ambientais bem conhecidos, como o caso do césio 137, no Brasil (Capítulo 4), e o recente vazamento de petróleo no Golfo do México (Capítulo 6).

Além desses **desastres** de grande vulto, a própria percepção de que certos recursos indispensáveis à vida, como a água, estavam se tornando escassos provocou um comprometimento cada vez maior dos países com as questões ambientais. O ex-ministro da Cultura Gilberto Gil descreve bem como foi o despertar do homem para tais temas:

> Só mais recentemente foi que a humanidade, algo assustada e perplexa, deu-se conta, novamente, de que as reservas naturais do planeta não eram inesgotáveis. Que o avanço predatório sobre o mundo natural poderia produzir alterações climáticas e nos privar de bens preciosos. Que produtos químicos envenenavam a terra, as águas e o ar. Que, enfim, o planeta encontrava-se ameaçado. E, com ele, a vida humana. (2005, p. 50.)

Convenção de Basileia: combatendo a exportação de poluentes

Em 1989, a divulgação de escândalos envolvendo Estados Unidos e Itália chamou a atenção para uma prática deplorável: a exportação de poluentes. No primeiro caso, aproximadamente duas mil toneladas de resíduos perigosos produzidos na cidade americana de Filadélfia haviam sido abandonadas em uma praia no Haiti. Já a Itália havia escolhido a Nigéria como destinatária do seu "presente de grego": toneladas de bifenilas policloradas — óleo isolante para transformadores elétricos — foram depositadas em uma fazenda na cidade de Koko.

Embora esses dois eventos sejam os mais conhecidos, estima-se que outras toneladas de resíduos tóxicos tenham sido descartadas no Terceiro Mundo e na Antártida. E o pior: muitas vezes os governos locais não haviam dado consentimento algum a respeito. Para combater essa prática escandalosa dos países industrializados, o Pnuma organizou a **Convenção de Basileia**, em que se estabeleceu um acordo internacional com regras para o controle de movimentos transfronteiriços de resíduos perigosos. O objetivo era reduzir ao mínimo a realocação internacional de lixo tóxico, criando regras para a sua realização segura quando necessária. E o principal: a convenção proibiu o envio de dejetos perigosos para países sem capacidade técnica para tratá-los.

A Convenção de Basileia é especialmente importante para gestores que lidam com comércio exterior. Voltaremos a falar sobre ela no Capítulo 13.

Em 2009, o Brasil recorreu à Convenção de Basileia para cobrar explicações da Inglaterra sobre o envio de mais de mil toneladas de lixo para portos em São Paulo e no Rio Grande do Sul. Poucas semanas depois da chegada do material, o Ibama determinou que os dejetos deveriam ser devolvidos ao país de origem.

Eco-92 ou Cúpula da Terra

A década de 1990 trouxe boas notícias: o fim da Guerra Fria marcou o início da distensão entre os Estados Unidos e a ex-União Soviética, abrindo espaço na agenda internacional para a discussão de outros temas. Além da nova ordem mundial no plano político-econômico, o clima de novidade tomou conta das discussões sobre o meio ambiente. O entusiasmo contagiou a comunidade científica, que ganhou fôlego com as mudanças no cenário internacional.

Outro fator que impulsionou os debates ambientais foi a divulgação, em 1990, do primeiro relatório do Painel Intergovernamental sobre Mudança Climática (IPCC), criado dois anos antes com a incumbência de promover estudos científicos sobre o aquecimento global. Esse primeiro relatório alertava a comunidade internacional sobre o aumento da concentração de gases causadores do efeito estufa, mostrando que a sua produção pelo homem contribuía para acelerar as mudanças climáticas.

Por tudo isso, naquele início da década de 1990, grandes expectativas se formaram em torno de um encontro que parecia destinado a entrar para a história: a Conferência das Nações Unidas para o Meio Ambiente e Desenvolvimento (CNUMAD), também conhecida como Rio 92, Eco-92 ou Cúpula da Terra. O evento reuniu 178 países no Rio de Janeiro, com a participação da sociedade civil, de ONGs e chefes de Estado. Antes negligenciada em nome da segurança nacional, a questão ambiental alcançou notoriedade, abraçando-se a ideia de **desenvolvimento sustentável** como alternativa à exploração predatória.

> *O conceito de desenvolvimento sustentável, que, como já vimos, havia sido proposto em 1987, no Relatório Brundtland, foi retomado e ratificado durante a Eco-92.*

Os conferencistas da Eco-92 enfrentaram grandes desafios. Afinal de contas, a necessidade de equilibrar os cuidados com o planeta e o crescimento econômico impôs uma batalha em duas frentes. De um lado, os países emergentes precisavam ser convencidos sobre os riscos da industrialização inconsequente. Por outro, era preciso contar com a boa vontade das nações ricas para que cedessem tecnologias não poluentes aos países do sul.

Os resultados foram surpreendentes. A Eco-92 conseguiu superar as divergências, lançando estratégias internacionais para proteger a natureza. A fim de monitorar de perto os avanços na área, a ONU criou a Comissão sobre Desenvolvimento Sustentável. Sua filiação ao Conselho Econômico e Social das Nações Unidas (Ecosoc), já permitia antecipar a vocação da nova comissão. Em vez de tratar o meio ambiente como um tema isolado, ela buscava dialogar com interesses de natureza social e econômica, dando conta da complexidade dos problemas ecológicos, a exemplo do que fizera anteriormente o Relatório Brundtland.

Aliás, o desenvolvimento econômico não foi esquecido na Conferência do Rio. Preocupados com o desempenho de seus índices econômicos, os países periféricos não aceitavam abrir mão dos seus interesses em favor da natureza. Eles culpavam as nações industrializadas pela maior parte dos problemas ambientais, não aceitando, portanto, dividir igualmente as responsabilidades. Fortalecia-se, assim, o grande lema terceiro-mundista — responsabilidades comuns, porém diferenciadas.

O país anfitrião da Cúpula da Terra rapidamente se alinhou com as demais representações do sul: o Brasil engrossou o coro das nações periféricas, defendendo a leitura histórica dos problemas ecológicos. Sem deixar de assumir sua própria parcela de responsabilidade, a diplomacia brasileira pregava que alguns países eram mais culpados do que outros. De fato, como comparar o Brasil — território aonde a modernidade só chegou com força na segunda metade do século XX — a países que se industrializaram em meados do século XVIII? Para a delegação brasileira, as datas não deixavam margem para dúvidas: os países emergentes têm responsabilidades, mas elas devem ser menores que a de nações desenvolvidas.

Apesar das divergências entre países do norte e do sul, a Rio 92 produziu cinco importantes documentos que estudaremos a seguir:

- a Declaração do Rio de Janeiro sobre o Meio Ambiente e o Desenvolvimento;
- a Declaração sobre Princípios Florestais;
- a Convenção sobre Mudanças Climáticas;
- a Convenção sobre Biodiversidade;
- a Agenda 21.

> *Para saber mais sobre a Declaração do Rio, visite o site do Ministério do Meio Ambiente. Você encontrará no link a seguir os princípios que compõem essa declaração: <http://www.mma.gov.br/port/sdi/ea/documentos/convs/decl_rio92.pdf>.*

Declaração do Rio de Janeiro sobre o Meio Ambiente e o Desenvolvimento

As delegações presentes na Cúpula da Terra redigiram uma carta com 27 princípios. O documento contém instruções para que as sociedades modifiquem seu comportamento, adotando hábitos que promovam a harmonia com a natureza. Diferentemente de outros relatórios, de viés reducionista, a **Declaração do Rio** apoia a proteção do meio ambiente combinada com o desenvolvimento sustentável. Por isso, a carta da Eco-92 não deixou de agradar o Terceiro Mundo, advogando também a necessidade de prover condições de vida digna a todos os povos.

Declaração sobre Princípios Florestais

Quando o assunto é floresta, países como Brasil e Malásia sempre são ouvidos. Não é por acaso: detentores das maiores massas florestais do mundo, a eficácia de qualquer acordo ambiental depende do envolvimento dessas nações.

O Brasil, em especial, sustentou uma postura soberanista em relação aos organismos internacionais até metade da década de 1980. Os líderes da ditadura militar acreditavam que a preservação do meio ambiente era um assunto doméstico, rejeitando qualquer tentativa de interferência externa. Os anos 1990 trouxeram a consolidação do governo democrático que, por sua vez, buscou cooperar com os regimes internacionais de proteção aos recursos naturais.

No entanto, quando se trata das florestas, o Brasil não deixou de defender sua soberania, temendo que abusos violassem a autoridade nacional sobre a extensão do seu território.

Pelo menos, foi essa a justificativa que o governo Sarney apresentou, em 1989, ao recusar a proposta conhecida como *Debt for Nature Swap* (em uma tradução literal, "troca de dívida por natureza"). Por causa da importância da Amazônia para o planeta, o Pnuma e outros organismos internacionais tinham pedido ao governo brasileiro que liberasse seu trânsito na floresta apelidada de *pulmão do mundo*, promovendo programas de preservação. Como sabiam que a aprovação brasileira seria difícil, foi oferecido em troca o perdão de parte da dívida externa. Ao contrário do que se esperava, a reação do Brasil foi de completo repúdio, pois via na proposta uma tentativa de internacionalizar a Amazônia, abrindo suas portas para a intervenção estrangeira. Desde então, o governo brasileiro continuou desconfiando da boa vontade internacional em relação ao gerenciamento do ecossistema nacional.

Influenciada pela cautela dos detentores das maiores áreas verdes, a Declaração sobre Princípios Florestais foi esvaziada de decisões internacionais claras sobre a preservação das florestas. Durante as negociações, foram eliminados trechos que previam a imposição de restrições comerciais sobre a borracha e a madeira. No documento foram inseridos somente alguns princípios para orientar projetos de manejo florestal e evitar o esgotamento dos recursos naturais. Não foram mencionados metas ou prazos claros para a implantação das medidas propostas. Os conferencistas decidiram deixar para o futuro a discussão de novos acordos internacionais acompanhados de fiscalização mais rígida, esperando que, com o tempo, os grandes donos das áreas verdes se tornassem mais cooperativos.

Convenção sobre Mudanças Climáticas

Na Eco-92 foram abordados, também, os problemas relacionados ao aquecimento global e aos gases causadores do efeito estufa. Na verdade, o efeito estufa em si existia muito antes do surgimento do primeiro homem e é importante para a sobrevivência humana. Substâncias naturais como dióxido de carbono (CO_2), ozônio (O_3), metano (CH_4) e óxido nitroso (N_2O) compõem o grupo dos famosos *gases de efeito estufa* (*GEEs*). Eles permitem a penetração dos raios solares e retêm os raios infravermelho, mantendo a Terra aquecida. Dessa forma, a quantidade de gases de efeito estufa presentes na atmosfera ajuda a determinar o clima — em tese, quanto maior a presença desses gases, maior a temperatura do planeta.

O problema, contudo, teve origem quando as atividades humanas começaram a emitir os gases de efeito estufa em larga escala, aumentando sua concentração na atmosfera. No entanto, não devemos cometer o engano de atribuir o chamado *efeito estufa antropogênico* (gerado pelo ser humano) apenas à industrialização: o desmatamento, a agricultura, a pecuária e a ampliação dos centros urbanos já promoviam mudanças climáticas há milhares de anos. Ou, pelo menos, agravavam as consequências das alterações naturais — é o que teria ocorrido no caso da **civilização maia**, que não con-

> *Saiba mais sobre o papel do clima no colapso da civilização maia lendo a reportagem "O declínio dos maias", publicada na edição 52 (setembro de 2006) da revista Scientific American Brasil: <http://www2.uol.com.br/sciam/reportagens/o_declinio_dos_maias.html>.*

Em 2007, o ex-vice-presidente dos Estados Unidos Al Gore, ao lado dos cientistas do IPCC, recebeu o Oscar pelo documentário Uma verdade inconveniente. O filme é baseado no livro de sua autoria com o mesmo nome e apresenta estatísticas alarmantes sobre as mudanças climáticas. Há, porém, quem insista em desdenhar a tese dominante. O best-seller Cool it, por exemplo, tornou-se o manual dos céticos sobre as previsões acerca do aquecimento global. O autor do livro é o economista dinamarquês Bjorn Lomborg, apontado pela revista Time como uma das personalidades mais influentes do mundo. Para ele, as somas bilionárias empregadas no combate às mudanças climáticas resultam de uma histeria irrealista. Segundo Lomborg, os governos deveriam abrir seus cofres para colaborar com o fim da miséria e o combate às doenças curáveis que ceifam milhões de vidas todos os anos. O livro do economista também vai chegar às telas dos cinemas: o filme já está sendo gravado e promete rivalizar com o sucesso de Uma verdade inconveniente. Para o ex-presidente norte-americano, a oposição à luta contra o aquecimento global não é uma surpresa. Gore lembra que os defensores da indústria tabagista também não cederam facilmente às pesquisas que denunciavam os males causados pelo cigarro; logo, não é de estranhar que haja hoje controvérsias sobre as mudanças climáticas.

seguiu resistir a secas prolongadas a partir do século IX d.C., em parte, provavelmente, porque havia explorado demais o solo, desmatando encostas e abrindo caminho para a erosão (DIAMOND, 2005).

É certo, porém, que a chegada da Revolução Industrial aumentou dramaticamente as emissões de gases de efeito estufa, dando proporções mundiais às mudanças climáticas. Como o CO_2 é gerado por inúmeras atividades econômicas, o gás tornou-se referência para medir o aquecimento global. Hoje em dia, a maior parte da comunidade científica concorda que a aceleração das mudanças climáticas acompanha o ritmo da emissão de CO_2 na atmosfera. Os cientistas veem na intensificação de fenômenos como secas, furacões, inundações e derretimento das geleiras uma prova incontestável de que a poluição do ar leva ao aumento da temperatura do planeta. Porém, ainda há **focos de resistência** entre os especialistas: alguns julgam essa conclusão precoce, mostrando que outras causas naturais podem explicar o aquecimento da Terra.

Felizmente, as discussões ambientais no âmbito da ONU têm sido orientadas pelo princípio da precaução. Diante de ameaças como a elevação do nível do mar, não é possível ficar de braços cruzados, aguardando o consenso entre os cientistas. Pressionados pela urgência do tema, os países não rejeitaram a convenção sobre a mudança do clima, assumindo o compromisso de controlar as emissões de gases causadores do efeito estufa. Além disso, as nações garantiram que se empenhariam para conscientizar suas populações, desenvolvendo programas nacionais de proteção ao meio ambiente. A fim de monitorar os resultados, as nações signatárias decidiram fazer reuniões periódicas, que ficaram conhecidas como Conferências das Partes (COPs).

Mesmo provida de força de lei, a Convenção sobre Mudanças Climáticas não produziu efeitos práticos, pois não continha metas concretas e prazos. De fato, os conferencistas não foram ambiciosos ao redigir o documento. Eles queriam apenas que a convenção servisse de base para a criação de outros acordos sobre o tema. Seus esforços não foram em vão: cinco anos depois, nascia o polêmico Protocolo de Quioto, sobre o qual falaremos mais adiante.

Convenção sobre biodiversidade

Quando tentamos definir *biodiversidade*, nada melhor do que recorrer à origem da própria palavra. Ora, se a partícula *bio* significa *vida*, *biodiversidade* abrange tudo que *vive* em nosso planeta. Segundo o professor José Carlos Barbieri (2007), o homem conhece apenas alguns dos seres vivos com quem divide o globo. Embora a Terra seja o lar de mais de 20 milhões de espécies, os especialistas só conseguiram identificar até hoje um pouco mais de um milhão.

A principal riqueza dos humanos é justamente a biodiversidade — é dela que retiramos insumos para a produção de remédios, alimentos e outros itens sem os quais não poderíamos viver. Infelizmente, o homem não tem explorado os recursos naturais com responsabilidade, contribuindo para a extinção de centenas de espécies.

Além da depredação ambiental, o conflito entre países ricos e pobres é outro grave problema que ronda o tema da biodiversidade. Como as nações industrializadas já esgotaram seus ecossistemas locais, a maior parte da diversidade biológica ficou concentrada em territórios subdesenvolvidos. Surgia, então, um impasse: como garantir o desenvolvimento biotecnológico se os donos do conhecimento técnico não são os detentores dos recursos naturais?

Para os países desenvolvidos, a resposta à questão acima pode ser expressa em uma palavra: *acesso*. Defensores do acesso irrestrito às riquezas biológicas do globo, eles argumentam que os interesses da humanidade devem vir em primeiro lugar. A indústria farmacêutica, por exemplo, é um dos setores da economia que mais defende essa posição, ressaltando que a produção de medicamentos beneficia toda população mundial.

O Terceiro Mundo repudia os pedidos de livre acesso, exigindo a repartição equitativa dos ganhos. Afinal, os lucros não devem ser exclusividade daqueles que têm a tecnologia: as nações detentoras da biodiversidade não podem ser deixadas de fora da partilha.

A Convenção da Biodiversidade foi proposta a fim de harmonizar as divergências, sugerindo uma posição mais equilibrada. Por isso, o documento que resultou da Eco-92 defendia a utilização sustentável dos recursos biológicos desde que acompanhada da distribuição justa dos ganhos.

No entanto, pouco se fez nesse sentido até hoje. O que ainda prevalece é a lei do mais forte, deixando os verdadeiros donos da biodiversidade à margem dos benefícios do progresso. Podemos citar o caso da Índia, onde comunidades locais responsáveis pelo uso medicinal do nim (*neem*) não compartilharam o sucesso da sua descoberta. Barbieri (2007, p. 52) descreve essa situação citando Shiva (1998, p. 73-75):

> A apropriação indevida de recursos biológicos, a biopirataria, anda solta e conta muitas vezes com a conivência dos governos dos países desenvolvidos. Shiva mostra que empresas do Japão e dos Estados Unidos obtiveram dezenas de patentes a partir da *Azarichdita indica*, uma árvore da Índia conhecida como nim (*neem*, em inglês) e utilizada pela população por mais de 2 mil anos para produzir medicamentos e pesticidas naturais. Segundo a autora, em todos os recantos da Índia muita gente inicia o dia usando essa planta para proteger seus dentes graças

às suas propriedades antibacterianas. As comunidades indianas que respeitaram, protegeram e ampliaram os conhecimentos sobre o *neem* durante séculos agora se deparam com pesticidas, pastas de dentes e outros produtos com base nessa planta, patenteados ou produzidos por processos patenteados em outros países.

Embora a Convenção sobre Biodiversidade tenha produzido avanços no debate sobre a propriedade dos recursos biológicos, ainda há muito a fazer para corrigir as injustiças nessa área.

Agenda 21

A Eco-92 também contribuiu para sistematizar as obrigações ambientais. A criação da Agenda 21 trouxe parâmetros para atuação dos governos e da sociedade civil, sugerindo soluções para problemas ecológicos, como a poluição atmosférica e a desertificação e sintetizando o conteúdo dos diversos protocolos e acordos produzidos até então.

Para alcançar seus objetivos, a Agenda 21 propõe as seguintes medidas:

- estudos sobre as relações entre meio ambiente, pobreza, saúde, comércio, consumo e população;
- uso racional de matérias-primas e energia para a produção de bens e serviços;
- realização de pesquisas sobre novas formas de energia;
- estímulos para disseminar a visão de desenvolvimento sustentável e evitar que a escassez de recursos impeça o suprimento das necessidades das gerações futuras;
- formação de comissões para promover o desenvolvimento sustentável com os governos federais, estaduais e municipais.

Segundo dados compilados pela revista *Exame* (2010), a questão ambiental no Brasil avançou nos últimos anos. Apesar de o desmatamento e a poluição ainda fazerem parte do cenário brasileiro, algumas metas foram alcançadas. De acordo com o IBGE, mais de 80% dos municípios já contam com uma estrutura administrativa para cuidar do meio ambiente. Ainda há muito que fazer, mas a Agenda 21 certamente ajudou a concretizar alguns objetivos.

Protocolo de Quioto

Em 1995, o segundo informe de cientistas do IPCC chegou à conclusão de que os sinais de mudança climática não deixavam margem para dúvidas: a ação humana estava provocando um impacto significativo sobre o clima global — um evidente desafio para o poderoso *lobby* dos combustíveis fósseis, que se apoiava nas declarações de cientistas céticos para sustentar que não havia motivos reais de preocupação.

Outro fato importante para o debate ecológico mundial nas décadas de 1990 e 2000 foi a sequência de Conferências das Partes (COPs) realizadas a partir da Cúpula da Terra. Em 1995, a resistência de países como Estados Unidos, Japão e nações árabes fadou ao fracasso a COP 1, frustrando as expectativas dos ecologistas. Afinal, o boicote norte-americano comprometia a eficácia de qualquer acordo, já que os Estados Unidos respondem por uma enorme fatia da poluição mundial.

Em março de 1997, o *Rio plus 5* (Rio mais 5) reuniu grupos não governamentais para avaliar o progresso das medidas previstas na Agenda 21. Infelizmente, os conferencistas não identificaram novidades animadoras. Pelo contrário: concluíram que pouco tinha sido feito para desacelerar o aquecimento global. Além disso, Christopher Flavin, presidente do Worldwatch Institute, responsabilizou oito nações pelos grandes problemas ambientais do planeta. Segundo ele, os grandes vilões eram Estados Unidos, Japão, Alemanha, Rússia, Brasil, China, Índia e Indonésia. Não é de estranhar: afinal, esses países detêm 56% da população, 59% da produção econômica, 58% das emissões de gases de efeito estufa e 53% das florestas, como vemos na Figura 2.2.

Sediada em Quioto em 1997, a COP 3 rompeu uma tradição de divergências, aprovando um importante documento com força de lei: o Protocolo de Quioto, que propôs um corte de 5% nas emissões de gases de efeito estufa entre 2008 e 2012, tomando como referência os índices de 1990. Em outras palavras, os países deveriam buscar em seus registros a quantidade de gases causadores de efeito estufa que liberaram em 1990; e, até 2012, a sua emissão anual deveria ser 5% menor do que esse número.

Figura 2.2 Os oito vilões ambientais (segundo Christopher Flavin, presidente do Worldwatch Institute) e seu peso no planeta em termos de população, economia, emissões de GEEs e florestas.

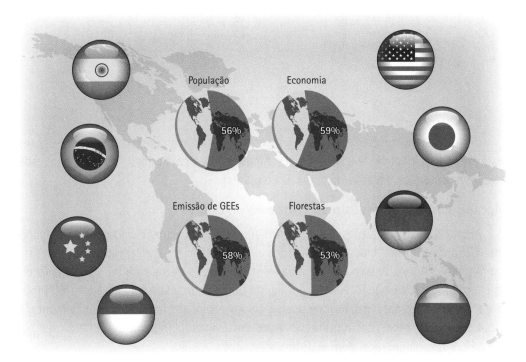

Gestão ambiental

O Protocolo de Quioto abraçou a ideia de responsabilidades diferenciadas, cedendo ao apelo terceiro-mundista. Os países foram divididos em duas categorias. No Anexo I foram citados aqueles que se industrializaram mais cedo; como poluíram mais que as nações de modernização tardia, eles receberam metas para redução de emissões. Veja os países que compõem o Anexo I:

Alemanha	Islândia
Austrália	Itália
Áustria	Japão
Bélgica	Letônia
Bulgária	Liechtenstein
Canadá	Luxemburgo
Dinamarca	Mônaco
Eslováquia	Noruega
Espanha	Nova Zelândia
Estados Unidos	Países Baixos
Estônia	Polônia
Federação Russa	Portugal
Finlândia	Reino Unido
França	República Tcheca
Grécia	Romênia
Hungria	Suécia
Irlanda	Suíça

Desprovido de obrigações, o grupo subdesenvolvido e em desenvolvimento não sofreu restrições na quantidade de suas emissões. Ainda assim, a comunidade internacional esperava uma postura cooperativa da periferia do planeta.

Mecanismos estabelecidos pelo Protocolo de Quioto

Apesar de suas limitações, o acordo firmado no Japão marcou um importante avanço para o tratamento das mudanças climáticas. Ao contrário da convenção carioca sobre o tema, o protocolo não deixou de estipular metas e prazos claros para o cumprimento dos objetivos propostos. E não foi só isso: em Quioto também foram disponibilizados três importantes mecanismos para viabilizar o sucesso do protocolo: a) a implementação conjunta; b) o comércio de emissões; c) o mecanismo de desenvolvimento limpo (MDL).

Vejamos cada um deles com mais detalhes.

Implementação conjunta

A implementação conjunta sugere a cooperação entre os países do Anexo I sob a forma de transferência ou aquisição de unidades de redução de emissões, como sumidouros de carbono e outros projetos ecologicamente corretos.

Comércio de emissões

Esse item do protocolo autoriza a participação dos países do Anexo I no comércio de emissões para atingir suas metas. Em outras palavras, se um país enfrenta dificuldades, ele pode pedir ajuda a outro signatário que já superou sua meta, por exemplo. O auxílio é feito por meio da venda do "direito de poluir". Essas transações são negociadas entre empresas, ou em bolsas, e são chamadas de *Reduções Certificadas de Emissões* (*RCEs*) ou *créditos de carbono*, ajustando-se o preço de acordo com a oferta e a demanda.

Mecanismo de Desenvolvimento Limpo (MDL)

Inicialmente, a diplomacia brasileira esforçou-se para criar o Fundo de Desenvolvimento Limpo (FDL). Financiado pelos países ricos, o organismo deveria estimular iniciativas ecológicas nos países subdesenvolvidos, sofisticando seu modelo de produção. Os demais negociadores não acolheram a proposta brasileira, mas se inspiraram nela para desenvolver o MDL. De acordo com o mecanismo, um país periférico que reduzir suas emissões merece ser premiado, pois está agindo voluntariamente. A recompensa oferecida pelo MDL é uma quantidade de créditos de carbono, um certificado que permite a emissão de toneladas de CO_2.

Em outras palavras, o crédito de carbono é um direito de poluir que pode ser vendido para países do Anexo I — uma verdadeira moeda ambiental. Dessa forma, o protocolo prevê uma forma de beneficiar Estados que, sem obrigações formais, reduzem suas emissões, incentivando também a transferência de recursos financeiros dos países desenvolvidos para o Terceiro Mundo.

Para participar do MDL, as empresas precisam cumprir alguns pré-requisitos. Conheça as etapas do processo, conforme descrito pelo professor Luiz Antônio Abdalla de Moura (2008):

- *1º estágio – elaboração do projeto* pelas empresas que pretendem se beneficiar do mecanismo. É preparado o Documento de Concepção do Projeto (DCP), em formato padronizado, definido pelo Comitê Executivo do MDL, contendo todas as informações necessárias para validação, registro, monitoramento e certificação das atividades do projeto.

- *2º estágio – validação do projeto* pela Entidade Operacional Designada (EOD). No Brasil, a entidade responsável chama-se Det Norske Veritas (DNV), uma fundação de origem norueguesa com longa experiência em gestão de riscos. Essa empresa revisará o documento de concepção do projeto, verificará o atendimento a algumas exigências e avaliará quais os impactos ambientais acarretados. Além disso, também será averiguada a adequação da metodologia para definir a linha de base, o plano de monitoramento e os grupos de interesse.

- 3º estágio – *registro do projeto* na Comissão Interministerial de Mudança Global do Clima. Essa entidade do governo brasileiro corresponde à Autoridade Nacional Designada (AND), responsável por definir critérios e indicadores de sustentabilidade para os projetos, elaborar análises e pareceres sobre os projetos elegíveis ao MDL e aprová-los ou não segundo critérios definidos. Essa comissão é composta por representantes de nove ministérios e é presidida pelo ministro da Ciência e Tecnologia. Em seguida, o projeto é enviado para avaliação e registro no Comitê Executivo (CE) do MDL, em Bonn (Alemanha).
- 4º estágio – *implementação do projeto* pelas empresas.
- 5º estágio – *monitoramento do projeto* e seus resultados pelas empresas.
- 6º estágio – *emissão de relatório* de demonstração dos resultados pelas empresas.
- 7º estágio – *verificação* das reduções de emissão pela Entidade Operacional Designada.
- 8º estágio – *certificação* das reduções de emissão ou sequestro de carbono pelo Comitê Executivo do MDL com o apoio da Entidade Operacional Designada.
- 9º estágio – *emissão das Reduções Certificadas de Emissões*, também conhecidas como créditos de carbono, pelo Comitê Executivo.

Veja uma representação resumida desses nove estágios na Figura 2.3.

Figura 2.3 Nove estágios que as empresas devem seguir até a aprovação do MDL (MOURA, 2008).

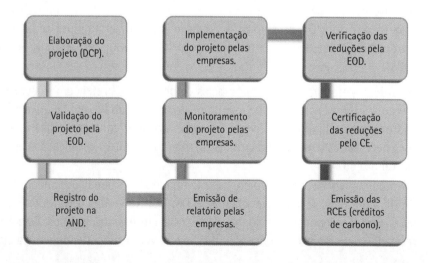

A negociação dos créditos de carbono pode acontecer em qualquer um dos estágios anteriores. Quanto antes isso ocorrer, menor o preço para o comprador, pois ele passa a assumir os riscos juntamente com o proponente do projeto. O Protocolo de Quioto prevê que as reduções de emissões precisam ser adicionais às que ocorreriam na ausência da atividade de projeto; por isso, atividades obrigatórias (reduções impostas por leis anteriores, por exemplo) não são consideradas.

Apesar da fama de vilã ambiental, a China é o país que mais vende créditos de carbono. Não é de estranhar: como ela polui bastante, suas iniciativas voluntárias de reduzir emissões produzem grandes quantidades de créditos de carbono.

> *Mencionamos aqui algumas das principais siglas utilizadas no mercado de carbono (DCP, EOD, AND, RCE etc.). Se você quiser saber mais sobre elas, ou conhecer listas mais completas, pode consultar glossários disponíveis on--line. O portal Carbono Brasil (<www.carbonobrasil.com>) e o site do Instituto de Pesquisa Ambiental da Amazônia (<www.ipam.org.br>), por exemplo, oferecem bons glossários do mercado de carbono.*

O Brasil também tem captado boas oportunidades no mercado de emissões: no *ranking* mundial, ficamos em terceiro lugar, logo atrás da Índia. Para países emergentes, o MDL é um mecanismo providencial, pois força a cooperação entre o mundo desenvolvido, que precisa atingir suas metas de redução, e o periférico, que necessita com urgência modernizar suas indústrias, tornando-as menos poluentes.

A difícil aceitação do Protocolo de Quioto

O aparente sucesso da COP em Quioto provocou euforia, mas o tempo provou que o protocolo não passava de uma falsa vitória, como afirma José Goldemberg, ex-secretário do Meio Ambiente do governo federal. Em primeiro lugar, o desempenho global ficou muito aquém das metas acordadas no Japão. Muitos países signatários não se empenharam na redução de suas emissões. Para frustração dos especialistas, houve até nações que registraram aumento na liberação de CO_2 na atmosfera, revelando o pouco caso com que muitos governantes trataram o protocolo. Confira as estatísticas apresentadas por Goldemberg (2010, p. 16):

> Só para dar alguns exemplos, as emissões da China aumentaram 231% entre 1990 e 2005, as do Brasil, 166%, as da Indonésia, 281% e as do Canadá, 166%. Apenas Alemanha, Inglaterra e Rússia (devido à crise econômica) reduziram significativamente suas emissões nesse período.

Na verdade, apesar da rápida adesão inicial de muitos chefes de Estado, o Protocolo de Quioto encontrou sua principal batalha nos senados. Como o documento tem força de lei, sua aprovação definitiva dependia da ratificação do Poder Legislativo de cada nação. Para tornar a situação mais crítica, o protocolo exigia representatividade — isto é, ele só poderia entrar em vigor quando atingisse a adesão de países que, juntos, representassem 55% das

Enquanto os ambientalistas pressionavam os governos para que o Protocolo de Quioto entrasse logo em vigor, outros eventos desenrolavam-se no cenário internacional. O International Finance Corporation (IFC), entidade financeira vinculada ao Banco Mundial, criou com os dez maiores bancos do mundo os Princípios do Equador, conjunto de critérios ambientais e sociais para a concessão de crédito para projetos acima de US$ 50 milhões. Para aprovar seu financiamento, o projeto precisa receber uma classificação satisfatória em relação ao seu risco ambiental. Só recentemente os bancos brasileiros aderiram ao Princípio do Equador. O Banco do Brasil, por exemplo, só libera empréstimo após um estudo ambiental.

Em junho de 2004, realizou-se a Convenção de Estocolmo sobre poluentes orgânicos persistentes (POPs), substâncias geradas em processos industriais que se acumulam no meio ambiente. Em animais e plantas, os POPs são bioacumulativos, ou seja, resistem à degradação química, biológica e fotolítica. Entre os resultados do encontro destacam-se a proibição da criação e comercialização de novos POPs e a confecção de uma "lista negra" com 12 substâncias tóxicas, incluindo pesticidas, furanos e dioxinas.

emissões mundiais. Por conta dessa restrição, o Protocolo de Quioto só foi ativado em 2005, oito anos depois de sua criação, graças à ratificação russa.

É certo que a culpa pela **demora** não foi só dos países. A falta de estudos detalhados sobre a realidade de cada um levou à criação de metas impossíveis. E não foi só isso: os chefes de Estado foram pegos de surpresa em Quioto. Desprevenidos, eles não tinham avaliado os custos e os esforços que o cumprimento das metas exigiriam. Pressionado pelo vice Al Gore, o ex-presidente norte-americano Bill Clinton foi um dos primeiros a assinar o Protocolo de Quioto. Mal sabia o que o esperava em Washington. O Senado dos Estados Unidos não ratificou o compromisso firmado no Japão por dois motivos principais:

- em primeiro lugar, o Senado norte-americano afirmou não aceitar interferência externa em questões que poderiam acarretar redução das atividades econômicas domésticas;

- além disso, o Senado nem sequer cogitaria ratificar o protocolo enquanto grandes poluidores — como China, Índia e Brasil — não fossem incluídos no Anexo I.

Em parte, o argumento do Poder Legislativo dos Estados Unidos tinha fundamento. Hoje em dia, China, Brasil, Índia, Indonésia e Malásia liberam quantidades impressionantes de CO_2. Por isso, não é mais possível "cortar" o mundo em duas metades, atribuindo toda a responsabilidade pela redução de emissões aos países que se industrializaram primeiro. Segundo Goldemberg (2010), os países emergentes já respondem por 50% dos gases de efeito estufa na atmosfera. Não faz sentido deixar de fora a China, por exemplo, que é hoje o Estado que mais polui em todo o planeta.

Como já era de imaginar, por ocasião da COP 10, realizada em 2004 em Buenos Aires, a União Europeia colocou em pauta novamente a expansão do Anexo I do Protocolo de Quioto. Houve reação dos países emergentes: o Brasil, por exemplo, partiu em defesa de um tratamento diferenciado para os emissores emergentes. A delegação brasileira ainda estendeu a mão, solicitando financiamento e assistência técnica para que as nações subdesenvolvidas reduzissem suas emissões.

Em 2007, o clima era de preocupação na COP 13, realizada em Bali, na Indonésia. Afinal, em cinco anos o Protocolo de Quioto expiraria, sendo indispensável chegar a um acordo para substituí-lo. Pressionados pelos Estados do Anexo I, os países periféricos se comprometeram a adotar uma postura transparente no que diz respeito às suas emissões. Embora não aceitassem a imposição de metas, eles prometiam se unir aos esforços de mitigar as mudanças climáticas, submetendo seu desempenho à avaliação da comunidade internacional.

O ano de 2007 também trouxe uma agradável surpresa: a ratificação do Protocolo de Quioto pela Austrália isolou os Estados Unidos — único país do Anexo I que continuava rejeitando o acordo. O repúdio norte-americano às tentativas mundiais de conter o aquecimento global colaborou para deteriorar sua imagem em relação aos demais países das Nações Unidas.

Em 2008, o Brasil chegou orgulhoso à COP 14 em Póznan, na Polônia, ostentando seu plano nacional de mudanças climáticas, no qual assumia o compromisso formal de cortar emissões e conter o desmatamento. A China também não quis ficar atrás. Aliás, desde a virada do século XXI, a nova potência mundial tem evitado andar na contramão dos regimes internacionais. Ao contrário, o governo chinês tem feito investimentos pesados na sua matriz energética, substituindo o carvão por alternativas mais "verdes".

A União Europeia apresentou o plano conhecido como *três vezes vinte*. O novo compromisso europeu pode ser dividido em três partes principais envolvendo o número vinte:

- cortar em 20% as emissões de gases de efeito estufa até 2020;
- alcançar até 2020 uma economia de energia da ordem de 20%;
- conseguir uma matriz energética 20% limpa até 2020.

Conferência de Copenhague

Em 2009, o clima de cooperação visto em Póznan se repetiu na COP 15, em Copenhague. Em vez de deixar para tomar decisões durante a reunião, os países fizeram seu **dever de casa**, trazendo um pacote pronto das medidas que pretendiam implantar. No caso brasileiro, a redução de emissões não depende tanto de novas tecnologias, mas sim da atuação forte do governo para preservar a região amazônica. Já a ênfase chinesa recaiu na substituição da sua matriz energética poluente.

Para quem esperava que Copenhague produzisse um novo protocolo com medidas homogêneas para os diferentes Estados, a reunião dinamarquesa foi um fracasso. O presidente Obama, por exemplo, conhecia bem os limites que o Senado estipulara para sua ação; por isso, não assumiu

A preparação dos países para a COP 15 só foi possível porque dois anos antes, na COP 13, em Bali, havia sido desenvolvido um "mapa do caminho" para Copenhague. A COP de Bali também ficou marcada como aquela em que os Estados Unidos não conseguiram mais resistir à pressão da maioria e acabaram decidindo colaborar com as negociações. No entanto, isso teve um custo alto: as metas tiveram de ser revistas e se tornaram mais modestas.

compromissos multilaterais que seriam certamente embargados pelo Poder Legislativo de seu país. Em vez disso, ele se antecipou e trouxe propostas que não enfrentariam a resistência dos senadores.

Como cada país sugeriu diferentes medidas para mitigar as emissões em seus territórios, não foi possível harmonizar as opiniões, o que inviabilizou a criação de um novo tratado internacional com força de lei. No entanto, seria injusto classificar Copenhague como um encontro fracassado. Cientes de suas limitações político-econômicas, as nações participantes elaboraram seus compromissos, sujeitando-os à análise da comunidade internacional. Graças à liberdade de ação atingida em Copenhague, os Estados Unidos não ficaram de fora do novo acordo, assumindo publicamente que colaborariam com os esforços de mitigação do aquecimento global.

É claro que os resultados alcançados na Dinamarca não agradaram a todos. Na verdade, países como Tuvalu, Guatemala e Venezuela deixaram o encontro indignados. Não é difícil entender: como serão os primeiros a sentir os efeitos da elevação do nível do mar, é natural que se preocupem. Tuvalu, por exemplo, já está afundando. Embora seus índices de poluição estejam entre os mais baixos, o quarto menor país do mundo não vai escapar dos efeitos do aquecimento global. Como está apenas dez centímetros acima do nível do mar, o país deixará de existir em breve. Inclusive, muitos de seus 11 mil habitantes já estão buscando abrigo em outros países.

Segundo o Relatório Stern (2006), encomendado pelo governo britânico e elaborado sob coordenação do economista Nicolas Stern, a intensificação das mudanças climáticas descontroladas produzirá prejuízos entre 5% e 20% do PIB mundial a cada ano, com efeitos devastadores para a economia. Por outro lado, as medidas necessárias para reduzir as emissões e as consequências do aquecimento global custariam apenas 1% do PIB mundial, caso os países agissem a partir de agora.

Além disso, muitos chefes de Estado ficaram irritados quando descobriram que as diretrizes de Copenhague já tinham sido articuladas em uma reunião "VIP". O grupo BASIC, acrônimo que designa Brasil, África do Sul, Índia e China, promoveu um encontro que contou com a presença dos Estados Unidos e da União Europeia, em que os rumos da discussão da COP foram previamente decididos.

Satisfeito com os resultados, o presidente Obama elogiou a conferência dinamarquesa, classificando-a como uma ruptura sem precedentes. Não era para menos: segundo José Goldemberg (2010), Copenhague mudou profundamente a arquitetura do processo decisório. Enquanto Quioto impôs metas de cima para baixo, o encontro na Dinamarca trouxe proposta de baixo para cima, partindo dos próprios países as iniciativas de reduzir as emissões no âmbito nacional.

Os acordos unilaterais dos países com a ONU não são a única novidade de Copenhague. A conferência também lançou um fundo que deve reunir 100 bilhões de dólares anualmente, soma que deve ser destinada às práticas de adaptação e mitigação dos efeitos do aquecimento global. Três objetivos principais sintetizam o papel do novo fundo:

- adaptar os territórios às consequências atuais das mudanças climáticas;
- combater as causas do aquecimento global;
- acelerar a transferência de tecnologia para os países subdesenvolvidos.

Além dos compromissos individuais, os países também concordaram que a temperatura do planeta não deverá sofrer aumento superior a 2 °C até 2020. Esse limite fornece um parâmetro importante para a elaboração de acordos futuros. Se a temperatura mundial aumentar 3 ou 4 °C, por exemplo, os chefes de Estado terão de se reunir para assinar um novo pacto de caráter emergencial, estipulando medidas mais duras de combate às emissões de CO_2.

Para evitar complicações no futuro, o Painel Internacional sobre Mudanças Climáticas sugeriu que os países desenvolvidos reduzam suas emissões entre 25% a 40%, tomando como base os registros de 1990. Como os compromissos apresentados pelos grandes emissores ainda são modestos, mesmo que eles sejam cumpridos, a temperatura não aumentará menos de 2 °C.

Apesar dos sinais alarmantes, é preciso reconhecer os avanços da COP em Copenhague. Afinal de contas, os EUA e os países emergentes — que até então não tinham metas de redução — assumiram compromissos internacionais que, embora desprovidos de força de lei, serão verificáveis, permitindo o acompanhamento da questão ambiental nesses territórios.

Até a diplomacia brasileira — defensora das responsabilidades diferenciadas — tem se engajado mais no combate ao aquecimento global. Na Dinamarca, o Brasil propôs uma forma singular de calcular sua meta para diminuição de emissões: o governo brasileiro fez uma previsão para 2020, imaginando um cenário em que nada seria feito para diminuir a liberação de CO_2; o Brasil prometeu, então, poluir entre 36,1% a 38,9% menos do que o previsto. Embora os percentuais pareçam elevados, a proposta brasileira não é muito audaciosa. Imagine, por exemplo, que uma mulher obesa prometa ao médico diminuir 20% do seu peso em seis meses. Para espanto do doutor, a paciente engorda 5 kg até o prazo. Surpreendentemente, a mulher está satisfeita, dizendo que cumpriu sua promessa à risca: na verdade, a ideia era engordar 20% *menos* do que aconteceria caso ela não fizesse regime algum.

Tendências e previsões pós-Copenhague

Além da COP de Copenhague, outros acontecimentos importantes atraíram os olhares da mídia em 2007. No mesmo ano, o IPCC publicou um novo relatório, prevendo que um aumento de 4 °C na temperatura do planeta associado à escassez de água poderá transformar a Amazônia em savanas até a metade do século. O semiárido poderá se transformar em zona árida, ou seja, mais seco e quente, levando à extinção várias espécies da flora e fauna da América Latina.

Hoje, mais de 1 bilhão de pessoas vivem em regiões áridas, semiáridas e subúmidas secas, que são responsáveis por 22% da produção de alimentos do mundo. Só no Brasil, de acordo com dados do Ministério do Meio Ambiente, 32 milhões de pessoas habitam áreas que podem se tornar desérticas — áreas que ocupam mais de 1,3 milhão de quilômetros quadrados, representando 15,7% do território nacional. Em Cariri, no Ceará, estudos mostram que há regiões com características de clima árido: cerca de 1,5 mil municípios brasileiros de 11 estados estão em áreas suscetíveis à desertificação.

A migração é uma consequência da desertificação e de outros fenômenos climáticos extremos. Aliás, o aquecimento global já criou um novo tipo de refugiado: o *refugiado do clima*. Diversos fatores provocam o deslocamento desses migrantes, como a morte de rios e o empobrecimento do solo. Com o desgaste dos recursos naturais, fica mais difícil sobreviver da agricultura e de outras atividades produtivas. Além disso, a elevação do nível do mar levará muitas populações de áreas baixas para outras mais altas, possibilidade que preocupa a comunidade científica e os chefes de Estado. Estima-se que, com a aceleração das mudanças climáticas, o número de refugiados do clima alcançará o número de refugiados tradicionais, incitando conflitos sociais.

Não restam dúvidas de que as propostas apresentadas em Copenhague precisam de aperfeiçoamentos. O México sediará a próxima COP no final de 2010, na qual certamente serão travadas novas "batalhas". Em primeiro lugar, o Terceiro Mundo lutará por uma discussão mais ampla dos problemas ambientais, combatendo a elitização dos debates, como aconteceu na reunião dos BASIC em Copenhague. Apoiada por alguns países africanos e asiáticos, a União Europeia também promete retomar a discussão de um protocolo capaz de instituir obrigações para as nações ricas, como faz o Protocolo de Quioto, que expira em 2012. Do outro lado do campo de batalha, os países emergentes, com os Estados Unidos, pressionarão a comunidade internacional, defendendo a criação de acordos unilaterais e voluntários.

Enquanto isso, é provável que novos problemas ambientais continuem agitando a opinião pública, alertando a população para o desgaste do planeta. Em 2003, por exemplo, uma forte onda de calor varreu a Europa, matando milhares de pessoas. Dois anos depois, fenômenos como a seca anormal na Amazônia, o transbordamento dos rios Elba e Danúbio e o furacão Katrina em Nova Orleans tornaram inegável o potencial mortífero do aquecimento global.

No Quadro 2.1, você encontra uma síntese dos principais marcos no debate sobre mudanças climáticas, a maioria deles mencionados ao longo deste capítulo. Para elaborar esse quadro, baseamo-nos em uma interessante linha do tempo proposta pelo Center for Ocean Solutions (<http://centerforoceansolutions.org>), um centro de pesquisa ligado à Universidade de Stanford, da Califórnia, nos Estados Unidos: ao lado dos principais eventos que agitaram o debate ambiental no planeta, os pesquisadores do centro incluíram os níveis de CO_2 na atmosfera, medidos em *partes por milhão* (*ppm*). Essa visualização serve de alerta quanto à velocidade do agravamento do problema e aos prejuízos que podemos sofrer caso medidas mais firmes não sejam tomadas rapidamente.

Quadro 2.1 Alguns marcos na evolução do debate sobre alterações climáticas.

ANO	EVENTO
Antes da Revolução Industrial	**Níveis naturais de CO2: aproximadamente 280 ppm.**
1979	Primeira conferência mundial sobre o clima, organizada pelo Pnuma e pela Organização Metereológica Mundial (OMM).
1979	**O nível de CO_2 na atmosfera é de 337 ppm.**
1988	Criação do Painel Intergovernamental sobre Mudança Climática (IPCC).
1990	Publicação do primeiro relatório do IPCC.
1990	**O nível de CO_2 na atmosfera é de 354 ppm.**
1992	Realização da Eco-92.
1995	Realização da COP 1 em Bonn, Alemanha, e publicação do segundo relatório do IPCC.
1997	Durante a COP 3, é assinado o Protocolo de Quioto. Como não há tempo suficiente para finalizar todos os detalhes sobre o funcionamento do protocolo, estabelece-se que as COPs seguintes vão se concentrar nesse aspecto.
2000	**O nível de CO_2 na atmosfera é de 369 ppm.**
2001	Publicação do terceiro relatório do IPCC.
2004	Na COP 10, em Buenos Aires, fica decidido que já no ano seguinte seriam criadas metas de redução também para os países em desenvolvimento. Além disso, estratégias de adaptação e mitigação, antes tidas como admissão de fracasso, passam a ser consideradas.
2005	Completando a exigência de representatividade, a Rússia assina o Protocolo de Quioto, que passa a vigorar em fevereiro.
2007	A Austrália assina o protocolo, isolando os Estados Unidos como único grande poluidor a não ratificar o acordo. Na COP 13, realizada em Bali, desenvolve-se o "mapa do caminho", que prepararia os países para atingir um acordo dentro de dois anos, em Copenhague.
2008	**O nível de CO_2 na atmosfera é de 386 ppm.**
2009	Realização da COP 15 em Copenhague. Dessa vez, as metas são apresentadas pelos próprios países, em vez de impostas pela conferência. As principais críticas referem-se à timidez de tais metas.

ESTUDO DE CASO

AS MUDANÇAS CLIMÁTICAS E O BRASIL

Os problemas ambientais causados pelo aquecimento global já integram o rol das maiores preocupações do Brasil. Mesmo no cenário mais otimista – em que os esforços internacionais impedem que a temperatura ultrapasse o aumento de 2 °C previsto até 2050 – não será possível evitar os efeitos mundiais das mudanças climáticas. O Brasil não ficará imune aos impactos dessas transformações. Conheça as previsões dos especialistas para o nosso país.

- *Elevação do nível do mar*

    Com o derretimento das geleiras, espera-se que a elevação do nível do mar quebre todos os recordes. Sob o ponto de vista dos mais alarmistas, as rachaduras no gelo da Groelândia e da Antártida podem levar a um aumento de 12 metros, provocando verdadeiras catástrofes nas cidades litorâneas. Para os moderados, a elevação prevista é de 58 centímetros, número suficiente para tornar as ressacas muito mais violentas. Os prejuízos brasileiros tendem a ser tão extensos quanto o seu litoral: especialistas preveem, por exemplo, que cerca de 42 milhões de pessoas arcarão com os custos do aumento do nível do mar. Rio de Janeiro e Recife serão as cidades mais atingidas.

- *Furacões*

    Antes restritos aos países do Atlântico Norte, furacões e tornados se tornarão mais frequentes no território brasileiro. Em 2004, o sul sofreu com o potencial devastador do ciclone Catarina, que deixou um rastro de prejuízos por onde passou.

- *Impacto florestal*

    De acordo com os mais pessimistas, o impacto florestal será uma das piores consequências do aquecimento global. Se a temperatura aumentar mais de 5 °C, as chuvas serão mais raras na região Amazônica. A umidade da floresta – que forma uma capa protetora contra queimadas – tenderá a diminuir, facilitando a ação destrutiva do fogo.

- *Agravamento das secas*

    Quando o assunto é aquecimento global, não há dúvidas de que o Nordeste é o grande calcanhar de aquiles brasileiro. O aumento de temperatura prolongará as secas, colaborando para a extinção de lençóis freáticos e rios. O comprometimento ainda maior das reservas hídricas contribuirá para a desertificação da região. Embora soe contraditório, chuvas de proporções catastróficas ocorrerão ocasionalmente, agravando ainda mais a erosão do solo. Em 2004, por exemplo, choveu em um mês no Nordeste o que era esperado para o ano todo.

■ *Redução da produtividade agrícola*

A produtividade agrícola não será poupada mesmo que o aumento da temperatura não ultrapasse 3 °C. Diversas áreas hoje cultiváveis se tornarão impróprias, provocando graves prejuízos para a economia nacional. Os ambientalistas também temem que o fenômeno influencie a expansão da agricultura no solo amazônico, contribuindo para o desmatamento da região.

Fonte: ARINI, Juliana. Como o aquecimento global vai afetar o Brasil. *Época*, São Paulo, n. 463 , abr. 2008.

1. Identifique neste capítulo as medidas brasileiras de combate ao aquecimento global e pesquise outras na Internet. Você acredita que elas são satisfatórias? Por quê?
2. Qual é a sua opinião sobre a isenção de metas concedida aos países emergentes, incluindo o Brasil?

NA ACADEMIA

■ Procure outros quatro colegas e discuta os prós e os contras do Protocolo de Quioto e da Conferência das Partes em Copenhague. Busque mais informações em livros, revistas e na Internet e construa sua própria opinião sobre o assunto. Afinal, o que é melhor para o planeta: um único acordo multilateral, ou a fixação de compromissos unilaterais de acordo com as necessidades de cada país?

■ Preparem a resposta do grupo na forma de um pequeno artigo opinativo, como uma coluna de jornal, e entreguem-no ao professor.

Pontos importantes

■ Como o próprio nome indica, a Revolução Industrial modificou profundamente o modo de produção anterior, acelerando o ritmo de extração de recursos. Por isso, a ação do homem ganhou contornos muito mais destrutivos após a introdução das máquinas, contribuindo para o rápido esgotamento dos ecossistemas.

■ A primeira metade do século XX produziu debates utilitaristas sobre o meio ambiente. À época, as convenções sobre a natureza ficavam restritas às espécies que apresentavam alguma serventia econômica. Buscava-se protegê-las com o simples intuito de garantir a durabilidade de práticas como a caça e a pesca.

■ A Conferência de Estocolmo intensificou o envolvimento da sociedade civil e dos governos na questão ambiental. Depois do encontro, as ONGs, por exemplo, se multiplicaram, sinalizando o compromisso das comunidades com temas ecológicos.

- Encomendado pelas Nações Unidas, o Relatório Brundtland, de 1987, cunhou a expressão *desenvolvimento sustentável*. Desde então, a relação entre crescimento econômico e temas socioambientais nunca mais foi vista da mesma forma. O documento também tranquilizou o Terceiro Mundo, mostrando que desenvolvimento pode ser compatível com práticas ambientais corretas.
- A Eco-92 foi um importante marco na evolução do debate ambiental. Antes da conferência sediada no Rio, nenhuma outra reuniu tantos chefes de Estado e representantes da sociedade civil para discutir o meio ambiente. Além disso, o encontro também produziu importantes documentos que serviram de base para a construção de outros acordos, como o Protocolo de Quioto.
- Lançado em 1997, o Protocolo de Quioto estabeleceu metas de redução nas emissões de CO_2 para as nações que se industrializaram primeiro. Conhecidos como "países do Anexo 1", eles teriam de diminuir suas emissões em cerca de 5%, mitigando a aceleração do aquecimento global.
- O MDL é um dos mecanismos mais importantes do Protocolo de Quioto. De acordo com suas regras, os países subdesenvolvidos que se engajarem na luta contra a emissão de gases de efeito estufa poderão certificar suas emissões, ganhando créditos de carbono. Como o Terceiro Mundo não têm metas, seus certificados podem ser vendidos para os países do Anexo 1. Além de viabilizar o cumprimento dos objetivos de redução, o MDL incentiva a transferência de recursos financeiros dos países ricos para os pobres.
- A Conferência das Partes sediada em Copenhague mudou o processo decisório no que diz respeito às ações ambientais. Em vez de estabelecer metas para os diferentes países, Copenhague inaugurou um novo tipo de compromisso: após um intenso debate no âmbito nacional, os próprios chefes de Estado trouxeram suas propostas, moldando as metas de acordo com as peculiaridades de sua nação. Para os países que já estão sofrendo os impactos imediatos das mudanças climáticas, não se deve contar com a boa vontade das nações – afinal, elas não estipulam metas coerentes com as necessidades do planeta.

Referências

ASSUNÇÃO, João V. de; PESQUERO, Célia R. Dioxinas e furanos: origens e riscos. *Revista de Saúde Pública*, São Paulo, v. 33, n. 5, p. 523-530, out. 1999.

BARBIERI, José Carlos. *Gestão ambiental empresarial*. São Paulo: Saraiva, 2007.

BARBOSA, Vanessa. Mais de 80% dos municípios têm estrutura ambiental. *Exame*, 18 maio 2010.

CRESPO, Samyra. Opinião pública. In: TRIGUEIRO, André (Org.). *Meio ambiente no século 21*. Campinas: Armazém do Ipê, 2005. p. 59-73.

DIAMOND, Jared. *Colapso*: como as so0ciedades escolhem o fracasso ou o sucesso. Rio de Janeiro: Record, 2005.

ELKINGTON, John. *Canibais com garfo e faca*. São Paulo: Makron Books, 2001.

GIL, Gilberto. Algumas notas sobre cultura e ambiente. In: TRIGUEIRO, André (org). *Meio ambiente no século 21*. Campinas: Armazém do Ipê, 2005.

GOLDEMBERG, José. Copenhague: um "post mortem". *Política Externa*, São Paulo, v. 18, n. 4, p. 15-24, 2010.

MOURA, Luiz Antonio Abdalla de. *Qualidade e gestão ambiental*: sustentabilidade e implantação da ISO 14.001. São Paulo: Juarez de Oliveira, 2008.

RIBEIRO, Wagner Costa. *A ordem ambiental internacional*. São Paulo: Contexto, 2001.

SHIGUNOV NETO, Alexandre; CAMPOS, Lucila Maria de Souza; SHIGUNOV, Tatiana. *Fundamentos da gestão ambiental*. Rio de Janeiro: Moderna, 2009.

SHIVA, Vandana. *Biopiracy*: the plunder of nature and knowledge. Dartington, Devon (UK): Green Books; Gaia, 1998.

STERN, Nicolas. *Stern review*: the economics of climate change. London: UK Treasury, 2006.

Capítulo 3

VISÃO DOS ECONOMISTAS

Neste capítulo, abordaremos as seguintes questões:

- Que princípios orientam a corrente econômica ambiental neoclássica?
- O que são externalidades e bens inapropriáveis?
- Quais são as duas principais maneiras de lidar com as externalidades?
- Que princípios orientam a corrente econômica ecológica?
- O que é o WBCSD? De que forma sua atuação colabora com a questão ambiental?
- Por que a Cúpula de Johannesburgo fortaleceu um novo entendimento entre meio ambiente e desenvolvimento econômico?
- O que é ecoeficiência?
- Como o novo perfil do consumidor do século XXI interfere nos negócios da empresa?

Introdução

Nos capítulos anteriores, você conheceu a evolução do ambientalismo ao longo da história. Conforme estudado, a segunda metade do século XX mudou significativamente a visão sobre a relação entre homem e meio ambiente, alertando a sociedade para os impactos negativos do progresso.

Ao mesmo tempo, surgiram teorias que buscavam descrever melhor a interação entre atividades econômicas e meio ambiente. Na primeira parte deste capítulo, estudaremos duas dessas correntes teóricas: a da economia ambiental neoclássica e a da economia ecológica. Durante a explanação, conheceremos dois importantes conceitos para entender a visão dos economistas sobre as questões ambientais – os conceitos de externalidades e taxa pigouviana.

Em seguida, na segunda parte do capítulo, abordaremos, de maneira introdutória, os caminhos já traçados para que as empresas conciliem suas atividades com a preservação ambiental. Primeiro, veremos como nasceu o Conselho Empresarial Mundial para o Desenvolvimento Sustentável (*World Business Council on Sustainable Development – WBCSD*) e qual tem sido sua contribuição para o empresariado do mundo todo. Em seguida, veremos qual foi o legado da Cúpula de Johannesburgo (também conhecida como Rio+10), em especial para as empresas. Por fim, estudaremos o conceito de ecoeficiência e analisaremos como o perfil do consumidor do século XXI vem contribuindo para mudar certas atitudes no mundo dos negócios. Muitas das ideias introduzidas no presente capítulo serão aprofundadas e ampliadas nos seguintes.

Questões ambientais e economia segundo os neoclássicos

Para entendermos o ponto de vista neoclássico sobre a relação entre economia e meio ambiente, é primordial conhecermos, antes, a herança da teoria clássica. Inaugurada por pensadores célebres como Adam Smith, David Ricardo, John Stuart Mill e Thomas Malthus, a corrente clássica avaliava o desempenho econômico de um sistema numa perspectiva de longo prazo, descartando fenômenos passageiros. Assim, para um economista filiado à visão clássica, a saúde econômica de um país não deveria ser medida por flutuações da bolsa de valores, por exemplo, mas por indicadores mais robustos, como o PIB e outros índices de crescimento.

Além de não nutrir interesse por variações superficiais, os clássicos repudiavam a intervenção do Estado como regulador das relações econômicas. Sob seu ponto de vista, o equilíbrio do mercado seria construído sozinho, com base na lei de oferta e da procura – era a "mão invisível" do mercado, na expressão eternizada por **Adam Smith**.

O legado clássico serviu de alicerce para a construção de uma nova teoria econômica, o neoclassicismo. No final do século XIX, já surgiam os primeiros neoclássicos: Hermann Heinrich Gossen, Carl Menger, Léon Walras, Stanley Jevons e Alfred Marshall, entre inúmeros outros.

Herdeiros do princípio do *laissez-faire* (deixai fazer), os neoclássicos rejeitavam a intervenção do Estado na economia, argumentando que ela se autorregularia graças à competição. Como o preço final reflete o custo de produção, as próprias empresas se empenhariam para garantir o uso eficiente dos recursos na luta por vantagens competitivas. Nascia, então, o conceito neoclássico de *eficiência econômica*: em um mercado com muitos vendedores e compradores, o Estado não tem por que se preocupar — o equilíbrio será atingido naturalmente, à medida que cada parte atue no sentido de atingir seus interesses.

Na teoria, as peças se encaixavam com facilidade. Na prática, porém, os neoclássicos foram obrigados a admitir que a eficiência econômica oferecia algumas brechas — eram as chamadas *falhas de mercado*.

> *Os opositores do ambientalismo gostam de se apoiar nas teses de Adam Smith, economista escocês considerado pai do liberalismo econômico. Retomando os ideais presentes no clássico* A riqueza das nações, *eles defendem que as empresas e os indivíduos devem se mover apenas em prol dos seus próprios interesses. O que os discípulos do liberalismo radical preferem ignorar é que seu mestre também escreveu* A teoria dos sentimentos morais, *onde chama de sábio e virtuoso o homem capaz de sacrificar seus interesses para atender às necessidades maiores de sua comunidade ou nação, por exemplo.*

Um dos exemplos mais clássicos de falha de mercado diz respeito a uma situação que muitos de nós conhecemos bem: ao contratar um seguro de automóvel pela primeira vez na vida, o motorista sempre paga um valor bem alto. Com o passar dos anos, se provar que é um condutor cuidadoso — e que, portanto, não precisa acionar o seguro —, vai ganhando bônus e pagando cada vez menos pela apólice.

Observe que essa diferença no preço cobrado não é regida pela lei da oferta e da procura, tampouco pelos custos de produção em si (se um motorista segurado há 20 anos bater e tiver perda total em seu carro, os custos para a seguradora serão os mesmos do que se um motorista novato fizer a mesma coisa). A diferença ocorre porque existe *informação assimétrica* entre as partes: o motorista pode se informar sobre a companhia seguradora, consultando sua reputação no mercado, mas a seguradora não pode se informar sobre o motorista. Se for a primeira vez que ele está contratando um seguro de automóvel, não existe um "histórico" que possa demonstrar se ele é um condutor responsável ou não.

A mesma situação ocorre no mercado de crédito e de bens usados, por exemplo. Mas a informação assimétrica não é a única responsável pelas falhas de mercado. Para discutir a questão ambiental, interessa-nos estudar outros dois importantes provocadores dessas falhas: a existência de externalidades e de bens inapropriáveis.

Externalidades e bens inapropriáveis

Externalidades são os impactos (positivos ou negativos) que uma atividade econômica provoca sobre terceiros e que não são considerados no sistema de preços. Para entender esse conceito, vamos começar imaginando um exemplo: a instalação de uma grande loja popular em determinado bairro pode ser benéfica a lanchonetes e ambulantes das redondezas, que poderão aumentar seus lucros vendendo bebidas e petiscos aos clientes da loja (externalidade positiva); por outro lado, o novo empreendimento pode ser péssimo para os moradores da região, que poderão ter seus imóveis desvalorizados com o aumento dos engarrafamentos e do ruído (externalidade negativa).

Esses impactos são chamados de *externalidades* porque não estão *internalizados* no sistema de preços: a loja popular não cobra mais por estar trazendo lucro às lanchonetes, tampouco cobra menos por estar desvalorizando os imóveis dos moradores.

A questão das externalidades torna-se mais complexa quando atinge os chamados *bens inapropriáveis*, isto é, aqueles que não podem ser atribuídos a determinado proprietário, como rios ou florestas. No nosso exemplo, os donos dos imóveis prejudicados pela instalação da nova loja podem se reunir e pedir ressarcimento. Mas a negociação será muito mais difícil caso os danos atinjam a população de uma cidade inteira, um país inteiro — ou, em última instância, do mundo inteiro, como ocorre quando uma empresa lança na atmosfera (um bem inapropriável) gases aceleradores do aquecimento global.

Existem duas formas de eliminar as externalidades:

- lançando mão de soluções públicas (taxa pigouviana); ou
- lançando mão de soluções privadas (teorema de Coase).

Analisaremos cada um desses caminhos nos subtópicos a seguir.

Soluções públicas: taxa pigouviana

Entre outras contribuições que deu ao estudo da economia, o inglês Arthur Cecil Pigou foi responsável pelo desenvolvimento do próprio conceito de externalidades. Na verdade, Pigou ampliou o trabalho de um de seus professores, o neoclássico Alfred Marshall; porém, diferentemente dos neoclássicos, Pigou defendia a intervenção do Estado na economia, a fim de corrigir não apenas as externalidades, como também o desemprego e outros problemas.

Segundo Pigou, as atividades que gerassem externalidades positivas deveriam ser subsidiadas, e as que gerassem externalidades negativas, taxadas. Por esse motivo, as taxas aplicadas com tal finalidade são, até hoje, denominadas *taxas pigouvianas*.

O objetivo da taxa pigouviana é "internalizar a externalidade", ou seja, a partir do momento em que a pessoa ou organização paga a taxa, o custo para terceiros gerado por suas atividades passa a ser considerado no sistema de preços. A lógica é a seguinte: com a aplicação da taxa, os produtos "poluidores" tornam-se mais caros. Espera-se, assim, que o consumidor troque-os por produtos mais baratos, "ecologicamente corretos", o que, no fim, obrigará todos os produtores a produzir de forma mais limpa.

No âmbito socioambiental, a taxa pigouviana está intimamente ligada ao chamado *princípio do poluidor pagador* (PPP), segundo o qual fica a cargo da própria organização poluidora arcar com os prejuízos provocados por seus empreendimentos. De acordo com esse princípio, a empresa deve pagar pelos recursos ambientais que utiliza da mesma forma que paga pelos demais recursos (mão de obra, insumos etc.).

Soluções privadas: negociações propostas pelo teorema de Coase

Em 1960, um ano após a morte de Pigou, o modelo por ele desenvolvido encontrou um forte adversário. No hoje clássico artigo "The problema of social cost" ("O problema do custo social"), o economista inglês naturalizado americano Ronald Coase (que ganharia o Nobel de Economia em 1991) desenvolveu aquilo que mais tarde ficaria conhecido como *teorema de Coase*.

De acordo com o teorema de Coase, desde que os custos de informação e transação sejam nulos ou baixos, as partes envolvidas em um problema de externalidade (ou custo social) acharão, por si mesmas, a melhor autorregulação — independentemente de existir ou não uma regulação jurídica a respeito do problema. Em outras palavras, o teorema prega a negociação de direitos entre as partes; o papel do aparato estatal, nesse caso, não é forçá-las a tomar determinada atitude, mas sim cercá-las das informações necessárias e ampará-las ao buscarem seus direitos, para que os custos de transação não sejam altos demais. Os tribunais devem reconhecer, por exemplo, a obrigação que uma empresa poluidora tem de pagar por danos materiais e morais à comunidade do seu entorno.

Um grande obstáculo à aplicação prática desse teorema é a existência dos já aludidos bens inapropriáveis. As mudanças climáticas e o desgaste da camada de ozônio são prova de que os problemas ambientais não atingem comunidades específicas, mas a humanidade como um todo. E mais: questões aparentemente locais, como o desmatamento e a extinção das espécies, ganham relevância mundial quando entendemos o planeta como um conjunto de ecossistemas interligados. Por isso, a preservação da Amazônia, conhecida como *pulmão do mundo*, não interessa apenas às populações vizinhas, mas a todos os seres humanos.

Com o passar do tempo, outras inconsistências levaram à superação do teorema de Coase. Imagine, por exemplo, uma fábrica de aparelhos de ar-condicionado que emitem CFC. Pois bem. Agora, imagine o que aconteceria se os membros de uma comunidade decidissem exigir uma indenização pelos danos feitos à camada de ozônio por esses produtos. Ora, o dono da fábrica poderia alegar que os próprios cidadãos também poluem, pois compram os aparelhos. Nesse caso, a externalidade é provocada por ambos, empresa e consumidor, tornando a comunidade corresponsável pelos estragos.

Posteriormente, com a crise do petróleo na década de 1970, intensificou-se a consciência da finitude dos recursos naturais, o que poderia comprometer o bem-estar das próximas geräões. O Estado, portanto, não deveria ficar de braços cruzados, assistindo à depredação da natureza: cabia ao governo agir, regulando a exploração do meio ambiente. Aos poucos, os impostos pigouvianos ressurgiram, fortalecendo a legitimidade do papel do Estado como interventor na economia.

O princípio poluidor pagador na prática

Hoje em dia, a taxa pigouviana está em alta. Muitos governos adotaram esse mecanismo econômico para limitar o direito de poluir, assegurando o bem-estar social. Até o direito internacional — conjunto de regras que regula as relações entre países — exige que o poluidor arque com os custos da poluição. Em agosto de 1981, o Brasil aprovou a Lei nº 6.938, criando normas para a política ambiental nacional. O princípio do poluidor pagador também constava da nova legislação:

> Artigo 4º — A Política Nacional do Meio Ambiente visará:
>
> [...]
>
> VII — à imposição, ao poluidor, e ao predador, da obrigação de recuperar e/ou indenizar os danos causados e, ao usuário, da contribuição pela utilização de recursos ambientais com fins econômicos (BRASIL, 1981).

Além de exigir a reparação dos estragos, o princípio do poluidor pagador ganhou novas implicações com a Constituição Federal de 1988. Ela não só pune com multas as organizações que operam fora da lei, mas também propõe o uso ético do meio ambiente, conservando os recursos biológicos para o sustento das próximas gerações:

> Artigo 255 — Todos têm direito ao meio ambiente ecologicamente equilibrado, bem de uso comum do povo e essencial à sadia qualidade de vida, impondo-se ao Poder Público e à coletividade o dever de defendê-lo e preservá-lo para as presentes e futuras gerações (BRASIL, 1988).

O professor de direito ambiental Paulo Affonso Machado (1991) apoia esse ponto de vista, reforçando que o pagamento de impostos sobre a poluição não isenta a empresa da responsabilidade de prevenir os danos. Nas suas palavras, ninguém pode dizer "poluo, mas pago" (MACHADO, 1991, p. 197), pois a aplicação do princípio poluidor pagador não substitui os cuidados com a natureza e o bem-estar do ser humano. Logo, não é possível argumentar que o imposto pigouviano *compensa* a poluição. Não é esse o seu objetivo; ele apenas cobra do responsável as somas necessárias para *reparar* o estrago ambiental provocado.

Em vez de remediar, cabe às organizações prevenir os impactos negativos de suas atividades, abraçando o princípio da precaução. Para isso, não é preciso eliminar o crescimento econômico, mas sim realizá-lo em bases sustentáveis, medindo os riscos e zelando pelos valores socioambientais.

Em um mundo capitalista, não se deve esperar que as companhias colaborem de forma espontânea a favor da sociedade e do meio ambiente. Seria muito ingênuo contar com a solidariedade empresarial. Por isso, a cobrança de tributos específicos serve para desestimular, por exemplo, a utilização de recursos escassos ou a realização de atividades poluidoras, especialmente quando existem alternativas "verdes". Às vezes, não é preciso proibir as práticas predatórias: basta torná-las menos lucrativas para inibir sua expansão. Logo, o imposto cobrado deve pesar no bolso do empresário; do contrário, a justificativa "poluo, mas pago" continuará encorajando a irresponsabilidade. O incentivo fiscal às iniciativas ecologicamente corretas também é uma opção eficaz, tornando seus produtos e serviços mais competitivos.

A Suécia dá bons exemplos de aplicação do princípio poluidor pagador. O governo sueco cobra impostos altos sobre o enxofre, o que causou cortes de 40% nas emissões em apenas dois anos. Para estimular o uso de combustíveis menos poluentes, o país ofereceu incentivos fiscais expressivos: hoje, eles conseguem fazer frente aos combustíveis fósseis, chegando ao consumidor com preços mais atraentes. A Dinamarca não ficou atrás: os impostos sobre os resíduos prometem dobrar a reutilização dos detritos em menos de uma década. Conhecida como *taxa J*, o imposto cobra do empresário duas vezes o valor do tratamento do entulho. A reciclagem e a reutilização aparecem, então, como alternativas mais econômicas, ditando uma nova lógica: melhor que ser um poluidor pagador é evitar a poluição.

> *Você certamente já ouviu falar no ICMS, o Imposto sobre Circulação de Mercadorias e Serviços arrecadado pelos Estados brasileiros. Hoje em dia, 13 Estados brasileiros já deram uma nova cara ao tributo, implantando o ICMS ecológico – instrumento econômico que incentiva a preservação ambiental nos municípios. De acordo com as leis desses Estados, os municípios que investem em meio ambiente devem ser premiados com o repasse do ICMS, ganhando recursos para avançar ainda mais rumo à sustentabilidade. Os critérios para determinar o valor do repasse variam de Estado para Estado. O Paraná – pioneiro na implementação do ICMS ecológico – privilegia os municípios onde há áreas de conservação permanente. Para o governo de Pernambuco, as regras são outras: os municípios recebem recursos de acordo com seu desempenho social e ambiental. Em Minas Gerais, o governo estadual avalia os índices de qualidade ambiental dos municípios, beneficiando os mais engajados. Para saber mais, visite o site <www.tributoverde.com.br>.*

Questões ambientais e economia, segundo os economistas ecológicos

A corrente da economia ecológica surgiu como resposta à concepção *antropocêntrica* do meio ambiente, rejeitando a tese de que a função da natureza é prover os meios necessários ao desenvolvimento do homem. Em vez de defender esse conceito utilitarista de meio ambiente, a corrente ecológica adotou uma postura *ecocêntrica*, argumentando que o ser humano é apenas mais um morador do ecossistema: o cuidado com o seu *habitat*, portanto, seria indispensável para garantir a preservação da própria espécie humana.

Ao longo das décadas de 1960 e 1970, a economia ecológica foi influenciada por importantes publicações, como o relatório neomalthusiano *Os limites do crescimento* (sobre o qual já falamos nos dois primeiros capítulos) e o livro *The entropy law and the economic process* (*A lei da entropia e o processo econômico*), escrito pelo economista Nicholas Georgescu-Roegen. Publicada em 1971, a obra de Roegen traçava um paralelo entre a física e a economia, mostrando que dois princípios da termodinâmica tinham aplicações econômicas. São eles:

- *Lei da conservação da energia*: o famoso princípio desenvolvido pelo cientista Lavoisier mostra que na natureza nada se perde, nada se cria; tudo se transforma.

- *Lei da entropia*: a energia não pode ser extraída e convertida em trabalho com 100% de eficiência — sempre há uma consequência para o resto do universo.

Ora, não é difícil imaginar como essas leis ajudam a entender os sistemas econômicos. A lei da conservação, por exemplo, prova que o desenvolvimento não vem de graça: ele é alcançado à custa da natureza, cujos recursos são transformados em mercadoria. O princípio da entropia complementa essa ideia, mostrando que as atividades econômicas não são ciclos fechados totalmente eficientes: pelo contrário, os seus efeitos são sentidos na sociedade e no meio ambiente, que frequentemente pagam o ônus do progresso.

Embora alguns autores (como Donaire, 2008) considerem o ecodesenvolvimentismo (ou desenvolvimento sustentável) como uma corrente econômica ambiental à parte, independente da neoclássica, da pigouviana e da economia ecológica, outros (como Romeiro, 2001) acreditam que o substrato teórico dos ecodesenvolvimentistas não deixa de ser a economia neoclássica. Para um estudo mais detalhado sobre o tema, recomendamos a leitura de: ROMEIRO, Ademar Ribeiro. Economia ou economia política da sustentabilidade? Texto para Discussão, IE/UNICAMP, n. 102, set. 2001.

Depois da Conferência de Estocolmo, o crescimento econômico irresponsável tornou-se muito impopular. Encurralados, os desenvolvimentistas não tinham alternativa: agarraram a economia ambiental neoclássica como tábua de salvação; afinal de contas, seus princípios não repudiavam os avanços econômicos.

O próprio secretário da Conferência de Estocolmo, Maurice Strong, não via os avanços econômicos como embaraços para a conservação ambiental. Criador do conceito de **ecodesenvolvimento**, o canadense apostava na eficiência econômica aliada à prevenção e à responsabilidade social como saída para os problemas ambientais contemporâneos.

Porém, os preservacionistas não ficaram satisfeitos com as declarações de Strong. Para esse grupo, o desenvolvimento era o grande rival do ambientalismo: seus objetivos eram, portanto, antagônicos. E a sustentabilidade? Segundo os preservacionistas, o conceito de "necessidade" do Relatório Brundtland não deveria ser interpretado como algo engessado. Em outras palavras, as nossas necessidades precisavam se adaptar à quantidade de recursos disponíveis, impondo-se limites, por exemplo, à taxa de natalidade e ao crescimento econômico. Pelo menos, era assim que pensavam os neomalthusianos do MIT ao redigir o relatório *Os limites do crescimento*, já comentado neste livro.

Apesar desses primeiros ataques à corrente neoclássica, foi só na década de 1980 que a corrente ecológica se consolidou como sua alternativa teórica. Contribuíram para seu fortalecimento a criação da International Society for Ecological Economics (ISEE), em 1988, e o lançamento da revista *Ecological Economics* no ano seguinte.

Os economistas ecológicos são céticos em relação aos resultados da economia ambiental neoclássica. Em primeiro lugar, eles criticam o tratamento dos recursos naturais como outros tipos de recursos. Para eles, os recursos biológicos merecem cuidados especiais, pois a maioria é finita. Mesmo os renováveis exigem atenção: o solo, por exemplo, pode se tornar estéril quando submetido aos abusos da agricultura. O assoreamento dos rios e a contaminação das reservas hídricas são outro exemplo de que até a água pode se transformar em um recurso escasso.

Além de defender esse tratamento diferenciado para os recursos naturais, a corrente da economia ecológica vê com desconfiança as análises econômicas dos neoclássicos. Para os preservacionistas, a visão dos seus adversários é míope, porque não dá conta do caráter holístico da relação entre homem e meio ambiente: como algumas externalidades só se manifestam a longo prazo, a teoria neoclássica não enxerga essas falhas, comprometendo o atendimento às necessidades das gerações futuras.

Negócios na era da sustentabilidade

Desde a Conferência de Estocolmo, a questão ambiental vem assumindo uma posição de destaque no contexto internacional. Como era de imaginar, os ambientalistas declararam guerra às atividades econômicas irresponsáveis, cobrando modificações radicais.

Impulsionada pelo ambientalismo da década de 1960, a conferência trouxe para o centro das discussões o esgotamento dos recursos naturais, propondo a exploração racional da natureza como alternativa à ação predatória. Ao mesmo tempo, livrou o conceito de meio ambiente do ranço instrumentalista das décadas anteriores: depois de Estocolmo, a natureza não devia mais ser vista como repositório de itens para o progresso, mas como lar da humanidade. Renasceram, assim, as taxas pigouvianas como instrumentos indispensáveis para a correção das falhas de mercado.

Porém, o clima ainda era de incerteza com relação aos efeitos econômicos da nova consciência ambiental. Para muitas empresas, o tema provocava preocupação, pois temiam que as iniciativas ecológicas reduzissem a lucratividade dos negócios.

Publicado em 1987, o Relatório Brundtland tranquilizou os economistas, mostrando que a estagnação do desenvolvimento não integrava a agenda dos ambientalistas. No entanto, algumas mudanças seriam necessárias. De acordo com o documento, a empresa do novo milênio não pode ficar alheia aos problemas sociais e ecológicos dos lugares onde atua.

> *Quando falamos em sustentabilidade, é importante não confundi-la com o conceito de gestão ambiental. A sustentabilidade ou desenvolvimento sustentável aparece no nível macro, integrando dimensões econômicas, sociais e ambientais. A gestão ambiental é mais específica, pois só determina a forma como a empresa se relaciona com o meio ambiente. Decisões relativas à administração dos recursos naturais e à avaliação dos impactos ecológicos são da alçada da gestão ambiental. Já a sustentabilide resulta de um olhar mais amplo, pois não engloba apenas as questões ambientais, como você pôde ver.*

Caracterizada pela responsabilidade, a postura empresarial passou a incluir o monitoramento do impacto de suas atividades sobre a comunidade e o planeta.

Além de tranquilizar os setores econômicos, o relatório encomendado pela ONU alargou a noção de desenvolvimento humano, acrescentando à ideia de **sustentabilidade** ingredientes como direito dos trabalhadores, proteção aos consumidores, governança corporativa, conservação do meio ambiente e melhoria dos índices sociais. E não parou por aí — o Relatório Brundtland também firmou um compromisso entre gerações: o crescimento econômico atual não podia perder de vista o suprimento das necessidades futuras, freando a exploração dos recursos naturais quando preciso.

Como vimos no capítulo anterior, na década de 1990 o caráter abrangente da sustentabilidade foi reforçado pelo pensador britânico John Elkington, que cunhou a expressão *triple bottom line*. Para Elkington, só faz sentido pensar em desenvolvimento sustentável quando aspectos ambientais, sociais e econômicos são levados em conta. Ao observar a Figura 3.1, você identificará o tripé proposto pelo pensador, bem como as articulações que podem resultar dessa integração.

Figura 3.1 As articulações que podem resultar do *triple bottom line*.

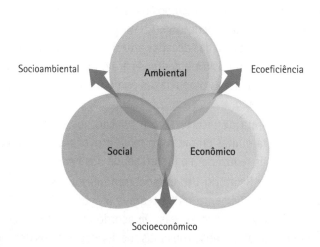

Cunhada pelo Relatório Brundtland, a expressão *desenvolvimento sustentável* caiu no gosto da mídia, mas sua implantação na prática ainda é lenta. Sob constante pressão de atores governamentais e civis, as empresas alegam que precisam de tempo para se adaptar às novas exigências. A princípio, algumas organizações mais ressabiadas desconfiavam que o alvoroço em torno da questão socioambiental era uma moda passageira e, por isso, pouco fizeram para reformular suas práticas.

Contudo, a Eco-92 não deixou dúvidas de que a sustentabilidade veio para ficar. Preocupado com sua dimensão econômica, Maurice Strong, secretário-geral do encontro (como vimos no início deste capítulo, ele também havia liderado o evento de Estocolmo), pediu que o empresário suíço Stephan Schmidheiny conduzisse a participação das corporações. As discussões foram tão enriquecedoras que Schmidheiny não parou por aí. Três anos depois, ele fundou o Conselho Empresarial Mundial para o Desenvolvimento Sustentável (*World Business Council on Sustainable Development* – WBCSD), já prevendo que o mundo dos negócios não ficaria imune ao debate ambiental.

Na contramão do pessimismo econômico, Schmidheiny identificava no desenvolvimento sustentável uma oportunidade imperdível. Por isso, decidiu usar o WBCSD para orientar a atuação empresarial. Suas recomendações atraíram mais de 200 organizações, transformando o conselho em um fórum de debate sobre o potencial econômico das práticas sustentáveis. Hoje, mais de 30 países e 20 setores industriais participam de suas reuniões, trocando experiências e amadurecendo ideias para um desenvolvimento responsável. Sua expansão foi inevitável – hoje, o conselho está espalhado pelo mundo, alcançando 60 países. O Conselho Empresarial Brasileiro para o Desenvolvimento Sustentável (CEBDS) é um dos braços do WBCSD.

Com o passar dos anos, o conselho consagrou-se como um dos principais espaços para o debate sobre o desenvolvimento sustentável e suas implicações econômicas. Suas contribuições têm se pautado nos seguintes objetivos:

- promover a reflexão conjunta sobre como os negócios devem contribuir para a sustentabilidade;
- criar normas para orientar o crescimento sustentável das atividades econômicas;
- contribuir para que empresas nos países emergentes abracem práticas sustentáveis, rejeitando os moldes tradicionais de desenvolvimento predatório;
- divulgar as conquistas do setor econômico no âmbito da sustentabilidade.

O cumprimento dessas metas não depende exclusivamente da ação empresarial. O governo e a sociedade civil também são peças indispensáveis para o êxito do desenvolvimento sustentável. Aliás, as regras que ditam a atuação responsável das organizações são produzidas justamente no diálogo entre os três, como mostra o esquema a seguir.

Sociedade	**Governo**	**Empresa**
Promove a discussão dos temas ambientais, encaminhando suas demandas para os representantes políticos.	Pressionado pela opinião pública, cria leis que satisfaçam suas exigências.	Em obediência às leis, modifica sua prática, evitando os efeitos negativos de sua prática sobre a comunidade local.

O sucesso empresarial depende, em grande parte, da qualidade do diálogo com a sociedade e o governo. No contexto atual, a criação de vínculos com ONGs, por exemplo, ajuda a construir uma imagem positiva da corporação, melhorando sua relação com a comunidade local e aumentando os lucros. Ao contrário do que pregavam os economistas conservadores, o cuidado com o meio ambiente não é um entrave para o progresso, mas uma vantagem competitiva capaz de incrementar os negócios.

Desafios socioambientais e o papel da empresa

Segundo Fernando Almeida (2005), ex-presidente executivo do CEBDS, ainda não há consenso com relação à sustentabilidade ambiental. De um lado, os ambientalistas radicais argumentam que preservação e desenvolvimento são práticas antagônicas, metas que não podem ser conciliadas. Do outro, os economistas tradicionais defendem o progresso imediato a qualquer custo, negligenciando a causa ambiental.

Felizmente, a Rio+10, conhecida como Cúpula de Johannesburgo, mostrou que o zelo com a natureza não exclui o crescimento econômico. Dez anos depois da Eco-92, a África do Sul sediou o encontro, onde foram avaliados os avanços produzidos na década. Para surpresa de muitos, o meio ambiente não ocupou sozinho o foco das discussões: temas como a educação, os negócios e a erradicação da pobreza também estavam em pauta.

Do ponto de vista tradicional, a reunião sul-africana parecia uma grande confusão. Para os conservadores, misturar temas tão diversos ampliava demais o escopo dos debates, impedindo que as discussões ganhassem profundidade. Os ataques não pegaram os organizadores de surpresa. Afinal, como a natureza sempre foi tratada como um tema à parte, eles não esperavam que a sociedade reconhecesse de uma hora para outra sua ligação com questões políticas, econômicas e sociais.

A Cúpula de Johannesburgo atraiu aproximadamente cem chefes de Estado e mais de 15 mil participantes da sociedade civil. Além de retomar a discussão sobre a Agenda 21 e outras resoluções ambientais produzidas na Eco-92, os conferencistas também participaram do *Dia de Negócios* (*Business Day*), ocasião em que discutiram a exploração sustentável dos recursos naturais.

Preocupados com os índices socioeconômicos do Terceiro Mundo, os economistas apoiaram a *sobrevivência sustentável*, conceito que prevê a erradicação da pobreza e a ampliação do consumo em bases ecologicamente responsáveis. Os participantes sugeriram, entre outras coisas, que as empresas deveriam facilitar o acesso dos mais pobres aos seus produtos e serviços, barateando seus preços nas comunidades mais carentes.

Para os participantes da Cúpula de Johannesburgo, já era hora de converter os bilhões de pobres no mundo em consumidores, aumentando seu poder aquisitivo. Para tanto, era preciso combater sete inimigos principais:

1. *A fome e a miséria*: o desenvolvimento sustentável só se tornará realidade quando não houver pessoas vivendo abaixo da linha da pobreza, isto é, ganhando menos de um dólar por dia.

2. *Falta de acesso à educação primária*: milhões de crianças não vão à escola regularmente, ficando à margem das melhores oportunidades de trabalho.

3. *Desigualdade entre os gêneros*: a tradicional opressão à mulher deixou marcas. Estudos mostram que, em pleno século XXI, as desigualdades de gênero ainda estão presentes, condenando mulheres a condições de vida e consumo inferiores àquelas usufruídas pela maioria dos homens.

4. *Mortalidade infantil*: a miséria e a falta de recursos condenam à morte milhões de crianças com menos de cinco anos.

5. *Mortalidade perinatal*: a ausência de recursos também impede que milhões de crianças venham ao mundo.

6. *Doenças contagiosas*: a Aids, a malária e outras doenças contagiosas têm feito avanços preocupantes pelo mundo, gerando graves problemas sociais. A África do Sul, por exemplo, é um dos países mais atingidos. Entre seus 48 milhões de habitantes, cinco milhões já estão infectados pelo vírus HIV.

7. *Falta de acesso à água potável:* a água, bem indispensável para a saúde do ser humano, está em falta. Mais de um bilhão de pessoas não tem acesso à água potável. As expectativas não são das melhores: estima-se que 45% da população mundial não terá acesso a esse recurso em 2050.

Como você acabou de ver, os inimigos do desenvolvimento não são fáceis de combater. A sua derrota depende de uma aliança global, em que governos, empresas e comunidades de todo o mundo se comprometam com a solução desses problemas.

Há uma extensa lista de medidas que as empresas podem adotar para tornar suas atividades mais sustentáveis. Você vai conhecer agora duas frentes em que atitudes responsáveis podem fazer toda a diferença na mitigação dos efeitos negativos do progresso.

Cuidados com os ecossistemas: o conceito de ecoeficiência

De acordo com os especialistas, a humanidade chegou a um momento decisivo de sua história. Se a economia mundial continuar crescendo no mesmo ritmo da última década, o planeta não suportará a demanda por recursos naturais já em 2050. Isto é, em poucas décadas, o homem enfrentará a escassez de itens indispensáveis à sua existência. A não ser que algo seja feito a respeito.

Obviamente, o controle de natalidade é inevitável se quisermos evitar as consequências previstas para as próximas décadas. Afinal, as taxas de crescimento demográfico — especialmente no Terceiro Mundo — não são compatíveis com a fome e a falta de recursos hídricos que já existem. Entre 1975 e 2000, já foi registrado um avanço importante: o número de filhos por mulher caiu de quatro para três.

Além de controlar o crescimento populacional, é necessário distribuir renda, diminuindo as disparidades que separam ricos e pobres. Trata-se de um objetivo desafiador, uma vez que as desigualdades são profundas, como mostra Fernando Almeida:

> De acordo com os critérios do Banco Mundial, o mundo é hoje constituído por 78% de pobres (renda *per capita* inferior a US$ 3.470), 11% de pessoas de ganho médio e 11% de ricos (renda *per capita* anual superior a US$ 8.000). Isso significa que os 50 milhões mais ricos recebem o mesmo que os 2,7 bilhões mais pobres (2005, p. 127).

Não restam dúvidas de que as estatísticas são alarmantes do ponto de vista social. Porém, por que seria interessante dar poder de compra aos pobres justamente agora, quando os recursos naturais já beiram o esgotamento? Se a situação já é crítica, o que acontecerá ao meio ambiente se mais pessoas puderem consumir?

Ora, o problema não é a *quantidade*, mas sim a *qualidade* do consumo. O planeta entraria em colapso, por exemplo, se a população chinesa — que hoje ultrapassa a casa do um bilhão — imitasse os hábitos norte-americanos. A solução aqui não é negar aos chineses o direito de consumo, mas ensinar a eles (e aos norte-americanos) a consumir com eficiência.

O conceito de *ecoeficiência* é mais um fruto do WBCSD nas últimas décadas. Inspirada pela ideia de sustentabilidade do Relatório Brundtland, a ecoeficiência não pressupõe redução no consumo, mas sim o uso eficiente dos recursos naturais. A nova prática implica explorar o ecossistema de forma responsável, diminuindo os impactos econômicos e ambientais da produção. Observe que os benefícios não se restringem à conservação ambiental, mas abrangem também o desempenho econômico dos negócios.

O paradigma da ecoeficiência acrescenta novas estratégias, aliando corte de custos, redução do uso de recursos e aumento dos lucros, como mostra a Figura 3.2.

Figura 3.2 As várias estratégias que compõem o paradigma da ecoeficiência.

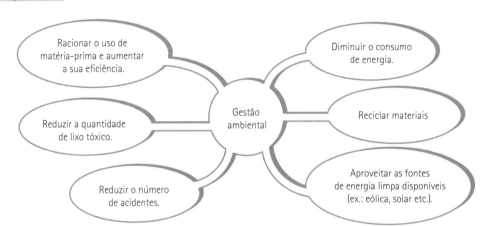

Além de eliminar gastos com pagamento de indenizações e multas, as iniciativas apontadas na Figura 3.2 melhoram o relacionamento da empresa com a mídia e os órgãos de monitoramento ambiental. Graças à conscientização ecológica, as organizações sustentáveis também têm sido premiadas pela própria sociedade, que passa a privilegiar cada vez mais os produtos "verdes" em sua lista de compras.

Existem ainda muitas outras formas de colaborar com a causa ambiental. O uso moderado da água e a exploração responsável dos recursos florestais e minerais são alguns exemplos de como reduzir o impacto ambiental das atividades econômicas. Sem sombra de dúvida, a ecoeficiência inaugurou uma fase de inovação no mundo dos negócios.

Não é simples fazer parte dessa nova era de gestão. Em primeiro lugar, a empresa precisa entender o ecossistema onde atua, evitando a extração predatória dos recursos biológicos. A condução consciente de suas atividades beneficia não apenas a comunidade e as espécies – que dependem da biodiversidade –, mas também a saúde dos negócios, garantindo sua viabilidade a longo prazo.

Infelizmente, a ecoeficiência não integra a política ambiental de todas as empresas. Entusiasmadas com a possibilidade de lucros imediatos, muitas empresas provocaram danos irreversíveis no meio ambiente, prejudicando o planeta e a si mesmas, como mostra o exemplo dado por Fernando Almeida:

> [...] o uso atual dos ecossistemas vem determinando uma redução de sua capacidade produtiva. Estão hoje em processo de extinção 26.000 plantas, 1.100 mamíferos, 1.200 aves e 700 peixes de água doce. Um triste exemplo de superutilização aconteceu no Estado do Rio de Janeiro com a sardinha, que foi extinta na Baía de Guanabara. Com ela desapareceu a indústria de beneficiamento do estado. O setor privado tem, portanto, todo interesse na preservação da base natural. Muitos produtos e serviços dos ecossistemas não podem ser substituídos a preços competitivos (2005, p. 130).

Ao contrário do que fizeram as antigas beneficiadoras de sardinha fluminenses, a organização ecoeficiente busca minimizar os efeitos negativos de suas atividades sobre a natureza, levando em conta a capacidade de sustentação do ecossistema. Em outras palavras, a empresa responsável deve medir o nível de exploração que o meio ambiente local consegue suportar, impedindo o seu esgotamento.

A criatividade, característica marcante da área empresarial, já vem sendo usada a favor do desenvolvimento sustentável. A Liquigás, empresa do Sistema Petrobras, deu um bom exemplo em 2009. Ganhadora do Prêmio Responsabilidade Ambiental, a distribuidora de gás mostrou que é possível combinar crescimento econômico e sustentabilidade. Ela se destacou graças ao Projeto Efluente Zero, que eliminou o descarte dos efluentes industriais no meio ambiente. Em vez de despejá-los nos rios e lagos, as unidades da Liquigás construíram um sistema de tratamento dos efluentes, reutilizando-os no processo produtivo.

O papel eletrônico é outra boa ideia. Também conhecido como tinta eletrônica, ele busca substituir o papel derivado da celulose, permitindo que o usuário leia, apague ou altere conteúdos sem desperdícios. Embora não seja popular no Brasil, a nova tecnologia está disponível nas prateleiras de lojas estrangeiras, revelando-se uma possível alternativa aos livros e revistas convencionais. As assinaturas e as compras passam a ser feitas on-line, preservando os direitos dos autores sobre suas obras.

O sucesso dessas alternativas prova que meio ambiente e desenvolvimento não são inimigos, como alguns argumentam. Afinal, a natureza é a maior aliada que uma empresa pode ter — é daquela que esta extrai a energia e a matéria-prima indispensáveis para suas atividades econômicas. Respeitar o ecossistema é, portanto, essencial para garantir o êxito de um empreendimento.

Cabe aos governos estimular o desenvolvimento sustentável, não deixando impunes as empresas que negligenciam o cuidado com o planeta. Os impostos são uma boa forma de exercer pressão nesse sentido, exigindo-se contribuições mais pesadas das organizações que não se comprometem com a causa ambiental.

Em muitos casos, as ONGs passam à frente das autoridades e encontram outras formas de punir os vilões ambientais. As madeireiras da Indonésia pagaram caro pelo desmatamento irresponsável, como revela o presidente da Sustainable Business Strategies, Andrew Savitz:

> Nas florestas tropicais de Bornéu, na Indonésia, a indústria madeireira sempre foi objeto de controvérsias. Madeiras nobres são abundantes na região e o lucro decorrente de sua extração é importante para a população local. Mas a exploração de madeira, como qualquer outra indústria extrativa, pode ser destrutiva sob os pontos de vista ambiental e econômico. As empresas do setor, por vezes mais preocupadas com os resultados imediatos do que com o crescimento duradouro, não raro desmatam de maneira impiedosa áreas tão extensas que a recuperação é quase impossível. Ao irem embora, as empresas deixam no desamparo, de uma hora para outra, milhares de trabalhadores locais desempregados e grandes áreas quase desérticas, desprovidas das espécies vegetais e animais que um dia constituíram a seiva

dessas regiões. (Como o geógrafo e biólogo Jared Diamond documentou em seu *best-seller* *Collapse*, o desmatamento tem sido importante fator de decadência econômica e social de várias civilizações humanas avançadas.) Em consequência, grupos ambientais diversos, como Rainforest Action Network e Greenpeace International, têm promovido o boicote da exploração de madeira na Indonésia (2007, p. 86).

Após sofrerem graves perdas financeiras, algumas madeireiras entenderam que o bom relacionamento com a comunidade e o meio ambiente tornou-se um fator competitivo no século XXI, podendo incrementar ou inviabilizar seus negócios. Os indicadores financeiros da empresa não são o bastante para determinar sua reputação; o investidor contemporâneo também está interessado nos relatórios socioambientais. Não há outra saída: hoje, a chave para o êxito empresarial duradouro é a sustentabilidade.

Cuidados com energia e clima

A eficiência energética é um dos pontos críticos do desenvolvimento sustentável. Como a queima de combustíveis fósseis é incoerente com as necessidades do planeta, a procura por fontes de energia limpa promete manter os especialistas dessa área ocupados durante o século XXI. Além disso, o petróleo e o carvão mineral estão com os dias contados, tornando ainda mais urgente a substituição da matriz energética atual.

Algumas alternativas estão sendo estudadas. As hidrelétricas, por exemplo, são as principais fontes de energia no Brasil. Embora sejam muito menos poluentes que as termoelétricas a óleo ou carvão, elas provocam o alagamento de áreas extensas, abrindo feridas profundas no ecossistema local. A energia eólica e a solar também são opções interessantes onde há boa incidência de ventos e luz do sol, respectivamente.

Porém, a esperança do século XXI já tem nome: chama-se *biomassa*. O conceito serve para definir o conjunto de elementos vivos em um ecossistema, incluindo espécies vegetais e animais. O termo vem sendo usado também para designar os recursos naturais renováveis utilizados como fonte de energia, tais como, por exemplo, os biocombustíveis.

Os chamados biocombustíveis são a grande promessa do futuro. Afinal de contas, eles são baratos e menos poluentes que o petróleo e o carvão, grandes vilões do aquecimento global.

Sua renovação é bem mais rápida e simples que a dos combustíveis fósseis. Imagine, por exemplo, um canavial. A cana de açúcar é cortada para produção do etanol. A queima do biocombustível libera CO_2, que é absorvido pela planta para fazer fotossíntese. Como se vê, esse ciclo é extremamente sustentável, pois neutraliza o gás poluente emitido pela combustão.

No entanto, o desmatamento pode colocar tudo a perder. Considerado o maior produtor de etanol do mundo, o Brasil já deu mau exemplo nessa área, pois muitas florestas nativas foram derrubadas para abrir espaço para a produção de cana. Como as árvores liberaram

CO_2 ao morrer, a plantação de canaviais desequilibrou o ecossistema, comprometendo a sustentabilidade do negócio. Logo, o biocombustível só é uma alternativa "verde" quando acompanhado de um rígido controle do desmatamento.

Como derivam de recursos abundantes, os biocombustíveis envolvem custos muito inferiores aos de extração e refinamento de petróleo, tornando o preço do produto competitivo. Hoje, já é possível obtê-los a partir de diversos vegetais, como a soja, a cana-de-açúcar, a beterraba e o milho.

Há ainda outra fonte de energia que vem se destacando: o lixo. Não é para menos – alguns anos atrás, certamente ninguém desconfiaria de que os nossos detritos pudessem ser tão úteis. Aliás, a utilização do lixo "mata dois coelhos com uma cajadada só": dá um destino útil para os rejeitos urbanos e industriais e ajuda a solucionar a crise energética. Obviamente, não se trata de um recurso escasso, uma vez que a produção de detritos cresce a cada dia, dificultando seu armazenamento. Os custos envolvidos também são animadores, tornando o lixo uma opção muito atraente. Muitas pessoas também encontraram nos detritos um meio de vida; hoje, já existem cooperativas de catadores que sobrevivem com o dinheiro que recebem em troca dos rejeitos que, em seguida, são submetidos à reciclagem.

Desde que começou a ser produzido no Brasil, o etanol revitalizou a indústria canavieira. Sua utilização como combustível para automóveis tende a se popularizar nos próximos anos, reduzindo a dependência nacional do petróleo. Apesar das inúmeras vantagens do biocombustível brasileiro, a aumento das exportações do país tem enfrentado obstáculos comerciais. O protecionismo tem sido o seu maior inimigo, restringindo a entrada do etanol por meio de barreiras não tarifárias. Os outros países – especialmente os desenvolvidos – apresentam três justificativas principais para impedir a entrada do biocombustível brasileiro:

1. apoiados nos argumentos da Food and Agriculture Organization (FAO), muitos países rejeitam o etanol por acreditar que sua produção inibe o fornecimento de alimentos, destinando as safras para o desenvolvimento do combustível;
2. as péssimas condições de trabalho nos canaviais brasileiros também contribuem para a reprovação internacional do nosso etanol;
3. há uma crescente preocupação com a expansão das fronteiras agrícolas brasileiras. Acredita-se que a aceleração das atividades agrícolas para suprir o mercado de biocombustível pode estimular o desmatamento de florestas nativas.

Embora muitas críticas estrangeiras realmente tenham fundamento, vários economistas brasileiros desaprovam a imposição de barreiras ao etanol. Em primeiro lugar, eles alegam que é importante reconhecer o esforço nacional em prol da substituição dos combustíveis fósseis, cuja queima colaborou bastante para a aceleração das mudanças climáticas atuais.

Aliás, o aquecimento global é um dos fatores que intensificou o debate sobre o desenvolvimento sustentável. Os efeitos já presentes do aumento de temperatura planetária ameaçam a estabilidade internacional. Estima-se que a intensificação das catástrofes ambientais, aliada à elevação do nível dos mares, multiplicará o número de refugiados, provocando impactos socioeconômicos preocupantes. Imagine o que acontecerá quando diversas regiões costeiras do planeta estiverem submersas. De acordo com a previsão dos ambientalistas, as ondas migratórias serão um grave problema, surtindo efeitos negativos na economia mundial.

Apesar do quadro alarmante, a situação trouxe também novas oportunidades para a economia privada. O mercado de carbono inaugurado pelo Protocolo de Quioto oferece oportunidades imperdíveis para que as empresas terceiro-mundistas combinem conservação ambiental e aumento da lucratividade, por exemplo.

Negócios, mercados e o meio ambiente

Não há como negar que a consciência ambiental do século XXI vem modificando profundamente as práticas empresariais. A avaliação do desempenho das organizações — antes medido com base em dados financeiros — agora sofre oscilações, dependendo dos impactos ecológicos e sociais de suas atividades.

Aliada às novas demandas sociais, a conscientização ambiental alterou definitivamente o mundo dos negócios. Graças à globalização, o comércio internacional tornou-se mais competitivo, inundando as lojas com inúmeras opções para o consumidor. Por isso mesmo, o comprador do novo milênio já está lançando mão do seu crescente poder de escolha. Veja como o professor Takeshy Tachizawa prevê os padrões de consumo no novo milênio:

> E qual será o perfil desse consumidor? O consumidor do futuro, inclusive no Brasil, passará a privilegiar não apenas preço e qualidade dos produtos, mas, principalmente, o comportamento social das empresas fabricantes desses produtos. Como resultado dessa tendência, o conceito de gestão das organizações que privilegie a configuração organizacional por segmento de clientes é uma perspectiva muito forte e assim deverá continuar. O cliente continuará a penetrar cada vez mais na empresa, numa escala progressiva, na qual a solicitação do cliente sinalizará as decisões do executivo nas empresas (2010, p. 3).

O cliente está cada vez mais exigente. Referências como o preço e a marca deixaram de ser os únicos critérios de compra. O consumidor contemporâneo quer saber mais sobre o fabricante; ele procura descobrir, entre outras coisas, se a empresa combate o trabalho infantil, adota práticas de reciclagem ou promove o reflorestamento. Por isso, os selos estão se tornando cada vez mais populares. O selo verde, em especial, tornou-se um importante rótulo ecológico, influenciando a aceitação dos produtos no mercado.

A empresa do século XXI também terá de responder às contínuas reivindicações dos investidores e da sociedade por transparência. A tendência é que as comunidades e os acionistas cobrem mais satisfações, interferindo na forma como as organizações conduzem seus negócios. Por isso, os novos líderes devem se acostumar com a ampla divulgação dos efeitos socioambientais das suas atividades. Atentas às exigências atuais, milhares de empresas já apresentam relatórios periódicos de sustentabilidade.

A evolução da questão ambiental também gerou um novo nicho de mercado: compradores dispostos a pagar mais caro por produtos ecologicamente corretos. Tachizawa (2010), por exemplo, mostra que, segundo a pesquisa realizada pela Confederação Nacional da Indústria (CNI), 68% dos brasileiros já aceitam gastar mais para não agredir a natureza. Para garantir a fidelidade do novo grupo, as empresas terão de equilibrar seus objetivos econômicos com as necessidades do planeta, entendendo que a sustentabilidade não é mero capricho, mas um novo diferencial competitivo.

Novamente, o professor Tachizawa destaca a importância do crescimento responsável, mostrando que cuidado com o meio ambiente e lucratividade estão longe de serem adversários:

> A 3M, por exemplo, deixou de despejar, desde 1975, 270 mil toneladas de poluentes na atmosfera e 30 mil toneladas de efluentes nos rios, e está conseguindo economizar mais de US$ 810 milhões combatendo a poluição nos 60 países onde atua. Outra empresa, a Scania Caminhões, contabiliza economia em torno de R$ 1 milhão com programa de gestão ambiental, que reduziu 8,6% no consumo de energia, 13,4% no de água e 10% no volume de resíduos produzidos apenas no ano de 1999 (2010, p. 6).

Criado em 1999, o **Índice Dow Jones de Sustentabilidade** foi pioneiro no setor financeiro. Seu surgimento atendeu à necessidade de investidores, conjugando sustentabilidade e desempenho econômico em um único parâmetro. Atualmente, 320 empresas compõem o índice. Os setores são os mais variados, provando que não há limites para a responsabilidade ambiental. Além do prestígio, as organizações integrantes são premiadas financeiramente, uma vez que o desempenho do índice costuma ser 20% superior ao tradicional.

Quando pensamos no Índice Dow Jones de Sustentabilidade, é importante lembrarmos que ele não valoriza apenas a proteção ambiental. Além dos cuidados com a natureza, a empresa que integra o índice também deve promover programas voltados para o desenvolvimento econômico e social. Para os idealizadores do novo índice, o desempenho dos negócios pode ser quantificado de acordo com os impactos econômicos, sociais e ambientais gerados, agregando mais valor às ações das companhias sustentáveis.

Em 2008, a revisão anual do Dow Jones incluiu oito empresas brasileiras no índice de sustentabilidade — Aracruz, Bradesco, Itaú Holding Financeira, Cemig, Itaúsa Investimentos, Petrobras, Usiminas e Votorantim Celulose e Papel (VCP) assumiram uma posição privilegiada no mercado financeiro internacional.

Infelizmente, a humanidade precisou experimentar terríveis catástrofes naturais para compreender a importância da proteção ao meio ambiente. Negligenciada durante muitos anos, a conservação da natureza precisou esperar até agora para ser incorporada pelo planejamento financeiro e estratégico.

Enfim, não se define mais o patrimônio empresarial com base apenas na avaliação dos seus equipamentos e imóveis. Valores como reputação, credibilidade e responsabilidade socioambiental prometem definir o sucesso das grandes empresas do século XXI. A gestão ambiental sustentável entra como um fator decisivo, aumentando a competitividade no novo mundo dos negócios.

SAIU NA IMPRENSA

EMPRESAS GASTAM R$ 1,2 BI
PARA NÃO SER VILÃS AMBIENTAIS

Mariana Viveiros
Aureliano Biancarelli
da **Folha de S.Paulo**

Na última década, elas ganharam destaque na mídia pelo envolvimento em grandes casos de contaminação e poluição. Mas Rhodia, Solvay, Petrobras, Shell e Carbocloro (três indústrias químicas e duas petrolíferas) querem superar a imagem de vilãs e, para isso, contam com investimentos em projetos ambientais e na "política da boa vizinhança" que giram em torno de 1% de seu faturamento anual, ou seja, cerca de R$ 1,2 bilhão – 50% mais que o total gasto no ano passado pelo Ministério do Meio Ambiente. Além de aprimorar, otimizar e tornar mais seguros seus processos de produção e operação e de implantar programas de uso racional de insumos como água e energia, as empresas patrocinam iniciativas de ONGs e do poder público, fecham convênios com universidades, desenvolvem projetos de educação ambiental e têm "portas abertas" para os que queiram conhecê-las de perto.

Entretanto, se, por um lado, dizem estar conseguindo melhorar a imagem, ainda estão longe de convencer os ambientalistas de suas boas intenções.

Os principais questionamentos são por conta do excesso de marketing em cima das ações pró-ambiente, que são consideradas insuficientes, e da negligência, por outro lado, na remediação de passivos ambientais e na indenização de trabalhadores e comunidades afetados.

Depois de quase 20 anos, nenhum dos casos de contaminação a que as entrevistadas têm seus nomes ligados teve solução.

Às críticas, os responsáveis pela área ambiental das indústrias respondem dizendo que o percentual por elas investido está dentro dos padrões internacionais (que variam entre 0,5% e 1% do faturamento); que a demora na solução se dá por dificuldades técnicas e pela necessidade de ter sempre licenças prévias dos órgãos de controle; e que o setor empresarial está hoje fazendo o máximo – dentro do que é econômica e tecnologicamente viável – para ser ambientalmente correto.

Percepção de valores

"Você vê todos preocupados com a ecoeficiência. Podem até dizer que o processo poderia ter maior abrangência, maior velocidade, mas, se ele existe, é porque um valor foi identificado", diz Rui Fonseca, gerente-executivo de Meio Ambiente da Petrobras.

A empresa é a eterna campeã em multas ambientais e ré em uma das maiores ações do país — pelo derramamento de cerca de 4 milhões de litros de óleo no rio Iguaçu (PR). Ocupa, por outro lado, o segundo lugar no "ranking" de investimentos: 1,1% da receita, o que, segundo Fonseca, é percentual similar ao destinado a pesquisa e desenvolvimento. "Quem está de fora vai sempre achar que a indústria pode fazer mais, mas ela vai fazer o que considera necessário e suficiente porque os recursos não são infinitos" diz Arpad Koszka gerente de Desenvolvimento Sustentável e Qualidade da Solvay. A empresa, apontada como responsável pela contaminação por substâncias cancerígenas de 100 mil toneladas de cal na área de proteção de mananciais de Santo André (Grande SP), destina 0,6% do faturamento a projetos ambientais — o que é quase um terço do total de investimentos anuais.

Solvay, Rhodia e Carbocloro lembram que a indústria química tem no programa Atuação Responsável seu maior "cobrador ambiental". Criado no Canadá, em meados dos anos 1980, e implantado no Brasil a partir de 1992, ele dá a seus associados diretrizes de gerenciamento ambiental.

"Visa também mostrar para a sociedade as melhorias, porque não adianta fazer investimentos sem que haja o conhecimento do público. Imagem é um valor para qualquer empresa", diz Koszka.

Além dos projetos externos, boa parte dos investimentos ambientais estão atrelados à expansão e ao crescimento das indústrias, segundo o porta-voz da Rhodia, Eduardo Octaviano. A introdução de tecnologia limpa é o que torna a empresa competitiva, diz. Responsável pela deposição irregular de 12 mil toneladas de lixo industrial tóxico na Baixada Santista, a Rhodia investe 1% do faturamento em ambiente.

A busca por melhores tecnologias esbarra às vezes, porém, no custo — mesmo que adotá--las signifique, no caso da Carbocloro, livrar-se dos perigos de lidar diariamente com uma grande quantidade de mercúrio. A empresa justifica que é preciso ainda amortizar os investimentos feitos na atual planta para só então gastar os US$ 600 milhões que, sustenta, custará o processo mais limpo.

Enquanto isso, é "campeã" no percentual de faturamento gasto com o ambiente (1,9%), mas também enfrenta problemas para dar uma destinação adequada a 200 mil litros de terra contaminada que chegou a depositar no aterro de lixo doméstico de Cubatão.

Mesmo diante da possibilidade de gastar muito com a melhoria de processos e cuidados ambientais, prevenir ainda parece ser melhor que remediar. É o que diz Luiz Maneschy, gerente de meio ambiente da Shell.

Apesar de não divulgar quanto espera gastar com seus dois sítios contaminados em São Paulo (Vila Carioca, na capital, e Paulínia, no interior), a Shell vai desembolsar R$ 25 milhões só em Paulínia. A empresa gasta cerca de R$ 53 milhões em projetos ambientais, 0,5% do faturamento.

Fonte: <http://www1.folha.uol.com.br/folha/cotidiano/ult95u69030.shtml>.

1. Por que você acha que as grandes vilãs ambientais estão reavaliando suas práticas?
2. Que medidas estão sendo tomadas para tornar essas empresas mais ecoeficientes?
3. Por que a ecoeficiência melhora a imagem das empresas?
4. De acordo com os neoclássicos, como a incorporação das externalidades apontadas no texto ajudou a equilibrar o mercado?

NA ACADEMIA

- Com o auxílio da Internet, jornais e revistas, procure informações sobre três empresas brasileiras ecoeficientes. Em seguida, descubra o que elas têm feito para mitigar o impacto ambiental de suas atividades e como sua nova postura influenciou os negócios. Prepare-se para apresentar os exemplos para os seus colegas.

Pontos importantes

- A corrente econômica ambiental neoclássica apoia-se no liberalismo econômico defendido pelos clássicos. Para eles, não cabe ao Estado intervir em questões econômicas, pois o mercado é capaz de se autorregular. Porém, os neoclássicos reconheciam a existência de falhas de mercado, entre elas as externalidades.

- Externalidades são os impactos (positivos ou negativos) que uma atividade econômica provoca sobre terceiros e que não são considerados no sistema de preços. As externalidades tornam-se particularmente difíceis de contornar quando atingem bens inapropriáveis, isto é, aqueles que não podem ser atribuídos a determinado proprietário, como rios ou florestas.

- Existem duas formas de lidar com as externalidades: lançando mão de soluções públicas ou privadas. A primeira via consiste em estabelecer a taxa pigouviana, isto é, uma taxa sobre o processo produtivo causador da externalidade, com o objetivo de "internalizar" a externalidade no sistema de preços. A segunda via consiste em aplicar o teorema de Coase, segundo o qual as partes envolvidas na externalidade podem e devem negociar até chegar à autorregulação, desde que os custos de informação e transação sejam mantidos em um nível nulo ou muito baixo.

- Inspiradas pela publicação de teses neomalthusianas, a corrente econômica ecológica encarava o desenvolvimento e a preservação ambiental como objetivos incompatíveis. Para os preservacionistas, o crescimento econômico deve ser sacrificado em nome das gerações futuras, evitando-se o esgotamento dos recursos naturais indispensáveis à sobrevivência humana.

- A WBCSD é o Conselho Empresarial Mundial para o Desenvolvimento Sustentável, espaço onde são discutidas as diretrizes que vão orientar as organizações rumo à sustentabilidade.

- A diversidade dos temas abordados na Cúpula de Johannesburgo fortaleceu a ideia de que o desenvolvimento sustentável depende da solução de problemas econômicos, políticos e sociais. Em vez de solucioná-los isoladamente, os conferencistas propõem uma ação integrada, envolvendo governo, sociedade civil e empresas.

- O conceito de ecoeficiência designa práticas ecologicamente responsáveis, que buscam minimizar seus efeitos negativos sobre o meio ambiente. A empresa ecoeficiente promove o uso equilibrado dos recursos naturais, evitando o seu esgotamento e a inviabilização dos seus negócios.

- Graças à globalização e ao aumento da competição, o consumidor dispõe de um crescente poder de escolha. Muitos clientes pelo mundo afora já estão lançando mão do seu novo poder para pressionar as organizações: na hora de comprar um produto, eles levam em conta não apenas a marca e o preço, mas também a sustentabilidade do seu processo produtivo.

Referências

ALMEIDA, Fernando. Negócios. In: TRIGUEIRO, André (Org.). *Meio ambiente no século 21*. Campinas: Armazém do Ipê, 2005. p. 123-141.

BRASIL. *Constituição da República Federativa do Brasil*. Brasília, DF, 1988.

_____. *Política Nacional do Meio Ambiente*. Decreto-Lei nº 6.938, 31 de agosto de 1981. Brasília, DF, 1981.

DONAIRE, Denis. *Gestão ambiental na empresa*. 2. ed. São Paulo: Atlas, 2008.

MACHADO, Paulo Affonso Leme. *Direito ambiental brasileiro*. São Paulo: RT, 1991.

ROMEIRO, Ademar Ribeiro. *Economia ou economia política da sustentabilidade?* Texto para Discussão, IE/UNICAMP, n. 102, set. 2001.

SAVITZ, Andrew. *A empresa sustentável*. Rio de Janeiro: Elsevier, 2007.

TACHIZAWA, Takeshy. *Gestão ambiental e responsabilidade social corporativa*. São Paulo: Atlas, 2010.

Capítulo 4

A TRANSFORMAÇÃO DAS ORGANIZAÇÕES: O PERFIL DO NOVO GESTOR

Neste capítulo, abordaremos as seguintes questões:

- Em que consiste o modelo de produção fordista?
- O que é *greenwashing*?
- Qual o perfil do gestor do modelo pós-fordista?
- Por que as parcerias com ONGs podem tornar uma empresa mais competitiva?
- Quem são os *stakeholders*? Por que eles devem ser ouvidos pelo gestor do século XXI?

Introdução

> "A riqueza de uma nação se mede pela riqueza do povo,
> e não pela riqueza dos príncipes."
>
> *Adam Smith, economista e filósofo escocês*

As catástrofes ambientais das últimas décadas trouxeram o meio ambiente para o centro do debate internacional. Os incontáveis protestos e conferências que protagonizaram a segunda metade do século XX não deixaram dúvidas de que o novo milênio será palco de transformações profundas.

Acompanhada de uma competição acirrada por mercados, a crescente conscientização ecológica impôs uma reavaliação das práticas empresariais. Diante da abundância de oferta, o cliente contemporâneo privilegiará as empresas comprometidas com o bem-estar de sua comunidade, seja por meio da preservação do meio ambiente, seja por práticas sociais responsáveis.

Além do novo perfil do consumidor, outras transformações têm recaído sobre os alicerces da gestão convencional, apresentando modos mais eficientes — e lucrativos — de fazer negócios. Neste capítulo, você conhecerá as diretrizes que vão orientar a atuação dos novos gestores no século XXI, afinando a política das suas organizações com as demandas dessa nova era.

O papel do gestor empresarial através do tempo

Desde 1776, a obra *A riqueza das nações*, de Adam Smith, já previa o modelo de gestão que ditaria as regras nas indústrias. Segundo o economista escocês, a cadeia de produção deveria ser bastante fragmentada, transformando cada funcionário em um especialista na sua função. Quase cem anos depois, Frederick Taylor, de certa forma, daria continuidade ao pensamento de Adam Smith. Nascido em 1856 na Filadélfia, Estados Unidos, esse engenheiro mecânico revolucionou os moldes da administração empresarial de sua época. Controle rígido e eficácia operacional eram palavras de ordem para Taylor, que acabou conhecido como o pai da Administração Científica. Nas indústrias em que trabalhou, impôs aos funcionários uma rotina de tirar o fôlego, aumentando exponencialmente a produtividade. As tarefas eram sistemáticas e controladas do início ao fim: não apenas os procedimentos, mas até o tempo de produção era padronizado.

No século XX, Henry Ford seguiu à risca as recomendações de Taylor, lançando a primeira linha de montagem automatizada. Dono da Ford Motor Company, ele instalou o novo sistema em suas fábricas e ordenou seus funcionários ao longo da esteira rolante: cada operário tornou-se responsável por uma parte específica do processo de montagem. Na década de 1930, o cineasta Charles Chaplin estreou o longa *Tempos modernos*, que — por meio do humor — tecia críticas ácidas ao molde de produção fordista. O célebre Carlitos, personagem que encarnou o operário da época, tinha um colapso nervoso por causa dos movimentos repetitivos na fábrica.

O modelo de produção rápido introduzido por Henry Ford viabilizou reduções expressivas no custo dos automóveis. Dispostos em fila ao longo da linha de montagem, os operários repetiam ações padronizadas exaustivamente, acompanhando o ritmo acelerado imposto pela esteira. Graças ao aumento de oferta, o preço dos carros despencou, transformando-os em bens mais acessíveis. Desde então, o desenvolvimento do setor industrial não parou. Muito pelo contrário: de lá para cá, as novas tecnologias tornaram o processo produtivo ainda mais eficiente, provocando o surto industrial dos séculos XIX e XX. Apoiada em nomes de peso como Ford, Taylor, Max Weber e Henri Fayol, além de Frank Bunker Gilbreth e Lilian Evelyn Gilbreth, essa visão de gestão fomentou um crescimento econômico sem precedentes. Não é à toa que, assustada com o salto de produtividade, a sociedade mostrou aos poucos os primeiros sinais de preocupação ambiental. Em geral, as primeiras manifestações ambientalistas suspeitavam de que o meio ambiente não suportaria o aumento exponencial da demanda por recursos naturais, tornando esses elementos cada vez mais raros.

As décadas de 1970 e 1980 intensificaram ainda mais as preocupações ambientalistas. Em 1973, ocorria o primeiro choque do petróleo, ocasião em que os países árabes, detentores das maiores reservas do mundo, racionaram a produção do combustível, reconhecendo que ele não era um recurso inesgotável. Em apenas três meses, o valor do barril triplicou, colocando um ponto final na era de fartura e baixo custo. Outros problemas, como o desgaste da camada de ozônio e a poluição atmosférica, mostraram que não era mais viável ignorar a relação entre o meio ambiente e o desenvolvimento econômico. Em meados da década de 1980, como já vimos, o Relatório Brundtland cunhou o conceito de desenvolvimento sustentável.

Nas últimas décadas, a manipulação do poder de compra pelos clientes conscientes criou nichos "verdes" de mercado cada vez mais expressivos — um público preocupado com a questão ambiental e disposto a pagar mais por produtos ecologicamente corretos. O novo perfil do consumidor criou uma competitividade diferente: marca, preço e qualidade não bastam para garantir o sucesso de um empreendimento. O cliente do século XXI quer saber mais sobre a empresa, investigando o impacto socioambiental das suas atividades.

A globalização da economia mundial acirrou ainda mais a disputa. Hoje, selos verdes concedidos por ONGs como Greenpeace e WWF transformaram-se em importantes diferenciais. O apoio dessas organizações pode se converter em lucro, melhorando a imagem da empresa em relação à sociedade. Cada vez mais, as parcerias com ONGs não podem ser menosprezadas. Pelo contrário: a aproximação entre os velhos rivais — gestores e ativistas ambientais — promete encher os bolsos dos empresários e ajudar a salvar o planeta. Segundo a revista *Época Negócios*, esse tipo de aliança já virou corriqueiro:

Nos Estados Unidos, a Dell Computers e a Silicon Valley Toxics Coalition trabalharam juntas na criação de um plano de reciclagem de lixo eletrônico. No Brasil, o Greenpeace convenceu companhias como a Bunge Alimentos a não comprar soja cultivada na Amazônia. No México, a DuPont trabalha com o World Resources Institute (WRI) para desenvolver produtos para a baixa renda. "Precisávamos expandir nosso negócio em mercados emergentes", diz Eduardo Wanick, presidente da DuPont para a América Latina. "O WRI nos ajudou a olhar a questão de um novo ângulo." (WILNER, 2009.)

> Preocupadas com sua imagem de vilã, algumas empresas estão tentando se livrar desse estigma – mas não com o nível de ética desejável. A expressão greenwashing, traduzida para o português como branqueamento ecológico, designa as práticas desleais das organizações que divulgam informações falsas sobre o impacto ambiental de suas atividades, escondendo seu verdadeiro caráter predatório. Algumas empresas lançam mão de mentiras, alegando possuir certificações ambientais emitidas por instituições renomadas. Outras apresentam supostos benefícios ao ambiente que, na verdade, são irrelevantes. É o caso de empresas que afirmam, por exemplo, não usar o DDT em suas plantações. Ora, se o pesticida foi banido no Brasil em 1985, a empresa não faz mais do que a obrigação ao cumprir a lei.

A preservação ambiental, antes entendida como empecilho do desenvolvimento, virou sinônimo de **vantagem competitiva**. O êxito das empresas está agora atrelado às estratégias adotadas para se relacionar com o meio ambiente, expandindo as obrigações da administração do novo milênio. O gestor que quiser manter sua empresa longe das crises deverá se adaptar às novas demandas, abraçando o respeito à natureza como peça fundamental para o sucesso da organização, conforme mostra o professor e empresário Tachizawa:

> Assim, o novo paradigma da organização é completamente diferente do nascido há cerca de 100 anos, que corresponde às teorias clássicas de organização e de gestão. Se estabelecermos um contraste entre as velhas e as novas organizações, verifica-se que o importante agora é a inteligência; a capacidade de fazer uso inteligente da informação e criar ideias que acrescentam valor e aumentam a competitividade. As novas organizações são achatadas na estrutura, a estrutura perde a importância e ganha destaque o posicionamento de áreas funcionais voltadas para o gerenciamento das questões de proteção ao meio ambiente e da responsabilidade social. (2010, p. 26.)

O maior desafio que se impõe à gestão empresarial hoje é a dificuldade de conciliar produtividade, competitividade e sustentabilidade. O novo gestor acumulará pressões de todos os lados. Em primeiro lugar, a tradicional concorrência de mercado promete se tornar ainda mais acirrada. Por outro lado, o próprio cliente influenciará os moldes de produção, elevando cada vez mais seu nível de exigência. Além disso, as metas de redução de custo aliadas ao aumento da produtividade podem, às vezes, contrariar as políticas de sustentabilidade. É indispensável, portanto, que a gestão opere nesses diferentes níveis, fazendo escolhas compatíveis com a responsabilidade social e com o cuidado com o meio ambiente.

Para tanto, o gestor precisa entender que qualidade é a palavra de ordem do novo milênio. Não basta produzir em larga escala: é necessário satisfazer o consumidor e monitorar o desempenho dos negócios. A globalização das trocas comerciais e a abertura de novos mercados abrem oportunidades inéditas de expansão para as empresas que souberem se adaptar, mas também ameaça a hegemonia daquelas que se recusam a aceitar que os tempos são outros.

O modelo de gestão pós-fordista e a era da responsabilidade

Durante muitas décadas, boa parte dos esforços de marketing das empresas direcionava-se a fortalecer e divulgar a marca dos produtos vendidos. Hoje em dia, porém, essa estratégia não é mais suficiente para fidelizar o consumidor ou atrair novos investidores. Antes de fechar um negócio, eles querem conhecer as **práticas da empresa**.

> *Sugestão de leitura: GUEVA-RA, Arnoldo José de Hoyos et al. Consciência e desenvolvimento sustentável nas organizações. São Paulo: Campus, 2009. Capítulos 5 e 6.*

Organizações com imagem positiva no âmbito social e ambiental tendem a ser mais atraentes. Isso inclui um relacionamento ético com os trabalhadores, com o oferecimento de planos de carreira e de uma política salarial razoável, além, é claro, do respeito ao meio ambiente.

Apesar de saberem das vantagens dessas práticas éticas, muitos gestores podem ficar tentados a se afastar delas em troca de lucros imediatos. É o que ocorre, por exemplo, nos países em que a mão de obra é abundante e as legislações trabalhistas e ambientais são flexíveis demais. Atraídas por esses fatores, durante muitos anos inúmeras empresas abriram fábricas na China, considerada a capital mundial da produção a baixo custo.

De acordo com a revista *Exame* (VASSALO, 2008), milhões de chineses não contavam com direitos mínimos: os contratos eram firmados verbalmente, deixando os trabalhadores à mercê da boa vontade (ou da falta dela) dos patrões. A legislação não amparava sequer casos de doença, gravidez ou acidente de trabalho. Com tantos "atrativos", a China despertou o interesse de indústrias irresponsáveis até 2008, quando seu governo colocou em vigor a maior reforma trabalhista dos últimos 30 anos. Teve início, então, o deslocamento de muitas empresas para a Índia e o Vietnã, onde conseguiriam manter custos socioambientais baixos.

Essas práticas irresponsáveis vêm sendo cada vez mais repudiadas pelo consumidor, que evita produtos de empresas envolvidas em situações dessa natureza. Em contrapartida, o modelo de gestão pós-industrial deverá se apoiar cada vez mais em princípios como a responsabilidade socioambiental. Questões ligadas a salário, segurança do trabalho e proteção ao meio ambiente já são levadas em conta por muitos clientes e investidores, reforçando a necessidade de adaptação das empresas ao novo paradigma.

Outra tendência forte da nova gestão diz respeito ao quadro de funcionários. Segundo Tachizawa (2010), as empresas do futuro terão um núcleo reduzido, formado apenas por seus funcionários mais importantes. Esses colaboradores centrais usufruirão de benefícios como melhores salários, plano de carreira, entre outros. Na base da pirâmide estarão os funcionários "descartáveis", aqueles cuja substituição não provoca impactos significativos. Empregados menos especializados ou cujas tarefas são essencialmente manuais serão menos valorizados, o que os deixará mais propensos a demissões repentinas ou contratos temporários.

As alianças estratégicas também têm ampliado as fronteiras das empresas, permitindo que sua atuação se estenda a novos territórios e mercados. A formação de associações, por exemplo, já é realidade no Brasil, onde muitas organizações encontraram nas parcerias uma importante ferramenta para garantir sua sobrevivência. Veja como uma associação brasileira de supermercados resiste à competição com grandes redes, como mostra Tachizawa:

> Posteriormente, várias associações regionais uniram-se na Associação Nacional de Centrais de Compras para aumentar o poder de barganha junto aos fornecedores (redução de até 15% no preço dos produtos) e, assim, competir em pé de igualdade com as grandes redes (Carrefour, Pão de Açúcar e equivalentes). Além de negociar preços de produtos e serviços, essa associação visa negociar créditos com bancos, desenvolver sistemas de operação, logística, tecnologia e promoção. Tais associações, ou parcerias entre empresas congêneres, que militam no mesmo ramo de negócios, viabilizam, inclusive, a solução de projetos sociais e ambientais conjuntos e empreendimentos que exigem altos investimentos, como a implementação de programas de rotulagem ambiental (selo verde). (2010, p.51-52.)

A gigante Ambev é um exemplo famoso de como fusões e parcerias podem colocar a organização no rumo certo. Hoje, a empresa é a maior cervejaria da América Latina. Três de suas marcas — Skol, Brahma e Antarctica — pertencem ao rol das cervejas mais consumidas do planeta.

As parcerias da Ambev facilitaram, entre outras coisas, a comercialização dos seus produtos no exterior. O Guaraná Antarctica, por exemplo, chegou a Portugal, onde é engarrafado e distribuído pela Pepsi. A aliança da Ambev com a Quilmes também promete facilitar as operações na Argentina, na Bolívia, no Paraguai e no Uruguai, onde esta ocupa o primeiro lugar no ranking das cervejarias.

O sucesso econômico da Ambev não veio sozinho. Seu desempenho ambiental também impressiona. Orientada pelo princípio da ecoeficiência, a empresa priorizou a redução do impacto de suas atividades sobre o meio ambiente, lançando importantes campanhas verdes. Por meio do seu *site*, o internauta consegue acompanhar em tempo real o volume de água tratada que a Ambev devolve ao meio ambiente, bem como a quantidade impressionante de resíduos que ela reaproveita.

Além de multiplicar as parcerias, o gestor do século XXI também terá de lidar com um número crescente de fornecedores. O caráter centralizador da era industrial, quando as organizações integravam todos os estágios da produção, será substituído pela formação de parcerias em diferentes níveis. Inúmeras empresas já delegaram a fornecedores o cumprimento de diversas etapas indispensáveis para o seu negócio.

Apesar de aumentarem a produtividade, as novas alianças podem se transformar em mais uma dor de cabeça para o gestor. Afinal, qualquer escândalo envolvendo um parceiro ou um fornecedor pode macular a imagem da empresa. Por isso, é indispensável buscar informações detalhadas sobre as práticas ambientais e sociais dos aliados antes de firmar um acordo, evitando, assim, danos à própria imagem. Por questão de cautela, os termos dos contratos devem versar a respeito do compromisso socioambiental de ambas as partes, evitando surpresas desagradáveis no futuro.

Imagine, por exemplo, o que aconteceria a uma empresa de grande porte se seu fornecedor fosse flagrado contratando mão de obra infantil ou cometendo terríveis crimes ambientais? A sociedade, de forma geral, poderia culpá-la também, taxando-a de cúmplice. Fica claro, portanto, que a formação de parceria depende não apenas de afinidades econômicas, mas também de valores socioambientais compatíveis.

Infelizmente, muitas práticas irresponsáveis ainda vigoram. Não são raros escândalos relacionados à insalubridade dos ambientes de trabalho e ao desrespeito com o meio ambiente, por exemplo. Porém, graças às novas exigências do mercado consumidor, esse panorama tende a mudar. Diante da pressão dos clientes, das ONGs e da própria comunidade internacional, muitos gestores já começam a entender a importância de reavaliar suas políticas.

Prepare-se para conhecer agora algumas iniciativas que vêm redesenhando os princípios da gestão com base na sustentabilidade, agregando importantes vantagens competitivas para a organização do século XXI.

Parcerias com ONGs

Após dois anos de investigação, o Greenpeace descobriu que as atividades da Cargill, uma das maiores esmagadoras de soja do mundo, estavam contribuindo para o desmatamento da Amazônia. Não demorou para que seus ativistas se articulassem para bloquear o porto construído pela empresa em Santarém (PA), dificultando a partida de navios com os grãos para a Europa. Apesar de o bloqueio não ter durado muito, o protesto maculou a imagem da Cargill. Posterior-

A sigla ONG – organização não governamental – foi cunhada pelo Ecosoc por volta de 1950, época em que os cidadãos comuns passaram a se envolver de modo mais intenso com causas sociais. Assim, o braço do desenvolvimento econômico e social das Nações Unidas resolveu criar esse acrônimo para designar as entidades da sociedade civil que atuam sem fins lucrativos. Em geral, a maioria dessas instituições opera em áreas de interesse público, como saúde, educação e meio ambiente. Como não dispõem de meios próprios de sobrevivência, elas dependem de doações de empresas, de indivíduos ou até do poder público. Frequentemente, os recursos são escassos e não é possível remunerar os participantes. No entanto, graças à boa vontade da população, muitas organizações conseguem contar com números expressivos de mão de obra voluntária à disposição. As ONGs integram o terceiro setor, expressão que designa o conjunto de atividades que não podem ser simplesmente classificadas como públicas ou privadas. O primeiro setor refere-se às estatais, enquanto o segundo abrange a iniciativa privada. Vale lembrar que não basta não ter fins lucrativos para pertencer ao terceiro setor: é preciso ser uma organização formalmente constituída, ter gestão própria e não manter vínculos institucionais com o governo.

mente, a campanha chamada Comendo a Amazônia pressionou as redes de supermercados e *fast-food* para que eles não comprassem soja da região amazônica.

São ações como essas que consagraram a atuação das ONGs como entraves para o progresso por muitos anos. Agora os tempos são outros: a revisão dos valores das organizações e a necessidade de adaptação transformaram muitas organizações não-governamentais em importantes aliados das empresas.

Diante das pressões das ONGs e dos próprios consumidores, não resta alternativa às empresas contemporâneas senão trocar o crescimento irresponsável e imediato pela sustentabilidade ecológica, aliada a resultados mais duradouros. Melhorar a qualidade de vida da comunidade local e preservar o meio ambiente são apenas alguns dos itens que integram a agenda do novo gestor.

Ao contrário do que imaginavam os empresários mais conservadores, as medidas "verdes" podem contribuir para o bom desempenho econômico dos negócios. A onda de produtos ecologicamente corretos não para de inundar as lojas, atraindo a atenção — e abrindo os bolsos — de milhões de consumidores e investidores mundo afora. E, para se tornar mais competitiva nesse novo cenário, a organização pode contar com o apoio das ONGs, suas antigas inimigas. O empresário Tachizawa dá alguns exemplos de alianças bem-sucedidas entre a iniciativa privada e o Greenpeace, uma das ONGs mais conhecidas do mundo, fundada em 1971 no Canadá:

> Nesse contexto inserem-se as parcerias de empresas com ONGs ecológicas como a cadeia de lojas *Renner*, que, com o aval do *Greenpeace*, lançou uma coleção de roupas com um sistema de tingimento natural. A *TAM*, com aprovação do *Greenpeace*, e com selo de qualidade do Instituto Biodinâmico, utiliza açúcar orgânico (produzido sem agrotóxico, com adubo natural) a bordo de suas aeronaves. Essa empresa planeja, ainda, implementar refeições de bordo saudáveis e com menos calorias e gorduras. A *Indústria Gráfica Jandaia* produz cadernos ecologicamente corretos dentro da filosofia de considerar a ecologia como uma ação constante de agregar valor à marca. (2010, p. 57, grifos do original.)

Não dá para escapar à nova tendência: a sustentabilidade é a palavra de ordem do novo milênio e as antigas adversárias, as ONGs, serão as novas aliadas do mundo dos negócios.

A influência dos *stakeholders*

Além das organizações não-governamentais, outros atores influenciarão bastante o modo como as empresas conduzem suas práticas: são os chamados *stakeholders*. O termo em inglês é formado pela combinação de duas palavras — *stake* significa *interesse*, ao passo que *holder* designa *aquele que possui*. Na prática, o grupo dos *stakeholders* reúne todos os interessados nas atividades da empresa, incluindo clientes, fornecedores, governo, acionistas, ativistas e seus próprios funcionários. Como você pode ver, não é preciso ter ações da empresa para ganhar o direito de opinar no modo como ela conduz seus negócios — basta ser afetado por suas atividades.

O conceito de *stakeholders* foi desenvolvido na década de 1980 por vários autores, em especial pelo filósofo Robert Freeman, que entendia como legítima a influência de todos que se interessam pela organização. Imagine, por exemplo, a situação de São Bernardo, cidade do ABC paulista onde a montadora da Volkswagen emprega mais de 10 mil pessoas. Não é surpresa que as autoridades locais e a comunidade como um todo temam que mudanças no rumo da companhia alemã afetem a cidade. Por isso, temas como a mecanização do processo produtivo e o corte de custos fazem a região estremecer, com receio de que milhares de habitantes fiquem desempregados de uma hora para outra.

Em uma obra mais recente, Robert Freeman e colegas (FREEMAN, HARRISON, WICKS, 2007) dividem os *stakeholders* em dois grupos básicos: os *stakeholders* primários e os secundários, como se vê na Figura 4.1.

Desse modo, os *stakeholders* primários seriam os clientes, os funcionários, os fornecedores e os investidores (acionistas) da empresa, além da comunidade em que ela está inserida. Os secundários seriam a mídia, o governo e a concorrência, além de grupos de defesa do consumidor e grupos de interesses especiais, como aqueles que defendem os direitos da

Figura 4.1 Mapeamento básico dos *stakeholders* (FREEMAN, HARRISON, WICKS, 2007, p. 8.)

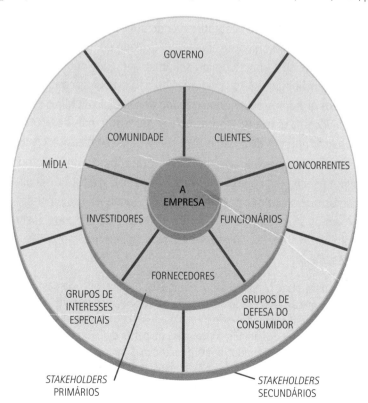

mulher, dos portadores de deficiências etc. Na realidade, hoje em dia o próprio meio ambiente também pode ser considerado um *stakeholder*.

Durante os anos em que se consolidou a teoria dos *stakeholders*, ganhou espaço nos debates acadêmicos a divergência entre duas visões: a de *stakeholders* e a de *shareholders* (acionistas). De um lado, os defensores da primeira visão argumentavam que qualquer pessoa cujo interesse é influenciado pelo empreendimento deve ser ouvida pela gestão empresarial. Do outro lado da "arena", os defensores da visão de *shareholders* argumentavam o contrário: o papel social da companhia não precisa ir além da geração de empregos. A contratação de funcionários por si só já é um favor que a empresa presta à sociedade. Por isso, a decisão dos rumos da organização deve ficar restrita a investidores, credores e acionistas.

Os acontecimentos, no entanto, nos levam a discordar da visão de *shareholders*: afinal de contas, as atividades de uma empresa afetam a comunidade de inúmeras formas. A instalação de uma fábrica, por exemplo, envolve uma série de questões, como a extração de matéria-prima, a poluição atmosférica e o tratamento dos efluentes.

No Brasil, o acidente envolvendo o elemento químico césio 137 entrou para a história. Em 1987, dois catadores vasculhavam o lixo do Instituto Goiano de Radioterapia quando se depararam com um aparelho que os interessou. Infelizmente, eles ignoravam que o interior da máquina abrigava césio 137, material radioativo altamente prejudicial à saúde. A tragédia aumentou de proporção depois que os catadores venderam o aparelho para o dono de um ferro-velho. Quando descobriu o pó brilhante com brilho azulado no interior de sua nova aquisição, o homem acreditou que se tratava de algo sobrenatural: convidou amigos e parentes para conhecerem a substância mágica. Após algumas horas, as pessoas contaminadas começaram a sentir os primeiros sintomas da *síndrome aguda de radiação*. O Ministério Público admitiu que a tragédia provocou a morte de 60 pessoas e contaminou mais de 500. Segundo a comunidade local, porém, o número de pessoas expostas à radiação passou de seis mil.

São calamidades como essa que legitimam a preocupação do governo e da sociedade civil com a conduta social e ambiental das organizações. O gestor do século XXI deve reconhecer os impactos que sua organização provoca nos locais onde se instala, abrindo espaço para o diálogo com os *stakeholders*. Para Andrew Savitz, presidente da Sustainable Business Strategies, a opinião dos *stakeholders* deve ser privilegiada nos momentos de definição da estratégia empresarial:

> A sustentabilidade exige compreensão profunda da interdependência das partes em interação — preceito que se aplica à empresa como um todo, assim como às diferentes unidades organizacionais e a cada gestor. Significa associar-se e formar parcerias com os *stakeholders*, em vez de considerá-los adversários a serem derrotados, céticos a serem persuadidos ou, na melhor das hipóteses, aliados temporários a serem mantidos a distância. Apenas quando se converte o envolvimento dos *stakeholders* em elemento sistemático e permanente do estilo gerencial é possível arregimentar todos os recursos — ambientais, sociais e econômicos — de que dependem os gestores e a empresa para alcançar sucesso duradouro no mundo interdependente de hoje. (2007, p. 83-84.)

O advento da Internet concentrou ainda mais poder nas mãos dos *stakeholders*. Denúncias sobre a postura irresponsável de uma empresa podem se espalhar em questão de segundos, causando danos profundos à sua imagem. Basta uma fagulha na Internet para incendiar sua reputação. Você já deve ter recebido, por exemplo, centenas de e-mails com informações e imagens responsabilizando organizações por crimes ambientais ou condições insalubres. Não é à toa que muitas já são alvo da antipatia do consumidor, perdendo fatias expressivas de mercado.

Por isso, a gestão eficiente deve reconhecer os pleitos dos *stakeholders*, esforçando-se para atender suas reivindicações. O comportamento ético também se tornou um importante ingrediente do sucesso empresarial: "andar fora dos trilhos" uma única vez pode ser o suficiente para destruir uma marca. Para dar vida longa à sua organização, o gestor deve assegurar que suas atividades estejam em sintonia com a vontade dos *stakeholders*.

Infelizmente, muitas empresas ainda preferem deixá-los do lado de fora, ignorando as vozes de ambientalistas e ativistas sociais. Porém, esses atores têm encontrado outros meios para serem ouvidos, influenciando as políticas socioambientais das organizações. Já é significativo o número de acionistas dotados de consciência ecológica; por meio do voto, eles conseguem, às vezes, alterar os rumos das empresas, alinhando suas estratégias com o princípio de sustentabilidade.

Além disso, o cidadão comum também pode depositar nas urnas votos compatíveis com suas demandas. A eleição de representantes políticos é uma importante arma nas mãos da comunidade: a escolha de candidatos com afinidades socioambientais pode ajudá-la a combater a ação irresponsável das empresas por meio da criação de leis que regulem as atividades econômicas no local.

Os consumidores, por sua vez, "votam" com seu poder de compra. Afinal, não existe forma mais eficaz de se fazer ouvir do que mexer no bolso dos empresários. Em 2009, os ambientalistas jogaram a opinião pública contra a produção ilegal de gado na Amazônia — atividade famosa por promover o desmatamento na região. Receosos de perder mercado, as três maiores redes de supermercado do Pará anunciaram o boicote à carne produzida na região, comprometendo a lucratividade da pecuária fora da lei.

Na mira dos ativistas

Nunca houve tanto receio entre os gestores em relação à imagem de suas empresas. Afinal, a atuação dos ativistas nunca teve contornos tão preocupantes quanto na atualidade, quando pode, inclusive, jogar a opinião do consumidor contra organizações irresponsáveis. Hoje em dia, a sociedade está em uma posição favorável para cobrar satisfações, exigindo a reavaliação das atividades que causam impactos negativos sobre a população e o meio ambiente.

Muitas empresas já estão em uma terrível "saia justa". Colocadas contra a parede, elas têm dificuldade de justificar o mal que fazem à saúde da comunidade e à natureza e, assim, perdem espaço no mercado para organizações sustentáveis. Além disso, também há pressão jurídica: motivado pelos eleitores, o Poder Legislativo está criando leis para enquadrar as organizações nos moldes sustentáveis de produção. Para evitar ser pego de surpresa, o gestor deve se antecipar às legislações, adaptando suas estratégias às exigências socioambientais.

A indústria automobilística, por exemplo, já está tomando os primeiros passos em direção à sustentabilidade. O setor que movimenta quase 20 bilhões de dólares só no Brasil já está se empenhando para desenvolver carros menos poluentes, unindo-se aos esforços mundiais para reduzir as emissões de CO_2.

As petrolíferas também estão na mira dos ativistas. Diminui a cada dia a tolerância da opinião pública com catástrofes ambientais, como o derramamento de petróleo no Golfo do México em 2010. Para se livrar do estigma de vilãs, indústrias do setor, como a Petrobras, vêm investindo pesadamente em programas ambientais.

O agronegócio está pagando caro pelas acusações dos ativistas. A exportação dos agricultores brasileiros encontra diversas barreiras não tarifárias, que impedem a venda dos nossos produtos por conta do desmatamento ilegal, do uso de trabalho infantil ou de condições desumanas de trabalho. A situação dos cortadores de cana é emblemática, servindo de justificativa para o protecionismo dos países desenvolvidos em relação ao etanol brasileiro.

A resistência aos transgênicos é outro problema que vem afetando o bolso do agricultor brasileiro. Sob forte pressão das ONGs, muitos países estão fechando as portas para esses produtos. Por outro lado, a agricultura orgânica, pautada em práticas ambientais corretas, insere-se em um cenário promissor, explorando diversos nichos de mercado, especialmente na União Europeia.

Até mesmo os credores pressionam o gestor do agronegócio: eles relutam cada vez mais para financiar práticas sociais e ambientais irresponsáveis. Não há como negar — *sustentabilidade* é a palavra chave do planejamento estratégico da agricultura no novo milênio.

ESTUDO DE CASO

A PETROBRAS E A PRESERVAÇÃO DO MEIO AMBIENTE

Conhecida por desastres ambientais como o vazamento de óleo no Paraná e o acidente que afundou a plataforma P-36, a Petrobras está disposta a mudar sua imagem. Embora preservação ambiental e exploração de petróleo pareçam práticas antagônicas, a estatal brasileira está trabalhando para provar o contrário.

Entre 2003 e 2008, o Programa Petrobras Ambiental gastou R$ 210 milhões em medidas sustentáveis. Orientada pelos padrões de ecoeficiência, a empresa tem investido na redução de efluentes e resíduos em suas unidades, diminuindo o impacto de suas atividades sobre a natureza.

A Refinaria de Capuava, por exemplo, não libera seus efluentes no meio ambiente. Além disso, ela reaproveita a água utilizada em seus processos, economizando esse importante recurso.

A Petrobras também lançou o programa Limite Máximo Admissível (LMA), que monitora a liberação de gases de efeito estufa e outros resíduos perigosos, estipulando um teto para sua produção. Entre 2008 e 2015, estima-se que o programa evitará a emissão 29,7 milhões de toneladas de dióxido de carbono (CO_2).

1. De que forma a Petrobras está se enquadrando nos novos moldes de gestão?

2. Que efeitos essas medidas provavelmente produzirão sobre a sua marca?

3. Em sua opinião, que parcerias poderiam contribuir para tornar a Petrobras ainda mais competitiva?

NA ACADEMIA

- Reúnam-se em grupos grandes, de sete ou oito participantes. Cada grupo deve escolher duas grandes empresas com modelos opostos de gestão. Uma delas deve se apoiar em práticas sustentáveis, enquanto a outra não se preocupa muito com as implicações socioambientais de suas atividades. Em seguida, cada grupo vai comparar as medidas e os resultados das duas empresas, contrastando as vantagens e as desvantagens dos modelos pesquisados.

- Apresentem os resultados em sala de aula e expliquem a que conclusões chegaram após a análise.

Pontos importantes

- Desenvolvido pelo empresário Henry Ford, o modelo de produção fordista lançou as primeiras linhas de montagem, onde os funcionários repetiam operações padronizadas. Os operários eram vistos como peças especializadas – verdadeiras engrenagens das diferentes etapas do processo produtivo. Aliás, o fordismo apostava na fragmentação do processo para aumentar seus índices de produtividade.

- Por conta da importância de ter uma imagem ecologicamente correta, muitas empresas mentem a respeito de seu desempenho, ostentando certificações socioambientais falsas. Outras se dizem ecologicamente corretas quando, na verdade, só cumprem as leis impostas pelas autoridades. Práticas desse gênero são conhecidas como *greenwashing*.

- O gestor pós-fordista terá de lidar com um aumento considerável das influências que incidem sobre sua organização. Ele terá de atender, por exemplo, às demandas crescentes dos *stakeholders*, levando suas reivindicações em conta ao desenhar as estratégias empresariais. Além disso, deverá adaptar sua empresa à tendência de descentralização, compartilhando com parceiros e fornecedores as etapas do processo produtivo. A delegação de tarefas será acompanhada pelo monitoramento das atividades das organizações contratadas, verificando as políticas socioambientais dos seus parceiros são compatíveis com a sua.

- Antes vistas como adversários, as ONGs ganham uma importância estratégica para o gestor do século XXI. O cenário contemporâneo impõe que, em vez de combatê-las, as empresas as encarem como possíveis parceiras, capazes de agregar um diferencial competitivo. Ações conjuntas em prol do meio ambiente e do bem-estar comunitário são algumas medidas que podem melhorar a imagem de uma marca diante da opinião pública.

- Os *stakeholders* são todos aqueles que têm interesse nas atividades de uma empresa. Esse grupo engloba, por exemplo, acionistas, consumidores, ambientalistas, funcionários e ativistas sociais. As atividades do novo gestor devem abranger o diálogo com os *stakeholders*, incluindo suas demandas na pauta das organizações.

Referências

FREEMAN, R. Edward; HARRISON, Jeffrey S.; WICKS, Andrew C. *Managing for stakeholders*: survival, reputation, and success. Ann Arbor (MI): Caravan, 2007.

MAXIMIANO, Antonio Cesar Amaru. *Teoria geral da administração*: da revolução urbana à revolução digital. São Paulo: Editora Atlas, 2007.

SAVITZ, Andrew. *A empresa sustentável*. Rio de Janeiro: Elsevier, 2007.

TACHIZAWA, Takeshy. *Gestão ambiental e responsabilidade social corporativa*. São Paulo: Atlas, 2010.

VASSALO, Cláudia. Uma reforma incerta. *Exame*, 16 out. 2008. Disponível em: <http://portalexame.abril.com.br/revista/exame/edicoes/0929/mundo/reforma-incerta-390818.html>. Acesso em: 15 mai. 2010.

WILNER, Adriana. "Executivos de grandes causas", *Época Negócios*, 20 jan. 2009. Disponível em: <http://epocanegocios.globo.com/Revista/Common/0EMI22244-16642,00-EXECUTIVOS+DE+GRANDES+CAUSAS.html>. Acesso em: 16 jun. 2010.

Capítulo 5

VISÃO SISTÊMICA NO BRASIL E NO MUNDO

Neste capítulo, abordaremos as seguintes questões:

- O que significa a ideia de sistema fechado no âmbito da administração?
- Quais são os princípios fundamentais da abordagem clássica à administração?
- Quais são os princípios fundamentais da abordagem humanística à administração?
- Quais são os princípios fundamentais da abordagem comportamental à administração?
- Quais são os princípios fundamentais da abordagem sistêmica à administração?
- Quais são os princípios fundamentais da abordagem contingencial à administração?
- Como funciona a abordagem sistêmica à gestão ambiental?
- O que é a gestão ambiental?
- O que a comunidade internacional tem feito para evitar o esgotamento dos recursos de livre acesso?
- Como o comércio internacional pune o descuido com o meio ambiente?
- Por que os blocos econômicos buscam uniformizar as políticas ambientais dos países-membros?
- Como podemos resumir a evolução da gestão ambiental no Brasil?

Introdução

Hoje em dia, a expressão "visão sistêmica" é bastante conhecida e utilizada em diversos contextos, como, por exemplo, em "visão sistêmica da empresa", "visão sistêmica da saúde" ou – como se vê no título deste capítulo – "visão sistêmica da gestão ambiental". Todos esses usos têm uma origem em comum: a *teoria geral dos sistemas* (*TGS*), concebida no final da década de 1930 pelo biólogo austríaco Ludwig von Bertalanffy e desenvolvida, por ele e outros estudiosos, ao longo das décadas seguintes. Em linhas básicas, podemos dizer que a principal característica da TGS é defender que existem certos princípios aplicáveis a qualquer sistema, de natureza social, física ou biológica.

A teoria geral dos sistemas influenciou diversas ciências, como a física, a filosofia, a biologia e – ponto que mais nos interessa – a administração de empresas. Para compreendermos melhor como o pensamento sistêmico relaciona-se à gestão empresarial em geral e à gestão ambiental, em particular, vamos fazer, na primeira seção deste capítulo, uma breve revisão das principais teorias administrativas já propostas, destacando sua correlação com o pensamento sistêmico. Ainda no final da primeira seção, veremos especificamente em que consiste a visão sistêmica da gestão ambiental.

Na segunda seção do capítulo, reveremos a evolução da gestão ambiental no mundo, de acordo com uma divisão em três fases proposta por Shigunov, Campos e Shigunov (2009). Em seguida, na terceira seção, definiremos o próprio conceito de gestão ambiental. Na quarta seção, discutiremos a relação entre gestão ambiental e acordos supranacionais e, na última seção, trataremos da evolução da gestão ambiental no Brasil.

As diferentes abordagens à administração e a abordagem sistêmica

Como dito, nesta seção faremos uma rápida revisão das principais abordagens teóricas à administração, quais sejam: a clássica, a humanística, a comportamental, a própria abordagem sistêmica e um de seus desdobramentos, a abordagem contingencial. Durante a explanação, colocaremos em relevo os pontos em que essas abordagens se articulam (de maneira oposta ou convergente) com o pensamento sistêmico. No último tópico, enfocaremos de modo mais específico a abordagem sistêmica à gestão ambiental.

Abordagem clássica

Um dos pilares do pensamento sistêmico é a classificação dos sistemas em dois tipos: fechados ou abertos. Transportando esses conceitos para a administração empresarial, temos que, no modelo produtivo taylorista-fordista (reveja o capítulo anterior), a fábrica era concebida como um *sistema fechado*: ela não podia depender de fatores externos para cumprir suas metas de produtividade. Chovesse ou fizesse sol, estivessem os funcionários felizes ou deprimidos, a produção não podia parar. Enfim, para a **abordagem clássica à administração**, o funcionamento de uma fábrica era semelhante ao das máquinas: seguia contínuo e inalterado, independentemente do que acontecesse para além dos seus muros. Os funcionários deviam se comportar como peças dessa engrenagem, deixando de lado suas frustrações, queixas ou problemas pessoais para agir da forma mais mecânica possível.

Abordagem humanística

A visão puramente mecanicista do sistema produtivo, entronizada pela teoria clássica da administração, começou a ser questionada entre os anos de 1927 e 1932. Nesse período, o sociólogo australiano Elton Mayo coordenou um experimento que revolucionaria os estudos sobre administração de empresas. Encomendada pelo Conselho Nacional de Pesquisa dos Estados Unidos, órgão ligado à General Electric, a pesquisa tinha por objetivo verificar se as condições físicas de trabalho interferiam na produtividade dos operários. A série de experimentos foi realizada na fábrica da Western Electric Company no bairro de Hawthorne, Chicago — por isso eles ficaram conhecidos como *Experimentos de Hawthorne*.

O departamento escolhido pelo sociólogo era formado por moças que trabalhavam produzindo componentes telefônicos. Esperava-se que elas se tornassem mais ou menos eficientes de acordo com variáveis físicas, como a intensidade da iluminação. Os resultados, porém, foram surpreendentes: os estudiosos ficaram atônitos quando descobriram que o desempenho das moças oscilava mais por conta de fatores psicológicos do que de físicos. De forma geral, elas preferiam trabalhar em ambientes amistosos, sem componentes como pressão e ansiedade. Além disso, a amizade entre elas favoreceu a construção de um espírito de equipe: mesmo quando não eram cobradas, as moças estabeleciam objetivos comuns, aumentando a produtividade.

Na esteira dos experimentos de Hawthorne, Mayo desenvolveu uma nova abordagem à administração: a *abordagem humanística*, também chamada *teoria* ou *escola das relações humanas*. Essa abordagem rejeitava o modelo clássico da administração, sugerindo que as empresas fossem vistas como *sistemas sociais*. Sob esse novo ponto de vista, as organizações não seriam à prova do fator humano: ao contrário das máquinas, elas sofreriam transformações mesmo quando a

---

Os nomes de Taylor e Ford ficaram ligados à abordagem clássica à administração, também chamada teoria clássica da administração, principalmente por causa do trabalho prático que desenvolveram como gestores. Vale lembrar que Taylor foi também um dos primeiros consultores de que se tem notícia: durante boa parte da vida, percorreu os Estados Unidos dando palestras e oferecendo serviços de aconselhamento a empresários. Contudo, a verdadeira sistematização da teoria clássica da administração não coube a Taylor nem a Ford, mas sim ao industrial francês Henri Fayol. Ao longo das duas primeiras décadas do século XX, em congressos e periódicos especializados, Fayol apresentou a seus pares fundamentos hoje consagrados na administração, tais como a divisão da empresa em departamentos, ou a necessidade de elaborar e respeitar um organograma.

Existem várias obras indicadas para conhecer o pensamento de Fayol e a teoria clássica em geral, como, por exemplo:

- *SILVA, Benedicto.* Taylor e Fayol. *Rio de Janeiro: Fundação Getulio Vargas, 1987.*

- *FAYOL, Henri.* Administração industrial e geral. *10. ed. São Paulo: Atlas, 1990.*

- *WOOD, John C.; WOOD, Michael C.* Henri Fayol: critical evaluations in business and management. *Londres (UK): Routledge, 2002.*

estrutura física da fábrica fosse a mesma, estando sujeitas à influência do estado psicológico dos seus funcionários, por exemplo.

Abordagem comportamental

Os anos 1950 trouxeram novas perspectivas para a gestão empresarial. Sob a influência das teorias comportamentalistas, que ganhavam cada vez mais espaço na psicologia e em outras ciências humanas, a abordagem humanística recebeu um desdobramento que ficou conhecido como *abordagem comportamental* à administração. Segundo a nova corrente, a teoria clássica falhava ao descrever os princípios que regem a produção: eles não se encaixariam em moldes rígidos, praticamente mecânicos. Para o psicólogo comportamentalista Kurt Lewin, por exemplo, a chave estava no estudo dos padrões comportamentais dos grupos, no estudo de suas interações, estilos de liderança e tensões.

Diferentemente da abordagem humanística, que pouco oferecia aos gestores em termos práticos, a abordagem comportamentalista trazia ferramentas para o dia a dia, como treinamentos e dinâmicas de grupo, que logo se popularizaram — inclusive em empresas cujo sistema de produção baseava-se majoritariamente no modelo taylorista-fordista. Assim, as décadas de 1950 e 1960 viram uma grande aceitação do comportamentalismo por parte das empresas no mundo industrializado. Mais ou menos na mesma época, o pensamento sistêmico ganhava corpo e passava a ser discutido também pelos gestores.

Abordagem sistêmica

O pensamento sistêmico, como já dissemos, tem origem na Teoria Geral dos Sistemas (TGS), concebida por Ludwig von Bertalanffy. De acordo com a TGS, os sistemas são indivisíveis: qualquer tentativa de fragmentá-los falha na hora de captar sua essência. Para entender o mundo, por exemplo, é preciso articular conhecimentos em diferentes áreas, como física, química, biologia, psicologia, sociologia etc. As divisões em disciplinas são apenas invenções do homem desenvolvidas arbitrariamente. Afinal, se a natureza não está ramificada, por que estudar os sistemas a partir de aspectos isolados?

Assim, para os defensores da *abordagem sistêmica* à administração, a gestão de uma organização deve ser pensada como um todo. Segundo eles, a organização é um *sistema aberto*, porque depende de fatores variados — o ambiente em que a empresa está situada, por exemplo, interfere no andamento dos negócios. Pela primeira vez, os pesquisadores no âmbito da administração reconheciam o papel determinante de variáveis externas à empresa.

Abordagem contingencial

Embora a abordagem contingencial só tenha emergido como corpo teórico nos anos 1970, suas origens datam de duas décadas antes. Tudo começou quando a professora de sociologia industrial Joan Woodward decidiu estudar a relação entre as teorias administrativas e o sucesso dos negócios. Para surpresa de todos, os resultados das pesquisas realizadas por Woodward em Essex, uma cidade no sul da Inglaterra, não indicaram a supremacia de uma abordagem em especial. Pelo contrário: após investigar os procedimentos de cem firmas durante quatro anos (de 1953 a 1957), Woodward concluiu que a escolha do melhor método de produção depende das condições específicas de cada organização.

Os modelos menos automatizados, por exemplo, são perfeitos para empresas cujos clientes exigem menos padronização. Já as linhas de montagem são ideais quando se precisa produzir em massa, pois conta com processos mais mecanizados. As indústrias automobilísticas são prova de que procedimentos automatizados são adequados às necessidades do setor. Por último, existem também os moldes de produção que não exigem a participação do funcionário, reduzindo a necessidade de mão de obra. Obviamente, os processos automáticos são bastante apropriados para contextos mais insalubres, como as refinarias de petróleo e as siderúrgicas.

Sob a influência dos estudos de Woodward, nos anos 1970 tomou corpo a *abordagem contingencial*, acrescentando ainda mais complexidade às correntes anteriores da administração. Segundo a nova vertente, não é possível produzir generalizações sobre as empresas, pois tudo é relativo. Em outras palavras, o êxito de um empreendimento não depende simplesmente da eficácia do método escolhido, mas de sua adequação às exigências contextuais específicas. Por isso, não basta escolher a abordagem mais completa: é preciso verificar se ela está compatível com as exigências socioambientais do local. Os resultados das pesquisas de Paul Lawrence e Jay Lorsch consolidaram a teoria da contingência, mostrando que não há modelos de gestão "melhores ou piores", mas sim "mais ou menos adequados".

Por sua natureza holista e não prescritiva, a abordagem contingencial guarda inúmeros pontos em comum com a sistêmica. Tanto é que diversos autores usam a expressão *abordagem sistêmico-contingencial* para referir-se a esse conjunto de ideias como um todo.

Abordagem sistêmica à gestão ambiental

Como você estudou nos capítulos anteriores, o crescimento econômico e a conservação da natureza precisam ser complementares. Caso contrário, a sobrevivência dos negócios será fatalmente ameaçada pela escassez de recursos naturais. No entanto, essa ligação entre empresa e natureza só é perceptível quando se tem uma visão sistêmica de gestão.

Se olharmos a questão sob esse prisma holístico, a interdependência entre economia e meio ambiente não é difícil de entender. A própria natureza nos dá um exemplo prático. Vamos começar retomando uma noção básica das ciências naturais: as *relações ecológicas*. Pois bem. Em primeiro lugar, é preciso lembrar que os organismos vivos podem conviver de diversas maneiras — mutualismo, parasitismo e comensalismo são apenas alguns tipos de relação que podem ser estabelecidos. O cupim, por exemplo, hospeda em seu intestino um protozoário conhecido como triconinfa. Logo de início, o senso comum nos leva a crer que se trata de uma doença. Não é bem o caso. Em vez de prejudicar a saúde do cupim, o protozoário lhe presta um grande favor.

Você deve se lembrar que esse inseto se alimenta de madeira, certo? Pois bem. A madeira contém um carboidrato que o cupim não consegue digerir: a celulose; no entanto, para a sua sorte, a triconinfa é capaz de fazê-lo. Assim, graças ao protozoário, o cupim consegue aproveitar esse carboidrato.

A essa troca de favores damos o nome de *mutualismo* ou *simbiose*. Esse tipo de relação é comum na natureza. Não é preciso ir muito longe: basta olharmos para nosso próprio corpo. No intestino humano é possível encontrar bilhões de *lactobacilos*, bactérias que suprem a deficiência de nossa flora intestinal. Em vez de causar doenças, elas se tornaram famosas por ajudar na digestão e fortalecer nosso sistema imunológico.

Como você pode ver, o mutualismo se caracteriza por uma interação harmoniosa entre organismos vivos. Se os *lactobacilos* ou as *triconinfas* decidissem de uma hora para outra romper esse pacto e abusar do intestino alheio, tanto o hospedeiro quanto o hóspede teriam sua sobrevivência ameaçada. O equilíbrio entre eles é a chave da saúde de ambos.

Ora, as relações simbióticas são um modelo que o homem insiste em transgredir. Afinal, suas atividades econômicas caracterizam-se pela exploração abusiva e predatória dos recursos naturais, chegando a privar o meio ambiente do tempo necessário para seus ciclos de renovação. É por isso que a saúde do planeta — e dos negócios — está em risco.

Para o jornalista Thomas Friedman, o desenvolvimento econômico tem tomado rumos insustentáveis. Autor do livro *Quente, plano e lotado*, ele já arrematou três prêmios Pulitzer. Sua última obra, em especial, leva-nos à conclusão de que meio ambiente e negócios estão interligados. Não foi à toa que o jornalista reescreveu seu livro após a crise financeira de 2008, lançando-o novamente em 2010.

Segundo Friedman (2010, p. 11), não é de estranhar que "o Citibank, os bancos da Islândia e os bancos de gelo da Antártida se derreteram todos ao mesmo tempo". Afinal, os fenômenos financeiros e ambientais são sintomas de uma única doença: o aceleramento desenfreado da economia e do desgaste da natureza.

O curioso título de sua obra reúne três problemas que prometem ocupar as agendas dos chefes de Estado nas próximas décadas. É fácil deduzir que "quente" designa o aquecimento global, fenômeno que abalará não apenas a natureza, mas também a economia mundial. Em seguida, a palavra "plano" nos remete ao crescimento da classe média nos países do BRIC — Brasil, Rússia, Índia e China —, cujo poder de compra crescente provocará níveis inéditos de consumo, levando à exploração da natureza ao limite:

> A boa notícia é que o fim do comunismo e o nivelamento do mundo ajudaram a retirar 200 milhões de pessoas da pobreza mais abjeta, durante os anos 1980 e 1990, somente na China e na Índia, segundo o Fundo Monetário Internacional — e fizeram com que dezenas de milhões a mais galgassem a pirâmide econômica e ingressassem na classe média. Mas, depois de saírem da pobreza, geralmente associada a um modo de vida rural e agrícola, esses vários milhões de recém-chegados começaram a receber salários que lhes permitiram produzir e consumir mais coisas. Todos esses consumidores entraram no gramado do jogo econômico com suas próprias

versões do "sonho americano" — um carro, uma casa, um condicionador de ar, um telefone celular, um forno de microondas, uma torradeira, um computador e um iPod —, criando uma nova e enorme demanda por "coisas" que devoram enormes quantidades de energia, recursos naturais, terra e água, emitindo enormes quantidades de gases estufa que modificam o clima, tanto ao serem produzidas quanto ao serem descartadas. (FRIEDMAN, 2010, p. 93.)

Para fechar o título, o termo "lotado" refere-se ao ritmo vertiginoso do crescimento populacional, como mostra Friedman ao citar um general norte-americano:

Existem 6,7 bilhões de pessoas dividindo o planeta atualmente", disse o general Hayden em um discurso na Kansas State University. "Na metade do século, as melhores estimativas indicam uma população mundial de mais de 9 bilhões. É um aumento de 40% a 45% — impressionante —, mas a maior parte desse crescimento deverá ocorrer, quase certamente, em países menos preparados para enfrentá-lo. Isso irá criar uma situação propícia à instabilidade política e ao extremismo — não apenas nessas áreas, mas também fora delas. Há muitos países frágeis, onde governar é hoje muito difícil e onde as populações irão crescer rapidamente: Afeganistão, Libéria, Níger e República Democrática do Congo. Nesse grupo, estima-se que, até a metade do século, a população terá triplicado. O número de habitantes da Etiópia, da Nigéria e do Iêmen deverá mais do que dobrar. (2010, p. 91.)

Assim, o autor mostra como a fórmula "quente, plano e lotado" pode ganhar contornos catastróficos, condenando ao caos não apenas a natureza, mas também as relações econômicas. O homem não podia ser mais inconsequente: " (...) estamos realizando uma experiência sem controle na única casa que temos" (FRIEDMAN, 2010, p. 114).

O conceito de gestão ambiental

Podemos definir *gestão ambiental* como o braço da administração que reduz o impacto das atividades econômicas sobre a natureza. Ela deve estar presente em todos os projetos de uma organização, desde seu planejamento e execução até sua completa desativação.

Imagine, por exemplo, que uma montadora de carros inaugurará uma nova filial no Brasil. O primeiro passo da gestão ambiental é a análise dos efeitos que a fábrica produzirá no local; água, energia, matéria-prima, mão de obra e descarte dos efluentes industriais são apenas alguns itens que devem estar na pauta do gestor durante essa fase. Depois de iniciadas as atividades, ainda é preciso acompanhar de perto a opinião da sociedade, colhendo críticas e sugestões. Monitorar o impacto ambiental também é fundamental, já que devemos respeitar os ciclos de renovação do ecossistema para evitar o esgotamento dos recursos naturais. Quando a fábrica for desativada, é preciso tomar medidas para minimizar os efeitos disso, evitando-se, por exemplo, o aumento súbito dos índices de desemprego.

Por tudo isso, o gestor ambiental é indispensável. Conhecedor da legislação, ele planeja as atividades dentro dos moldes exigidos por lei, evitando ações judiciais e outros problemas decorrentes da exploração irresponsável da natureza e da comunidade local. Além disso, o gestor também escolhe equipamentos menos poluidores para diminuir o impacto ambiental provocado pela empresa. Afinal, o bom gestor ambiental conhece o velho ditado: prevenir é melhor que remediar.

Infelizmente, nem todo administrador pensa assim. Alguns reagem apenas quando os problemas surgem; outros se limitam a cumprir as obrigações legais, enxergando na preservação ambiental um fardo que devem suportar. Esses modelos de gestão são míopes, pois não reconhecem as oportunidades que a "onda verde" tem a oferecer, como melhorias na imagem da empresa, atendimento a nichos de mercado pouco explorados, entre outros.

Segundo o professor Barbieri (2007), qualquer gestão ambiental deve incluir pelo menos as três dimensões da Figura 5.1 para ser eficiente.

O gestor ambiental deve ter clareza sobre as três dimensões da sua atuação, delimitando o espaço, os temas e os agentes que terá à sua disposição. A gigante brasileira Aracruz Celulose — líder mundial no seu ramo — é um exemplo de gestão ambiental bem-sucedida. Detentora de nada menos que um quarto da oferta de celulose no planeta, ela destina sua produção à fabricação de papéis. Veja como seu modelo de gestão satisfaz as três dimensões sugeridas por Barbieri (2007):

Dimensão espacial

A fim de mitigar os efeitos negativos da extração de madeira, a Aracruz Celulose desenvolve um plano de manejo florestal composto por diversas técnicas, entre as quais o plantio

Figura 5.1 As três dimensões da gestão ambiental segundo Barbieri (2007).

em "mosaico" – as plantações de eucalipto são intercaladas com reservas de mata nativa, de maneira que, vista de cima, a área forma uma espécie de "mosaico". Ao todo, em suas propriedades espalhadas por quatro estados brasileiros – Bahia, Espírito Santo, Minas Gerais e Rio Grande do Sul –, a empresa mantém quase 300 mil hectares cultivados, entremeados a 170 mil hectares de florestas nativas.

Dimensão temática

Para garantir impacto mínimo sobre o meio ambiente, a Aracruz não se preocupa apenas com as florestas, mas também com a biodiversidade. Recentemente, foi desenvolvida uma pesquisa que usava as aves como *bioindicadoras* – isto é, a presença das aves foi o critério estabelecido para avaliar a saúde do ecossistema local, o que tornou possível medir o efeito das atividades econômicas sobre a biodiversidade.

Dimensão institucional

A empresa conta com uma equipe de especialistas em meio ambiente, mas, de qualquer modo, a preocupação ecológica perpassa **todos os níveis hierárquicos**, fazendo-se presente desde o planejamento até a execução das atividades.

Apesar de pertencer a um setor extrativista com tradição predatória, a Aracruz dá exemplo quando o assunto é sustentabilidade. Ela já é uma das poucas empresas brasileiras que integram o Índice Dow Jones de Sustentabilidade, provando que lucratividade e preservação ambiental podem ser complementares.

> *O gestor ambiental também pode ser visto como integrante da gestão de qualidade. Afinal, sua atuação contribui para objetivos comuns: aperfeiçoar os processos, aumentar a satisfação do cliente, abrir novos mercados e melhorar a imagem da empresa. Essas mudanças também podem ajudar a reduzir custos e aumentar a lucratividade do negócio, tornando a organização mais competitiva. Para tanto, é preciso mudar a cultura empresarial, envolvendo todos os colaboradores nos diferentes níveis.*

Gestão ambiental no mundo

Segundo os pesquisadores Alexandre Shigunov, Lucila Campos e Tatiana Shigunov (2009), a gestão ambiental no mundo atravessou três fases principais, conforme descrevemos a seguir.

Primeira fase da gestão ambiental no mundo

Esse primeiro momento caracteriza-se por uma postura corretiva em relação ao meio ambiente: as organizações se mobilizavam quando a continuidade das suas atividades era ameaçada por um problema ambiental. As regras para a caça, por exemplo, só foram criadas quando o desaparecimento de diversas espécies começou a comprometer a viabilidade econômica da atividade.

Aos poucos, o tratamento de questões ambientais ganhou mais notoriedade, mas ainda era confundido com a gestão de qualidade. Nessa época, acreditava-se que tinham sido cumpridas as obrigações com a natureza simplesmente por evitar acidentes, como explosões ou vazamentos de produtos tóxicos. Quando problemas como a poluição levavam a pressão social a um nível insuportável, as indústrias eram transferidas para outro lugar, onde repetiam as mesmas práticas destrutivas.

A própria sociedade ainda não tinha uma visão holística de meio ambiente, tolerando sua depredação desde que seus efeitos fossem mantidos fora da comunidade. Aliás, ninguém se queixava muito: tinham certeza de que a "mãe natureza" estaria sempre de mãos abertas, doando seus recursos ilimitadamente. Sinônimo de progresso, a **poluição era até vista com certo orgulho**.

Segunda fase da gestão ambiental no mundo

Os anos 1970 inauguraram uma nova fase para a gestão ambiental. Graças à Conferência de Estocolmo, a consciência ecológica — antes limitada aos especialistas — alcançou diversas camadas sociais pelo mundo. Pressionadas pela opinião pública e pela comunidade científica, as empresas começaram a reavaliar seu posicionamento em relação à natureza. Além da reunião na capital sueca e dos vários desastres ambientais já mencionados nos capítulos anteriores, as crises do petróleo em 1973 e 1979 soaram como alertas: um importante recurso natural estava chegando ao seu limite.

Aos poucos, a gestão ambiental passou a integrar a agenda de muitos administradores: não bastava controlar a poluição — o cuidado com a natureza teria de estar presente em todas as etapas, desde a extração da matéria-prima até a fabricação, a comercialização e mesmo o descarte. Assim, algumas empresas foram abandonando a postura reativa e começaram a prevenir os problemas ambientais. Na década de 1970, algumas indústrias já trocavam equipamentos poluentes por novos, estudavam alternativas energéticas mais ecológicas e despertavam para a importância da reciclagem e do reaproveitamento.

Um estudo realizado por Esmeralda Bolsonaro de Moura (1994), professora de história da Universidade de São Paulo, ilustra bem, no caso brasileiro, a primeira fase da gestão ambiental descrita por Shigunov, Campos e Shigunov (2009).

A autora pesquisou a publicidade veiculada nos jornais paulistanos por ocasião do Quarto Centenário da cidade, comemorado em 1954. Entre os anúncios examinados, Moura (1994, p. 245) cita um da Cia. Ultragaz S.A. em que um bandeirante "orgulhosamente observa, ao fundo, as chaminés perfiladas no cenário esfumaçado do céu paulistano". Outro anúncio, dessa vez da Indústria de Louças Zappi S.A., era mais explícito em seu louvor à "fumaça-progresso": "Todas as chaminés que, dia após dia, despejam fumaça e fuligem nos céus de São Paulo, todos estes monstros de pedra e tijolo, verdadeiros monumentos ao trabalho, representam a nossa grandeza" (apud MOURA, 1994, p. 236).

Terceira fase da gestão ambiental no mundo

Os anos 1980 e 1990 trouxeram mais avanços para a gestão ambiental. Marcadas por eventos impactantes como a publicação do Relatório Brundtland (1987) e a Eco-92 (1992), as primeiras décadas da nova fase trouxeram inúmeras novidades. Em primeiro lugar, as empresas começaram a perceber que a conservação da natureza não era útil somente por atender às exigências legais. Ela também trazia um benefício extra: atraía clientes. Atentas ao novo perfil do consumidor, muitas organizações lançaram mão do "marketing verde" para associar iniciativas ecológicas à sua marca. A gestão ambiental – antes restrita à solução de problemas – ganhou apelo comercial, protagonizando anúncios publicitários mundo afora.

A reta final do século XX também gerou um novo ramo das atividades econômicas: a indústria do meio ambiente. Percebendo que o ambientalismo estava em alta, muitos empresários aproveitaram o momento, lucrando com serviços e produtos para preservar a natureza. A nova indústria trouxe para o mercado embalagens biodegradáveis, mercadorias recicladas, entre outros artigos que agrediam menos o meio ambiente.

A virada da década de 1980 para a de 1990 também trouxe a popularização da embalagem PET, uma solução menos agressiva ao ambiente. Além de ser mais resistente que o plástico comum, o PET é 100% reciclável e não apresenta substâncias tóxicas em sua composição química.

Nessa época, também surgiram os primeiros serviços de consultoria, diagnóstico e supervisão ambiental, aptos a orientar as organizações sobre como proceder na era da sustentabilidade.

Para diferenciar as empresas ecologicamente corretas das demais, a International Organization for Standardization – ISO (ou Organização Internacional para Padronização) criou, em 1993, a série de **normas ISO 14000**, contendo um conjunto de diretrizes para a gestão ambiental. A fim de receber a certificação ISO, muitas empresas fizeram os ajustes necessários, adaptando suas estratégias às prioridades ecológicas. De lá para cá, outros selos verdes nasceram, consolidando a sustentabilidade como diferencial competitivo.

> *Falaremos com detalhes sobre as normas ISO 14000 no Capítulo 6.*

Desde então, o movimento ambientalista não parou de crescer. Superada a tese de crescimento zero proposta pelos neomalthusianos do Clube de Roma, a noção de desenvolvimento sustentável seduziu os gestores mais relutantes, mostrando que não é preciso paralisar o progresso para preservar a natureza. Vejamos o que Tachizawa comenta a respeito:

> A gestão ambiental não questiona a ideologia do crescimento econômico, que é a principal força motriz das atuais políticas econômicas e, tragicamente, da destruição do ambiente global. Rejeitar essa ideologia não significa rejeitar a busca cega do crescimento econômico irrestrito, entendido em termos puramente quantitativos como maximização dos lucros ou do PNB. A gestão ambiental implica o reconhecimento de que o crescimento econômico ilimitado num planeta finito só pode levar a um desastre. Dessa forma, faz-se uma restrição ao conceito de

crescimento, introduzindo-se a sustentabilidade ecológica como critério fundamental de todas as atividades de negócios (2010, p. 10).

Calcado no desenvolvimento sustentável, o novo modelo de gestão ambiental articula várias demandas, unindo os esforços de preservação da natureza à luta contra a pobreza e pelo crescimento econômico, especialmente na periferia do mundo. Hoje em dia, já é comum ver preocupações socioeconômicas lado a lado com questões ambientais, formando um único pleito. Essa visão sistêmica provocará debates mais complexos, combatendo políticas salariais injustas, condições insalubres de trabalho e o pouco caso com o meio ambiente como se fossem um único inimigo.

Portanto, a gestão ambiental contemporânea se afasta da visão fragmentada de mundo, percebendo o planeta como um organismo vivo, cujas partes são irremediavelmente interdependentes. Não se pode, por exemplo, garantir qualidade de vida com salários satisfatórios acompanhados de escassez de recursos naturais ou altos índices de poluição: o bem-estar da humanidade depende de ações conjuntas. Para olhar o mundo sob esse novo prisma, o gestor do novo milênio deverá associar ética ecológica à responsabilidade social e bom desempenho econômico — três condições indispensáveis para a saúde dos negócios e da sociedade.

Infelizmente, muitos cursos de graduação em administração de empresas estão defasados, limitando a formação do gestor às áreas de conhecimento tradicionais: um erro fatal. Afinal, como garantir o sucesso de um empreendimento em um mercado voraz quando o gestor ignora temas como o meio ambiente e a responsabilidade social? Segundo Tachizawa, a formação desse profissional deveria estar em sintonia com o cenário contemporâneo:

> Esse novo pensamento precisa ser acompanhado por uma mudança de valores, passando da expansão para a conservação, da quantidade para a qualidade, da dominação para a parceria. O novo pensamento e o novo sistema de valores, juntamente com as correspondentes percepções e novas práticas, constituem o que se denomina de "novo paradigma", com reflexos imediatos nas escolas de formação e preparação de administradores (2010, p. 9).

Ora, se o desenvolvimento sustentável e os programas sociais são ingredientes tão importantes da gestão empresarial, nada mais apropriado do que abordá-los nas salas de aula. Afinal, para ter uma visão sistêmica da administração, o gestor precisa saber observá-las por diferentes ângulos.

Gestão ambiental e os acordos intergovernamentais

Diante da urgência das questões ambientais, não é mais possível contar apenas com a boa vontade das empresas. Hoje a maioria dos países impõe a preservação da natureza por meio de leis, punindo com rigor os crimes ambientais.

No entanto, a falta de uniformidade entre as legislações dos diferentes Estados está causando graves problemas no plano internacional. É comum, por exemplo, que indústrias poluidoras deixem as nações desenvolvidas, onde a legislação ambiental é levada a sério, e migrem para o Terceiro Mundo, em busca de leis mais frouxas. Além da liberdade para poluir, elas costumam encontrar autoridades coniventes, que fecham os olhos para as leis trabalhistas – quando elas existem –, permitindo a exploração subumana da mão de obra local.

Ora, graças à redução brusca dos custos com os trabalhadores e com o meio ambiente, os produtos oriundos de países como China, Índia e Vietnã tornaram-se muito competitivos e inundaram o mercado internacional com preços abaixo da média. Em retaliação, muitos países lançam mão de *barreiras não tarifárias* – instrumento que a Organização Mundial do Comércio (OMC) disponibiliza para punir a competição desleal.

Mas o desequilíbrio do comércio internacional não é o único motivo para o desentendimento entre chefes de Estado. Muitas vezes os impactos ambientais resultantes das atividades econômicas de um país vão além da fronteira nacional, deixando seu rastro em outros territórios. Ao contrário do que se pensava no passado, os efeitos do descuido com o meio ambiente não ficam limitados às áreas vizinhas: eles podem, inclusive, comprometer a saúde do planeta como um todo.

Por isso, diversos acordos intergovernamentais têm sido criados para regular a gestão ambiental em nível regional e mundial. Como muitos países se julgam "donos" da natureza dentro dos seus limites territoriais, os acordos têm por objetivo enfraquecer essa crença, mostrando que a atmosfera, o oceano e a biodiversidade são propriedade comum. Ou seja, o meio ambiente pertence a todos.

Se cada um pagasse o preço das suas ações, Tuvalu, uma das nações que menos polui em todo o mundo, não estaria afundando por causa do aquecimento global. Para ilustrar a interdependência dos países quando o assunto é gestão ambiental, o professor Barbieri conta a *tragédia dos comuns*, parábola popularizada pelo ecologista Garret Hardin:

> [...] vários pastores utilizam uma mesma área para alimentar seu rebanho. Os pastores poderiam chegar a um acordo sobre a quantidade máxima de animais que cada um poderia ter para usar essa área *ad aeterno*. Porém, procurando maximizar seus ganhos, um certo pastor se pergunta o que ele ganhará adicionando mais um animal ao seu rebanho. Uma consequência positiva é que ele receberá integralmente os benefícios da venda desse animal e as consequências negativas decorrentes de um animal a mais para pastar serão repartidas entre todos os pastores. Assim, esse pastor concluirá que, para ele, o melhor mesmo é aumentar seu rebanho. Se cada pastor pensar e agir assim, o resultado será a superlotação da área de pastagem comum, levando à ruína de todos, a tragédia dos comuns (2007, p. 64).

Quando diferentes nações assinam um protocolo, um acordo ou um tratado, elas reconhecem que recursos tidos como "nacionais" ou "de livre acesso" são na verdade bens comuns, cuja administração deve ser negociada na comunidade internacional. Veja o que Barbieri diz sobre o assunto:

Os globais comuns, como a atmosfera e os oceanos fora das águas territoriais, inicialmente constituem recursos de livre acesso em escala global, estando disponíveis para todos. Porém, quando as nações estabelecem acordos para limitar seu uso e evitar abusos, elas estão efetivamente transformando recursos globais de livre acesso em recursos globais de propriedade comum (2007, p. 65).

Como os bens comuns são públicos, ninguém quer assumir as responsabilidades sozinho. Os países do Anexo I do Protocolo de Quioto são um bom exemplo. Insatisfeitos, eles se queixam de que grandes poluidores como o Brasil, a China e a Índia não têm metas de redução de emissões de CO_2. Ora, se o ritmo do aquecimento global diminuir, não apenas as nações do Anexo I, mas todo o planeta será beneficiado. Veja, por exemplo, o caso dos Estados Unidos, país que tem redução de metas, mas que não ratificou o protocolo. Responsável por 25% das emissões mundiais, o povo norte-americano também será contemplado com os frutos dos esforços internacionais em prol da redução da temperatura global, mesmo sem ter contribuído expressivamente para isso.

Os grandes blocos econômicos, como União Europeia (UE), Área de Livre Comércio da América do Norte (Nafta) e Mercado Comum do Sul (Mercosul), já se sentaram à mesa para negociar o uso dos bens comuns. Apreensivos com a dimensão das catástrofes ambientais, os países integrantes decidiram criar premissas básicas para as leis nacionais sobre o meio ambiente.

E não foi só pelo bem da natureza: no comércio internacional, diversos países criam barreiras não tarifárias para impedir a entrada de produtos que agridem o meio ambiente. A União Europeia, por exemplo, aplica várias dessas barreiras, também conhecidas como *fitossanitárias*. Os produtos transgênicos produzidos no Brasil são um dos principais alvos das restrições europeias.

Legislação ambiental na União Europeia

Assinado em 1957, o Tratado de Roma, documento que fundou a Comunidade Econômica Europeia (CEE), não mencionava a questão ambiental. Como bloco jurídico e econômico, a Europa só despertou para o cuidado com a natureza na década de 1970, quando lançou seu primeiro programa ambiental conjunto.

Em 2006, a Academia Nacional de Ciências dos Estados Unidos publicou um estudo sobre aquecimento global encomendado pelo Congresso norte-americano. Os cientistas envolvidos não tiveram dúvidas: foram unânimes ao afirmar que a elevação das temperaturas na América do Norte a partir da década de 1950 está atrelada à ação humana, o que causará prejuízos não só à economia norte-americana, mas também à global. Agora o que não faltam são evidências: graças às pressões internas e externas, é possível que os Estados Unidos lancem uma legislação mais rigorosa sobre os impactos ambientais provocados pelas atividades empresariais. Já era hora — como esse poderoso país exerce forte influência sobre os demais, uma reavaliação da sua postura contribuirá para que outros também escolham alternativas mais verdes e reduzam suas emissões de gases causadores do efeito estufa.

Assinado em 18 de fevereiro de 1986, o Ato Único Europeu harmonizou as leis nacionais no tocante ao tratamento do meio ambiente e, também, à segurança e à defesa do consumidor. Todos os países-membros deveriam atender requisitos mínimos, como a adoção de medidas preventivas e o princípio do poluidor pagador, obrigando os culpados a arcar com os custos da reparação ambiental. Alguns países mais ousados implantaram leis acima dos padrões comunitários. Em 1992, nasceu a União Europeia, fundada pelo Tratado de Maastricht documento que também lançou as bases para o desenvolvimento sustentável do bloco.

Legislação ambiental no Mercosul

Embora lhe falte a coesão da União Europeia, o Mercosul, mercado comum composto por Argentina, Brasil, Paraguai e Uruguai, já tomou os primeiros passos rumo à gestão ambiental regional. Em 1992, um ano após sua criação, os países integrantes promoveram a Reunião Especializada em Meio Ambiente (Rema), onde foram estabelecidas medidas básicas para as suas legislações ambientais. No encontro, os membros se comprometeram a monitorar a exploração da natureza, garantindo níveis mínimos de impacto. Além disso, a Rema tornou obrigatório o licenciamento das atividades que interferem mais no ecossistema.

Apesar do acordo, a questão ambiental avançou pouco no âmbito do Mercosul. Aliás, temas econômicos e políticos também não fizeram progressos significativos desde 1991. Em 2001, o Mercosul esboçou uma nova tentativa de homogeneizar suas legislações ambientais, assinando um acordo-quadro sobre crescimento sustentável. Dessa vez, o documento apresentou uma visão mais ampla de sustentabilidade, abrangendo melhorias sociais e proteção à natureza como práticas indispensáveis para o desenvolvimento.

Legislação ambiental no Nafta

O Nafta lida com o tema ambiental desde sua criação, em 1992. A área de livre comércio entre Estados Unidos, Canadá e México fez convergir as legislações ambientais nacionais.

A motivação não era apenas preservar o ecossistema na região; preocupados com a atratividade do México — onde as leis trabalhistas e ambientais eram mais flexíveis —, os governos canadense e norte-americano uniformizaram a política ambiental do bloco, a fim de reduzir a fuga de suas empresas para o vizinho hispânico. Ao mesmo tempo, destinaram investimentos maciços ao fortalecimento da política ambiental e ao desenvolvimento de programas de conscientização no México, de modo que o país pudesse acompanhar os parceiros mais desenvolvidos.

Gestão ambiental no Brasil

As iniciativas de gestão global e regional têm cooperado para amenizar os problemas ambientais. No entanto, os resultados podem ser pífios se não houver compromisso no nível nacional. Afinal, os acordos propõem diretrizes básicas, mas a implementação e o controle dessas medidas dependem do empenho dos governos locais. Além disso, cada país tem de

> *Quando o assunto é matriz energética, o Brasil não tem do que reclamar: sobram opções para suprir a demanda. Atualmente, as hidrelétricas são as maiores responsáveis pela produção de energia no país. Porém, trata-se de uma alternativa muito polêmica por conta do impacto ambiental provocado pelo alagamento de amplas extensões de terra. Ainda assim, o que não falta é fonte de energia: os ventos e a alta incidência de raios solares são algumas opções que agradam bastante os ambientalistas. Infelizmente, o que falta são políticas de incentivo ao desenvolvimento dessas matrizes.*

lidar com problemas diferentes. No caso do Brasil, o vasto território amazônico traz desafios especiais para o combate ao desmatamento. Já a China utiliza o carvão como base da **matriz energética**, o que compromete a qualidade do ar nos polos industriais. Na Europa a escassez de recursos hídricos é preocupante, integrando o rol dos grandes problemas do século XXI. Portanto, a gestão ambiental no âmbito nacional deverá acolher as resoluções internacionais sem perder de vista as demandas internas. Para ser eficaz, a proteção dos recursos biológicos em um país dependerá das políticas públicas e do envolvimento da iniciativa privada.

No Brasil, a destruição ambiental foi iniciada na era colonial. Interessada na produtividade da colônia, a metrópole portuguesa não nutria preocupações com o equilíbrio ambiental, explorando desenfreadamente os recursos naturais do Novo Mundo. Dois anos após o descobrimento, a proibição do corte de pau-brasil não refletia cuidados com a natureza: a Coroa portuguesa só queria assegurar o seu monopólio sobre essa nobre madeira.

No século XIX, era inaugurado no Rio de Janeiro um importante espaço verde: o Jardim Botânico. Embora muitos considerem sua criação uma iniciativa ambiental, o rei português não estava interessado em cuidar da natureza. Na verdade, D. João VI planejava usar a área para o cultivo de especiarias asiáticas simplesmente para abastecer a corte no Rio de Janeiro, atendendo assim suas necessidades de consumo.

José Bonifácio, André Rebouças e Joaquim Nabuco são apenas algumas personalidades ilustres que lançaram o tema ambiental pela primeira vez no Brasil. Embora esses nomes de peso da política brasileira alertassem as autoridades sobre os efeitos negativos da exploração predatória, o governo central preferia ignorar as denúncias. O mito da abundância tinha cegado o povo brasileiro. "Nossos bosques têm mais vida", "nossos campos têm mais flores": problema ambiental era doença de Velho Mundo. Enquanto isso, a destruição dos "nossos bosques" e "campos" não encontrava resistência na opinião pública ou na atuação dos governantes.

O começo da era industrial no Brasil deu o pontapé inicial no debate sobre o meio ambiente. Durante a década de 1930, sob a gestão do presidente Getúlio Vargas, o país deu seus primeiros passos rumo à construção de uma política ambiental. Em 1934, eram promulgados os Códigos de Água, Caça, Florestas e Minas.

Segundo Barbieri (2007), na década de 1930 o rio Tietê ainda era espaço de lazer para os paulistanos. Aos poucos, o crescimento das atividades industriais impôs seus efeitos colaterais sob a forma de contaminação do ar e da água. A questão ambiental ganhou um novo impulso com os problemas relativos à poluição na década de 1960, quando as indústrias já faziam parte do cenário brasileiro. A partir daí, as autoridades começaram a acompanhar de perto o impacto ecológico do progresso.

Nos anos 1970, a Conferência de Estocolmo acentuou essa tendência: em 1973, o governo federal fundou a Secretaria Especial do Meio Ambiente (Sema), iniciativa em seguida copiada por muitos líderes estaduais. Apesar desses avanços, ainda não era comum uma visão holística da natureza — água, biodiversidade e qualidade do ar, por exemplo, recebiam tratamentos separados, pois se ignorava a interdependência dos componentes do ecossistema.

Com a repercussão do Relatório Brundtland, a gestão ambiental brasileira ganhou dimensões mais abrangentes na década de 1980. A Constituição Federal de 1988 foi um grande marco nessa evolução, trazendo os primeiros sinais de preocupação ambiental holística. Além de dedicar um capítulo inteiro ao meio ambiente (o Capítulo VI do Título VIII), a nova Carta Magna reconheceu o conceito de desenvolvimento sustentável como nova palavra de ordem para o crescimento do país, aliando as melhorias socioeconômicas aos cuidados com a natureza.

O agravamento da poluição atmosférica em grandes centros urbanos como São Paulo e Cubatão tornou inevitável o envolvimento da iniciativa privada nos anos 1990. As catástrofes ambientais e os acidentes de trabalho exigiram uma mudança expressiva na postura das organizações, que passaram a combinar sustentabilidade e responsabilidade social em seus códigos de ética.

Apesar dos avanços nos âmbitos público e privado, ainda **há muito por fazer**. Afinal, pouco adianta ter uma das legislações ambientais mais extensas do mundo, quando suas regras são violadas diariamente. O Brasil ainda tem muito que aprender para implantar uma política socioambiental eficaz. Para tanto, será preciso promover intensos programas de conscientização ecológica e social, acompanhados de punições severas para os infratores.

> *Há aproximadamente 15 anos, tenta-se aprovar no Brasil uma legislação no âmbito federal para regular o tratamento de resíduos sólidos. Porém, como o tema não agrada às indústrias — interessadas em manter custos mínimos com a natureza — o projeto de lei ainda não decolou.*

SAIU NA IMPRENSA

BRASIL PODE SER A QUINTA ECONOMIA DO MUNDO NA PRÓXIMA DÉCADA, DIZ IPEA

O Brasil deve aproveitar a oportunidade de transição da economia para um desenvolvimento que prioriza a sustentabilidade para se tornar uma liderança mundial, afirmou nesta quinta-feira o presidente do Ipea (Instituto de Política Econômica Aplicada), Marcio Pochmann.

"Ele [o Brasil] tem as condições concretas para construir, neste século, um protagonismo inédito do ponto de vista da concepção de um desenvolvimento que não seja apenas econômico e social, mas que tenha capacidade de sustentar do ponto de vista da reprodução humana e do bem-estar social", afirmou o presidente do Ipea.

Pochmann disse que há uma convergência nacional, "e até internacional", de que chegou o momento brasileiro. Chamou a atenção para o fato de que, desde a crise de 1929, esta é a primeira vez em que a recuperação econômica mundial é puxada pelos países em desenvolvimento e não mais pelos países ricos.

Entre eles, citou China, Índia e Brasil. "Isso inspira a perspectiva de o Brasil vir a se transformar na quinta economia do mundo, possivelmente ao final da próxima década em que estamos ingressando".

O desafio não é voltar a crescer de forma mais rápida, mas combinar o crescimento com um melhor bem-estar social e, sobretudo, ambiental. Ele sublinhou que, além de crescer economicamente, o Brasil deve se transformar também na quinta melhor sociedade, do ponto de vista do padrão de bem-estar social.

Um dos desafios continua sendo a educação. Do ponto de vista quantitativo, o problema da universalidade da educação está resolvido, mas não do ponto de vista qualitativo, observou Pochmann.

Outro desafio é a questão demográfica. "Se queremos ter um padrão de bem-estar adequado para as pessoas que vão envelhecer nos próximos anos, significa, fundamentalmente, o Brasil elevar a sua produtividade."

Explicou que a produtividade pressupõe um projeto de desenvolvimento econômico e também elevação da educação e da tecnologia, a fim de preparar melhor as pessoas para o trabalho e para a própria vida.

A percepção de novos valores faz parte de uma mudança cultural do ponto de vista da integração nacional. Pochmann não vê problemas estruturais que impeçam o Brasil de ter crescimento sustentável de longo prazo a taxas muito maiores das que temos atualmente.

"O Brasil cresce acima de 4%. Na década de 1990, cresceu em torno de 2%. Não vejo problemas em nós crescermos a 6% ou 7% ao ano porque, do ponto de vista do reconhecimento, nós somos um país ainda em construção." Afirmou que crescer mais rapidamente ajuda o país a enfrentar o problema da geração de empregos.

Para Pochmann, a questão ambiental ganha cada vez uma maior dimensão na sociedade moderna e exige uma intervenção pública mais importante. A competição pressupõe redução de custos e isso vem a partir de investimentos ecológicos, assinalou.

Nesse sentido, defendeu um reforço da regulação e maior taxação de impostos para segmentos que degradam o meio ambiente, além de substituição das formas de produção não sustentáveis, por meio de tecnologias avançadas.

Fonte: Brasil pode ser a quinta economia do mundo na próxima década, diz Ipea. *Folha Online*, 20 mai. 2010. Disponível em: <http://www1.folha.uol.com.br/folha/dinheiro/ult91u738401.shtml>. Acesso em: 7 jul. 2010.

1. Com base na leitura deste capítulo, você acha que a fala do presidente do Ipea, Márcio Pochmann, está em sintonia com os princípios da visão sistêmica de gestão? Por quê?

2. Em sua opinião, que medidas podem ser tomadas pelo governo para fomentar posturas mais sustentáveis?

3. Compare as previsões apresentadas neste texto com as expectativas apresentadas por Thomas Friedman em seu livro *Quente, plano e lotado*. Explique por que as duas opiniões são semelhantes.

NA ACADEMIA

- Com o auxílio da Internet, procure informações sobre empresas que combinam responsabilidade social e preservação ambiental. Prepare uma apresentação para a turma, indicando as medidas e os resultados dessas iniciativas.

Pontos importantes

- Quando aplicado à administração, o conceito de sistema fechado designa os modelos produtivos que não levam em conta a influência de fatores externos sobre as atividades da empresa. Era assim que pensava, por exemplo, o norte-americano Henry Ford. Por meio de um controle rígido da produção, ele buscou automatizar ao máximo as funções dos operários para elevar os índices de produtividade nas linhas de montagem.

- De acordo com os defensores da abordagem clássica, a fábrica é um sistema fechado, onde os trabalhadores atuam de forma semelhante às máquinas. Fatores externos, como frustrações ou problemas pessoais, não deveriam interferir no cumprimento das metas de produção.

- Ao contrário da escola clássica da administração, os teóricos da abordagem humanística entendem as fábricas como sistemas sociais. Eles acreditam que variáveis como motivação e satisfação da mão de obra podem afetar o desempenho da empresa, uma vez que os funcionários não são máquinas.

- Para teóricos comportamentalistas, como Kurt Lewin, o funcionamento de uma cadeia produtiva não pode ser explicado em termos mecânicos. Sob seu ponto de vista, a peça-chave para entender o sistema produtivo é o padrão comportamental dos trabalhadores, como interações, tensões e estilos de liderança.

- A abordagem sistêmica à administração opõe-se aos princípios da escola clássica, pois depende que a fábrica seja um sistema aberto. Ou seja, a performance empresarial não depende apenas da eficiência dos processos mecânicos, mas também de fatores humanos e de outros externos à organização.

- Segundo a abordagem contingencial, não é viável tecer generalizações sobre o funcionamento das empresas, pois este depende de inúmeras variáveis circunstanciais. Em outras palavras, o sucesso de um empreendimento não é determinado somente pela eficácia do modelo da cadeia produtiva. Fatores ligados ao contexto específico onde a empresa opera também podem interferir.

- Sob a ótica da abordagem sistêmica à gestão ambiental, o crescimento econômico e a conservação da natureza são interdependentes. Quando a empresa não minimiza o impacto ambiental de suas atividades e explora seus recursos de forma predatória, a própria sobrevivência dos negócios fica ameaçada.

- A gestão ambiental é o ramo da administração que visa à redução do impacto das atividades econômicas sobre a natureza. Esse modelo de gestão pressupõe o envolvimento de todos setores da empresa nos seus esforços pela conservação do meio ambiente.

- Os diversos acordos internacionais têm regulado o uso dos bens globais, conhecidos como recursos de livre acesso. Espaços como a atmosfera e o oceano fora das águas nacionais têm sido palco da atuação predatória de muitas empresas. Como os consideram "terra de ninguém", essas organizações abusam dos seus recursos. Por isso, a comunidade internacional começou a intervir nas últimas décadas, criando regras que transformam os bens públicos em propriedade comum.

- A OMC (Organização Mundial do Comércio) prevê a imposição de barreiras fitossanitárias para garantir a qualidade das importações. Quando a fabricação envolve descaso com o meio ambiente, exploração desumana da mão de obra local ou ameaças à saúde do consumidor, o país pode, por exemplo, bloquear sua entrada. Hoje em dia, essas barreiras não tarifárias também têm sido usadas para punir nações coniventes com práticas predatórias, diminuindo a lucratividade desses negócios.

- A fim de evitar a competição desleal, os blocos econômicos buscam harmonizar as legislações ambientais dos países-membros, evitando que leis frouxas favoreçam atividades econômicas predatórias, que reduzem seus custos com o uso irresponsável dos recursos naturais.

- Nos anos 1930, foram criados no Brasil códigos ambientais específicos, cujas leis se aplicavam apenas ao uso de determinados recursos naturais. Não havia ainda uma visão sistêmica de meio ambiente, pois os problemas ainda eram tratados isoladamente. Por conta dos efeitos colaterais da industrialização, as autoridades começaram a agir nos anos 1970, quando foram criados órgãos para monitorar a relação das empresas com o meio ambiente. A Constituição Federal de 1988 foi um importante marco na evolução do país em matéria ambiental. Ao incorporar o conceito de sustentabilidade, ela sinalizou para as empresas brasileiras que a conciliação entre as metas econômicas e as ambientais deveria ser a nova palavra de ordem para o desenvolvimento nacional.

Referências

BARBIERI, José Carlos. *Gestão ambiental empresarial.* São Paulo: Saraiva, 2007.

MOURA, Esmeralda Blanco Bolsonaro de. Bandeirantes do progresso: imagens do trabalho e do trabalhador na cidade em festa. São Paulo, 25 de janeiro de 1954. *Revista Brasileira de História.* São Paulo, v. 14, n. 28, p. 231-246, 1994.

FRIEDMAN, Thomas. *Quente, plano e lotado.* Rio de Janeiro: Objetiva, 2010.

SHIGUNOV NETO, Alexandre; CAMPOS, Lucila Maria de Souza; SHIGUNOV, Tatiana. *Fundamentos da gestão ambiental.* Rio de Janeiro: Moderna, 2009.

TACHIZAWA, Takeshy. *Gestão ambiental e responsabilidade social corporativa.* São Paulo: Atlas, 2010.

PARTE II
SISTEMAS DE GESTÃO AMBIENTAL: FUNDAMENTOS E IMPLEMENTAÇÃO

Na primeira parte deste livro, você estudou a evolução da questão ambiental sob um ponto de vista histórico. Agora, chegou a hora de mergulhar no mundo dos negócios, conhecendo a importância do sistema de gestão ambiental (SGA) para o sucesso da empresa. Nesta segunda parte, você aprenderá mais sobre alguns modelos de gestão ambiental. Entre eles, receberá destaque especial o SGA proposto pela International Organization for Standardization (ISO). Serão apresentados também pontos importantes, como os aspectos jurídicos da gestão ambiental, a elaboração de relatórios ambientais, o trâmite para obtenção de licenças e certificações ambientais e questões ligadas à rotulagem e ao ciclo de vida do produto.

Capítulo 6

DA PREOCUPAÇÃO COM O MEIO AMBIENTE AOS SISTEMAS DE GESTÃO AMBIENTAL

Neste capítulo, abordaremos as seguintes questões:

- Para que servem as tecnologias de remediação?
- Para que servem as tecnologias *end of pipe control*?
- O que é um SGA?
- O que á a ISO 14001?
- Por que a ISO propôs normas para o desenvolvimento de um SGA?
- Qual é o objetivo principal da ISO 14001?

Introdução

Cada vez mais, a conscientização ambiental da opinião pública impõe mudanças mundo afora. Muitos já aprenderam a usar suas armas: como cidadãos, utilizam o voto para eleger representantes alinhados com as necessidades do meio ambiente. Na hora de comprar, escolhem produtos ecologicamente corretos, privilegiando as iniciativas "verdes". Por isso, as organizações estão abrindo os olhos para essas demandas, adaptando-se às exigências contemporâneas. Como diz o professor Barbieri (2007, p.113), "espera-se que as empresas deixem de ser problemas e façam parte das soluções".

No entanto, medidas isoladas não são o bastante para enfrentar os desafios ambientais do século XXI: é preciso formular uma política integrada, dando conta de todos os impactos decorrentes das atividades econômicas da organização. Surge, então, o *Sistema de Gestão Ambiental* (SGA), conceito que designa um conjunto de ações administrativas e operacionais que visam a evitar ou mitigar os efeitos negativos sobre a natureza.

Neste capítulo, você verá como a gestão ambiental evoluiu dentro das empresas, partindo de soluções pontuais para sistemas complexos e abrangendo dimensões como segurança do trabalho e saúde ocupacional.

Medidas isoladas para o meio ambiente

Ainda hoje, nem todas as empresas abraçam a sustentabilidade como componente fundamental da gestão. Pelo contrário: muitas implantam soluções precárias, respondendo apenas às demandas mais urgentes e protelando a criação de um sistema de gestão eficaz. Por isso, é comum encontrar organizações que se dizem "verdes", mas, no fundo, fazem pouco para diminuir seu impacto ambiental.

Segundo Barbieri (2007), as empresas dispõem de três abordagens para cuidar da natureza: controle de poluição, prevenção de poluição e abordagem estratégica. A escolha depende da sua visão estratégica e do seu grau de envolvimento com as questões ambientais, como mostra o Quadro 6.1.

As três abordagens ilustradas no Quadro 6.1 também podem ser vistas como fases de desenvolvimento de um Sistema de Gestão Ambiental (SGA). O progresso rumo à sustentabilidade ocorre à medida que a empresa passa do controle à prevenção e, posteriormente, à abordagem estratégica da proteção à natureza.

Primeiro passo: controle de poluição

O estágio mais incipiente da gestão ambiental corresponde às práticas de controle de poluição. Nesse primeiro momento, não há uma preocupação genuína com a natureza, mas sim a necessidade de responder às demandas sociais e às obrigações impostas por lei. Em vez de apresentar um conjunto articulado de medidas, busca-se apenas executar ações isoladas,

Quadro 6.1 Três abordagens possíveis para a gestão ambiental empresarial (adaptado de BARBIERI, 2007).

	Controle de poluição	Prevenção de poluição	Abordagem estratégica
Preocupação básica	Cumprimento da legislação e resposta às pressões da comunidade	Uso eficiente dos insumos	Competitividade
Postura típica	Reativa	Reativa e proativa	Reativa e proativa
Percepção de empresários e administradores	Custo adicional	Redução de custo e aumento da produtividade	Vantagens competitivas

reduzindo o descarte de poluentes na natureza e procedendo a alterações sutis no modelo de produção.

As organizações costumam lançar mão de recursos tecnológicos para mitigar os efeitos negativos de seus processos e produtos sobre o meio ambiente. Para isso, elas contam com dois tipos de tecnologia: a) tecnologia de remediação; e b) tecnologia *end of pipe control* (controle no final do processo). Examinaremos cada uma delas a seguir.

Tecnologia de remediação

Donas de uma postura reativa, algumas empresas só dispõem de tecnologias ambientais de remediação, pois não se antecipam aos problemas. Seus cuidados ecológicos se limitam à correção: uma vez ocorrido um acidente ambiental, é acionado um procedimento para minorar os danos.

Em 2010, por exemplo, a petrolífera BP foi responsável por um dos maiores vazamentos de petróleo da história dos Estados Unidos. O acidente na plataforma no Golfo do México custou caro: para conter o estrago causado pelas dezenas de milhares de barris despejados no oceano diariamente após a explosão (ocorrida em 20 de abril de 2010), a BP afirmou ter desembolsado, apenas até junho de 2010, nada menos do que 2,35 bilhões de dólares. E isso não inclui o fundo de 20 bilhões de dólares que a empresa prometeu formar para indenizar as vítimas, nem os outros bilhões que terá de pagar em multas (HAYS, BERGIN, 2010). E não é só: *as ações da BP na bolsa despencaram, de modo que, em apenas três meses após o desastre, seu valor de mercado já havia sofrido perdas equivalentes a* 100 bilhões de dólares.

Existem situações, contudo, em que as técnicas de remediação são de fato a melhor saída. É o caso, por exemplo, do chamado *plantio direto*, utilizado para combater a degradação do solo. Essa nova prática mantém a palha e os outros restos da colheita anterior sobre a terra que será plantada, evitando o seu desgaste. Além disso, os especialistas descobriram recentemente que o plantio direto é capaz de sequestrar quantidades expressivas de CO_2, gás causador do efeito estufa. Não é à toa que o governo brasileiro aposta pesado nessa técnica:

Gestão ambiental

a proposta levada por nossa delegação à COP de Copenhague previa o uso do plantio direto para revitalizar pastagens degradadas. Em vez de desmatar, pretende-se recuperar essas áreas, tornando-as novamente aptas à agricultura.

Tecnologia *end of pipe control*

Também conhecida como *controle no final do processo*, essa tecnologia implanta dispositivos que detêm a poluição antes que ela seja liberada na natureza. Para tanto, as empresas devem lançar mão de equipamentos sofisticados, como filtros e estações de tratamento. A fim de evitar que seus resíduos se espalhem, algumas fábricas transformam gases e líquidos poluentes em resíduos sólidos. Mas a solução não é tão simples assim: o descarte final desses dejetos deve seguir as regras criadas pelo órgão ambiental competente e depende de sua aprovação. Não se trata de um processo simples e barato; pelo contrário: mais gastos são acrescentados ao custo de produção, podendo, inclusive, aumentar o preço final da mercadoria.

Segundo passo: prevenção de poluição

Felizmente, algumas empresas vêm assumindo uma postura proativa, fazendo mais do que simplesmente controlar os estragos provocados. Inspiradas pelos padrões de *ecoeficiência*, elas modificam radicalmente os seus processos, evitando a poluição antes que ela seja gerada. Por isso, essas organizações preferem usar materiais e fontes de energia mais eficientes, promovendo reduções drásticas na quantidade final de resíduos. Como nada é perfeito, ainda é preciso conciliar prevenção e controle de poluição, pois ainda assim a produção deixa algumas sobras que devem ser tratadas e descartadas pelo modelo *end of pipe control*. Apesar disso, a prevenção é muito vantajosa, pois reduz gastos com materiais, energia e descarte, diminuindo significativamente os custos com tratamento de dejetos.

Ora, como menos resíduo é sinônimo de menos recursos utilizados, a prevenção promove uma economia expressiva de materiais, fabricando mais produtos com uma quantidade menor de insumos. Em outras palavras, ela combina proteção ambiental e produtividade — um claro exemplo de desenvolvimento sustentável. Para poupar recursos, a prevenção deve incluir os métodos apresentados no Quadro 6.2. Observe que eles estão dispostos em um *ranking*, de acordo com o seu grau de eficiência.

Reduzir é sempre o melhor caminho. Afinal, a diminuição de insumos, resíduos e consumo energético é um bom sinal: significa que o processo tornou-se mais eficiente, fazendo

Quadro 6.2 *Ranking* dos métodos de prevenção.

1º	Redução na fonte
2º	Reúso
3º	Reciclagem

mais com *menos*. Para alcançar essa meta, é preciso substituir equipamentos e materiais convencionais por outros mais eficazes.

Famosa pelos refrigerantes, a Pepsi também está se tornando conhecida pela sustentabilidade. A empresa centenária soube se adaptar aos novos tempos: por meio de um plano eficaz de redução de resíduos e gastos de energia, ela vem combinando responsabilidade socioambiental e lucratividade, como mostra Andrew Savitz (2007, p. 32):

> Seu objetivo de redução de custos se sobrepõe a uma série de melhorias ambientais para reduzir o consumo de energia, a geração de efluentes e os resíduos de embalagem. Seu objetivo de redução de riscos imbrica com várias medidas para lidar, em longo prazo, com diversas questões referentes a abastecimento e qualidade da água, de grande importância para as comunidades em que se situam suas fábricas e para seus principais fornecedores. Essas ações responsáveis beneficiam os vizinhos e os parceiros de negócios da PepsiCo., ao mesmo tempo que aumentam o valor para os acionistas e criam condições saudáveis e sustentáveis para as operações da empresa, nas décadas vindouras.

Reusar é outra estratégia importante para poupar recursos. Em vez da extração de materiais originais, esse método pressupõe o reaproveitamento dos restos do processo produtivo. O motor termodinâmico utilizado em carros híbridos ecoeficientes é um exemplo: ele captura o calor liberado pela combustão e o utiliza em seguida para mover o carro, promovendo uma economia expressiva de combustível. A empresa alemã Faber Castell também aprendeu a garantir a sustentabilidade do seu negócio. Ao fabricar o *EcoLápis*, ela separa a serragem e a madeira restante da sua produção. Em seguida, esses restos são vendidos para outras fábricas, que os aproveitam na produção de outras mercadorias.

Terceira colocada em nosso *ranking*, a *reciclagem* abrange o tratamento de resíduos visando à sua reutilização. Embora gaste energia e gere poluentes durante seu processo, ela reduz a extração de matéria-prima original, reaproveitando as sobras e os produtos descartados. A água, por exemplo, é um recurso indispensável para nossa existência que inspira cuidados. Preocupada com sua demanda hídrica, a Honda brasileira começou a tratar seus efluentes industriais em 2008, reciclando a água resultante da produção. Na sua fábrica de motos em Manaus, a Honda devolve parte da água tratada para o meio ambiente e usa o restante para irrigar as áreas verdes da fábrica. Na sede em São Paulo, a água usada nas pias é reaproveitada na descarga dos vasos sanitários, diminuindo o consumo em 60%.

As garrafas PET são outra boa oportunidade de reciclar. Entre as inúmeras utilidades desse material, é interessante destacar que a fibra do poliéster pode ser extraída de uma garrafa PET. Trocando em miúdos, é possível fazer tecido a partir da fibra reciclada. Em média, oito garrafas fornecem fibra suficiente para produzir uma camiseta.

Infelizmente, a reciclagem não é o bastante para resolver os problemas com o lixo. Considere o caso da garrafa PET, por exemplo: o tecido obtido por meio da fibra reciclada dificilmente passará por um novo processo de reciclagem. No final das contas, ele também será descartado e precisará ter um destino final. No entanto, apesar dessa limitação, a reciclagem

120 | Gestão ambiental

> *No Capítulo 7 falaremos também sobre reciclagem energética.*

continua sendo uma boa opção, pois evita que mais insumos originais sejam retirados da natureza.

Como nem toda empresa dispõe da tecnologia necessária para reciclar, algumas organizações terceirizam esse processo ou simplesmente vendem suas sobras. Porém, ainda há pequenas corporações com dificuldades para arcar com os custos iniciais de projetos desse gênero. Nesses casos, cabe ao governo incentivá-las, seja por meio de redução de impostos seja por programas de financiamento.

Terceiro passo: abordagem estratégica

Um dos momentos principais da evolução ambiental nas empresas é alcançado quando a gestão percebe que a sustentabilidade pode integrar o planejamento estratégico da empresa. Ou seja, a organização aprende a tirar vantagens comerciais por meio de um posicionamento ecologicamente correto.

> *Além das vantagens em termos de marketing, uma visão estratégica da questão ambiental pode ajudar a empresa a reduzir seu passivo ambiental, por exemplo. Esse assunto será tratado no Capítulo 11.*

Como aumenta a cada dia o número de clientes e investidores preocupados com o meio ambiente, o cuidado com a natureza está se convertendo em lucratividade e investimentos. Não é à toa que hoje se fala em marketing verde: empresas como Petrobras, Aracruz Celulose, Ambev e Honda disponibilizam partes do seu site para divulgar seus relatórios de sustentabilidade, pois reconhecem que imagem é um ingrediente crucial para o sucesso no novo milênio.

Sistema de Gestão Ambiental (SGA)

Evidentemente, medidas pontuais de controle e prevenção de poluição têm seu mérito; contudo, elas não podem formar uma gestão ambiental sólida. Foi só na década de 1990 que se inaugurou um novo modelo de administração das questões ambientais, o chamado Sistema de Gestão Ambiental (SGA), conceito que designa a articulação de funções administrativas e operacionais para amenizar ou impedir impactos negativos das atividades econômicas sobre a natureza. Mais do que soluções pontuais, um SGA pressupõe um nível de sistematização maior, incluindo a criação de normas e objetivos e o monitoramento contínuo. Além disso, a responsabilidade pela gestão ambiental não fica concentrada nas mãos de departamentos específicos: ela passa a integrar o rol de preocupações de toda a organização, envolvendo diferentes setores, como mostra Barbieri:

> Em primeiro lugar está o comprometimento com a sua efetivação por parte da alta direção ou dos proprietários, se estes forem os dirigentes. Um alto grau de envolvimento facilita a integração das áreas da empresa e permite a disseminação das preocupações ambientais entre funcionários, fornecedores, prestadores de serviço e clientes. Um bom sistema é aquele que consegue integrar o maior número de partes interessadas para tratar as questões ambientais. Outros elementos

essenciais são o estabelecimento da política ambiental, a avaliação dos impactos ambientais atuais e futuros, os planos fixando objetivos e metas, os instrumentos para acompanhar e avaliar as ações planejadas e o desempenho do SGA como um todo (2007, p. 153).

De forma geral, pode-se dizer que o objetivo principal de um SGA é melhorar o desempenho econômico e ambiental da organização, reduzindo a demanda por recursos e aumentando a produtividade. Sua vocação é holística, pois suas metas dialogam com outros sistemas, como a gestão da qualidade e a segurança no trabalho.

Além de melhorar a *perfomance*, o SGA também constrói uma boa imagem da empresa perante o público: quando uma empresa recebe uma certificação ambiental, por exemplo, ela demonstra à sociedade que sua política ambiental não é "só fachada".

Na mais modesta das hipóteses, a implantação de um SGA mantém as atividades da empresa dentro da legalidade, evitando multas e ações judiciais. No entanto, um bom sistema de gestão não deve se limitar a cumprir a legislação. Como você já estudou, a responsabilidade ambiental também pode ser colocada a serviço da estratégia empresarial, favorecendo a produtividade e a lucratividade do empreendimento, por exemplo.

Embora organizações nacionais e internacionais disponibilizem algumas diretrizes gerais para o desenvolvimento de um SGA, cada empresa deve imprimir suas próprias características no sistema de gestão, adaptando esses modelos às particularidades do seu processo e/ou negócio.

Alguns modelos de SGA

Em 1984, nasceu um dos primeiros sistemas de gestão ambiental. Conhecido como *Responsible Care Program*, o programa resultou da ação conjunta de indústrias químicas canadenses. Após fundar a Chemical Manufacturers Association, elas criaram um pré-requisito para o ingresso na associação: só seriam aceitas organizações que integrassem o Responsible Care Program, que exigia investimentos pesados nas áreas de saúde, segurança e meio ambiente.

E não parava por aí: para essas indústrias canadenses, não bastava *fazer*. Os integrantes da associação deveriam *dialogar*, respondendo às demandas da comunidade. Como a produção de substâncias químicas preocupava a sociedade, os objetivos e os resultados da política ambiental das empresas do setor precisavam ser divulgados, a fim de esclarecer possíveis dúvidas. Para isso, a transparência tornava-se um ingrediente indispensável: a publicação de informações sobre os produtos químicos e seu impacto sobre a saúde e a natureza era ponto-chave para fortalecer a credibilidade do setor.

O Responsible Care Program também previa a formação de alianças com o governo — empresas e autoridades deveriam somar forças, negociando leis para defender o bem-estar da comunidade e a preservação dos recursos naturais. Para facilitar o cumprimento das obrigações legais, o programa sugeria um conjunto de ações gerais, que abrangiam desde o transporte e a distribuição dos produtos até as práticas de inspeção, segurança e treinamento dos colaboradores.

Além do modelo canadense, existem outras propostas, como o sistema sugerido pela Câmara de Comércio Internacional (ICC), organização não governamental especializada em trocas econômicas. Para a ICC, o SGA deve ser visto como o único caminho para a sustentabilidade, nova palavra de ordem no cenário contemporâneo. Para orientar as empresas nesse percurso, a instituição criou uma carta com 16 princípios, segundo os quais a gestão ambiental não pode ser um processo isolado, mas um objetivo estratégico de toda a administração.

Para ser eficiente, o SGA envolve uma reestruturação do planejamento empresarial, tornando os processos da organização mais ecoeficientes. Além disso, os próprios funcionários devem reavaliar sua postura: programas de conscientização ambiental e treinamento técnico servem para orientar todos os colaboradores, estimulando práticas responsáveis no trabalho e em casa.

De acordo com a ICC, a responsabilidade social também deve ser prioritária durante toda a vida da empresa, estendendo-se desde sua instalação até a desativação. Afinal, qualquer novo empreendimento gera impactos. A fábrica da Volkswagen instalada na cidade de São Bernardo do Campo é um bom exemplo. Inaugurada em 1956, a fábrica atraiu milhares de migrantes: a população da cidade saltou de 29.295 habitantes em 1950 para 201.462 em 1970 – um inacreditável incremento de quase 600%, contra 80% do Brasil em geral (IBGE, 1952, 1972). Estima-se que, na década de 1960, 55% da população ativa de São Bernardo do Campo trabalhava na indústria automobilística e de autopeças (PRAUN, 2005).

Conhecidos como a década perdida, os anos 1980 deram início à crise financeira no Brasil, que não poupou, evidentemente, o polo automobilístico do ABC. Na época, milhares de pessoas foram demitidas, afetando expressivamente o índice de desemprego e qualidade de vida na região. Hoje, o grande rival dos operários não é mais a recessão econômica – é a tecnologia. A mecanização da mão de obra preocupa a comunidade local, que assiste apreensiva aos cortes de funcionários. Não é à toa: imagine o impacto das demissões em massa na economia de São Bernardo. Portanto, as decisões de gestão empresarial não são apenas assuntos internos, mas um tema de interesse comunitário. Daí a necessidade de administrar os negócios com responsabilidade.

Além dos efeitos sociais, os empreendimentos também geram reflexos no meio ambiente: o consumo de energia, a extração de recursos naturais e a emissão de poluentes são apenas alguns itens dessa lista. Segundo o ICC, o SGA deve mobilizar esforços operacionais e administrativos para reduzir ou mesmo extinguir os problemas ambientais provocados. Um exemplo positivo é a iniciativa da Cemig, distribuidora de energia elétrica, que em 2001 criou um programa de eficiência energética chamado Energia Inteligente (EI). Desde então, a companhia usou o EI para divulgar seus projetos de economia elétrica nas indústrias e nos lares que abastece.

Um último item importante no modelo de SGA sugerido pela ICC é a transparência. As organizações devem manter um canal de diálogo constante com seus *stakeholders*, dando satisfações sobre a conduta empresarial.

Pressionado pelos ambientalistas, até o Parlamento Europeu criou o seu próprio SGA. Em 2001 surgia Eco Management and Audit Scheme (Emas) — sistema de ecogestão e auditoria da comunidade europeia, sobre o qual falaremos com mais detalhes no Capítulo 10. Na época de sua criação, o Emas ainda era restrito ao setor industrial, servindo de molde para a implantação de SGAs no ramo. Com o tempo, o sistema tornou-se parâmetro para organizações de qualquer setor, tendo influenciado, inclusive, a formulação das normas ISO 14000.

A fim de orientar as iniciativas ambientais da União Europeia, o Emas criou organismos para representá-lo em cada país do bloco. Uma vez registradas nessas entidades, as empresas ganham autorização para usar o logotipo Emas em seus anúncios publicitários, agregando valor à sua marca. Mas, antes, precisam provar que sua política ambiental atende aos requisitos do Parlamento Europeu — e eles não são poucos.

Para começar, o Emas pressupõe um sistema de gestão ambiental integrado, pois abrange os setores operacionais e administrativos — isto é, ele se aplica tanto às etapas de planejamento estratégico quanto aos estágios mais operacionais, como a produção e o transporte. Além disso, não basta reformular esses processos uma única vez: o SGA europeu demanda a avaliação constante dos processos.

O modelo Emas ainda supera o sistema proposto pelo ICC. Ao contrário da Câmara de Comércio, o Parlamento Europeu não deixou de especificar como a questão ambiental deve ser tratada no âmbito empresarial: em vez de *remediar*, as organizações filiadas ao Emas precisam *prevenir*, reduzindo a produção de poluentes e outros resíduos industriais. De resto, os dois modelos são bastante parecidos. Ambos pregam a conservação da natureza e a sistematização das medidas ambientais. *Agir* não é mais o bastante: a declaração da política para o meio ambiente precisa detalhar as iniciativas tomadas, provando que a empresa tem um compromisso genuíno com a natureza. Para monitorar os resultados, o Emas e o ICC sugerem a avaliação contínua do desempenho ambiental e a realização de auditorias.

O Sistema de Gestão Ambiental e a ISO 14001

Os sistemas de gestão estudados até agora são apenas alguns exemplos; muitas organizações nacionais e internacionais já desenvolveram modelos próprios de SGA, como o Business Council for Sustainable Development (BCSD) e a Confederation of British Industry (CBI). Ainda existem outros, mas, sem dúvida, o mais famoso de todos é o SGA proposto pela International Organization for Standardization (ISO).

Não é difícil entender a importância da ISO: graças à modernização dos meios de transporte, o comércio internacional rompeu fronteiras, intensificando as trocas entre os países; contudo, essa evolução trouxe alguns problemas que a ISO se propõe a sanar. Imagine, por exemplo, a seguinte situação: uma loja do país A importa um brinquedo do país B. Diferentemente daqueles fabricados no país A, os brinquedos do país B não atendem aos requisitos mínimos de segurança, oferecendo perigos quando manuseados por crianças. Obviamente, seria uma questão de tempo até o governo do país A suspender as importações de brinquedos do país B.

Fundada em 1947, a ISO tem como objetivo justamente promover a padronização dos produtos e serviços, a fim de facilitar o comércio internacional. Para chegar a essa padronização, são formados comitês técnicos com integrantes de várias nacionalidades, que criam regras para diferentes setores econômicos. Hoje, mais de 110 países integram a instituição, entre eles o Brasil — a Associação Brasileira de Normas e Técnicas (ABNT) é o braço brasileiro da ISO.

Como a questão ambiental vem ganhando peso desde a década de 1960, a ISO decidiu trazer o tema para a mesa de negociações. Em 1991, formou-se o Strategic Advisory Group on Environment (Sage), comissão cujo objetivo era elaborar uma abordagem padronizada para a gestão ambiental. O desafio não era pequeno: apesar da diversidade dos problemas ambientais pelo mundo, era preciso estabelecer diretrizes comuns para melhorar a relação das empresas com a natureza. Foi assim que nasceu a família ISO 14000, série de normas que abrange temas complexos como SGA, auditoria, ciclo de vida do produto e rotulagem ambiental.

Conhecida como *Environmental Management Systems*, a ISO 14001 foi batizada no Brasil como *NBR ISO 14001 – Sistemas de Gestão Ambiental*. Entre todas as normas de sua série, ela é a única que pode proporcionar certificação — ou seja, a empresa que atende aos padrões dispostos na norma recebe um certificado, comprovando que segue à risca os procedimentos ambientais recomendados pela organização internacional.

O SGA proposto pela ISO se assemelha em diversos aspectos àqueles já estudados. Em primeiro lugar, é importante frisar que o seu objetivo não é dificultar o comércio internacional, impedindo a importação de produtos que não atendem às normas ISO. Aliás, a norma 14001 também não tem aspirações de ganhar *status* de lei, até porque sempre deve prevalecer a legislação ambiental local. Ao criar parâmetros para a gestão ambiental, o que a ISO buscava era auxiliar as organizações, apontando o rumo certo para a sustentabilidade.

Apesar de não haver restrições quanto a tamanho ou setor econômico, a implementação da ISO 14001 não é garantia de sucesso em todos os casos. Afinal, o SGA deve estar em sintonia com as características próprias de cada organização, atingindo os melhores resultados ambientais possíveis dentro de suas limitações econômicas.

Outro aspecto importante da ISO 14001 diz respeito à integração com outras gestões. Embora a articulação com a administração da qualidade e segurança do trabalho não esteja explícita no documento, é inevitável reparar que a proposta de SGA compartilha objetivos e diretrizes comuns com a série ISO 9000, conjunto que designa as práticas da gestão da qualidade.

Em suma, o objetivo principal da ISO 14001 é conciliar as estratégias de prevenção de poluição com as metas econômicas da empresa, garantindo a sustentabilidade de seus negócios. O SGA visa a implantar um programa de melhoria contínua, semelhante ao ciclo conhecido como PCDA (**P**lan, **D**o, **C**heck, **A**ct). Ou seja, é preciso planejar, executar e depois verificar a eficácia do rumo tomado para então reestruturar o plano de ação. A Figura 6.1 ilustra o funcionamento desse sistema de reavaliação constante.

Para atingir seu objetivo, o SGA não pode se limitar ao cumprimento das obrigações legais. De acordo com a comissão técnica da ISO, as empresas devem medir o impacto am-

Figura 6.1 Ciclo PDCA.

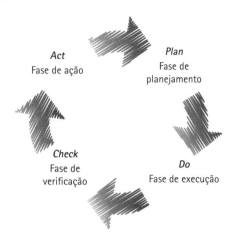

biental do seu empreendimento, tomando as medidas necessárias para reduzir ou eliminar seus efeitos, mesmo quando a lei não o exija. A Figura 6.2 oferece um breve resumo dos componentes do sistema de gestão ambiental sugeridos pela ISO 14001:

Figura 6.2 Componentes do SGA.

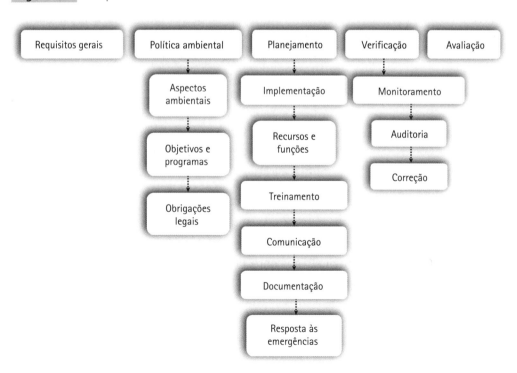

Neste capítulo, faremos um estudo preliminar sobre os requisitos gerais, a política ambiental e o planejamento do SGA propostos pela NBR ISO 14001. Os procedimentos de verificação e avaliação serão estudados no Capítulo 11, quando você entenderá o que é uma *auditoria ambiental*.

Para entender o passo a passo da construção de um SGA, coloque-se no lugar de um gestor: imagine que uma empresa o contratou para implantar um sistema de gestão ambiental. O que você faria em primeiro lugar? Pois bem. Para começar, o gestor deve buscar informações sobre as leis que regem o setor, tomando as medidas necessárias para legalizar as atividades da empresa. Uma vez atendidos os requisitos legais, cabe a ele ir além das suas obrigações: é preciso conhecer os impactos dos produtos e serviços da organização sobre o meio ambiente e, em seguida, estabelecer metas para reduzir os impactos negativos. A identificação correta dos problemas ambientais causados pelas atividades econômicas ajuda a planejar estratégias para combatê-los, colocando a organização no rumo da sustentabilidade.

Depois de compreender a relação entre corporação e meio ambiente, chega a hora de o gestor formular uma *política ambiental* — documento que define como a empresa cuidará do meio ambiente, criando princípios para orientar sua atuação. Para que tal documento seja eficaz, a alta administração precisa se envolver com a sua elaboração, comprometendo-se a colocar em prática os preceitos estabelecidos no papel. Em seguida, a política ambiental deve ser transmitida a todos os colaboradores para que eles reavaliem suas práticas com base nas novas diretrizes.

Outro ponto crucial da política ambiental diz respeito à abordagem: uma declaração que se preze não deve sugerir apenas o controle de poluição. Afinal, para se tornar sustentável, a empresa precisa assumir compromisso com a *prevenção*.

A declaração também deve mencionar o atendimento à legislação ambiental para não deixar dúvidas quanto à legalidade das atividades econômicas da organização. A partir daí, só falta divulgá-la, tornando-a disponível no site da empresa, por exemplo. Quanto mais transparência, melhor: o consumidor do século XXI quer saber onde está gastando seu dinheiro.

Infelizmente, muitas empresas ainda usam sua política ambiental para manipular a opinião pública. Conhecido também como "maquiagem verde", o *greenwashing* — prática a que já fizemos referência neste livro — tornou-se comum nos dias de hoje. Não é raro encontrarmos declarações longas e vazias: compromissos genéricos demais criados para impressionar os mais ingênuos e despistar os ambientalistas.

Para desencorajar a elaboração de falsos compromissos, a ISO 14004 propõe uma política ambiental composta por alguns ingredientes básicos. Em vez de conter afirmações obscuras, o documento deve ir direto ao ponto, descrevendo de forma clara a sua política e firmando compromissos específicos com o meio ambiente e a comunidade da região. A siderúrgica Usiminas, por exemplo, não faz rodeios: seu programa de gestão se resume a quatro "Rs" — *reduzir, reutilizar, reciclar* e *recuperar*. Nas usinas de Cubatão e Ipatinga, uma parcela significativa dos resíduos é reaproveitada; a lama resultante da produção é comercializada pela indústria da cerâmica, por exemplo. Não é à toa que a Usiminas foi a segunda siderúrgica do mundo a ganhar a certificação ISO 14001, além de estar entre as poucas empresas brasileiras que integram o Índice Dow Jones de Sustentabilidade.

Após a confecção da declaração, tem início outra importante etapa: o planejamento. É nesse momento que o gestor traça metas e identifica o que precisa ser mudado para conservar o meio ambiente. Dependendo do ramo das atividades, o planejamento deve incluir medidas como a redução das emissões de CO_2, a diminuição do consumo energético e o gerenciamento responsável dos resíduos, de modo que se evite a contaminação da água e do solo. Outras ações, como o uso sustentável de matéria-prima e a escolha de embalagens biodegradáveis, também precisam integrar a pauta da gestão.

As obrigações não podem ficar fora do planejamento. Ao fazer projetos, o gestor deve ter em mente os requisitos legais, bem como os compromissos firmados com ONGs, por exemplo. Além disso, seus planos precisam refletir a política ambiental vigente, o que garantirá a coerência entre as medidas da empresa e seus princípios.

No entanto, muitas organizações não aderiram ainda à onda verde. Preocupadas com os custos, elas julgam inviável tornar seu negócio sustentável sem gastar mais do que podem. Pensando assim, cometem um grande engano: não é preciso dar um passo maior que a perna para ser ecologicamente correto. Para o professor Barbieri (2007), a adoção do *Best Available Technology Not Entailing Excessive Cost* (BATNEEC) é o caminho ideal quando se lida com um orçamento mais limitado, pois o modelo supõe o uso da melhor tecnologia disponível sem custos excessivos. Em outras palavras, a empresa adquire os equipamentos mais sofisticados dentro das suas restrições econômicas, fazendo o possível para conservar o meio ambiente.

Uma vez pronto o planejamento, chega a hora de colocar mãos à obra. Para isso, é fundamental distribuir funções, designando os responsáveis pela implantação do SGA. No caso de organizações de pequeno porte, o próprio dono pode assumir a gestão do programa ambiental. Quando a empresa é maior, o ideal é delegar as funções aos gerentes, que devem estimular e monitorar o cumprimento da nova política em seus setores. Cabe a eles, por exemplo, treinar suas equipes, explicando os efeitos de suas atividades sobre o meio ambiente. Os frutos dessa conscientização ambiental costumam ir além das paredes da empresa, modificando a atitude dos funcionários em relação à natureza em casa e na rua, por exemplo.

Outro aspecto crucial do SGA diz respeito à comunicação com os *stakeholders*. Como você já viu, as organizações devem satisfação a acionistas e governantes e à comunidade em geral. Por isso, é indispensável manter um canal de diálogo aberto com essas pessoas, colhendo sugestões e prestando contas das medidas socioambientais aplicadas. Ao acessar o website de empresas como a Usiminas e a Aracruz Celulose, por exemplo, você encontrará com facilidade links dedicados aos seus programas de sustentabilidade. O internauta consegue, inclusive, acessar os relatórios anuais dessas organizações, documentos onde é descrito o seu desempenho em relação à natureza e à sociedade no último ano.

Para ser transparente, a gestão ambiental não pode deixar de confeccionar documentos para ampla divulgação. Além dos papéis exigidos pela legislação ambiental, a ISO 14001 des-

128 | Gestão ambiental

taca a importância de incluir itens como a política e a estrutura do SGA, descrevendo seus principais componentes e metas. Para simplificar, confira a receita do professor Barbieri para elaborar uma documentação completa do SGA:

> Seguindo o exemplo do sistema de gestão da qualidade, a documentação do SGA pode conter os seguintes elementos: declaração documentada da política ambiental da organização; manual de gestão ambiental; documentos relativos aos procedimentos requeridos pela norma ISO 14001, instruções de trabalho e outros documentos necessários para tornar efetiva a implantação e manutenção dos procedimentos; e os registros requeridos pela norma (2007, p.186).

É claro que os documentos dos diferentes SGAs não serão idênticos: cada gestão encontrará o melhor modelo para descrever com detalhes os pontos fundamentais dos seus sistemas. Além de divulgar o SGA, a documentação também serve de base para as auditorias ambientais, processos de verificação que revisam os mecanismos de gestão. Por isso, quanto mais completa, melhor.

Por último, o SGA deve discriminar algumas medidas de emergência, ajudando a empresa a dar respostas rápidas em situações como acidentes ou outros imprevistos. Isso evita que o gestor seja pego de surpresa diante de catástrofes ambientais, sem saber como proceder. Portanto, é importante ter uma "carta na manga".

Integração dos sistemas de gestão

Graças às demandas da sociedade civil, o SGA já ocupa posição de destaque em muitas empresas. Porém, como a gestão ambiental interfere em outros setores, não é possível cuidar da natureza sem rever práticas ligadas a segurança, saúde, qualidade, finanças, entre outras. E não é difícil imaginar o porquê. Quando uma organização não investe em segurança, por exemplo, é natural que acidentes ocorram com mais frequência. Ora, esses desastres não colocam em risco apenas os equipamentos; também expõem o meio ambiente e a comunidade local aos efeitos nocivos do imprevisto.

Por isso, a tendência agora é promover o diálogo entre diferentes sistemas de gestão, facilitando a execução de ações conjuntas. Para encontramos exemplos de sucesso dessa integração, não é preciso ir muito longe: a Perdigão, gigante brasileira do setor alimentício, dá exemplo quando o assunto é gestão. Aliás, a Perdigão nunca teve um histórico de displicência. Pelo contrário: segundo a revista *Exame* (2005), as 13 cidades que abrigam fábricas da empresa sempre se beneficiaram dos seus programas sociais. Por meio de alianças com entidades locais, a Perdigão promoveu melhorias sociais que contribuíram para consolidar o bom relacionamento com o público.

Líder nacional de vendas, a empresa agora também quer se destacar no exterior. Não é fácil: o consumidor estrangeiro costuma ser ainda mais exigente com a qualidade dos produtos. Por isso, a Perdigão não perdeu tempo. Desde 2002, a empresa integrou seu sistema de gestão, combinando em uma única receita ingredientes como qualidade, proteção ao meio ambiente e cuidados com segurança e saúde ocupacional.

Para satisfazer às demandas de um mercado cada vez mais exigente, a unidade de aves e embutidos em Marau, Rio Grande do Sul, tornou-se o laboratório da Perdigão: é nessa filial que a empresa começou a implantar o sistema integrado de gestão. A escolha não foi por acaso: os itens produzidos em Marau são exportados para países como a Inglaterra e a Holanda, conhecidos como clientes difíceis de agradar.

Por isso, Marau é hoje um modelo de sustentabilidade. De acordo com dados da revista *Exame* (2005), 98% dos efluentes industriais são tratados e a coleta seletiva já dá conta de todo o resíduo produzido na fábrica. A redução de 4,1% no consumo de energia também foi acompanhada da diminuição de 11,8% na emissão de carbono, tornando os negócios da Perdigão ainda mais sustentáveis. A saúde e a segurança no trabalho não foram esquecidas: desde a inauguração do novo sistema de gestão integrado, o número de acidentes de trabalho caiu 42%, contribuindo para o bem-estar dos empregados.

Hoje a Perdigão ostenta importantes certificados, como ISO 9001 (qualidade), ISO 14001 (SGA) e OHSAS 18001 (saúde e segurança). Em 2005, ela foi premiada com a inclusão no Índice de Sustentabilidade da Bovespa. No ano seguinte, a empresa criou o Instituto Perdigão de Sustentabilidade para coordenar seus programas socioambientais. Atualmente, o instituto abriga iniciativas importantes, como o Programa de Reúso de Água, o Programa de Inclusão Digital e o Programa de Florestas Renováveis.

Como você pode ver, o sucesso da Perdigão não foi por acaso. A sobrevivência dos negócios em um cenário cada vez mais competitivo depende de estratégias administrativas integradas, mais eficientes que o tratamento isolado dos setores de gestão.

ESTUDO DE CASO

AMANCO: UM EXEMPLO DE ECOEFICIÊNCIA

Durante a Eco-92, muitas empresas tinham dúvidas em apostar na ecoeficiência, conceito desenvolvido pelo bilionário suíço Stephen Schmidheiny. Para a maioria dos empresários da época, combinar redução de consumo, aumento de produtividade e lucros mais altos só daria certo em contos de fadas: na vida real, essa história nunca teria um final feliz. No entanto, esses pessimistas estavam enganados. Pelo menos, é isso que mostra o próprio Stephen Schmidheiny, só que dessa vez na prática.

O empresário suíço vem usando seus próprios negócios para provar que estava certo. A subsidiária brasileira da Amanco (uma fabricante de tubos e conexões), por exemplo, é prova de que o conceito funciona. Entre 2002 e 2006, a implantação de medidas ecoeficientes na filial acrescentou 1,2 milhão de dólares aos cofres de Schmidheiny.

A fábrica que dá mais orgulho à gestão brasileira da Amanco fica em Suape, Pernambuco. Inaugurada em 2005, ela já conta com um sistema para tratamento dos efluentes sanitários: a

130 | Gestão ambiental

água é reutilizada para limpar o chão, irrigar os jardins e dar descarga. Sua matriz energética também não fica atrás — 100% do consumo de energia é suprido pela queima do bagaço de cana. Além disso, a unidade de Suape ostenta quedas expressivas no consumo de água e consegue reciclar mais de metade dos resíduos produzidos. Além das credenciais ambientais, a empresa também realiza um importante programa social, capacitando 40 mil encanadores em todo o Brasil.

Na verdade, não é de admirar que a Amanco tenha um desempenho socioambiental tão impressionante. Afinal, os resultados socioambientais mexem no bolso dos próprios executivos: seus salários oscilam dependendo do sucesso das iniciativas sociais e ambientais da empresa.

Fonte: OLIVEIRA, Maurício. *Um exercício de ecoeficiência.* Exame, 29 nov. 2007. Disponível em: <http://portalexame.abril. com.br/static/aberto/gbcc/edicoes_2007/m0144085.html>. Acesso em: 28 jun. 2010.

1. Com base nas informações sobre a Amanco, você acha que ela privilegia a prevenção ou o controle da poluição?
2. Que vantagens o SGA da Amanco poderá produzir no presente e no futuro?
3. Por que a ecoficiência é um importante componente do SGA?

NA ACADEMIA

- Reúna-se com quatro colegas. Cada um de vocês visitará o site de uma empresa dotada de um sistema de gestão ambiental segundo os critérios da ISO 14001. Em seguida, procurem identificar as medidas tomadas para cumprir as cinco etapas do SGA proposto pela norma, que, conforme vimos, são: requisitos gerais, política ambiental, planejamento, verificação e avaliação.

- Uma vez concluída a pesquisa, troquem os trabalhos entre si e comparem os sistemas de gestão ambiental. Qual é o mais eficiente? Que vantagens e desvantagens cada SGA apresenta? Qual deles vocês implantariam em sua empresa? Por quê?

Pontos importantes

- Muitas empresas ainda não aprenderam que "prevenir é melhor que remediar". Quando os problemas acontecem, elas recorrem a tecnologias que tentam mitigar as consequências do acidente ambiental. A esses recursos técnicos damos o nome de *tecnologia de remediação*.

- As tecnologias *end of pipe control* (ou controle no final do processo) contêm a poluição gerada antes que ela chegue à natureza. Filtros e estações de tratamento são exemplos desse tipo de tecnologia. Além de caros, os mecanismos de *end of pipe* não representam uma solução definitiva: em geral, eles transformam resíduos líquidos e gasosos em sólidos; contudo, o descarte dos resíduos sólidos também exige cuidado, e não costuma ser tarefa fácil.

- A sigla SGA designa um *sistema de gestão ambiental*, conceito que abrange as medidas administrativas e operacionais que uma empresa pode tomar para reduzir o impacto de suas atividades sobre o meio ambiente. Em vez de resolver problemas pontuais, o SGA utiliza uma abordagem mais holística, estabelecendo normas e objetivos. Além disso, o sistema não é uma tarefa delegada a um departamento isolado, mas uma responsabilidade compartilhada pelos diferentes setores da organização.

- Ao propor padrões internacionais para a gestão ambiental, a ISO pretende orientar as empresas rumo à sustentabilidade, facilitando, entre outras coisas, a intensificação do comércio entre países.

- O objetivo principal da ISO 14001 é conciliar as estratégias de prevenção de poluição com as metas econômicas da empresa, garantindo a sustentabilidade de seus negócios. Porém, não basta cumprir os requisitos legais: para a comissão técnica da ISO, as empresas devem medir o impacto ambiental do seu empreendimento, tomando as medidas necessárias para reduzir ou eliminar seus efeitos, mesmo quando a lei não exige.

Referências

BARBIERI, José Carlos. *Gestão Ambiental Empresarial*. São Paulo: Editora Saraiva, 2007.

COLOMBINI, Letícia. O poder da integração. *Exame*, 1 dez. 2005. Disponível em: <http://portalexame.abril. com.br/revista/exame/edicoes/0857/gestao/m0080248.html>. Acesso em: 25 mai. 2010.

HAYS, Kristen; BERGIN, Tom. BP entra em fase crítica de contenção de vazamento; ações caem. 25 jun. 2010. Disponível em: <http://economia.estadao.com.br/noticias/not_24853.htm>. Acesso em: 28 jun. 2010.

IBGE — Instituto Brasileiro de Geografia e Estatística. *Estado da população*: população na data dos recenseamentos gerais. Em 1º-VII-1950. Rio de Janeiro: IBGE, 1952. Disponível em: <http://www.ibge. gov.br/seculoxx/arquivos_pdf/populacao.shtm>. Acesso em: 29 jun. 2010.

_____. *Estado da população*: população na data dos recenseamentos gerais. Resultados do censo demográfico — 1970. Rio de Janeiro: IBGE, 1972. Disponível em: <http://www.ibge.gov.br/seculoxx/ arquivos_pdf/populacao.shtm>. Acesso em: 29 jun. 2010.

PRAUN, Lucieneida Dovão. *A teia do capital*: reestruturação produtiva e "gestão da vida" na Volkswagen do Brasil/Planta Anchieta. Dissertação (mestrado) — Instituto de Filosofia e Ciências Humanas da Universidade Estadual de Campinas, 2005. Campinas: Unicamp, 2005.

SAVITZ, Andrew. *A empresa sustentável*. Rio de Janeiro: Elsevier, 2007.

Capítulo 7

ROTULAGEM AMBIENTAL E CICLO DE VIDA DO PRODUTO

Neste capítulo, abordaremos as seguintes questões:

- O que é a rotulagem ambiental?
- Como podem ser classificados os programas de rotulagem de acordo com a entidade certificadora?
- Quais são os três tipos de rótulo ambiental?
- O que é a análise do ciclo de vida (ACV) do produto?
- Quais são as cinco etapas que compõem o ciclo de vida do produto?
- Segundo a norma ISO, quais são os quatro componentes da ACV?
- Qual é a importância das normas ISO para a ACV e os processos de rotulagem ambiental?

Introdução

Apesar da persistência de muitos problemas ambientais, o Brasil caminha a passos firmes rumo à sustentabilidade. Segundo a revista *Exame* (2010), o país já ocupa o segundo lugar no *ranking* internacional de consumo verde, perdendo apenas para a Índia. Para a surpresa dos pesquisadores, as nações em vias de desenvolvimento estão dando uma verdadeira lição de ecologia para o mundo industrializado. Na lanterna da classificação, Estados Unidos, França, Inglaterra e Canadá apresentam um desempenho bastante modesto. México e China, por sua vez, despontam como importantes consumidores "verdes", indicando novas tendências de mercado para o século XXI.

Neste capítulo, você conhecerá duas ferramentas estreitamente relacionadas à "onda" de negócios sustentáveis. Estamos falando dos *rótulos ambientais* e das *análises do ciclo de vida* do produto, que podem proporcionar informações importantes aos clientes interessados em proteger o meio ambiente. Além disso, esses dois instrumentos prometem revolucionar o mercado, ao consagrar o marketing verde como uma importante estratégia publicitária.

Rotulagem ambiental

Você deve se lembrar de que a década de 1960 representou um marco na evolução do ambientalismo. A partir daí, a pressão sobre os governos e o setor privado não parou de crescer: era preciso mudar os parâmetros de desenvolvimento econômico, levando em conta o impacto do progresso sobre a natureza. A Alemanha foi **um dos primeiros países** a dar respostas concretas aos apelos ambientalistas: em 1977, o governo federal criou, em conjunto com instituições não governamentais, o selo Anjo Azul (Umweltzeichen), também já comentado neste livro. O apoio da população ao rótulo foi decisivo para garantir seu sucesso: em pouco tempo, o consumidor alemão não comprava mais produtos sem o logotipo do anjo, tornando inevitável a adesão das empresas.

Antes da Alemanha, a Holanda já tinha lançado um rótulo ambiental em 1972. Contudo, o selo holandês não foi tão bem-sucedido como o alemão, de modo que o Anjo Azul levou a fama de primeiro rótulo da história.

Pois bem. Mas o que é um rótulo ambiental? Ora, esse rótulo "verde" nada mais é do que uma prestação de contas sobre as características ambientais dos produtos e serviços. Ele aparece sob a forma de bula, manual ou símbolo impresso na própria mercadoria ou em sua embalagem. Às vezes, o selo se resume a uma expressão de marketing, como "amigo da Terra", "amigo das tartarugas", entre outras. Como o "ambientalmente correto" atrai a atenção do consumidor consciente, muitas empresas estão usando o selo como vantagem competitiva.

O rótulo alemão não foge à regra: o selo é aplicado sobre os produtos que se destacam entre os demais por agredir menos o meio ambiente. São fortes candidatos ao rótulo os itens sem metais pesados, reciclados ou econômicos do ponto de vista energético, por exemplo.

Contudo, não basta satisfazer uma dessas exigências para estampar o Anjo Azul na embalagem. Em primeiro lugar, o produto é submetido à avaliação de um comitê de rotulagem sem vínculos governamentais. O grupo costuma ser composto por membros de diferentes setores da comunidade, como sindicatos, imprensa, grupos de defesa do meio ambiente e até igrejas. Esse comitê é responsável por estabelecer critérios para a avaliação técnica. Ou seja, eles direcionam o olhar da próxima etapa de análise para os pontos críticos do produto. Em seguida, é a vez do Instituto Alemão para Qualidade Assegurada e Certificação: seus especialistas examinam o item de acordo com as instruções do comitê, prestando atenção aos critérios recomendados.

Depois de passar por essas duas etapas, a empresa está livre para usar o logotipo do Anjo Azul em seu produto por dois anos, desde que pague uma taxa ao Ministério do Meio Ambiente, Conservação da Natureza e Segurança Nuclear da Alemanha. Embora não seja fácil conseguir o selo, muitas organizações investem pesado para merecê-lo. De acordo com o professor Barbieri (2007), só em 2006, 4 mil produtos e serviços de 800 empresas diferentes conquistaram o direito de usar o rótulo ambiental alemão.

Graças à crescente mobilização ambiental iniciada na década de 1960, o consumidor passou a dar preferência às mercadorias que não agridem a natureza. Os rótulos ambientais surgem, então, como importante ferramenta de marketing, divulgando as características ecológicas dos produtos e fornecendo dados para embasar as escolhas dos clientes. Termos como biodegradável, retornável, reciclável e reciclado já não são um bicho de sete cabeças: o consumidor comum já consegue reconhecer essas palavras, estando disposto, inclusive, a pagar um pouco mais pelo ecologicamente correto.

Normas ISO de rotulagem ambiental

A série de normas ISO 14000 não deixou de fora os rótulos ambientais: a ISO 14020 inclui diretrizes gerais para a confecção de selos. Entre os princípios mais importantes, destaca-se a ideia de transparência — isto é, os rótulos devem conter informações verificáveis, relevantes e verdadeiras, somando credibilidade à imagem do selo. E mais: a análise do ciclo de vida do produto (sobre a qual falaremos adiante) também deve constar no rótulo, fornecendo mais dados para que o consumidor possa fazer uma escolha consciente.

Vale a pena lembrar que o objetivo da ISO não é dificultar o comércio internacional, e sim oferecer parâmetros para as empresas que cruzam fronteiras. Uma companhia brasileira, por exemplo, encontrará mais facilidade para penetrar no exigente mercado europeu se preencher os requisitos propostos pela ISO. Assim, não é preciso estudar a fundo as especificidades de cada mercado: os padrões ISO já resumem os princípios fundamentais da rotulagem ambiental.

Tipos de programa de rotulagem

Um ponto importante da norma ISO para rótulos verdes diz respeito à entidade certificadora. Para padronizar a emissão dos selos, a ISO prevê três tipos de administração do programa de rotulagem: os programas de primeira, de segunda e de terceira parte. Vamos examinar cada um deles mais de perto.

Programas de primeira parte

Chamamos de *programas de primeira parte* aqueles que são gerenciados por instituições beneficiadas pela rotulagem: em outras palavras, organizações envolvidas na produção, no transporte ou na comercialização do produto em questão. Fabricantes, distribuidores e comerciantes são alguns exemplos de entidades de primeira parte, porque são os maiores interessados no êxito das suas mercadorias. Não é à toa que os rótulos emitidos por esses grupos são conhecidos como *autodeclarações* – afinal de contas, o mérito ambiental do produto não é avaliado por um órgão independente, de maneira que pode recair sobre ele certa desconfiança. O exemplo mais comum dos programas de primeira parte é o símbolo de reciclagem que as próprias fábricas colocam nas embalagens.

Programas de segunda parte

No caso dos *programas de segunda parte*, o órgão emissor do rótulo não está diretamente ligado à cadeia produtiva da mercadoria. Na maioria dos casos, o certificador é uma associação comercial, interessada em divulgar o desempenho ecológico do setor. No capítulo anterior, você viu um bom exemplo de programa de segunda parte: o Responsible Care Program, mantido pela canadense Chemical Manufacturers Association.

Mas por que o setor químico do Canadá tomou as rédeas da certificação ambiental? Ora, como estavam preocupadas com a credibilidade do setor, as indústrias químicas canadenses decidiram agir, colaborando para melhorar sua imagem perante o público.

O American Textile Manufacturers Institute (ATMI) – Instituto Norte-Americano de Têxteis – tomou uma importante iniciativa no mesmo sentido. Para estimular as práticas ecologicamente corretas, o ATMI lançou o programa *Encouraging Environmental Excellence* (3 "Es"), que também conta com mecanismos de rotulagem ambiental. Para merecer o selo, a indústria têxtil precisa implantar medidas ecológicas, como o tratamento de efluentes e estratégias de prevenção.

Outro bom exemplo é o selo da Associação Brasileira da Indústria Química (Abiquim). A associação é aberta aos fabricantes de produtos químicos em todo o país mediante a adesão ao Programa Atuação Responsável. Ao ingressar no grupo, a empresa dispõe do prazo de um ano para implantar o programa. Durante o período, a própria Abiquim fica à disposição, ajudando o novo membro a fazer os ajustes necessários.

Programas de terceira parte

Diferentemente das demais, as solicitações de selo ambiental dos programas de terceira parte são submetidas à análise de uma entidade independente. Em geral, os certificadores podem ser organizações governamentais ou civis. O importante é que não haja vínculos de interesse com o projeto avaliado, o que garante a confiança do consumidor no processo de rotulagem. O selo Anjo Azul – que, como foi dito anteriormente, é emitido pelo governo federal alemão em parceria com entidades não governamentais – é um ótimo exemplo de programa de terceira parte.

Tipo de rótulo

Além de classificar a instituição emissora do selo verde em primeira, segunda e terceira parte, a ISO também divide os rótulos ambientais em três tipos: I, II e III, conforme veremos a seguir.

Rótulo tipo I

A ISO 14024 é a norma que estipula requisitos para os rótulos do tipo I. No documento, são listados princípios e procedimentos que devem ser implantados pelos candidatos ao selo. Um dos critérios diz respeito à análise do ciclo de vida do produto: para ganhar o rótulo, a empresa precisa provar que todas as etapas da cadeia produtiva estão de acordo com preceitos ecologicamente corretos. Essa visão holística de processo é bastante interessante, pois não deixa a empresa privilegiar alguns procedimentos ambientais sadios e "varrer para debaixo do tapete" outras práticas predatórias. Para tornar o rótulo I ainda mais confiável, a norma ISO confere às entidades de terceira parte a responsabilidade de emitir o selo. Em outras palavras, a instituição certificadora tem de ser um órgão independente.

Rótulo tipo II

Segundo a norma ISO 14021, os rótulos tipo II são autodeclarações, porque não contam com avaliações independentes. São certificações feitas pelas partes interessadas no êxito do produto – isto é, os próprios comerciantes, distribuidores ou produtores tomam a decisão de conceder o selo. Sendo assim, como o consumidor pode ter certeza de que a declaração é verdadeira? Na prática, não há garantias. Para evitar afirmações enganosas, a ISO sugere que os rótulos apresentem informações mensuráveis – em vez de declarações vazias, como "produto verde, ecológico, amigo da Terra, da natureza, da Mata Atlântica, das tartarugas, da arara azul e de outros bichos" (BARBIERI, 2007, p. 166). Infelizmente, não é isso o que se encontra nas prateleiras das lojas. De acordo com o autor citado, muitas empresas aproveitam as autodeclarações para destacar apenas o lado positivo dos seus produtos e serviços, omitindo as etapas nocivas: "(...) por exemplo, o produto é biodegradável, mas seu processo produtivo gera poluentes tóxicos que são lançados ao meio ambiente" (BARBIERI, 2007, p. 166).

Às vezes, as organizações optam pelo rótulo tipo II, porque ele dispensa a realização da análise do ciclo de vida do produto. Com a emissão rápida do selo, elas conseguem responder com mais agilidade às suas necessidades de marketing, divulgando as qualidades ambientais da mercadoria.

Apesar do apelo comercial, muitos rótulos tipo II são "opacos", pois não revelam como a empresa, de fato, colabora para a proteção do meio ambiente. Para inspirar credibilidade, é preferível lançar mão da transparência e mostrar dados verificáveis, não deixando dúvidas de que a autodeclaração reflete um compromisso verdadeiro com a natureza. Afinal de contas, o objetivo do rótulo é oferecer aos consumidores informações relevantes sobre as características ambientais da mercadoria, influenciando sua escolha.

O símbolo de reciclagem é o rótulo tipo II mais comum, podendo ser encontrado nas embalagens de diversos produtos. A maioria das indústrias papeleiras, por exemplo, lança mão do selo proposto pela ISO 14021 no papel e no papelão produzidos. Não é por acaso: o setor de papel norte-americano foi uma peça-chave na escolha dos símbolos da ISO, pois levou a organização internacional a adotar a simbologia que as fábricas de papel já usavam.

No Brasil, o símbolo de reciclagem tem um uso especial: os catadores de lixo, verdadeiros heróis da coleta seletiva, fazem a triagem dos materiais recicláveis com base nos símbolos das embalagens. A própria indústria de embalagem incorporou esses rótulos padronizados, ajudando o reciclador na hora de separar o material. A Figura 7.1 apresenta alguns desses símbolos.

Você reparou que todos os itens da Figura 7.1 apresentam setas? Não é coincidência: elas servem para lembrar que o produto é reciclável. O primeiro símbolo na Figura 7.1 designa alumínio, enquanto o segundo representa vidro. Já o terceiro é usado pelo setor papeleiro para indicar papel reciclável.

No caso do plástico, o símbolo é um triângulo desenhado a partir de três setas curvas. Dentro dele, há um número que especifica o tipo de plástico utilizado para confeccionar o produto. É muito importante assinalar essa diferença, pois determinados tipos de plástico não podem ser misturados no momento da reciclagem. O PVC e o PET, por exemplo, formam uma combinação que não dá certo. Antigamente, na parte interna das tampas das garrafas plásticas havia uma proteção azul, confeccionada em PVC. Acontece que esse PVC muitas vezes se misturava com o PET no momento da reciclagem e comprometia todo o material. Para resolver o problema, a indústria de embalagem deixou de usar a vedação de PVC em garrafas PET, facilitando o processo de reciclagem.

Figura 7.1 Símbolos de reciclagem.

Rótulo tipo III

A norma ISO 14025 propõe o rótulo tipo III, cuja finalidade é divulgar dados ambientais do produto, inclusive a avaliação do seu ciclo de vida. Até agora, essas regras se parecem com as do tipo I, certo? Mas há uma diferença: a empresa não precisa cumprir metas para garantir o selo tipo III — ele é concedido independentemente de seu desempenho ambiental. Entre os ingredientes principais do rótulo tipo III, destaca-se a clareza, pois seu objetivo é facilitar a comparação entre os produtos, levando o consumidor a escolhas ecologicamente corretas.

Exemplos de rótulo ambiental

Em 1992, a Agência Norte-Americana de Proteção ao Meio Ambiente (*Environmental Protection Agency* — EPA) apresentou o *Energy Star*, programa de rotulagem voluntário para diferenciar os produtos mais eficientes do ponto de vista energético. Além de ajudar o consumidor a comparar os itens, o rótulo contribuiu para cortar gastos com eletricidade, indicando as opções que pesam menos no bolso.

Inicialmente, apenas computadores e monitores receberiam o selo do Energy Star. Mais tarde, o sucesso do programa levou à sua expansão, com a inclusão de outros equipamentos em 1995. Hoje, antes de efetuar compras, muitos norte-americanos procuram o rótulo, pois sabem que os produtos certificados são mais econômicos.

O programa Energy Star também tem ajudado a reduzir as emissões de gases de efeito estufa, já que, nos Estados Unidos, a energia elétrica vem majoritariamente da queima de combustíveis fósseis. Estima-se que, graças ao selo, a economia de energia nos Estados Unidos em 2009 tenha sido equivalente à quantidade de poluentes liberada por 30 milhões de carros, poupando 17 bilhões de dólares nas contas de eletricidade. Acredita-se, ainda, que as escolhas energéticas mais eficientes podem eliminar um terço dos gastos das famílias norte-americanas, reduzindo na mesma proporção as emissões de gases causadores do efeito estufa. Tudo isso sem sacrificar o desempenho do equipamento nem o conforto do usuário.

> *Se você quiser descobrir mais informações sobre o selo E-nergy Star, visite o site <http:// www.energystar.gov>.*

Conhecida como Ence, a *Etiqueta Nacional de Conservação de Energia* é um exemplo brasileiro de rotulagem ambiental. Emitido pelo Inmetro — entidade responsável por divulgar o desempenho dos produtos —, o selo é aplicado em qualquer mercadoria, classificando sua eficiência energética entre "A", se for a mais eficiente, e "E", se tiver o pior desempenho. Como não exige a satisfação de pré-requisitos, a Ence é um rótulo do tipo III: é concedida por um órgão de terceira parte e não requer o cumprimento de exigências.

Já o selo do *Programa Nacional de Conservação de Energia Elétrica* (Procel) é diferente. Criado em 1993 por decreto presidencial, o rótulo é concedido pelo programa com o mesmo nome e presta contas ao Ministério de Minas e Energia. Assim como a Ence, o Procel informa o cliente, oferecendo dados para orientar sua escolha. Porém, em vez de certificar todos os produtos, o Procel só é exibido nas embalagens de mercadorias da faixa "A" da Ence, diferenciando os produtos mais eficientes dos demais. Por isso, o rótulo tornou-se uma vantagem competitiva, já que estimula as vendas das opções ecologicamente corretas.

Se você quiser descobrir mais informações sobre o Procel, visite o site <http://www.eletrobras.com/elb/procel/main.asp?View={EE50CFB3-CA51-415F-A861-E49BD2A2C6FE}>.

Hoje, o Procel serve de instrumento para impulsionar o desenvolvimento tecnológico, sem perder de vista a conservação ambiental. Para ganhar o direito de usar o selo, a empresa deve submeter seu produto à análise nos laboratórios recomendados pelo programa. Em 2009, 160 empresas e 3.054 produtos foram premiados com o rótulo.

Em se falando de rótulo verde, não é possível deixar de fora o selo do *Forest Stewardship Council* (FSC), um dos mais reconhecidos do planeta. Presente em mais de 75 países e em todos os continentes, o conselho de manejo florestal FSC movimenta cerca de 5 bilhões de dólares anualmente. E seus objetivos são do tamanho dos seus negócios: promover em todo o mundo a sustentabilidade nas florestas. Em outras palavras, o FSC pretende nortear o aproveitamento dos recursos florestais, impedindo o seu esgotamento e garantindo a continuidade dos empreendimentos.

Para incentivar o desenvolvimento saudável, o FSC propôs um conjunto de normas internacionais — princípios e critérios para conciliar em uma única fórmula a proteção ecológica e o crescimento econômico. Além de criar parâmetros, o conselho estabeleceu requisitos mínimos para a certificação. Para receber o selo FSC, a empresa precisa provar que suas práticas se encaixam nos moldes da sustentabilidade.

Como a demanda por rótulos é grande, o conselho confia a entidades independentes a tarefa de certificação. Ciente das peculiaridades regionais do manejo florestal, o FSC também aposta na criação de normas locais. Segundo a organização, os diferentes órgãos ambientais devem lançar mão dos princípios e critérios internacionais e ajustá-los às suas próprias realidades.

No entanto, independentemente do país ou da região, o rótulo FSC só é concedido se as atividades econômicas conseguirem satisfazer as exigências descritas na Figura 7.2.

Figura 7.2 Exigências para certificação FSC.

Observando com atenção os requerimentos da FSC apresentados na Figura 7.2, veremos que o conselho adota a ideia de tripé da sustentabilidade, pois não negligencia o gerenciamento ambiental, social e econômico dos negócios. Ora, não é difícil entender o porquê: em primeiro lugar, relegar o cuidado com o meio ambiente ao segundo plano sentencia à morte a própria indústria. O setor papeleiro, por exemplo, depende do fornecimento de matéria--prima para a produção de papel; uma vez esgotados os recursos florestais, torna-se inviável a continuação dos negócios.

No mercado competitivo dos dias de hoje, o selo FSC ajuda a empresa a ganhar espaço, abrindo as portas, por exemplo, dos nichos europeus mais exigentes. Para manter a credibilidade do rótulo, o FSC conduz a certificação de maneira transparente: qualquer instituição ou membro da sociedade civil tem acesso ao processo de rotulagem.

Ciclo de vida do produto

Assim como a rotulagem ambiental, a *análise do ciclo de vida* (ACV) do produto é um importante mecanismo de gestão, podendo ser aplicado a bens ou serviços. A grande vantagem da ACV é a sua abrangência: ela avalia os impactos ambientais da mercadoria em diferentes níveis, desde a extração da matéria-prima até o seu descarte. A respeito disso, Barbieri explica:

> A ACV também é conhecida pela expressão do *berço ao túmulo* (*cradle to grave*), berço indicando o nascedouro dos insumos primários mediante a extração de recursos naturais e túmulo, o destino final dos resíduos que não serão reusados ou reciclados. Esse tipo de ciclo não se confunde com o ciclo mercadológico, pelo qual um dado produto, à semelhança de um ser vivo, segue um ciclo desde a sua introdução no mercado (nascimento) até a sua retirada do mercado (morte), passando por crescimento da demanda, maturidade e declínio 2007, p. 164).

A comparação com o ciclo de vida biológico não é por acaso: todas as etapas dos bens de consumo − "do berço ao túmulo" − provocam danos ao meio ambiente, o que exige a análise desses impactos nos diferentes níveis. Infelizmente, a maioria das pessoas ainda não enxerga com clareza o ciclo antes de comprar ou descartar um objeto. Quando pegam sacolas plásticas nos supermercados, por exemplo, ignoram que seu processo produtivo inclui o uso do petróleo − recurso que, além de escasso, emite CO_2 durante sua combustão. Também desconhecem os gastos com combustível envolvido no transporte da fábrica ao supermercado, ou a quantidade de energia empregada para produzir as sacolas. Por isso, não se dão ao trabalho de levar uma bolsa de pano que, como pode ser usada várias vezes, evita o desperdício do plástico. A análise e a divulgação do ciclo de vida dos produtos surgem, então, como instrumentos úteis para conscientizar a população.

Análise do ciclo de vida do produto

Avaliar o ciclo de vida de um produto não é tarefa fácil. Para calcular seu impacto ambiental, é indispensável quantificar o consumo de água, matéria-prima e energia em todos os estágios. Não se deve deixar de lado a emissão de efluentes, pois esses resíduos também afetam a natureza. Em geral, os fatores que precisam ser levados em conta na análise dos seguintes níveis são os representados na Figura 7.3.

A primeira etapa do ciclo diz respeito à avaliação do custo ambiental do consumo de matéria-prima. Um bom exemplo de sustentabilidade nesta etapa é a linha de produtos *Ekos*. Criada pela Natura na virada do novo milênio, a linha tem por objetivo estabelecer alianças com agricultores locais, incentivando o cultivo orgânico e sustentável. Orientadas pelos parâmetros de manejo do FSC, as parcerias mantêm as florestas de pé, explorando seus recursos de forma sustentável. Um dos fornecedores da Natura Ekos é a *Cabruca*, cooperativa localizada no sul da Bahia. Atualmente, mais de mil pessoas integram o projeto, preservando a Mata Atlântica de um jeito diferente: o cacau orgânico é cultivado às sombras da floresta nativa na área de três mil hectares que compõe o sistema agloflorestal. Além de cuidar bem da natureza, a extração de matéria-prima da linha Ekos é exemplo de responsabilidade social – mais de mil famílias são beneficiadas pelo projeto de desenvolvimento social da Natura em 19 comunidades rurais espalhadas pelo Brasil.

A *Braskem* – maior petroquímica da América Latina – dá exemplo de sustentabilidade para produzir plástico. Embora tradicionalmente o plástico não pertença ao rol dos produ-

Figura 7.3 Ciclo de vida do produto.

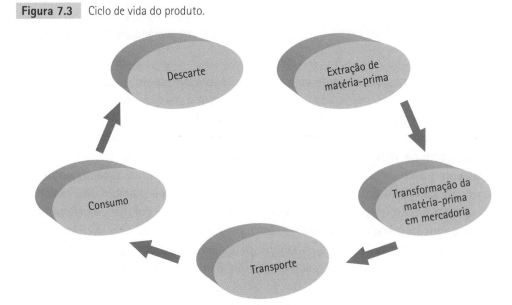

tos ecologicamente corretos, a Braskem investe pesado para mudar a má fama das resinas termoplásticas. Não é à toa que ela anunciou em 2008 o lançamento do primeiro plástico "verde" certificado do mundo. A parceria da Braskem com a Fundação de Amparo à Pesquisa do Estado de São Paulo (Fapesp) pretende avançar ainda mais rumo ao desenvolvimento sustentável. Hoje, as pesquisas na área de polímeros investigam maneiras de produzir plástico a partir de matérias-primas renováveis, como etanol e biomassa, entre outros.

A segunda etapa da ACV também merece atenção. Afinal de contas, é durante o processo de transformação que são liberadas substâncias tóxicas no meio ambiente: o dióxido de carbono e os efluentes industriais líquidos são apenas alguns exemplos de como as fábricas podem ser nocivas para a natureza. A embalagem é outro ponto crítico nesse processo. Sabemos, por exemplo, que algumas embalagens não biodegradáveis podem levar centenas de anos para se decompor — caso do vidro, que só é uma boa opção quando reaproveitado. Depois de abandonado na natureza, ele permanece por tempo indeterminado. Segundo a Associação Técnica Brasileira das Indústrias Automáticas de Vidro (Abividro), o setor enfrenta uma série de problemas por conta da não reciclagem e do reaproveitamento de embalagens de vidro por empresas não idôneas. Os vasilhames do palmito pupunha, por exemplo, são reaproveitados para embalar palmitos extraídos indevidamente da natureza.

Embora o transporte seja frequentemente ignorado quando pensamos na ACV, ele compõe uma etapa importante da cadeia produtiva. E não é só por causa da queima de combustível: a própria fabricação dos caminhões precisa entrar no cálculo. Afinal, se não houvesse tamanha demanda por transporte, não haveria necessidade de fabricar tantos veículos. A Tetra Pak, empresa fabricante de embalagens, escolhe as vias ferroviárias sempre que possível, minimizando o impacto do transporte de seus produtos.

Outro estágio relevante é o uso. Até a década de 1980, a utilização de ar-condicionado, por exemplo, contribuiu para desgastar a camada de ozônio, pois os aparelhos emitiam os famosos CFCs. Além dos equipamentos de refrigeração, o uso de eletrodomésticos em geral também compromete o meio ambiente. A situação da China é emblemática: com mais de 1 bilhão de habitantes, o gigante asiático ainda lança mão de uma matriz energética baseada no carvão para suprir a demanda por energia elétrica. Imagine, então, o impacto nocivo dos aparelhos elétricos: toneladas de CO_2 são liberadas anualmente na atmosfera, graças à queima do combustível.

Por fim, o "túmulo" dos produtos também deve ser incluído na "matemática" ambiental. Afinal, para ter uma visão holística do ciclo de vida de um bem de consumo, não é possível ignorar o seu descarte. Para ser considerado "verde", o produto precisa incluir um destino ecológico pós-utilização. Felizmente, já se avançou muito nessa área — hoje em dia, três modalidades de reaproveitamento têm ajudado a cuidar da natureza, como mostra o Quadro 7.1.

As três modalidades de reaproveitamento mencionadas no quadro oferecem ganhos expressivos em qualidade ambiental. Ao encontrar uma nova utilidade em um material prestes a ser descartado, esses processos evitam a retirada de mais insumos da natureza. Das três modalidades, o reúso é a mais benéfica, porque não exige uma nova cadeia produtiva,

Quadro 7.1 Modalidades de reaproveitamento.

Modelo de reaproveitamento	Procedimento	Exemplo
Reúso	Após o primeiro uso, o produto é reutilizado.	Nas fábricas, a água usada na produção pode ser aproveitada para esfriar os equipamentos ou na descarga dos vasos sanitários.
Reciclagem	O produto vira matéria-prima de novo e atravessa uma nova cadeia produtiva.	O papel reciclado se popularizou nos últimos anos, poupando inúmeras árvores.
Revaloração	Utiliza as sobras do processo industrial como insumo para outra atividade econômica.	Nenhum exemplo é melhor do que o lixo orgânico: a energia obtida com a queima dos dejetos é uma das alternativas que promete substituir os combustíveis fósseis. Além de poluir menos e ser renovável, a utilização do lixo orgânico dá um fim ecologicamente correto aos detritos urbanos que se aglomeram nos aterros sanitários.

como pode acontecer no caso da reciclagem. Enquanto um produto é reciclado, mais gases de efeito estufa são liberados no meio ambiente, o que torna essa opção menos vantajosa.

Em geral, existem dois tipos de reciclagem: a mecânica e a energética. A primeira submete o material a um novo ciclo de industrialização e a segunda lança mão de resíduos do dia a dia doméstico e os queima para gerar energia. Esta última prática é muito utilizada no Japão, mas ainda encontra resistência no Brasil. A relutância brasileira se deve ao alto custo dos cuidados que se deve ter com a fumaça: é preciso filtrá-la antes de devolvê-la ao meio ambiente.

As técnicas de revaloração também são importantes. O uso do lixo orgânico como adubo promete mudar as estratégias de agricultura em diversos lugares, barateando, inclusive, os custos com o preparo do solo. O plástico é outro material com potencial revalorativo. Tradicional inimigo do meio ambiente, ele já é utilizado com fins ambientais no Japão: hoje em dia, muitas siderúrgicas japonesas queimam lixo plástico para aquecer altos-fornos, reduzindo o consumo de energia.

Para garantir a eficiência da gestão do ciclo de vida, é fundamental apostar em melhorias em todas as etapas, aperfeiçoando o desempenho ambiental dos produtos "do berço ao túmulo".

Quanto melhor o ciclo de vida do produto, maiores suas chances de sobrevivência no mercado, visto que o público está cada vez mais atento às características ambientais dos bens que consome.

Normas ISO de ACV

Nas últimas décadas, a análise do ciclo de vida do produto atraiu a atenção da *Society of Environmental Toxicology and Chemestry* (Setac), ONG criada em 1979. Sua parceria com o Pnuma – braço das Nações Unidas para o meio ambiente – resultou em inúmeros estudos sobre a aplicação da ACV por parte de empresas e órgãos governamentais.

A escolha do objeto de estudo não foi por acaso: cada organização gerenciava o ciclo de vida dos produtos do seu próprio jeito; assim, faltava uniformidade para o consumidor comparar as características e fazer escolhas mais "verdes". Além disso, a variedade de métodos de avaliação dificultava o comércio internacional: se as diferenças entre empresas já saltavam aos olhos, que dirão as disparidades entre países.

Em 1992, foi a vez de as companhias europeias darem um passo rumo à padronização da ACV. Entre outras contribuições, a *Sociedade para a Promoção do Desenvolvimento* (SPOLD) confeccionou verdadeiros manuais para guiar a atuação das empresas em matéria de ACV. Não demorou até que a ISO criasse um comitê técnico para uniformizar, entre outras abordagens da gestão ambiental, a análise do ciclo de vida do produto. Influenciada pelos estudos da Setac, a norma ISO 14040 define o conceito de ciclo de vida como as etapas de um sistema de produto, abrangendo desde a extração da matéria-prima até o descarte.

Além de definir o objeto de estudo da ACV, a ISO 14040 propõe um processo de quatro etapas para a análise: 1) definição de objetivos e âmbito; 2) análise de inventário; 3) análise de impacto; e 4) interpretação dos resultados (veja a Figura 7.4).

Por meio da sistematização das etapas da ACV, a ISO espera transformar a análise do ciclo de vida em um instrumento confiável, padronizando os conceitos e os procedimentos

Figura 7.4 As quatro etapas da ACV, segundo a ISO 14040.

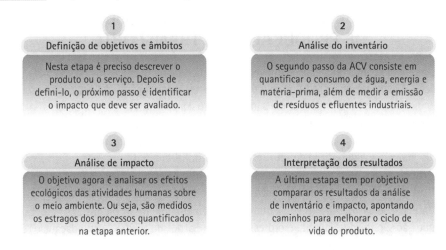

envolvidos no processo. Com a intensificação dos problemas ecológicos, a metodologia ACV vem ganhando importância crescente: a análise é conduzida para estudar o impacto causado por produtos (*product life cycle analysis*), energia (*energy life cycle analysis*), infraestrutura e construções (*infrastructure life cycle analysis*) e até cidades (*city life cycle analysis*).

Hoje em dia, a metodologia ACV traz inúmeras vantagens para a gestão empresarial. Com o auxílio da ferramenta, é possível conhecer melhor o produto, entender seus pontos fracos e aperfeiçoá-lo. Além disso, as tendências contemporâneas de mercado cobram transparência das empresas, exigindo a divulgação de informações relacionadas aos bens comercializados. Não é à toa que muitas organizações já se adaptaram à nova demanda, aplicando os rótulos com dados sobre o ciclo de vida na embalagem dos seus produtos. Para as empresas ecologicamente corretas, o ambientalismo agregou uma vantagem competitiva: o marketing "verde" tornou-se um instrumento poderoso na luta pela sobrevivência dos negócios. O próprio governo também aprendeu a valorizar as iniciativas ecológicas: incentivos fiscais e subsídios são apenas alguns benefícios que as autoridades concedem para os "verdes".

As pressões ambientalistas não pouparam a gigante mundial Coca-Cola. Para combater a má fama, a multinacional se esforça para inovar: na tentativa de substituir o plástico, ela lançou recentemente uma embalagem fabricada com plantas. Além de agredir menos o meio ambiente, o novo vasilhame tem peso e aspectos idênticos ao da garrafa tradicional. Não demorou para que a Pepsi seguisse os passos da concorrente e lançasse uma embalagem ecológica para os salgados SunChips.

As novas embalagens de pão da Pullman são outro exemplo de sustentabilidade. Elas são 100% biodegradáveis e se decompõem em até cinco anos, contra cem anos das embalagens tradicionais.

SAIU NA IMPRENSA

PRODUTO DE CONSTRUÇÃO "VERDE" SEGUE CRITÉRIOS DE PRODUÇÃO E DE TRANSPORTE

Estar em dia com a agenda sustentável é a meta de boa parte das indústrias de materiais de construção. A cada semana, produtos com bandeira verde surgem nas prateleiras, mas discernir o marketing de soluções reais não é tarefa simples para o consumidor.

O princípio na escolha deve considerar o ciclo de vida do produto, desde o modo e o local de produção até o transporte para o ponto de uso. Entram na equação a capacidade de reaproveitamento do material e a deposição de seus resíduos ao fim da vida útil.

Trocando em miúdos, produtos ecologicamente corretos estão mais próximos do seu estado natural, usam menos componentes químicos e têm grande potencial de transformação.

"Materiais de baixo impacto ambiental são fundamentalmente os produzidos na própria região e que não são tóxicos", aponta o professor Miguel Sattler, da UFRGS. Da fundação ao revestimento, há opções menos agressivas ao ambiente.

Nas paredes, tijolos, por exemplo, são mais interessantes do que o cimento para o conforto térmico, por transmitirem menos calor e manterem a temperatura estável.

Ao escolher o cimento, não há alternativas ecológicas, porém há materiais menos agressivos, como o CP 3, feito de resíduos da indústria cimenteira. Pisos de madeira de demolição, certificada ou de reflorestamento, em salas e quartos, também proporcionam temperatura agradável.

Outra possibilidade é uma manta ecológica feita de pó de madeira, resina de pinheiro, óleo de linhaça, pó calcário, pigmentos minerais e juta, que faz as vezes de carpete.

Na área molhada, uma solução pode ser o chão de cimento queimado. Para a pintura, tintas à base de cal e de terra possuem tonalidades que vão do amarelo ao marrom.

O PVC da parte hidráulica pode ser completamente trocado pelo plástico PPR, que suporta água quente.

Fonte: CAPUCHINHO, Cristiane. Produto de construção "verde" segue critérios de produção e de transporte. *Folha Online*, 13 out. 2008. Disponível em: <http://www1.folha.uol.com.br/folha/ambiente/ult10007u455456.shtml>. Acesso em: 28 jun. 2010.

1. De que forma a avaliação do ciclo de vida combate o marketing enganador?
2. De acordo com o texto, que ingredientes devem ser levados em conta no cálculo da ACV?

NA ACADEMIA

- Com o auxílio de quatro colegas, busque informações sobre o ciclo de vida de um produto ou serviço da sua escolha. Você deve mencionar os possíveis impactos ambientais provocados nas seguites etapas: extração de recursos naturais, transformação, transporte, uso e disposição final.

Pontos importantes

- O rótulo ambiental é um selo "verde" que pode acompanhar produtos e serviços, prestando contas sobre seu impacto ambiental. Ele aparece sob a forma de bula, manual ou símbolo impresso. Como o "ecologicamente correto" está em alta, muitos consumidores procuram o selo, que acaba agregando valor competitivo às mercadorias "verdes".
- Chamamos de *programas de primeira parte* aqueles que são gerenciados por instituições beneficiadas pela rotulagem: em outras palavras, organizações envolvidas na produção, no transporte ou na comercialização do produto em questão. No caso dos *programas de segunda parte*, o órgão emissor do rótulo não está diretamente ligado à cadeia produtiva da mercadoria. Na maioria dos casos, o certificador é uma

148 | Gestão ambiental

associação comercial, interessada em divulgar o desempenho ecológico do setor. Ao contrário das demais, as solicitações de selo dos *programas de terceira parte* são submetidas à análise de uma entidade independente: é essencial não ter vínculos de interesse com o projeto avaliado, garantindo a imparcialidade da análise.

- A ISO 14024 é a norma que estipula requisitos para os rótulos tipo I. Para merecer esse selo, a empresa precisa satisfazer alguns critérios ligados ao ciclo de vida do produto: é necessário provar que todas as etapas da cadeia produtiva estão de acordo com preceitos ecologicamente corretos. De acordo com a norma ISO 14021, os rótulos tipo II são autodeclarações, porque não contam com avaliações independentes: os próprios comerciantes, distribuidores ou produtores tomam a decisão de conceder o selo. A norma ISO 14025 propõe o rótulo tipo III, cuja finalidade é divulgar dados ambientais do produto, inclusive a avaliação do seu ciclo de vida. No entanto, a empresa não precisa cumprir metas para garantir o selo tipo III – ele é concedido independentemente de seu desempenho ambiental. O objetivo do rótulo é apenas facilitar a comparação entre os produtos, levando o consumidor a escolhas ecologicamente corretas.

- A análise do ciclo de vida do produto é um estudo sobre os impactos ambientais do produto, levando em conta todas as etapas, desde a extração de matéria-prima até a disposição final – do "berço ao túmulo".

- Para ser completa, a ACV precisa abranger cinco etapas: obtenção dos recursos naturais, transformação da matéria-prima em produto, transporte da mercadoria, consumo e descarte.

- Segundo a norma ISO, o estudo sobre o ciclo de vida do produto deve incluir pelo menos: definição de objetivos e âmbito, análise de inventário, análise de impacto e interpretação dos resultados.

- A falta de padronização dos processos de rotulagem e ACV levou à formulação de diferentes métodos de avaliação, o que criava barreiras para o comércio internacional. A fim de facilitar as trocas comerciais em nível internacional, a ISO propõe a uniformização dos selos e da avaliação do ciclo de vida: o objetivo é usar a padronização para evitar o surgimento de obstáculos comerciais.

Referências

BARBIERI, José Carlos. *Gestão ambiental empresarial*. São Paulo: Saraiva, 2007.

LABOISSIÈRE, Paula. Brasil fica em 2º lugar em ranking internacional de consumo verde. *Exame*, 3 jun. 2010. Disponível em: <http://portalexame.abril.com.br/meio-ambiente-e-energia/noticias/brasil-fica-2o-lugar-ranking-internacional-consumo-verde-566496.html>. Acesso em: 4 jun. 2010.

Capítulo 8

ASPECTOS JURÍDICOS DA GESTÃO AMBIENTAL

Neste capítulo, abordaremos as seguintes questões:

- O que é gestão ambiental pública?
- Qual é a diferença entre instrumentos implícitos e explícitos?
- O que são os instrumentos de comando e controle?
- O que são os instrumentos de mercado?
- O que foi a Sema?
- Por que a Lei nº 6.938/1981 foi um divisor de águas?
- Qual é o posicionamento da Constituição Federal de 1988 em relação ao meio ambiente?

Introdução

Quando falamos de direito ambiental e políticas públicas na área ambiental, é importante termos em mente que se trata de temas relativamente novos. Em um passado não tão distante, a questão ambiental só preocupava o alto escalão do Legislativo e do Executivo nos diferentes países quando algum desastre ecológico exigia ações corretivas imediatas. A falta de preocupação permanente com a natureza não favorecia a adoção de iniciativas integradas: até poucas décadas atrás, tudo que se via eram soluções pontuais. Eram raros, por exemplo, os órgãos especializados em meio ambiente.

A partir dos anos 1970, esse panorama começou a mudar: a Conferência de Estocolmo inaugurou uma nova fase na ONU, que passou a fomentar o estabelecimento de acordos multilaterais para combater a depredação ambiental. Pressionadas pelas camadas sociais mais conscientes, as autoridades nacionais também começaram a se mobilizar a favor da natureza, implantando políticas locais de proteção ambiental. Em vez de remediar os estragos, os governos passaram a rever suas posturas, construindo estratégias de prevenção. É nesse contexto que surgem as legislações ambientais da segunda metade do século XX: as novas leis alteraram substancialmente a ação governamental e corrigiram os rumos do desenvolvimento.

Política ambiental pública

Você aprendeu no Capítulo 6 que um dos primeiros passos de qualquer SGA deve incluir a elaboração de uma política ambiental. Pois bem. Com a gestão pública não é diferente: para conduzir bem as medidas de proteção à natureza, o governo precisa criar diretrizes básicas, estabelecer metas e contar com um plano de ação.

Em primeiro lugar, é preciso monitorar o impacto das atividades econômicas sobre a natureza. Vale lembrar que esse monitoramento não deve ter um caráter de mera correção, mas sim de precaução — princípio indispensável da gestão ambiental. É esse o argumento dos ambientalistas diante dos céticos acerca das mudanças climáticas, por exemplo. Não é possível ficar de braços cruzados enquanto se aguarda o consenso entre os especialistas: os estragos provocados pelo progresso tecnológico produzem consequências irreversíveis, inviabilizando o êxito de medidas corretivas *a posteriori*.

Apesar dos esforços das Nações Unidas, não é suficiente criar regras para a exploração do meio ambiente apenas nos foros multilaterais. As diretrizes dos acordos internacionais precisam estar presentes nas legislações ambientais de cada país, regulamentando a proteção à natureza no âmbito doméstico. E, uma vez criadas as leis, é necessário estabelecer órgãos de fiscalização para monitorar o cumprimento das normas em todo o território nacional. Para garantir a punição eficaz dos infratores, os próprios juízes devem aprofundar seus conhecimentos na área do Direito Ambiental, aplicando na prática as penas previstas na legislação.

Felizmente, as últimas décadas produziram avanços notórios no tratamento das questões ambientais. Os anos 1980 e 1990, em especial, marcaram o início das políticas públicas para o meio ambiente em diversos países. De lá para cá, inúmeras leis voltadas para a exploração dos recursos naturais entraram em vigor, munindo as autoridades de ferramentas específicas para impor o respeito à natureza. O próprio Direito Ambiental evoluiu: hoje, qualquer estudante de Direito já conta com um verdadeiro arsenal de livros e artigos doutrinários sobre a interpretação e a aplicação dos instrumentos jurídicos para o meio ambiente. Não é à toa que a legislação ambiental brasileira é conhecida como uma das mais extensas e completas do mundo.

Instrumentos da política ambiental pública

Para garantir o sucesso de sua política ambiental pública, as autoridades precisam contar com instrumentos que deem respaldo legal às suas medidas. Antes de Estocolmo, as iniciativas públicas para o meio ambiente eram incipientes: os governos só entravam em ação depois de concretizada a degradação ambiental. Cabia às autoridades a tarefa — às vezes impossível — de reparar os estragos e punir os responsáveis.

Graças às reivindicações ambientais pós-Estocolmo, tornou-se cada vez mais impraticável limitar o papel dos governos à correção e ao castigo. Os ativistas exigiam mais: era preciso antecipar-se aos danos e criar políticas de cunho preventivo.

Aos poucos, após a aprovação de diversas leis para o meio ambiente, tornou-se possível falar em *gestão ambiental pública* propriamente dita — isto é, as políticas integradas que os governos escolheram para cuidar da natureza, conciliando a conservação dos recursos biológicos e as metas de crescimento econômico. A fim de assegurar a concretização desse objetivo, o poder público desenvolve instrumentos para fazer valer as novas regras. Em geral, esses dispositivos são divididos em duas categorias: os *instrumentos implícitos* e os *explícitos*, conforme veremos a seguir.

Instrumentos implícitos

Instrumentos implícitos são aqueles que não foram criados com o objetivo específico de zelar pela natureza. Na verdade, eles impõem regras sobre outro assunto que, por coincidência, produzem efeitos benéficos sobre o meio ambiente. O professor Barbieri (2007, p. 71-72) dá um bom exemplo: "[...] uma lei para ordenar o trânsito de veículos numa grande cidade e evitar congestionamentos acabará indiretamente melhorando a qualidade do ar, reduzindo o nível de ruído e a utilização de recursos, pois os veículos podem trafegar com marchas mais leves".

Não é preciso ir longe para encontrar casos de aplicação dos instrumentos implícitos. Criado para combater o trânsito caótico da capital paulista, o rodízio de carros completou dez anos em 2010. Além de aliviar o tráfego de veículos em São Paulo, o sistema também serviu a fins ambientais — afinal, os automóveis respondem por cerca de 90% da emissão de poluentes como monóxido de carbono e hidrocarbonetos. Quando o trânsito é lento, o uso de marchas lentas libera ainda mais substâncias tóxicas no ar, piorando a qualidade de vida na capital.

Instrumentos explícitos

O grupo dos *instrumentos explícitos* abrange as normas voltadas para cuidar explicitamente da natureza. A legislação ambiental, por exemplo, é um conjunto de leis voltado exclusivamente para atender às necessidades de conservação ambiental.

Neste capítulo, você conhecerá melhor os instrumentos explícitos, pois são eles que respondem pela maior parte das iniciativas de conservação ambiental, e costumam ser divididos em dois tipos principais: os instrumentos de comando e controle e os instrumentos econômicos, como mostra a Figura 8.1. Analisemos cada um deles separadamente.

Instrumentos de comando e controle

Por *instrumentos de comando e controle*, entende-se o conjunto de restrições e proibições legais impostas aos cidadãos e à iniciativa privada para regular sua atuação sobre o meio ambiente. O objetivo dessas leis é controlar o alcance das práticas nocivas, evitando a degradação ambiental. Para tanto, os instrumentos de comando e controle contam com três tipos de padrões: os padrões de qualidade ambiental, os padrões de emissão e os padrões tecnológicos.

Quando um governo adota o *padrão de qualidade ambiental*, são estabelecidos níveis máximos de poluentes para cada região, entorno ou segmento do meio ambiente. Em outras palavras, a concentração de substâncias tóxicas no ar, na água e no solo em uma determi-

Figura 8.1   Instrumentos explícitos.

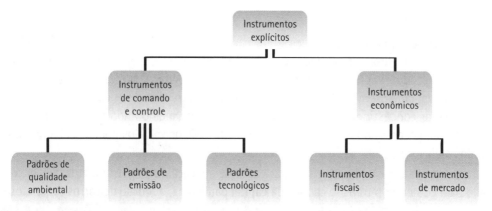

nada área não pode ultrapassar os limites previstos na lei. Obviamente, é preciso manter os pés no chão: os níveis máximos não podem, da noite para o dia, estabelecer índices ideais de qualidade ambiental. Por isso, o cálculo desses "tetos" de poluição é feito com base em médias aritméticas da concentração diária de poluentes em um ano, levando em consideração a influência das estações. A adoção do padrão oferece parâmetros para cuidar da natureza, de modo que o "alerta vermelho" seja acionado quando o excesso de poluentes coloca em risco a qualidade ambiental.

Os *padrões de emissão* restringem a quantidade de substâncias nocivas que podem ser liberadas por fontes individuais. Trocando em miúdos, eles impõem limites a emissões de poluentes por fábricas, domicílios ou veículos, estabelecendo as quantidades máximas que as autoridades aceitam tolerar. O estado do Rio Grande do Sul, pioneiro no Brasil na adoção desse tipo de padrão, promove desde 1985 o controle da emissão de efluentes líquidos industriais. Em 1998, o Conselho Estadual do Meio Ambiente (Consema) reavaliou seus critérios e propôs novos limites de vazão para a produção de poluentes, de acordo com o ramo da atividade.

Por último, os *padrões tecnológicos* servem para orientar as empresas na hora de escolher máquinas, ferramentas e materiais, por exemplo. Antes de restringir as alternativas tecnológicas, o poder público precisa promover debates entre produtores, especialistas, ambientalistas e fornecedores de tecnologia. Quanto maior a democratização do processo decisório, maior a legitimidade das leis criadas, pois elas refletirão o consenso entre diferentes setores.

Em 2002, por exemplo, foi aprovada no estado de São Paulo a Lei nº 11.241, que pretende banir gradativamente as queimadas no plantio da cana de açúcar. Infelizmente, ainda é comum, nos canaviais, a promoção de queimadas antes da colheita braçal para facilitar o trabalho dos cortadores. Porém, a queima da cana provoca não apenas a erosão do solo, mas também a emissão de gases causadores do efeito estufa. Para eliminar a prática, o governo paulista vem estimulando a mecanização da colheita, processo que, além de evitar o empobrecimento do solo, promete tornar a agroindústria paulista da cana mais competitiva em relação à dos demais estados produtores.

Instrumentos econômicos

Embora os instrumentos de comando e controle sejam os mais difundidos no Brasil, o poder público também tem à sua disposição outra importante ferramenta: os *instrumentos econômicos*. Conhecidos pela eficácia, esses mecanismos garantem a obediência às leis ambientais, visto que atingem o cidadão e as organizações no seu ponto fraco: o bolso. Dependendo da medida adotada, os instrumentos econômicos podem tomar a forma de custos ou benefícios. Para facilitar o seu estudo, eles são divididos em dois grupos principais: os instrumentos fiscais e os de mercado.

Os *instrumentos fiscais* podem transferir recursos dos cofres da iniciativa privada para os públicos por meio de *tributos*. Em geral, os tributos lançam mão do dinheiro privado para remediar um problema ambiental provocado pela própria empresa. Por isso, recebem o nome de *encargos* ou *impostos ambientais*. Na União Europeia, são conhecidos como *ecotaxas*.

Quando falamos em taxas ambientais, o assunto não deve soar como novidade para os moradores das grandes cidades brasileiras. Em São Paulo, por exemplo, existe, desde 2002, quando foi instituída pela então prefeita Martha Suplicy, a famosa *taxa do lixo*, um imposto destinado ao custeio dos serviços de coleta, transporte, tratamento e disposição final de resíduos no município. Apesar das críticas, essa taxa chamou a atenção para o dever da própria população de reduzir a quantidade de lixo gerada: atitudes simples como reaproveitar e reciclar podem diminuir bruscamente o volume dos detritos urbanos.

Basta reler rapidamente o Capítulo 3 para ver que cobrar tributos dos responsáveis é a essência do *princípio do poluidor pagador*, defendido no início do século XX pelo economista inglês Arthur Pigou. Conhecido como *taxa pigouviana*, o encargo busca "internalizar as externalidades", acrescentando a reparação dos danos ambientais ao custo de produção. Ora, o sonho de qualquer empresário é reduzir a carga tributária que incide sobre o seu negócio, tornando mais competitivo o preço final do seu produto e maximizando os lucros. Por isso, o valor da taxa deve tornar as práticas ambientalmente corretas mais vantajosas sob o ponto de vista financeiro do que a poluição irrestrita. Do contrário, entrará em vigor o pensamento "poluo, mas pago", abordado anteriormente.

No Brasil, os impostos ambientais são uma realidade. Em tese, o poluidor é o pagador, mas isso varia de acordo com a lei da oferta e procura. Pigou acreditava que as companhias colocariam as despesas com os impostos na conta do cliente; essa transferência de custos afetaria diretamente a demanda: o consumidor escolheria produtos mais baratos, deixando de lado aqueles trouxessem os impostos ambientais embutidos no preço final. Dessa forma, o próprio cliente regularizaria o mercado e o meio ambiente, pois não compraria os produtos que mais poluem. Contudo, quando a concorrência é grande, a organização multada prefere não repassar a maior parte do custo para o consumidor. Por outro lado, nos casos de monopólio, como a competição de mercado é quase nula, a empresa não pensa duas vezes antes de empurrar para seu cliente as despesas com o imposto ambiental.

Independentemente das alterações no preço final do produto, o princípio do poluidor pagador impõe o pagamento do tributo pigouviano, encorajando a adoção de práticas sustentáveis. Em tese, as somas arrecadadas com as taxas deveriam ser investidas em ações para o meio ambiente, mas na prática isso nem sempre acontece.

Ao lado dos impostos, os *subsídios* são outra forma de incentivar o cuidado com o meio ambiente. Só que, nesse caso, os recursos fazem o caminho inverso, pois são transferidos dos cofres públicos para a iniciativa privada. Isso significa que, para subsidiar práticas ecologicamente saudáveis, o governo pode abrir mão de impostos ou conceder financiamentos especiais.

Aspectos jurídicos da gestão ambiental | 155

O outro grupo de instrumentos econômicos, formado pelos chamados *instrumentos de mercado*, também é uma alternativa de estímulo às atividades sustentáveis. Por conta da aceleração dos problemas ambientais, o poder público passou a intervir no mercado, impondo as regulações necessárias para proteger a natureza. De acordo com o professor Barbieri (2007), as *permissões de emissões transferíveis* (*tradable emission permits*) são prova do êxito da influência estatal no mundo dos negócios. Elas funcionam da seguinte forma: em primeiro lugar, o governo estabelece níveis máximos para a emissão de poluentes. Provavelmente, as empresas não conseguirão atingir essas metas do dia para a noite. É aí que entra a venda dos certificados de permissões transferíveis. Isso soa familiar, certo? O mercado de permissões mais famoso é o MDL, criado para viabilizar o cumprimento dos objetivos propostos no Protocolo de Quioto. Ao comprar créditos de carbono, por exemplo, as empresas podem emitir a quantidade de poluentes prescrita no documento, ou vendê-los novamente. A importância do papel do governo nesse mercado é indiscutível: a redução do nível de poluição tolerado serve para estimular a compra e venda de emissões transferíveis, aumentando a cotação dos títulos.

Outro instrumento de mercado, os *sistemas de depósito-retorno* (*deposit refund systems*) já estão vigorando em vários países europeus. Um exemplo comum pode ser observado em alguns supermercados do velho continente: ao comprar produtos embalados em vasilhames de plástico ou latinhas, o consumidor paga cerca de 30 centavos de euro a mais e recebe um vale correspondente a esse valor extra. Para trocar seu vale por dinheiro, ele precisa voltar ao supermercado e devolver as embalagens, o que facilita práticas como reutilização e reciclagem.

O conceito de *responsabilidade estendida do produtor* é outra forma de incentivar o reaproveitamento de mercadorias e embalagens. Conhecida como EPR (*extended producer responsibility*), essa abordagem passa para o produtor a responsabilidade pela disposição final dos produtos, tornando compulsório o reaproveitamento ou tratamento dos resíduos.

O governo ainda conta com um último instrumento de mercado para exercer pressão: a concorrência entre empresas para ganhar os processos de licitações e contratos pode servir a fins ambientais. Afinal de contas, o próprio poder público deve dar exemplo, acrescentando o critério ambiental para escolher melhor seus fornecedores e prestadores de serviço.

Direito ambiental brasileiro

Graças aos avanços das últimas décadas, o direito ambiental consagrou-se como área da ciência jurídica dedicada ao estudo dos problemas ambientais relacionados às atividades humanas. Hoje, o exercício jurídico ganhou um novo pilar: o desenvolvimento sustentável pressupõe o atendimento às necessidades presentes sem perder de vista o cuidado com as gerações futuras.

No Brasil, o direito ambiental ganhou vida própria a partir da aprovação da Lei nº 6.938, em 31 de agosto de 1981, data que está para o meio ambiente como o 7 de setembro para a independência nacional. Afinal de contas, quando essa lei entrou em vigor, o direito ambiental conquistou autonomia em relação às demais áreas jurídicas, equipando-se com princípios, conceitos e objetivos próprios.

Nos foros multilaterais, a política ambiental já era pauta de inúmeros debates desde 1972, quando ocorreu em Estocolmo a histórica conferência sobre o meio ambiente. Vinte anos depois, a Eco-92 fortaleceu os alicerces do ambientalismo e ratificou o desenvolvimento sustentável como única saída para conciliar o progresso econômico e a necessidade de preservação ambiental, como já vimos ao longo deste livro.

No âmbito interno, a volta ao regime democrático em 1985 não descartou os avanços obtidos durante a ditadura militar. A Constituição Federal de 1988 incorporou e ampliou a política ambiental pública, mantendo quase que integralmente os preceitos construídos na Lei nº 6.938/1981. Em resposta à publicação do Relatório Nosso Futuro Comum no ano anterior à sua promulgação, a Carta Constitucional abraçou o conceito de sustentabilidade, protegendo o desenvolvimento da economia desde que ecologicamente equilibrado.

Para se fortalecer como disciplina autônoma, o "jovem" direito ambiental brasileiro precisa ser construído sobre bases sólidas, que orientem e justifiquem a criação de novas regras. De acordo com Shigunov, Campos e Shigunov (2009), o direito ambiental nacional deve se apoiar em cinco princípios fundamentais:

1. *Princípio do desenvolvimento sustentável*: Para você, o conceito de desenvolvimento sustentável já é um velho conhecido. Nascido em 1987 com a publicação do Relatório Brundtland, esse modelo de crescimento busca aliar práticas tradicionalmente antagônicas: a sustentabilidade pressupõe o atendimento às necessidades presentes sem colocar em xeque o destino das futuras gerações. Sendo assim, as atividades econômicas devem ser conduzidas de maneira ecologicamente correta, respeitando os ciclos de renovação dos recursos naturais.

2. *Princípio do poluidor pagador*: O princípio do poluidor pagador também não é novidade para você. Proposto por Pigou no início do século XX, o conceito sugere que o responsável pelo estrago ambiental assuma os custos do seu reparo. A legislação brasileira não deixou de incorporar o imposto pigouviano, acrescentando-lhe, ainda, a responsabilidade civil pelo crime ambiental. De acordo com a lei, a empresa culpada pode ser obrigada a restaurar a área impactada e/ou pagar indenizações pelos danos provocados.

3. *Princípio da prevenção*: Enquanto as primeiras medidas governamentais para o meio ambiente eram essencialmente punitivas, a legislação da década de 1980 inaugurou um novo momento para o direito ambiental, consagrando o princípio da precaução. Ou seja: em vez de só corrigir os danos, as autoridades passaram a colocar em prática ações preventivas. Para Shigunov, Campos e Shigunov (2009), a prevenção é um conceito-chave para o novo milênio, uma vez que as catástrofes contemporâneas frequentemente causam danos ecológicos irreversíveis.

4. *Princípio da participação*: Em uma sociedade democrática, a representatividade é um ingrediente fundamental: a construção da política ambiental brasileira deve contar com a participação da sociedade civil. Não apenas os órgãos governamentais de fiscalização devem estar envolvidos, mas também o cidadão comum precisa se engajar nas atividades de preservação. Por isso, é necessário divulgar a questão ambiental, debatendo o tema nos diferentes níveis que compõem a educação escolar. Nesse sentido, a Lei nº 9.795/1999 consolidou a educação ambiental como um componente indispensável da política nacional. De acordo com o artigo 1º dessa lei, é por meio do processo ensino e aprendizagem que os cidadãos "[...] constroem valores sociais, conhecimentos, habilidades, atitudes e competências voltadas para a conservação do meio ambiente, bem de uso comum do povo" (BRASIL, 1999).

5. *Princípio da ubiquidade*: *Ubiquidade* é o mesmo que *onipresença*, ou seja, a capacidade de estar em todo lugar ao mesmo tempo. Ora, mas por que o direito ambiental brasileiro tem a ver com o princípio da ubiquidade? Porque as leis para o meio ambiente devem produzir reflexos em todas as regras da sociedade. Em outras palavras, todas as atividades conduzidas no Brasil precisam aplicar na prática os preceitos da política ambiental brasileira, protegendo, como um todo, o patrimônio natural do país.

Direito ambiental no Brasil: uma visão histórica

Entender a evolução do direito ambiental brasileiro não é tarefa fácil: com menos de 200 anos de independência, o Brasil já atravessou profundas mudanças jurídicas, o que levou o país a adotar oito constituições no curso de sua breve história.

Tudo começou em 1823: após dissolver a Assembleia Constituinte, D. Pedro I criou o Conselho de Estado, conferindo aos seus dez membros a missão de elaborar a constituição brasileira. Em 25 de março de 1824, o primeiro projeto constitucional brasileiro chegou às mãos do imperador — nasceu, assim, a primeira carta constitucional da nação. Inspirado nas leis francesas, o documento confirmou as liberdades individuais e os princípios liberais, sem deixar de centralizar em D. Pedro I o poder político administrativo. No entanto, não incluía uma palavra sequer sobre as questões ambientais.

Quase vinte anos depois, em 1850, a Lei nº 601 tornou ilegal a derrubada de matas e a realização de queimadas em terras devolutas (terras "sem dono") e alheias, prevendo punições administrativas e penais para os culpados. Apesar de isolada, a norma imperial foi uma das primeiras medidas de combate a práticas que agridem a natureza.

A proclamação da República, em 1889, inaugurou um novo momento na história do país. Em fevereiro de 1891, o Brasil ganhou sua primeira constituição republicana, que apresentava alguns avanços na matéria ambiental. Ao Congresso Nacional, por exemplo, atribuía-se a nova responsabilidade de formular regras para a exploração das terras e minas da União.

Conhecido como República Velha, o período entre 1889 e 1929 testemunhou profundas mudanças na estrutura socioeconômica brasileira. Antes totalmente agrária, a economia do país passou por transformações expressivas, dando os primeiros passos rumo à industrialização. Essa alteração provocou o êxodo rural, que descolou significativos contingentes populacionais das áreas agrárias para as cidades.

Embora não faltassem exemplos alarmantes do passado, a preocupação ambiental só chegou ao poder público a partir da década de 1930. Outorgada em 1934, a terceira constituição brasileira entrou em vigência em um momento conturbado da história do país, marcado pelo inchaço populacional dos centros urbanos e pelos esforços em prol da industrialização nacional.

A Carta Constitucional de 1934 não ficou alheia à intensificação dos problemas ambientais: o documento garantiu à União o direito exclusivo de legislar sobre a água, a pesca, a caça, as riquezas do subsolo e a energia hidrelétrica. Também responsabilizou o governo federal e os Estados pela preservação do patrimônio cultural e natural do país, deixando de fora os municípios. Embora as autoridades municipais permanecessem de mãos atadas, as leis da década de 1930 fizeram germinar a "semente" da política ambiental brasileira.

Ainda em 1934, o Decreto nº 23.793 acrescentou o Código Florestal à nossa legislação, ampliando o conceito de florestas de preservação permanente. Eram incluídas nessa categoria florestas ao longo dos rios, locais de proteção física do solo e das reservas naturais, florestas de defesa do território nacional, florestas de conservação dos valores científicos, entre outras áreas. Essa diversidade de classificações não era um preciosismo inútil: os locais destinados à preservação não poderiam ceder espaço para atividades com fins econômicos, a não ser que o código fosse revogado. Também em 1934, entraram em vigor os Códigos de Caça, Minas e Águas, o que fechou ainda mais o cerco à ação predatória. Além disso, no mesmo ano o Brasil ganhou o seu primeiro parque nacional: o Parque Nacional de Itatiaia, no sul do estado do Rio de Janeiro.

Em 1937, Getúlio Vargas conduziu, com militares, o golpe que culminou com a criação do Estado Novo. Não demorou para que o novo quadro político produzisse sua própria Carta Magna: no mesmo ano entrou em vigor uma constituição pautada em princípios fascistas e na supressão do Poder Legislativo. Apoiado em leis favoráveis, o regime autoritário enfraqueceu o sistema representativo, entregando nas mãos de Vargas o comando da nação.

A legislação ambiental da Constituição de 1937 confirmou a autoridade federal sobre minérios, águas, florestas, caça e pesca, repartindo dessa vez com os municípios o dever de cuidar das riquezas culturais e naturais. Três anos depois, o Decreto-Lei nº 2.014 conferiu aos governos estaduais a incumbência de fiscalizar as florestas dentro dos seus limites.

Com o fim do Estado Novo e o retorno à democracia representativa, uma quarta constituição alterou novamente as bases jurídicas do país, em 1946. Porém, em termos de cuidados com o meio ambiente, pouca coisa mudou. O artigo 5º da Constituição de 1946 reafirmava, na alínea *l* do inciso XV, a competência da União para legislar sobre riquezas do subsolo, mineração, metalurgia, águas, energia elétrica, florestas, caça e pesca. A nova carta constitucional também dividiu entre União, estados e municípios a responsabilidade pelo patrimônio natural, confirmando a tendência descentralizadora das medidas nacionais para o meio ambiente. Dois anos depois, em 1948, o Decreto Legislativo nº 3 ratificou a Convenção para a Proteção da Flora, da Fauna e das Belezas Cênicas Naturais dos Países da América, celebrada internacionalmente em 1942.

Em seguida, as décadas de 1950 e 1960 assistiram ao progresso do projeto nacional desenvolvimentista que – impulsionado pelo presidente Juscelino Kubitscheck – visava à expansão do parque industrial do Brasil. Na época, as medidas protecionistas obstruíam a entrada de importações, protegendo o similar nacional e concretizando o sonho de industrialização. Não é de estranhar que os efeitos da poluição tenham começado a chamar a atenção pública justamente nesse período.

Vindo ao encontro de novas necessidades e anseios, surgiram dispositivos legais como o Decreto nº 50.877, de 1961, que definia *poluição* como:

> [...] qualquer alteração de propriedades físicas, químicas e biológicas das águas, que possa importar em prejuízo à saúde, à segurança e ao bem-estar das populações e ainda comprometer a sua utilização para fins agrícolas, industriais, comerciais, recreativos e, principalmente, a existência normal da fauna aquática (BRASIL, 1961).

Note-se que, de acordo com essa definição, considerava-se a água como o único elemento passível de ser poluído. No ano seguinte, isto é, em 1962, a Lei nº 4.132 legitimou a desapropriação de terras por motivos ambientais: justificativas como a proteção dos solos, dos recursos hídricos ou mesmo a preservação de áreas florestais seriam suficientes para tomar a posse das terras, em especial quando os antigos proprietários fossem agentes de práticas predatórias.

Três anos após o golpe militar de 1964, criou-se uma nova constituição federal. Moldada para instrumentalizar o regime autoritário, a Constituição de 1967 não trouxe avanços na parte ambiental, se comparada às anteriores. Depois da sua aprovação, ainda no mesmo ano, um Decreto-Lei instituiu o Conselho Nacional de Controle da Poluição Ambiental. Apesar de extinto poucos meses depois, o conselho não deixou de render alguns frutos: ele estendeu o conceito de poluição – que, como já foi dito, antes se limitava à contaminação da água – para dar conta da degradação do solo e do ar.

Em 1972, a Conferência de Estocolmo revolucionou as legislações ambientais em todo o mundo, na medida em que despertou as sociedades locais para a importância do respeito à natureza. No Brasil, o evento inaugurou uma nova fase de conscientização. Por outro lado, as autoridades militares, obcecadas com a ideia do milagre econômico, não conseguiam enxergar as dimensões dos problemas ambientais, relegando os cuidados com a natureza a segundo plano.

Aos poucos, o "efeito Estocolmo" começou a ganhar espaço na política ambiental pública brasileira: em 1973, o governo criou a Secretaria Especial do Meio Ambiente (Sema).

160 | Gestão ambiental

A centralização da gestão ambiental pública só aconteceu em 1985, quando o então presidente José Sarney fundou o Ministério do Desenvolvimento Urbano e do Meio Ambiente por meio do Decreto nº 91.145. No entanto, o novo órgão teve vida curta: em 1990, o presidente Fernando Collor de Mello transformou o ministério em Secretaria do Meio Ambiente, ligando-a diretamente à presidência. Novamente, a mudança não foi duradoura. Seu sucessor Itamar Franco tratou de restituir a gestão do meio ambiente à categoria de ministério em 1993, sob o rótulo Ministério do Meio Ambiente e da Amazônia Legal. De lá para cá, o órgão mudou de nome duas vezes (Ministério do Meio Ambiente, dos Recursos Hídricos e da Amazônia Legal e Ministério do Desenvolvimento Urbano e do Meio Ambiente) em 1995, até ser denominado, finalmente, de Ministério do Meio Ambiente durante o governo de Fernando Henrique Cardoso.

Vinculada ao Ministério do Interior, sua função era bastante desafiadora: coordenar e atualizar as iniciativas ambientais do governo. Porém, outros órgãos também interferiam no encaminhamento dos problemas ecológicos: o Instituto Brasileiro de Desenvolvimento Florestal (IBDF), a Superintendência de Pesca (Sudepe) e a Superintendência da Borracha (Sudhevea) são alguns exemplos de entidades governamentais que também davam suas ordens em questões ligadas à natureza. A Sudepe e o IBDF eram subordinados ao Ministério da Agricultura, enquanto o Ministério da Indústria e Comércio respondia pela Suphevea. Resultado: **diferentes ministérios cuidavam dos assuntos ambientais**, promovendo medidas muitas vezes contraditórias e, com isso, subtraindo coerência e uniformidade da gestão ambiental brasileira.

Mesmo com tantos obstáculos, a Sema conseguiu produzir resultados significativos. Em 1977, o Decreto nº 79.437 promulgou a Convenção Internacional sobre a Responsabilidade Civil em Danos Causados por Poluição por Óleo. A nova lei inaugurou a possibilidade de mover ações civis contra os culpados por vazamentos de óleo dos navios, por exemplo. A Lei nº 6.938/1981 — que você estudará daqui a pouco — também faz parte do legado da Sema.

Apesar dos avanços indiscutíveis dos anos 1970, foi só na década de 1980 que os temas ambientais conquistaram a devida atenção. Em 1980, a Lei nº 6.803 lançou as bases para a realização do Estudo do Impacto Ambiental (EIA), que você estudará no Capítulo 9. Logo após a publicação da lei, o estudo tornou-se um importante instrumento para regular as atividades industriais poluidoras, estabelecendo regras básicas para a prevenção de danos ambientais.

Lei nº 6.938, de 31 de agosto de 1981

Sem dúvida, um dos marcos da evolução do direito ambiental brasileiro foi a aprovação da Lei nº 6.938/1981. A criação da *Política Nacional para o Meio Ambiente* (PNMA) substituiu as soluções pontuais por um sistema integrado: o documento trouxe os procedimentos e os princípios legais que sustentariam a política ambiental pública, abordando de forma sistêmica os problemas ambientais. Além disso, a lei constituiu o Sistema Nacional do Meio Ambiente (SISNAMA) e o Cadastro de Defesa Ambiental.

Conhecidos como década perdida, os anos 1980 não apresentaram uma situação econômica favorável: a estagnação do crescimento e os altos índices de inflação assombravam o Brasil. Sob influência das demandas econômicas nacionais, a política brasileira para o meio ambiente não podia atravancar o desenvolvimento da economia. Seu objetivo era garantir qualidade de vida à população sem negligenciar as necessidades das gerações futuras. Para tanto, era preciso construir uma aliança entre os diferentes interesses nacionais. Pela primeira vez, a legislação ambiental brasileira olhou para a conservação do patrimônio natural de forma holística, buscando equilibrar seus interesses com as metas de ordem econômica.

Merece destaque, ainda, a definição de meio ambiente apresentada no artigo 3º, inciso I, da Lei nº 6.938, como o "[...] conjunto de condições, leis, influências e interações de ordem física, química e biológica, que permite, abriga e rege a vida em todas as suas formas" (BRASIL, 1981). Em vez de situar o homem *fora* da natureza, a lei defendia outro conceito de meio ambiente, mostrando que a sobrevivência humana — como a das outras formas de vida — é permitida por essa rede de interações que compõem a natureza.

A nova política ambiental também não deixou escapar o tema da poluição, definindo-a no inciso II do mesmo artigo como:

[...] a degradação da qualidade ambiental resultante de atividades que direta ou indiretamente:

a) prejudiquem a saúde, a segurança e o bem-estar da população;

b) criem condições adversas às atividades sociais e econômicas;

c) afetem desfavoravelmente a biota;

d) afetem as condições estéticas ou sanitárias do meio ambiente;

e) lancem matérias ou energia em desacordo com os padrões ambientais estabelecidos. (BRASIL, 1981.)

Outra questão conceitual abordada na Lei nº 6.938/1981 diz respeito aos recursos ambientais. O inciso V do artigo 3º rechaça a visão utilitarista da natureza, classificando como *recursos* "[...] a atmosfera, as águas interiores, superficiais e subterrâneas, os estuários, o mar territorial, o solo, o subsolo, os elementos da biosfera, a fauna e a flora" (BRASIL, 1981).

Segundo a nova legislação ambiental, cabe ao governo regular e fiscalizar o uso dos recursos biológicos, mantendo o equilíbrio da natureza. Por isso, o uso do solo, do subsolo, da água e do ar precisa ser orientado por critérios bem definidos. As atividades poluidoras, em especial, devem ser monitoradas por estudos capazes de medir a qualidade ambiental nas áreas afetadas.

Outra tarefa atribuída ao Estado é a recuperação de áreas degradadas, como o sertão nordestino. De fato, a falta de medidas para revitalizar essas regiões transfere as atividades nocivas para outras áreas, tornando ainda mais generalizada a depredação do meio ambiente. Por isso, é necessário regular as atividades econômicas, protegendo também as

Gestão ambiental

áreas ameaçadas de degradação. O equilíbrio ambiental na Amazônia, por exemplo, pode sucumbir às práticas de desmatamento, o que comprometeria a saúde do planeta inteiro. Para deter a destruição da natureza, nenhuma ferramenta é mais útil do que a educação ambiental, capaz de mobilizar os esforços da comunidade em prol da conservação do patrimônio natural.

Por causa da riqueza das contribuições da Lei nº 6.938/1981, ela é vista como segundo colocada em importância para o meio ambiente, ficando atrás apenas da Constituição Federal promulgada em 1988. Aliás, embora tenha sido aprovada em 1981, a Política Nacional para o Meio Ambiente só se tornou eficaz na prática após a aprovação da nova carta constitucional, que está em vigor até hoje. É interessante ressaltar que a Lei nº 6.938 foi a única a ser absorvida integralmente pela Constituição de 1988 — o resto do legado da ditadura militar ou foi esquecido ou foi objeto de modificações.

Constituição de 1988

Promulgada em 5 de outubro de 1988, a Constituição da República Federativa do Brasil dedicou um capítulo inteiro à questão ambiental. Não há retrocessos em relação à legislação anterior: a nova carta manteve e até ampliou os princípios propostos por suas antecessoras. Um dos pontos altos da Constituição é o artigo 225, onde o meio ambiente é definido como patrimônio coletivo, como mostram Shigunov, Campos e Shigunov:

> Bem ambiental é aquele definido pela Carta Constitucional de 1988 como sendo de uso comum do povo e essencial à sadia qualidade de vida. Portanto, o bem ambiental pode ser desfrutado por toda e qualquer pessoa. Essa definição está presente no artigo 3º, V, da Lei nº 6.938/1981 e significa a atmosfera, as águas interiores, superficiais e subterrâneas, os estuários, o mar territorial, o solo, o subsolo, os elementos da biosfera, a fauna e a flora (2009, p. 127).

Segundo os três pesquisadores, o bem ambiental foge à divisão privado *versus* público, revelando-se uma propriedade difusa:

> Assim, o bem ambiental não pode ser classificado nem como bem público nem como bem privado, mas como bem difuso. O bem difuso é o bem que pertence a cada um e, ao mesmo tempo, a todos, ou seja, não há como identificar o seu titular e seu objeto é insuscetível de divisão (SHIGUNOV NETO, CAMPOS e SHIGUNOV, 2009, p. 128.)

Para fortalecer a posse compartilhada do meio ambiente, o artigo 225 da Constituição Federal propõe a manutenção do equilíbrio ambiental como direito e dever do poder público e da sociedade civil. Em suma, quatro princípios fundamentais são apresentados nesse importante trecho da Constituição de 1988:

- direito coletivo ao meio ambiente equilibrado, como condição fundamental para a vida sadia;

- defesa da ideia de que a preservação do bem ambiental beneficia não apenas as gerações presentes, mas também as futuras;
- incentivo à proteção da natureza por meio da educação ambiental em todos os níveis de ensino;
- ratificação do princípio do poluidor pagador.

Em especial, os parágrafos 2º e 3º do artigo 225 estabelecem regras duras e explícitas para o princípio pigouviano, prescrevendo punições para pessoas físicas e jurídicas:

§2º – Aquele que explorar recursos minerais fica obrigado a recuperar o meio ambiente degradado, de acordo com solução técnica exigida pelo órgão público competente, na forma da lei.

§3º – As condutas e atividades consideradas lesivas ao meio ambiente sujeitarão os infratores, pessoas físicas ou jurídicas, a sanções penais e administrativas, independentemente da obrigação de reparar os danos causados (BRASIL, 1988).

Aliás, em seu Capítulo VI, a Constituição de 1988 repudiou as práticas econômicas predatórias, incorporando o conceito de desenvolvimento sustentável – proposto pelo Relatório Brundtland no ano anterior. Para garantir um crescimento econômico saudável, a nova carta atribuiu à União, aos estados e aos municípios o dever de legislar sobre o meio ambiente. Porém, sem autonomia para contrariar as decisões do governo federal, os estados e os municípios precisam criar normas coerentes com a realidade local sem perder de vista os critérios básicos de preservação impostos pela União. Em outras palavras, as autoridades estaduais e municipais não podem aprovar leis de preservação mais frouxas que aquelas prescritas pelo governo federal – a União prescreve o piso mínimo de proteção, enquanto os poderes locais estabelecem o teto máximo.

Outro ponto importante da Constituição de 1988 diz respeito aos *estudos de impacto ambiental*, conhecidos pela sigla EIA. Segundo a nova legislação, as atividades com potencial poluidor elevado devem conduzir um EIA, a fim de demonstrar às autoridades competentes os efeitos colaterais do empreendimento. No entanto, não ficaram claros os critérios para identificar as atividades de impacto significativo, o que dificulta a aplicação da legislação na prática.

Mereceram destaque também a Floresta Amazônica, a Mata Atlântica, a Serra do Mar, o Pantanal Matogrossense e a zona costeira, que foram elevados à condição de patrimônio nacional. A Constituição Federal avançou também na área da educação ambiental: o que na Lei nº 6.938/1981 era só um princípio ganhou *status* de determinação federal no artigo 225, incentivando a promoção da educação ambiental em todos os níveis de ensino.

Os instrumentos jurídicos processuais não ficaram fora do direito ambiental construído em 1988. De acordo com o inciso LXXIII do artigo 5º, qualquer cidadão tem o direito de mover ações judiciais contra os responsáveis por atos lesivos à natureza:

LXXIII – qualquer cidadão é parte legítima para propor ação popular que vise a anular ato lesivo ao patrimônio público ou da entidade de que o Estado participe, à moralidade administrativa, ao meio ambiente e ao patrimônio histórico cultural, ficando o autor, salvo comprovada má--fé, isento de custas judiciais e do ônus da sucumbência (BRASIL, 1988).

Legislação posterior à CF de 1988

Pouco depois da promulgação da nova Constituição Federal, a aprovação da Lei nº 7.797, em 1989, deu vida ao Fundo Nacional do Meio Ambiente, órgão cuja missão consiste em promover projetos para o uso racional dos recursos naturais. Além disso, cabe ao fundo também proteger áreas de preservação, melhorar as já existentes e revitalizar territórios degradados, contribuindo para o bem-estar do povo brasileiro.

O conselho responsável por administrar o fundo é presidido pelo Ministro do Meio Ambiente, contando também com integrantes do Ministério do Planejamento, do Ibama e de ONGs das diversas regiões geográficas do país. Para receber recursos financeiros do Fundo Nacional do Meio Ambiente, é preciso firmar um convênio. No entanto, a parceria é restrita a organizações sem fins lucrativos e com projetos relacionados à missão do fundo.

Dez anos após a promulgação da Constituição Federal, outra norma chamou a atenção dos ambientalistas: em 1998, entrou em vigor a Lei nº 9.605, que estabelece sanções penais e administrativas aos culpados por crimes ambientais. De acordo com o artigo 8º do documento, "(...) as penas restritivas de direito são: I – prestação de serviços à comunidade; II – interdição temporária de direitos; III – suspensão parcial ou total de atividades; IV – prestação pecuniária; V – recolhimento domiciliar" (BRASIL, 1998).

A Lei nº 9.605 fortaleceu o direito específico da área, na medida em que assumiu o controle sobre crimes contra a natureza, antes abordados em leis dedicadas a outros temas. Além de prescrever as punições, a nova lei tipificou o infrator, fornecendo instrumentos para assegurar o cumprimento da legislação, como mostra o artigo 2º:

Quem, de qualquer forma, concorre para a prática dos crimes previstos nesta Lei, incide nas penas a estes cominadas, na medida da sua culpabilidade, bem como o diretor, o administrador, o membro de conselho e de órgão técnico, o auditor, o gerente, o preposto ou mandatário de pessoa jurídica, que, sabendo da conduta criminosa de outrem, deixar de impedir a sua prática, quando podia agir para evitá-la (BRASIL, 1998).

A aprovação de leis específicas para o meio ambiente produziu avanços expressivos na política ambiental pública nas últimas décadas. Porém, segundo Barbieri (2007), ainda resta muito que fazer. Apesar de extensa, a legislação brasileira está muito presa aos instrumentos de comando e controle. Trocando em miúdos, a política nacional ainda está voltada para métodos de monitoramento e punição, faltando iniciativas de fomento às pesquisas e à inovação tecnológica. Infelizmente, o governo ainda não aprendeu a influenciar o setor privado de outras formas — o que poderia ser feito, por exemplo, pelo incentivo menos coercitivo ao desenvolvimento de tecnologias pouco agressivas, ou pela promoção do uso racional dos recursos naturais. Embora sejam indispensáveis, os instrumentos de comando e controle não podem ser as únicas ferramentas da política pública, como explica Barbieri:

> Os instrumentos de comando e controle são fundamentais, pois obrigam as empresas a adotarem providências para controlar a poluição, mas eles tendem a induzir um comportamento acomodado após o cumprimento das exigências legais, caso estas não sejam atualizadas com frequência (2007, p. 107).

Ou seja, a aposta brasileira nos instrumentos de comando e controle não estimula a melhoria contínua das atividades econômicas: em vez de aperfeiçoar seus processos constantemente, as empresas brasileiras se dão por satisfeitas uma vez preenchidos os requisitos legais. Com isso, os órgãos de fiscalização ficam cada vez mais sobrecarregados, o que encoraja a desobediência à legislação.

ESTUDO DE CASO

IBAMA – INSTITUTO BRASILEIRO DO MEIO AMBIENTE E DOS RECURSOS NATURAIS RENOVÁVEIS

Quando se pensa em proteção ao meio ambiente, o acrônimo Ibama é um dos principais nomes que vêm à cabeça de muita gente. A fama de "guardião do meio ambiente" foi construída ao longo de duas décadas. Para entender um pouco mais sobre o Ibama, é preciso voltar pelas páginas da história até o ano de 1972, quando ocorreu a Conferência de Estocolmo. Após esse histórico evento, a política ambiental brasileira nunca mais foi a mesma. E não podia ser diferente: as pressões vinham de todos os lados — a comunidade internacional e a própria sociedade brasileira cobravam medidas enérgicas após os desastres ambientais das décadas de 1960 e 1970.

Ao mesmo tempo, obras como a construção da rodovia transamazônica e da usina hidrelétrica de Foz do Iguaçu produziram impactos ecológicos alarmantes no Brasil, o que despertou a ira de ambientalistas mundo afora. Na década de 1980, o acidente envolvendo césio 137, denúncias sobre os altos índices de desmatamento e o assassinato do ativista ambiental brasileiro Chico Mendes exigiam uma resposta firme do governo brasileiro. Assim, após inúmeros debates, a Lei nº 7.735/1989, tornou oficial a criação do Ibama, órgão que centralizaria a coordenação da política nacional para o meio ambiente.

Os princípios que regem a sua atuação não são diferentes daqueles apresentados no Relatório Nosso Futuro Comum: máximo de produtividade com o mínimo de recursos e o máximo de preservação — é esse o lema do Ibama.

1. De que forma a criação do Ibama reflete o amadurecimento da política brasileira em relação às questões ambientais?

2. Como os princípios orientadores do Ibama dialogam com as diretrizes da Política Nacional para o Meio Ambiente apresentada na Lei nº 6.938/1981?

NA ACADEMIA

- Em um grupo de quatro colegas, faça uma pesquisa sobre outras medidas jurídicas que consolidaram, no Brasil, o tratamento das questões ambientais durante a última década. Prepare uma apresentação em PowerPoint® e mostre aos seus colegas os resultados da pesquisa.

Pontos importantes

- A gestão ambiental pública é composta por uma política integrada que os governos adotam para cuidar da natureza, conciliando a conservação dos recursos biológicos e as metas de crescimento econômico.

- Os instrumentos explícitos correspondem às normas voltadas exclusivamente para a conservação da natureza. Já os instrumentos implícitos não são criados com o intuito de cuidar do meio ambiente. Na verdade, eles impõem regras sobre outro assunto que, por coincidência, produzem efeitos benéficos sobre o meio ambiente.

- Os instrumentos de comando e controle compõem um conjunto de restrições e proibições legais impostas aos cidadãos e às empresas, regulando sua atuação em relação ao meio ambiente. Seu objetivo é limitar o impacto das práticas nocivas, evitando a degradação ambiental. Os instrumentos de comando e controle contam com três tipos de padrões: padrões de qualidade ambiental, padrões de emissão e padrões tecnológicos.

- Quando o poder público precisa intervir no mercado a favor do meio ambiente, ele lança mão dos instrumentos de mercado, que impõem as regulações necessárias para proteger a natureza.

- Em 1973, o governo criou a Secretaria Especial do Meio Ambiente (Sema). Vinculada ao Ministério do Interior, sua função consistia na coordenação das iniciativas ambientais do governo. Porém, era uma missão quase impossível, pois outros órgãos também interferiam no encaminhamento dos problemas ecológicos: o Instituto Brasileiro de Desenvolvimento Florestal (IBDF), a Superintendência de Pesca (Sudepe) e a Superintendência da Borracha (Sudhevea) também davam suas ordens em questões ligadas à natureza, dificultando o desenvolvimento de uma política ambiental coerente e unificada.
- A aprovação da Lei nº 6.938/1981 foi uma grande conquista para o ambientalismo no Brasil. Ela criou a Política Nacional para o Meio Ambiente (PNMA), encerrando um longo período de soluções pontuais e ineficácia. Além disso, o documento trouxe os procedimentos e os princípios legais que sustentariam a política ambiental pública, abordando de forma sistêmica os problemas ambientais.
- Promulgada em 5 de outubro de 1988, a atual Constituição dedicou um capítulo inteiro à questão ambiental. Não há retrocessos em relação às legislações anteriores: a nova Carta Magna manteve e até ampliou os princípios propostos por suas antecessoras.

Referências

BARBIERI, José Carlos. *Gestão ambiental empresarial*. São Paulo: Editora Saraiva, 2007.

BRASIL. Constituição (1988). *Constituição da República Federativa do Brasil, 1988*. Brasília, 1988.

_____. *Decreto nº 50.877, de 29 de junho de 1961*. Brasília, 1961.

_____. *Lei nº 6.938, de 31 de agosto de 1981*. Brasília, 1981.

_____. *Lei nº 9.605, de 12 de fevereiro de 1998*. Brasília, 1998.

_____. *Lei nº 9.795, 27 de abril de 1999*. Brasília, 1999.

SHIGUNOV NETO, Alexandre; CAMPOS, Lucila Maria de Souza; SHIGUNOV, Tatiana. *Fundamentos da gestão ambiental*. Rio de Janeiro: Moderna, 2009.

Capítulo 9

OBTENÇÃO DE LICENÇAS AMBIENTAIS (AIA, EIA, RIMA)

Neste capítulo, abordaremos as seguintes questões:

- O que é impacto ambiental?
- O que é o EIA?
- Segundo a Resolução nº 1/1986 do Conama, quais são as quatro etapas que compõem o EIA?
- O que é o Rima?
- Quais são as três modalidades de licença ambiental?
- Que atividades precisam se submeter ao processo de licenciamento?

Introdução

O combate eficaz aos problemas ambientais requer muito mais do que a adesão a acordos internacionais. Para cumprir as metas estabelecidas nesses encontros é necessário agir localmente, com a criação de legislações nacionais que amparem os procedimentos de proteção ao meio ambiente.

E não é só: os governos devem "declarar guerra" contra a irresponsabilidade em seus territórios, cobrando estudos de impacto ambiental dos empreendimentos com potencial nocivo. Além de tornar obrigatório o respeito a padrões ambientais mínimos, as autoridades podem dar um ponto final às atividades cujo impacto é intolerável por meio do estabelecimento de altos níveis de exigência para a concessão do licenciamento.

Felizmente, hoje em dia, não é mais novidade falar em estudo de impacto ambiental. Conhecido pela sigla EIA, esse instrumento de política ambiental é defendido até pela ISO 14001, que o estabelece como ingrediente fundamental de um SGA. De acordo com a norma internacional, as empresas devem pesquisar os efeitos ambientais e sociais das suas atividades, investindo na melhoria contínua dos processos para minimizar seu impacto.

Impacto ambiental

Sem dúvida, o EIA é um dos instrumentos mais importantes de um SGA. Além de revelar os efeitos do empreendimento, ele mostra ao gestor que aspectos devem ser aperfeiçoados, o que evita o desgaste da imagem da organização perante o público ou mesmo problemas com as autoridades.

Seja qual for o meio escolhido para buscar a sustentabilidade do negócio, o EIA é uma ferramenta indispensável, como ressalta Barbieri:

> Qualquer abordagem de gestão ambiental de uma organização, seja ela corretiva, preventiva ou estratégica, requer a identificação e a análise de impactos ambientais para estabelecer medidas para agir em conformidade com a legislação ou com a sua política ambiental (2007, p. 281).

Pois bem. Mas, se o EIA é um passo tão importante para qualquer tipo de gestão, em que momento deve ser executado? No ato de solicitação do licenciamento? Na hora de elaborar o relatório anual de sustentabilidade?

De fato, o estudo precisa ser desenvolvido para obter licença e para confeccionar o relatório de sustentabilidade, porém, sua aplicação vai muito além desses dois processos. Para que se desenvolva um empreendimento ambientalmente correto, é preciso que o EIA oriente todas as etapas de planejamento administrativo e operacional do projeto. Ou seja, antes de colocar "a mão na massa", as equipes de gestão financeira e técnica precisam se sentar à mesa para discutir o rumo dos negócios sem perder de vista seu impacto ambiental.

Para entender a função do EIA nas organizações, é necessário conhecer rapidamente as etapas que compõem um projeto. Segundo o professor Barbieri, existem cinco etapas principais, como mostra a Figura 9.1.

No início do projeto, os equipamentos ainda não foram comprados e o local ainda não foi determinado. A indefinição característica dessa fase é favorável ao estudo de impacto ambiental, pois ele ajuda a decidir qual é a melhor alternativa. Fazer escolhas sem o EIA pode inviabilizar a implantação de um empreendimento. Imagine, por exemplo, que a área escolhida para a construção de um porto fica dentro de uma região destinada à preservação de uma espécie marinha em extinção. Se a empresa já tiver comprado as instalações, será muito mais difícil remediar a situação. O licenciamento pode ser negado, o que trará consequências desastrosas para o desempenho financeiro da empresa.

Quanto antes melhor – é essa a lógica para a realização do EIA. À medida que o projeto evolui e escolhas são feitas, as mudanças tornam-se mais caras e mais complexas. A compra de máquinas e a escolha do local são fatores que limitam as alternativas da gestão ambiental. Afinal, sai mais em conta erguer uma fábrica do chão a partir de um projeto acertado do que adaptá-la aos moldes ecologicamente corretos.

No Capítulo 6, você estudou três tecnologias para o meio ambiente: tecnologia de remediação, tecnologia *end of pipe control* e tecnologia de prevenção. Das três, as técnicas de remediação são as que pesam mais no bolso do empreendedor – a British Petroleum que o diga. Responsável por uma das maiores catástrofes ambientais da história dos Estados Unidos, no momento em que este livro é produzido, a gigante petrolífera está tirando milhões de seus cofres diariamente para conter o vazamento no Golfo do México. Isso sem falar das multas, das ações judiciais e da desvalorização na bolsa de valores que ela tem sofrido.

O segundo lugar no *ranking* de custos fica para a tecnologia *end of pipe control*. Como não previnem a poluição, as técnicas dessa categoria não livram a empresa de vez dos resíduos tóxicos. Os poluentes retidos ainda devem passar por estações de tratamento e/ou aguardar o posicionamento do órgão ambiental quanto à sua disposição final. Tudo isso

Figura 9.1 Etapas do projeto.

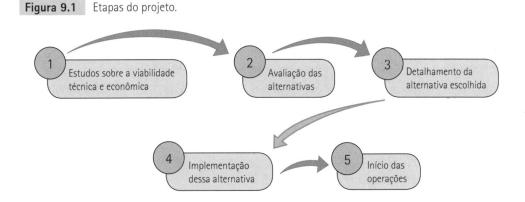

172 | Gestão ambiental

à custa da empresa. No final das contas, sai mais barato prevenir, evitando a produção de resíduos ou outros impactos indesejáveis. Para isso, é preferível implantar estratégias compatíveis com a prevenção desde o início, desenhando a cadeia produtiva de acordo com os critérios ambientais.

Porém, a realização de um EIA completo depende do que se define como *impacto ambiental*. Para alguns, seu significado se restringe às mudanças na natureza causadas por atividades econômicas – mas será que impacto ambiental é só isso mesmo? Na verdade, o impacto ambiental ultrapassa as fronteiras do meio ambiente físico e biótico, abrangendo também a esfera social. Se você se lembra dos pressupostos do desenvolvimento sustentável, não deve soar como novidade colocar preservação ambiental lado a lado com responsabilidade social. Felizmente, a Resolução nº 1 do Conselho Nacional do Meio Ambiente (Conama), de 1986, dá conta das dimensões que compõem o impacto ambiental:

> Artigo 1º – Para efeito desta Resolução, considera-se impacto ambiental qualquer alteração das propriedades físicas, químicas e biológicas do meio ambiente, causada por qualquer forma de matéria ou energia resultante das atividades humanas que, direta ou indiretamente, afetam:
>
> I – a saúde, a segurança e o bem-estar da população;
>
> II – as atividades sociais e econômicas;
>
> III – a biota;
>
> IV – as condições estéticas e sanitárias do meio ambiente;
>
> V – a qualidade dos recursos ambientais.

O poder público não é o único interessado na definição de impacto ambiental: a ISO 14001 não deixou escapar o tema. De acordo com a norma, o impacto ambiental compreende todas as mudanças no meio ambiente – adversas ou benéficas – que resultem da realização de atividades econômicas.

Outro ponto importante diz respeito ao *alcance* dos impactos ambientais. Restringir a área de influência de uma empresa não é nada fácil. Para Barbieri (2007), não há respostas prontas: é preciso estudar cada empreendimento. Empresas de pequeno porte tendem a produzir efeitos mais locais, afetando com maior intensidade as comunidades vizinhas. Já os efeitos dos grandes empreendimentos podem cruzar fronteiras e causar impactos de proporções mundiais. As mudanças climáticas, por exemplo, têm todas as características de um fenômeno global: uma fábrica que emite CO_2 em larga escala não influencia apenas a sua circunvizinhança, pois contribui para o aquecimento do planeta inteiro.

Também é importante lembrar que nem todo impacto é negativo: inúmeras atividades econômicas produzem efeitos benéficos no ambiente onde atuam. A linha Ekos, da Natura, produzida em sistema de parceria com cooperativas comunitárias, é um bom exemplo de sustentabilidade econômica, social e ambiental. Além de promover o cultivo orgânico e o respeito à natureza, a Natura realiza projetos importantes nas comunidades, contribuindo para seu desenvolvimento social e econômico.

Estudo de impacto ambiental (EIA)

O estudo de impacto ambiental não é uma medida isolada da gestão empresarial. Pelo contrário: ele integra um conjunto de instrumentos de que a gestão ambiental dispõe para monitorar os efeitos das suas atividades sobre o meio ambiente. Em geral, o EIA constitui uma etapa anterior à execução do projeto, quando são estimadas as possíveis implicações de empreendimentos com elevado potencial de degradação ambiental.

Curiosamente, os Estados Unidos — país conhecido pela fama de "vilão" ambiental — foram os primeiros a tornar esse tipo de estudo obrigatório. Em 1969, o Senado norte-americano aprovou a National Environmental Policy Act (Nepa) — lei que tornava compulsória a apresentação de uma declaração de impacto ambiental por parte de qualquer proposta legislativa ou ação federal. Três anos depois, o Banco Mundial pegou o Brasil de surpresa: o financiamento para a hidrelétrica de Sobradinho só seria aprovado após a avaliação de um estudo de impacto ambiental do projeto. Na ocasião, o EIA nem sequer integrava a legislação brasileira.

Aos poucos, o EIA deixou de ser um "bicho de sete cabeças" para se popularizar como uma importante ferramenta da gestão ambiental. O Programa das Nações Unidas para o Meio Ambiente (Pnuma) contribuiu bastante para isso, pois influenciou a política de **bancos internacionais** como o Banco Internacional para a Reconstrução e o Desenvolvimento (Bird) e o Banco Interamericano de Desenvolvimento (BID), que passaram a conceder empréstimos apenas mediante a apresentação do EIA. Graças a essa iniciativa, os países subdesenvolvidos — maiores devedores das instituições de fomento — tiveram de se familiarizar com o documento para conseguir novos empréstimos. Em 1992, os conferencistas da Eco-92 fizeram questão de incluir o estudo de impacto ambiental na Declaração do Rio, iniciativa que o consagrou, internacionalmente, como instrumento da gestão ambiental.

O sucesso do EIA não é à toa: a realização do estudo é importante não apenas para o poder público — responsável pelo monitoramento da qualidade ambiental —, mas também para a própria iniciativa privada, que precisa avaliar

Em 2003, altos executivos de dez gigantes do setor financeiro — ABN Amro, Barclays, Citigroup, Crédit Lyonnais, Crédit Suisse, HypoVereinsbank (HVB), Rabobank, Royal Bank of Scotland, WestLB e Westpac — reuniram-se para trocar experiências em relação ao financiamento de projetos. Na ocasião, foram discutidos os aspectos sociais e ambientais dos empreendimentos financiados, especialmente nos países emergentes, onde as leis para o meio ambiente e o trabalho tendem a ser mais flexíveis. Influenciados pelo conceito de sustentabilidade, eles lançaram os chamados Princípios do Equador, um conjunto de regras que mudou os critérios para concessão de crédito (e sobre o qual já falamos no Capítulo 2 deste livro). Na hora de avaliar a viabilidade dos projetos, esses bancos passaram a levar em conta mais quesitos, como a gestão de risco ambiental, os impactos socioeconômicos e o consumo de recursos naturais. Além de garantir a sustentabilidade dos negócios, os Princípios do Equador ajudam a selecionar melhor os clientes. Afinal, a falta de segurança no trabalho e os acidentes ambientais geram custos adicionais com indenizações e reparação dos danos, o que pode levar à inadimplência.

No Brasil, o Banco Itaú também aderiu às novas regras. Atualmente, qualquer pedido de

> *crédito superior a 5 milhões de reais é submetivo à análise socioambiental. De acordo com a revista Exame (2007), o Itaú liberou 3 bilhões de reais em empréstimos sob essas condições em 2006.*

continuamente a eficácia e o impacto dos seus produtos e serviços sobre o meio ambiente.

No Brasil, o EIA custou a ocupar um lugar de destaque na legislação ambiental. Ele aparece pela primeira vez em 1980, na Lei nº 6.803. Embora tenha avançado no sentido de estabelecer critérios para a criação de zonas industriais, essa lei ainda não foi capaz de popularizar o EIA. Isso porque, além de não contar com uma definição abrangente de impacto, a lei não estabelecia com clareza os componentes básicos de um estudo prévio. Aliás, esse tipo de estudo só era mencionado brevemente no parágrafo 3º do artigo 10:

> §3º Além dos estudos normalmente exigíveis para o estabelecimento de zoneamento urbano, a aprovação das zonas a que se refere o parágrafo anterior será precedida de *estudos especiais de alternativas e de avaliações de impacto* que permitam estabelecer a confiabilidade da solução a ser adotada. (BRASIL, 1980, grifo nosso.)

Felizmente, a Lei nº 6.938 (fartamente comentada no capítulo anterior) chegou no ano seguinte, consolidando, enfim, uma política brasileira para o meio ambiente. Além de acrescentar o EIA ao conjunto dos instrumentos de gestão ambiental pública, a nova lei estabeleceu a elaboração de estudo e relatório de impacto ambiental como pré-requisito para concessão de licença no caso de obras ou atividades com significativo potencial de degradação ambiental.

A volta do Brasil à condição de democracia não fez retroceder a política pública para o meio ambiente. Promulgada em 1988, a Constituição Federal manteve e ampliou os avanços conquistados durante a ditadura. O constante incremento da legislação ambiental transformou o EIA em uma ferramenta muito importante: várias resoluções do Conama contribuíram para o fortalecimento do EIA, na medida em que acrescentaram diversas regras para padronizar a elaboração do documento.

A regulamentação do estudo de impacto ambiental ficou a cargo da União, responsável por estabelecer seu conteúdo mínimo. Apenas os governos estaduais foram autorizados a fazer outros acréscimos, adicionando normas que atendam às peculiaridades da gestão ambiental em seu território. Afinal de contas, é razoável pressupor, por exemplo, que estados com áreas amplas de preservação, como o Amazonas, o Acre e o Pará, disponham de regras específicas para a confecção do EIA. No entanto, os municípios não gozam da mesma liberdade para legislar sobre o estudo de impacto ambiental. O máximo que as autoridades municipais podem fazer é pressionar o governo estadual a favor da criação de normas com exigências que também contemplem suas necessidades.

Apesar da popularização da sigla EIA, ainda existe muita confusão com relação à nomenclatura. A Lei nº 6.938/1981 propõe a *avaliação do impacto ambiental* como um instrumento para a política pública ambiental. Já a Constituição de 1988 fala no artigo 225 em *estudo prévio de impacto ambiental.* Então, qual é o certo: AIA ou EIA? Depende. As duas siglas existem e designam coisas diferentes.

Segundo Barbieri (2007), a AIA é apenas um componente do estudo. Ela corresponde à etapa em que os impactos são identificados e mensurados. O EIA, por sua vez, não fica restrito à avaliação; ele abrange também o estudo de tecnologias alternativas e outras medidas para o controle e prevenção dos efeitos negativos sobre o meio ambiente.

Publicada em 1997, a Resolução nº 237 do Conama reitera a abrangência do EIA, descrevendo com detalhes os procedimentos necessários para sua elaboração. O artigo 1º abre o documento definindo os *estudos ambientais* como:

> [...] todos e quaisquer estudos relativos aos aspectos ambientais relacionados à localização, instalação, operação e ampliação de uma atividade ou empreendimento, apresentado como subsídio para a análise da licença requerida (Conama, 1997).

Mais adiante, no mesmo inciso III do artigo 1º, são enumerados os sete componentes indispensáveis de um EIA:

- relatório ambiental;
- plano e projeto de controle ambiental;
- relatório ambiental preliminar;
- diagnóstico ambiental;
- plano de manejo;
- plano de recuperação de área degradada;
- análise preliminar de risco.

Além de incluir os componentes exigidos na Resolução nº 237/1997, o EIA precisa estar em sintonia com os princípios e os objetivos da Lei nº 6.938/1981, que estabelece a Política Nacional do Meio Ambiente. Ainda de acordo com o Conama, os estudos de impacto ambiental não podem ignorar as diretrizes propostas no artigo 5º da Resolução nº 1/1986. A Figura 9.2 resume as quatro etapas de análise discriminadas no referido artigo.

Como você pôde ver na Figura 9.2, a avaliação de alternativas tecnológicas e de localização do projeto vem em primeiro lugar. Até a hipótese de não execução do projeto precisa ser levada em conta. Em seguida, o estudo deve mensurar os impactos ambientais provocados pela implantação e pela operação do empreendimento. Uma vez identificada a dimensão dos efeitos, é necessário definir os limites da área geográfica que pode ser atingida direta ou indiretamente pelo projeto, sem deixar de incluir também a bacia hidrográfica onde ele se localizará. Por último, o EIA precisa verificar se os impactos do empreendimento atrapalham ou não os programas ambientais existentes na sua região de influência.

Para padronizar o conteúdo do estudo do impacto ambiental, o artigo 6º da Resolução nº 1/1986 do Conama estabelece quatro atividades técnicas indispensáveis. O *diagnóstico ambiental* é a primeira delas: o empreendedor precisa descrever a situação da área, deta-

Figura 9.2   Etapas de análise do EIA (artigo 5º da Resolução do Conama nº 1/1986).

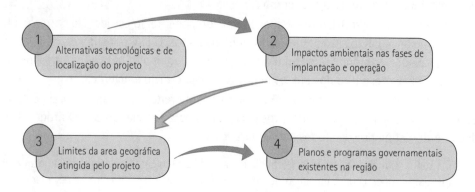

lhando os recursos ambientais existentes. Quem pensa que basta escrever sobre a fauna e a flora está enganado: a aprovação do EIA requer um diagnóstico completo do meio ambiente, envolvendo o meio físico, o biológico e o socioeconômico, como mostra o Quadro 9.1.

Depois do diagnóstico, o próximo passo é a *análise dos impactos ambientais do projeto*. É preciso prever a magnitude dos prováveis efeitos decorrentes das atividades, sejam eles positivos ou negativos, diretos ou indiretos, de curto, médio ou longo prazo. Além disso, essa etapa do EIA deve avaliar se os impactos gerados serão provisórios ou permanentes, esclarecendo seu grau de reversibilidade. Uma indústria nuclear, por exemplo, tende a deixar cicatrizes mais duradouras no meio ambiente do que fábricas de pequeno porte, o que dificulta a remediação dos danos causados por empreendimentos dessa natureza. Como os impactos são inevitáveis seja qual for o tamanho do projeto, o estudo não pode deixar de

Quadro 9.1   Componentes do diagnóstico ambiental.

Componentes do diagnóstico ambiental — Resolução no 1/1986 do Conama	
Meio físico	Subsolo, águas, ar, clima, recursos minerais, topografia, solo, corpos d'água, regime hidrológico, correntes marinhas e correntes atmosféricas.
Meio biológico	Fauna, flora, espécies indicadoras de qualidade ambiental, de valor científico e econômico, raras e ameaçadas de extinção e áreas de preservação permanente.
Meio socioeconômico	Uso e ocupação do solo, da água, socioeconomia, sítios e monumentos arqueológicos, históricos e culturais da comunidade, as relações de dependência entre a sociedade local, os recursos ambientais e a potencial utilização futura desses recursos.

incluir medidas para lidar com o ônus, não se esquecendo também de compartilhar o saldo positivo com a comunidade local.

Concluída a análise, chega a hora de *discriminar ações mitigadoras dos impactos negativos*. Nessa etapa, é comum citar as tecnologias de controle e prevenção (estações de tratamento dos efluentes, filtros para minimizar a emissão de poluentes etc.), bem como o nível de eficiência de cada uma. Em seguida, os responsáveis pelo empreendimento devem arquitetar um plano de monitoramento capaz de acompanhar de perto os impactos positivos e negativos.

Agora você já conhece o passo a passo da elaboração de um EIA. Porém, resta uma pergunta importante: quem deve conduzir o estudo de impacto ambiental? O empreendedor? Um órgão público? Bem, de acordo com a Resolução do Conama nº 237/1997, tanto o EIA quanto o Relatório de Impacto Ambiental (Rima) — sobre o qual falaremos adiante — deveriam ser preparados por uma equipe multidisciplinar habilitada, sem vínculos com o proponente do projeto, a fim de garantir a imparcialidade dos seus resultados. Infelizmente, o artigo que exigia a independência da equipe foi revogado. Hoje, os únicos requisitos dizem respeito à habilitação e ao caráter multidisciplinar da equipe. Porém, o governo ainda conta com uma "carta na manga" para resguardar o interesse público: tanto o empreendedor quanto os integrantes da equipe são responsáveis pelo conteúdo do EIA. Ou seja, qualquer mentira ou irregularidade no documento pode sujeitá-los a sanções administrativas, civis e penais cabíveis.

O custo do EIA é outro ponto importante a ser levado em consideração: além de ser um processo demorado, os estudos ambientais costumam ser caros, pois exigem a contratação de profissionais especializados. Aliás, todas as despesas são pagas pela parte interessada, a quem cabe também escolher a equipe de sua preferência.

Relatório de impacto ambiental (Rima)

Quando falamos em instrumentos públicos para gestão ambiental, é preciso tomar cuidado para não confundir o EIA com o Rima. Desde 1986, a Resolução do Conama nº 1/1986 já consagrava os dois termos como mecanismos distintos para a avaliação da questão ambiental.

O EIA é uma etapa abrangente, pois inclui plano de controle ambiental, relatório ambiental preliminar, diagnóstico ambiental, plano de manejo, análise preliminar de risco, recuperação de área degradada e o próprio Rima.

O Rima funciona como a conclusão do EIA: todos os componentes do estudo de impacto ambiental são levados em conta para redigir uma avaliação final. É no relatório que a equipe expressa sua decisão final, declarando se o projeto é ou não um risco para o meio ambiente.

Ao elaborar o Rima, a equipe responsável deve ter em mente que a linguagem do documento deve ser acessível e objetiva. Não é preciso fazer rodeios ou usar palavras rebuscadas.

Pelo contrário: quanto mais fácil de entender, melhor, como indica a Resolução do Conama nº 1/1986, no parágrafo único do artigo 9º:

> Parágrafo único — O Rima deve ser apresentado de forma objetiva e adequada à sua compreensão. As informações devem ser traduzidas em linguagem acessível, ilustradas por mapas, cartas, quadros, gráficos e demais técnicas de comunicação visual, de modo que se possam entender as vantagens e desvantagens do projeto, bem como todas as consequências ambientais de sua implementação (Conama, 1986).

Não é à toa que o poder público exige clareza: afinal de contas, uma das características principais do Rima é a sua *publicidade*, ou seja, seu caráter público. Ao contrário dos documentos sigilosos, guardados a sete chaves, o relatório ambiental precisa estar acessível a todos. De acordo com o artigo 11 da mesma resolução, as cópias do Rima devem estar disponíveis nas bibliotecas da Secretaria do Meio Ambiente (Sema) ou em outros centros de documentação. Só é possível restringir o acesso a partes que contenham segredos industriais. Para preservar seus interesses, o proponente deve solicitar ao órgão competente a preservação do sigilo, podendo omitir as partes secretas das cópias de acesso público. No entanto, promover a publicidade do Rima não significa apenas colocá-lo nas prateleiras das bibliotecas: é preciso também anunciar sua existência.

Aliás, o caráter público do Rima não se resume a isso. Além da divulgação desse documento, o processo de licenciamento também conta com mais uma etapa de participação popular: a fase de comentários. Qualquer interessado, pessoa física ou jurídica, pode escrever suas opiniões, queixas ou reivindicações e anexá-las ao processo. Organizações não governamentais, sindicatos, instituições de ensino e pesquisa e indivíduos podem — e devem — participar. Até o proponente pode aproveitar a oportunidade para prestar esclarecimentos ou comentar pontos do projeto que não foram abordados no Rima.

A fim de promover o engajamento de todos, o período de comentários deve ser informado em veículos de comunicação públicos, como o *Diário Oficial*. Em geral, o órgão competente estabelece um prazo de 30 dias para que os *stakeholders* se pronunciem.

Quando o projeto gera muita polêmica, as autoridades costumam realizar uma *audiência pública* — oportunidade para o proponente e as demais partes interessadas discutirem o conteúdo do Rima. Se julgar necessário, a própria sociedade civil pode se articular e cobrar uma audiência. Um abaixo-assinado com 50 nomes já é o suficiente para assegurar sua realização. Além da ampla divulgação, a escolha do lugar da audiência também é importante: o encontro deve acontecer em um local de fácil acesso para não prejudicar o comparecimento das partes interessadas.

Apesar das contribuições benéficas do debate democrático, o governo precisa ficar de olhos abertos. Muitas vezes, adversários políticos ou empresas concorrentes usam as audiências públicas como arena para outras lutas, como lembra Barbieri.

Há que se registrar que a fase de consulta pública pode servir também para fins políticos e econômicos ilegítimos. Por exemplo, um concorrente do empreendedor pode solicitar mais informações e fazer comentários ao Rima com o objetivo de retardar o início da implantação do projeto ou até mesmo inviabilizá-lo. Representantes de partidos públicos podem utilizar procedimentos procrastinatórios para impedir ou retardar a conclusão de uma obra que possa beneficiar seus adversários na próxima eleição. O empreendedor pode manipular grupos para defender seu projeto, sob argumento da geração de empregos e negócios para a cidade ou região onde pretende implementar o seu projeto (2007, p. 305).

Felizmente, nem toda participação nas audiências públicas é movida por objetivos escusos. Em muitos casos, as atas das audiências e os comentários anexados refletem preocupações genuínas da sociedade civil em relação aos impactos das atividades econômicas, ajudando o órgão licenciador a expedir seu veredito.

Outros estudos e relatórios ambientais

Embora o Rima seja o relatório ambiental mais famoso, a redação final do EIA não é limitada a essa opção. Dependendo do caso, as leis federais e estaduais já dispõem de modelos alternativos que podem substituir o Rima ou acompanhá-lo. Segundo Barbieri (2007), a Secretaria do Meio Ambiente de São Paulo é um exemplo. Para ganhar licença no território paulista não basta apresentar o EIA/Rima. Antes de elaborar esses documentos, é necessário apresentar o *Relatório Ambiental Preliminar* (RAP). Dependendo do seu conteúdo, a Secretaria Estadual do Meio Ambiente pode reprovar o projeto já no estágio inicial, cobrar a elaboração de um EIA com o seu respectivo Rima ou conferir de imediato uma licença prévia.

Quando o assunto é exploração de minérios, o artigo 225 da Constituição Federal também não fica preso à dupla EIA/Rima. Como o setor minerador é conhecido por profundos impactos ambientais, o poder público não se contenta apenas com essa documentação; empresas do ramo — como a gigante Vale do Rio Doce — também devem submeter um *Plano de Recuperação das Áreas Degradadas* (Prad), assumindo com o poder público o compromisso de recuperar o solo após o escasseamento dos minérios.

O *Estudo Prévio de Impacto de Vizinhança* (EIV) é mais uma inovação para a fórmula tradicional de licenciamento. Conhecida como Estatuto da Cidade, a Lei nº 10.257/2001 define o EIV como o estudo sobre os resultados benéficos e nocivos produzidos pelo empreendimento, mensurando alterações na qualidade de vida da população local, uso e ocupação do solo, valorização imobiliária, geração de tráfego, demanda por transporte público, entre outros. Nesse caso, não são os estados ou a União que escolhem os empreendimentos que devem apresentar o EIV para obter a licença: essa decisão fica com o município.

Vale lembrar, porém, que o EIV não substitui o EIA quando a legislação obriga a apresentação deste último. Afinal de contas, uma determinação municipal jamais pode levar à desobediência de uma norma federal ou estadual. O EIV é, então, uma exigência *adicional* do município. Assim como o EIA, o EIV deve ser um documento público: todos os *stakeholders*

180 | Gestão ambiental

poderão ter acesso ao documento se assim desejarem, e o órgão municipal é que fica responsável por garantir tal disponibilidade.

Em 2001, os frequentes apagões revelaram a insuficiência da oferta de energia elétrica no Brasil. Em junho do mesmo ano, o Conama lançou a Resolução nº 279/2001 para facilitar o licenciamento de empreendimentos do setor energético com impacto ambiental de pequeno porte. Na ocasião, o órgão ambiental criou o *Relatório Ambiental Simplificado* (RAS), que, como o próprio nome indica, exige procedimentos mais simples para o licenciamento ambiental. Segundo o Conama, o proponente precisa cumprir apenas três etapas:

- descrição do projeto e suas alternativas tecnológicas;
- área de influência, considerando a hipótese de não realização;
- diagnóstico e prognóstico ambiental.

De acordo com a Resolução nº 279/2001, essas etapas precisam dar conta de um conteúdo mínimo, incluindo a caracterização da situação ambiental local, a descrição do empreendimento, a identificação dos impactos ambientais e a relação das medidas para mitigar os efeitos negativos. Além disso, as previsões apresentadas no documento não podem ser feitas de qualquer jeito. Para receber o sinal verde do órgão ambiental competente, o empreendedor precisa discriminar dados quantitativos e verificáveis, garantindo a imparcialidade do RAS.

Licenciamento ambiental

Obter o *licenciamento ambiental* é um passo importante para qualquer negócio. A hidrelétrica de Belo Monte é um bom exemplo: várias companhias já disputam nos bastidores a concessão da usina. Porém, o leilão só poderá acontecer depois que o órgão ambiental liberar a licença prévia. Até lá, ninguém sabe ao certo qual será o futuro do projeto.

Para o empreendedor, essa etapa favorece o aperfeiçoamento do negócio, pois leva-o a planejar de antemão ações de mitigação e programas de monitoramento ambiental. Dependendo do grau de agressão ao ambiente físico, biótico e social, o poder público pode inclusive vetar o projeto, a fim de resguardar o bem-estar da comunidade e do meio ambiente.

Em 1981, a Lei nº 6.938 já estabelecia o licenciamento como instrumento de política pública para regular as atividades com elevado potencial de poluição. Dezesseis anos depois, a Resolução do Conama nº 237/1997 reiterou a importância do licenciamento, definindo-o no artigo 1º como:

> [...] procedimento administrativo pelo qual o órgão ambiental competente licencia a localização, instalação, ampliação e a operação de empreendimentos e atividades utilizadoras de recursos ambientais, consideradas efetiva ou potencialmente poluidoras ou daquelas que, sob qualquer forma, possam causar degradação ambiental, considerando as disposições legais e regulamentares e as normas técnicas aplicáveis ao caso (Conama, 1997).

Obtenção de licenças ambientais (AIA, EIA, RIMA) | 181

O primeiro passo do proponente é a elaboração do EIA, acompanhado do seu respectivo Rima. Em seguida, tem início a fase de comentários e audiências públicas, que confere ao processo a publicidade exigida por lei. Durante o processo de licenciamento, o órgão público competente pode intervir no projeto, sugerindo condições, restrições ou medidas para o controle ambiental. Para conseguir a licença, o empreendedor deve cumpri-las à risca, mesmo que seja necessário adaptar o empreendimento às exigências das autoridades ambientais.

Contudo, é preciso lembrar que só as atividades com potencial poluidor elevado precisam se submeter ao processo de licenciamento. Apesar de não esgotar a lista de empreendimentos com grande impacto ambiental, a Resolução do Conama nº 1/1986 oferece uma lista com alguns exemplos, como mostra o Quadro 9.2.

Vale reforçar que projetos não mencionados nesse quadro podem precisar se submeter ao processo de licenciamento ambiental. Afinal, com a aceleração dos avanços tecnológi-

Quadro 9.2   Atividades com potencial poluidor elevado.

- Estradas de rodagem com duas ou mais faixas de rolamento.
- Ferrovias.
- Portos e terminais de minério, petróleo e produtos químicos.
- Aeroportos.
- Oleodutos, gasodutos, minerodutos, troncos coletores e emissários de esgotos sanitários.
- Linhas de transmissão de energia elétrica acima de 230 KW.
- Obras hidráulicas para exploração de recursos hídricos (barragens para fins hidrelétricos, acima de 10 MW, de saneamento de irrigação, abertura de canais para navegação, drenagem e irrigação, retificação de cursos d'água, abertura de barras e embocaduras, transposição de bacias e diques).
- Extração de minério, inclusive os da classe II, definida no Código de Mineração.
- Aterros sanitários, processamento e destino final de resíduos tóxicos ou perigosos.
- Usinas de geração de eletricidade, qualquer que seja a fonte de energia primária, acima de 10 MW.
- Complexo e unidades industriais e agroindustriais (petroquímicos, siderúrgicos, cloroquímicos, destilarias de álcool, hulha, extração e cultivo de recursos hídricos).
- Distritos industriais e zonas estritamente industriais – ZEI.
- Exploração econômica de madeira ou de lenha, em áreas acima de 100 hectares ou menores, quando atingir áreas significativas em termos percentuais ou de importância do ponto de vista ambiental.
- Projetos urbanísticos, acima de 100 ha ou em áreas consideradas de relevante interesse ambiental a critério da Sema e dos órgãos municipais e estaduais competentes.
- Qualquer atividade que utilize carvão vegetal, em quantidade superior a dez toneladas por dia.

182 | Gestão ambiental

cos, é natural que surjam novas atividades com impacto ambiental desconhecido. Por isso, projetos não citados na Resolução do Conama nº 1/1986 precisam requerer a licença com o órgão competente quando suas atividades expõem o meio ambiente a riscos, como explica Barbieri:

> O EIA deve ser utilizado apenas para os projetos que, pelo seu vulto e pela incerteza quanto aos seus possíveis impactos, exigem um estudo especial, mais detalhado e, consequentemente, mais demorado. Para os empreendimentos menores, bem como para os que possuem impactos amplamente conhecidos devido à sua frequência, ele pode ser substituído por outros tipos de estudos de impactos ambientais (2007, p. 299).

Dependendo da natureza do empreendimento, as autoridades podem solicitar a substituição do EIA/Rima por estudos mais compatíveis com o licenciamento das atividades em questão. Aliás, até **a escolha do órgão competente** varia de acordo com o empreendimento. O Instituto Brasileiro do Meio Ambiente e dos Recursos Naturais Renováveis (IBAMA) é responsável pela concessão de licenças de projetos com impacto ambiental de nível nacional ou regional. Em geral, as atividades que se submetem à autoridade do Ibama atendem a um ou mais destes critérios:

- são desenvolvidas em conjunto pelo Brasil e um país limítrofe;
- localizam-se no mar territorial, na plataforma continental, na zona econômica exclusiva, em terras indígenas ou em unidades de conservação da União;
- localizam-se ou desenvolvem-se em dois ou mais estados;
- têm impactos ambientais diretos que ultrapassam as fronteiras nacionais ou os limites territoriais entre estados;
- envolvem pesquisar, lavrar, produzir, beneficiar, transportar, armazenar e dispor material radioativo, em qualquer estágio, ou utilizam energia nuclear em qualquer de suas formas e aplicações, mediante parecer da Comissão Nacional de Energia Nuclear – CNEN;
- são bases ou empreendimentos militares, quando couber, observada a legislação específica.

Identificar o alcance do impacto ambiental e encaminhar o processo ao órgão competente é um passo mais importante do que parece. Em abril de 2010, a OSX – empresa de construção naval e serviços de petróleo – passou maus bocados por conta dos problemas com o licenciamento de um estaleiro em Santa Catarina. De acordo com a revista Exame (2010), tudo começou em dezembro, quando a OSX encaminhou à Fundação do Meio Ambiente de Santa Catarina (Fatma) o EIA do projeto, acompanhado do Rima. Parecia estar tudo bem, até que o órgão estadual identificou efeitos negativos do empreendimento em áreas sob os cuidados do governo federal. Era só o início do problema: a realização do projeto atingiria três áreas de conservação federal – as unidades de Carijós, Marinha do Arvoredo e Anhatomirim. Segundo os responsáveis por essas áreas, o licenciamento do estaleiro pode trazer consequências desastrosas para o meio ambiente, com a morte de populações inteiras de golfinhos. Por causa da celeuma, o valor dos papéis da OSX está em queda livre: desde sua estreia na Bovespa, as ações da empresa caíram 17,5%, comprometendo a rentabilidade do negócio.

Obtenção de licenças ambientais (AIA, EIA, RIMA) | 183

Antes de conceder a licença ambiental, o Ibama consulta o parecer técnico de órgãos ambientais dos estados e municípios onde o empreendimento será desenvolvido. Assim, mesmo sem se envolver diretamente com a expedição da licença, as autoridades estaduais e municipais são convidadas a participar do processo.

O órgão ambiental estadual será encarregado do licenciamento das atividades desenvolvidas em mais de um município ou em áreas de conservação estadual. Também ficam sob sua responsabilidade a concessão de licença para projetos cujos impactos cruzam a divisa entre municípios. Por último, o licenciamento também será uma atribuição estadual quando o projeto incluir florestas ou formas de vegetação de preservação permanente relacionadas no artigo 2º da Lei nº 4.771 ou em outras normas federais, estaduais ou municipais.

O município não ficou de fora da distribuição de tarefas: segundo o artigo 6º da Resolução do Conama nº 237/1997, o órgão ambiental municipal fica incumbido de realizar o licenciamento de atividades com impacto local. Em alguns casos, o estado também poderá repassar processos de licença às autoridades municipais por meio de convênios ou de outros instrumentos legais.

Etapas do licenciamento ambiental

De acordo com o artigo 10 da Resolução nº 237/1997 do Conama, o licenciamento ambiental ocorre em oito etapas. Em primeiro lugar, o órgão público competente define em conjunto com o empreendedor os documentos, estudos e relatórios necessários. Como comentado anteriormente, as autoridades podem abrir mão do EIA/Rima e solicitar um relatório simplificado. Por outro lado, no caso de mineradoras ou outros empreendimentos com elevado potencial de degradação ambiental, o EIA/Rima não é suficiente: estudos complementares também podem ser exigidos.

O próximo passo é requerer a licença ambiental mediante a apresentação dos documentos requeridos, dando-lhes a publicidade exigida por lei. Em seguida, é a vez de o órgão ambiental analisar os projetos, estudos e relatórios entregues, bem como realizar vistorias técnicas quando necessário. Depois da análise, a comissão pode pedir esclarecimentos ou documentos complementares, se julgar insatisfatório o conteúdo encaminhado. Para os casos mais polêmicos, é preciso realizar audiências públicas, quando os proponentes responderão às dúvidas das partes interessadas e dos representantes do órgão ambiental. Após a emissão do parecer técnico conclusivo, o pedido de licença é deferido ou indeferido, de acordo com a determinação das autoridades competentes.

Conforme o andamento do processo, o poder público poderá expedir três modalidades de licença ambiental, como mostra a Figura 9.3.

Nos casos em que o licenciamento está bem encaminhado, o órgão ambiental pode conceder a *licença prévia* (LP), documento que aprova a localização e a concepção do planejamento ainda em sua fase preliminar. Em outras palavras, liberar a LP significa atestar a

Figura 9.3 Modalidades de licença ambiental.

viabilidade ambiental do projeto. Porém, o proponente não pode se acomodar: com a expedição da licença prévia, o órgão competente costuma emitir uma série de ajustes e requisitos mínimos para o bom andamento das fases seguintes.

Se tudo correr bem, o empreendedor receberá a *licença de instalação* (LI). Como o próprio nome indica, essa licença autoriza a instalação das atividades, desde que contempladas as especificações previstas nos estudos, relatórios e projetos aprovados.

Após verificar o cumprimento das exigências, o órgão ambiental pode deferir o pedido, liberando a *licença de operação* (LO). Com esse documento em mãos, o empresário já pode "colocar a mão na massa" e dar início ao funcionamento das atividades.

Em resposta às queixas dos proponentes quanto à lentidão do processo, as autoridades competentes devem estabelecer prazos para a expedição de cada uma das licenças, bem como para os pedidos de esclarecimento. No total, o licenciamento não pode levar mais que seis meses, contados desde a data do requerimento até o pronunciamento final do órgão responsável. Contudo, quando o licenciamento requer a elaboração de um EIA, o proponente precisa ser mais paciente: a licença pode demorar até um ano para ser emitida.

Agora, interrompa por um minuto a leitura e imagine a seguinte situação: o Ibama autorizou a operação de uma indústria. Na ocasião do seu licenciamento, os estudos e os relatórios apresentados eram o retrato de uma perfeita harmonia com o meio ambiente. Porém, poucos anos depois, as atividades tomaram um rumo predatório, comprometendo o equilíbrio ambiental na vizinhança. Preocupante, não? Foi prevendo situações como essa que a Resolução do Conama nº 237/1997 estabeleceu prazos de validade para o licenciamento, o que, na prática, tornou compulsória a avaliação contínua do empreendimento. De acordo com o artigo 18 da norma, cabe ao órgão ambiental estabelecer a vida útil da licença, desde que respeitados os prazos mínimos e máximos, como mostra o Quadro 9.3.

Antes que faltem 120 dias para a expiração da licença, o empresário deve procurar novamente o órgão ambiental e solicitar a sua renovação. A partir da data do requerimento, a licença é automaticamente prorrogada até o pronunciamento final das autoridades competentes. Vale a pena destacar que o prazo de validade da nova licença não será obrigatoriamente idêntico ao anterior: cabe à comissão avaliadora decidir se ele será reduzido, mantido ou prolongado, de acordo com o seu parecer sobre o risco ambiental do empreendimento.

Quadro 9.3 Prazos de validade da licença ambiental.

Tipo de licença	Prazo mínimo (anos)	Prazo máximo (anos)
Licença prévia (LP)	–	5
Licença de instalação (LI)	–	6
Licença de operação (LO)	4	10

Se julgar necessário, o órgão público pode fazer novas exigências no ato de renovação, cobrando outros ajustes por parte dos proponentes. Aliás, de acordo com o artigo 19 da Resolução do Conama nº 237/1997, a licença pode ser suspensa ou até cancelada quando forem identificados os seguintes cenários:

- violação ou inadequação de quaisquer condicionantes ou normas legais;
- omissão ou falsa descrição de informações relevantes que subsidiaram a expedição da licença;
- superveniência de graves riscos ambientais e de saúde.

Em 2009, por exemplo, a Justiça Federal decidiu suspender o licenciamento da usina hidrelétrica Juruena, no noroeste do Mato Grosso. A licença tinha sido concedida anteriormente pela Secretaria de Estado do Meio Ambiente em resposta ao requerimento do consórcio formado pelas empresas Maggi Energia, Linear Participações e MCA Energia.

Segundo o Ministério Público, a suspensão da licença veio como resposta à descoberta de que era falsa a capacidade de geração prevista nos estudos encaminhados ao órgão. No documento, os proponentes reduziram drasticamente a potência real da usina, declarando uma capacidade de geração de apenas 25 megawatts. A mentira veio à tona quando se verificou que os dados da Agência Nacional de Energia Elétrica (Aneel) revelam uma potência de 46 megawatts, número que tornaria obrigatória a elaboração do EIA/Rima. Além disso, se as informações não tivessem sido mascaradas, a Secretaria de Estado do Meio Ambiente teria encaminhado o projeto para o Ibama, órgão responsável por empreendimentos desse porte.

SAIU NA IMPRENSA

ÍNDIOS PROMETEM "AÇÕES GUERREIRAS" CONTRA USINA DE BELO MONTE (PA)

Rodrigo Vargas

Índios de 15 etnias reunidos na terra indígena caiapó Capoto Jarina, no extremo-norte de Mato Grosso, disseram que, caso o governo federal insista em levar adiante as obras da usina hidrelétrica de Belo Monte (PA) tomarão "ações guerreiras" que colocarão "em risco" a vida de operários.

"Caso o governo decida iniciar as obras [...] a vida dos operários e indígenas estará em risco e o governo brasileiro será responsabilizado", diz trecho de uma carta assinada por 212 líderes indígenas e encaminhada ao presidente Lula.

O documento diz que a obra é um desrespeito "profundo" aos "habitantes ancestrais" do rio Xingu. Entre os signatários, está o cacique Raoni Txucarramãe, líder dos caiapó [e] um ícone do movimento ambientalista.

"Nós nunca impedimos o desenvolvimento sustentável do homem branco, mas não aceitamos que o governo tome uma decisão de tamanha irresponsabilidade", diz o texto.

O licenciamento ambiental da obra, segundo a carta, não cumpriu a exigência de consulta prévia às populações indígenas. "Nossas comunidades, assim como as comunidades ribeirinhas da bacia do rio Xingu, não tiveram acesso ao estudo e ao relatório de impacto ambiental (Eia/Rima)".

Fonte: VARGAS, Rodrigo. Índios prometem "ações guerreiras" contra usina de Belo Monte (PA). *Folha online,* 4 nov. 2009. Disponível em: <http://www1.folha.uol.com.br/folha/brasil/ult96u647250.shtml>. Acesso em: 5 jul. 2010.

1. Segundo a carta dos índios, qual procedimento do EIA foi ignorado no processo de licenciamento da usina de Belo Monte?

2. Por que as populações indígenas precisam ser ouvidas?

3. Coloque-se no lugar de um integrante da equipe responsável por avaliar o EIA/Rima da usina. Enumere alguns aspectos que devem ser levados em conta antes de aprovar ou vetar o projeto.

NA ACADEMIA

- Procure, com o auxílio da Internet, informações sobre processos de licenciamento que ganharam notoriedade nos últimos anos. Identifique os problemas e as controvérsias envolvendo a concessão dessas licenças e prepare-se para apresentar suas descobertas na próxima aula. Em sala, você participará de um debate sobre a viabilidade ambiental de alguns desses projetos, escolhidos pela turma: afinal de contas, o pedido de licenciamento merecia ou não ser deferido?

Pontos importantes

- Entende-se por impacto ambiental qualquer alteração das propriedades físicas, químicas e biológicas do meio ambiente, causada por qualquer forma de matéria ou energia resultante das atividades humanas.

- O EIA é composto por um conjunto de mecanismos que ajudam a monitorar os efeitos das atividades humanas sobre o meio ambiente. Em geral, a elaboração do EIA ante-

Obtenção de licenças ambientais (AIA, EIA, RIMA) | 187

cede a execução do projeto, estimando as possíveis implicações imediatas ou futuras da realização de empreendimentos com elevado potencial de degradação ambiental.

- De acordo com a Resolução nº 1/1986 do Conama, o EIA deve se dividir em quatro etapas principais: 1) avaliação das alternativas tecnológicas e de localização; 2) identificação dos impactos ambientais durante as fases de implantação e operação; 3) delimitação da área de influência; e 4) análise dos programas governamentais para a região, de modo que o projeto se compatibilize com os planos públicos.

- O Rima é um dos instrumentos do EIA: a equipe responsável por sua elaboração deve considerar todos os componentes do estudo de impacto ambiental para emitir seu parecer final sobre a viabilidade do projeto.

- Existem três modalidades de licença ambiental: licença prévia, de instalação e de operação.

- Só as atividades com potencial poluidor elevado precisam se submeter ao processo de licenciamento. A Resolução do Conama nº 1/1986 oferece alguns exemplos de tais atividades, mas não chega a esgotar a lista.

Referências

BARBIERI, José Carlos. *Gestão ambiental empresarial*. São Paulo: Saraiva, 2007.

BRASIL. *Constituição da República Federativa do Brasil*. Brasília, 1988.

_____. *Lei nº 6.938, de 31 de agosto de 1981*. Brasília, DF, 1981.

CONSELHO NACIONAL DO MEIO AMBIENTE. *Resolução nº 001, de 23 de janeiro de 1986*. Brasília, 1986.

_____. *Resolução nº 237, de 19 de dezembro de 1997*. Brasília, 1997.

KAHIL, Gustavo. Incertezas operacionais pesam sobre as ações da OSX. *Exame*, São Paulo, 7 abr. 2010. Disponível em: <http://portalexame.abril.com.br/mercados/noticias/incertezas-operacionais-pesam-acoes-osx-547149.html>. Acesso em: 6 jun. 2010.

KASSAI, Lucia. Aplicação com duplo retorno. *Revista Exame*, 29 nov. 2007. Disponível em: <http://portalexame.abril.com.br/static/aberto/gbcc/edicoes_2007/m0144114.html>. Acesso em: 29 jun. 2010.

Capítulo 10

CERTIFICAÇÃO DO SGA

Neste capítulo, abordaremos as seguintes questões:
- O que são autoavaliações?
- O que é uma confirmação por partes interessadas?
- O que é uma confirmação da autodeclaração por organização externa?
- Como funciona a certificação do SGA por uma organização externa?
- O que é um organismo normalizador?
- O que é um organismo credenciador?
- O que é um organismo certificador, ou organismo de certificação credenciado (OCC)?

Introdução

Nos capítulos anteriores, já comentamos os inúmeros benefícios que as certificações ambientais podem trazer. Neste capítulo, estudaremos como a empresa pode conquistá-las, ou seja, como ocorre o processo de certificação de um sistema de gestão ambiental.

Primeiro, conheceremos os quatro instrumentos de que uma empresa pode lançar mão para avaliar e divulgar seu sistema de gestão ambiental: as autoavaliações; a confirmação da autodeclaração por partes interessadas; a confirmação da autodeclaração por uma organização externa; e a certificação ou registro do SGA por uma organização externa. Nossa ênfase recairá sobre este último, que vem a ser a certificação do SGA propriamente dita.

A certificação do SGA é o mais respeitado instrumento de avaliação porque envolve três entidades diferentes e independentes da empresa: o organismo normalizador, o organismo credenciador e o organismo certificador — conceitos que também estudaremos neste capítulo.

O processo de certificação

Conforme já comentamos em outras passagens deste livro, atualmente o consumidor cobra uma postura responsável das empresas, que, por sua vez, passam a levar em conta critérios socioambientais na hora de escolher seus fornecedores. Trata-se de um verdadeiro efeito dominó que promete popularizar cada vez mais os sistemas de gestão ambiental (SGAs).

A Masisa, fabricante de painéis de madeira, é um bom exemplo de êxito na combinação entre lucro e sustentabilidade. Embora o ramo madeireiro não seja um tradicional amigo do meio ambiente, a empresa chilena mostrou que a receita sustentável pode dar certo. Comandado pelo grupo Nueva, o empreendimento fatura em média 400 milhões de reais por ano, com uma produção de quase meio milhão de metros cúbicos de peças. Suas estantes, mesas e portas invadiram milhões de casas pelo Brasil, conferindo à Masisa a liderança do setor na América Latina.

Ora, atingir níveis de produtividade tão altos sem causar danos ao meio ambiente é um verdadeiro desafio. Para superá-lo, a Masisa extrai madeira a partir de espécies como o pínus e o eucalipto, famosas pelo crescimento rápido. Além disso, resíduos produzidos em serrarias são reaproveitados pela empresa, o que evita o desperdício e o uso de novos recursos. As certificações ISO 14001 (SGA), OHSAS 18001 (saúde e segurança no trabalho) e FSC (manejo florestal) são provas de que a Masisa leva a sério o compromisso com a natureza e seus colaboradores. A fim de facilitar seu acesso ao exigente mercado europeu, a empresa também acumulou mais um certificado: o E-1, que atesta a eficácia de suas medidas ambientais para reduzir a emissão de formaldeído, substância química nociva à saúde dos empregados.

Os frutos dos esforços da Masisa começaram a ser colhidos em 2007, quando seus créditos de carbono passaram a ser vendidos na bolsa Chicago Climate Change. E a empresa não parou por aí: o grupo chileno também investe pesado em parcerias com comunidades locais, escolhendo fornecedores entre pequenos produtores rurais de pínus e eucalipto.

Iniciativas como as da Masisa tendem a se tornar cada vez mais frequentes. O Banco Real é outro exemplo disso. Dono de uma política ambiental bem-sucedida, ele impressionou seu comprador, o grupo Santander. Mesmo depois de sua incorporação à rede espanhola, diversos diferenciais serão mantidos, como a linha de crédito com juros mais baixos para negócios com boa gestão ambiental.

Apesar do êxito de iniciativas como essas, ainda há muita desconfiança em relação aos sistemas de gestão ambiental. Não é raro, por exemplo, que empresas dotadas de certificações renomadas sejam denunciadas por práticas condenáveis. A verdade é que a simples adoção de medidas ambientais não garante a proteção eficiente dos recursos naturais.

Aliás, há casos em que o cumprimento das exigências da ISO 14001, por exemplo, não é o bastante para satisfazer os requisitos legais. Afinal, o SGA proposto pela norma internacional nem sempre está em sintonia com a legislação ambiental do país onde a empresa opera. Além disso, vale lembrar que o SGA é apenas *um* dos instrumentos a que as organizações devem recorrer para abordar as questões ambientais, como explica o professor Barbieri:

> Se críticas como as apontadas anteriormente [relativas à incapacidade do SGA de, por si só, atender à legislação ambiental] não condizem com os objetivos e alcances de um SGA, conforme os modelos aqui citados, por outro lado, esse instrumento de gestão não deve ser entendido como uma panaceia para todos os problemas ambientais gerados pela empresa. O SGA deve ser entendido como um entre muitos instrumentos para abordar tais problemas e, se for bem implantado e operado, fará com que a empresa melhore continuamente o seu desempenho ambiental (2007, p. 206).

Apesar de suas inevitáveis limitações, o SGA é uma ferramenta útil nas mãos de qualquer empresa disposta a mudar sua relação com a natureza. Além de promover o uso eficiente dos recursos, a divulgação das boas práticas melhora a imagem da organização perante o público, o que torna seus produtos e serviços mais competitivos. Segundo Barbieri (2007), uma organização conta com quatro instrumentos para tornar sua política ambiental conhecida do público. São eles:

> No Capítulo 6, você conheceu a influência do ciclo PDCA (Plan, Do, Check, Act) sobre os sistemas de gestão ambiental. Conforme vimos anteriormente, ambos compartilham a meta de melhoria contínua, promovendo, portanto, a revisão constante dos mecanismos de administração.

- *autoavaliações*: são declarações emitidas pela própria empresa, descrevendo sua conduta ambiental;

- *confirmação da autodeclaração por partes interessadas*: *stakeholders* como clientes, fornecedores ou vendedores também podem testemunhar a favor da eficácia de um SGA, o que confere maior credibilidade à autodeclaração;

Figura 10.1 As três entidades envolvidas no processo de certificação.

- *confirmação da autodeclaração por organização externa*: para tornar a autodeclaração ainda mais confiável, é interessante pedir a uma entidade de terceira parte que aprove o sistema de gestão ambiental da organização. Conforme estudado no Capítulo 7, uma organização de terceira parte pode ser qualquer pessoa ou organização sem vínculos com a empresa;
- *certificação ou registro do SGA por uma organização externa*: nesse caso, não é papel da empresa definir os rumos da sua conduta ambiental: ela precisa seguir a cartilha proposta por uma norma e se submeter à avaliação de um órgão credenciador para obter a certificação.

Hoje em dia, existe um crescente interesse por esse quarto instrumento, ou seja, pela certificação do SGA por uma organização externa, por causa da imparcialidade do procedimento. Afinal, três entidades diferentes estão envolvidas na certificação, conforme mostra a Figura 10.1: o organismo normalizador, o organismo credenciador e o organismo certificador.

Nas próximas seções, você conhecerá a função de cada um desses organismos para o cumprimento das três etapas, desde a elaboração das regras até a emissão do certificado.

Organismo normalizador

A primeira etapa da certificação fica nas mãos do *órgão normalizador*, responsável pela emissão de normas técnicas. Em outras palavras, essa entidade dita as regras que orientarão as práticas empresariais. A International Organization for Standartization (ISO) é um exemplo internacional de entidade normalizadora, pois cria diretrizes para inúmeras atividades da gestão empresarial. Os comitês técnicos que desenvolveram a norma ISO 14001, por exemplo, criaram parâmetros para o sistema de gestão ambiental, mas não se envolvem na sua avaliação e certificação: eles se limitam a formular as regras.

No Brasil, a Associação Brasileira de Normas Técnicas (ABNT) é a única representante da ISO. Você já deve ter reparado, por exemplo, que as normas ISO podem ser precedidas pela sigla *ABNT NBR*, em referência ao órgão brasileiro.

Organismo credenciador

Como você viu no tópico anterior, o órgão normalizador não participa da emissão de certificado: seu papel restringe-se à elaboração de regras. Já o *órgão credenciador* é responsável pela criação de critérios para definir quem pode analisar os pedidos de certificação e emitir os certificados. Em outras palavras, ele credencia as entidades certificadoras, também conhecidas como *organismos de certificação credenciados* (OCCs), responsáveis pela realização de auditorias e, nos casos de aprovação, pela emissão dos certificados.

Cada país tem o seu próprio organismo credenciador, que se encarrega de monitorar as atividades das OCCs. No Brasil, essa função é do *Sistema Nacional de Metrologia, Normalização e Qualidade Industrial* (Sinmetro), criado pela Lei nº 5.966/1973. Quem dita as regras do Sinmetro é o Conselho Nacional de Metrologia, Normalização e Qualidade Industrial (Conmetro), órgão presidido pelo ministro do Desenvolvimento, Indústria e Comércio Exterior. Como suas tarefas são muito abrangentes, o Conmetro é assessorado pelo *Comitê Brasileiro de Avaliação da Conformidade* (CBAC), que o ajuda a estruturar um sistema de avaliação sintonizado com os procedimentos internacionais. Por fim, quem realiza o credenciamento das OCCs na prática é o *Instituto Nacional de Metrologia, Normalização e Qualidade Industrial* (Inmetro). Após um processo de inspeção, o Inmetro libera o reconhecimento formal de que o organismo de certificação opera segundo os critérios estabelecidos em âmbito nacional e internacional e que, portanto, demonstra competência técnica para avaliar solicitações e expedir certificados.

No Reino Unido, os órgãos credenciadores são o *National Accreditation Council for Certification Bodies* (NACCB) e o *United Kingdom Accreditation Service* (Ukas). Já em solo norte-americano, quem libera o credenciamento são os representantes do *Register Accreditation Board* (RAB), responsáveis pelo controle de qualidade do setor de certificação. Outro órgão credenciador renomado é o *Japan Accreditation Board* (JAB), encarregado no território japonês pelo reconhecimento formal das organizações certificadoras.

Na hora de submeter sua solicitação, a organização que pretende emitir certificados não precisa necessariamente buscar o credenciamento de um organismo nacional: ela pode escolher de acordo com o seu mercado-alvo, como exemplificam Shigunov Neto, Campos e Shigunov:

> [...] caso uma empresa no Brasil tenha negociações intensas com a Europa ou EUA, poderia ser mais vantajoso optar pelo NACCB ou o RAB, ao invés do INMETRO, ou por mais de um deles, desde que o OCC seja credenciado por mais de um organismo credenciador (2009, p. 211).

Organismos de certificação que buscam atender companhias operantes nos Estados Unidos, por exemplo, podem não se submeter à aprovação do Inmetro, mas sim ao organismo de credenciamento norte-americano. Porém, graças à conscientização do mercado brasileiro, o Inmetro está se tornando cada vez mais reconhecido, inclusive no exterior.

Organismo certificador

Não é tarefa fácil emitir certificados com a marca de um órgão normalizador. Em primeiro lugar, é preciso correr atrás do credenciamento: como acabamos de ver, antes de começar a conceder certificações, a entidade precisa ser aprovada pelo organismo credenciador. Coloque-se no lugar, por exemplo, do gestor de um organismo de certificação brasileiro.

Até agora, você só buscou o credenciamento do Inmetro, pois a maioria de seus clientes se interessava apenas por certificados válidos no âmbito nacional. Com o tempo, a sua clientela mudou de perfil: os negócios andam de vento em popa e é hora de avançar para o exterior. Você também terá de mudar de tática — em vez de ficar limitado ao Inmetro, terá de buscar o credenciamento de órgãos internacionais, como o RAB, o NACCB e o JAB.

Via de regra, para obter a autorização de qualquer órgão credenciador, é indispensável seguir à risca as instruções prescritas. A fim de liberar certificados com validade no território brasileiro, o candidato ao posto de *organismo certificador*, ou, como já dito, *organismo de certificação credenciado* (OCC) precisa seguir a "cartilha" do Inmetro. Só depois de receber o sinal verde do órgão credenciador é possível auditar empresas e julgar se sua conduta é compatível ou não com os princípios por trás do certificado.

O primeiro passo é a realização de duas auditorias. A primeira tem como objetivo apontar problemas no sistema de gestão ambiental atual e apontar ações corretivas. A partir desse momento, a empresa solicitante tem um prazo de 90 dias para se submeter à segunda auditoria. Em outras palavras, a companhia conta com no máximo três meses para colocar em prática as mudanças exigidas pelo OCC.

Quando o gestor está muito seguro da adequação do seu SGA, ele pode escolher se submeter às duas auditorias de uma vez só. Por um lado, isso poupa tempo, acelerando a emissão do certificado. Por outro, essa opção nem sempre tem um final feliz: quando as duas auditorias acontecem concomitantemente, a empresa perde a sua "segunda chance". Se o sistema de gestão ambiental for reprovado, todo o projeto de certificação vai por água abaixo: as somas pagas podem não ser reembolsadas e não há como recorrer. Portanto, os mais apressados devem estar cientes dos riscos antes de tomar essa decisão.

Após a auditoria final, o OCC anuncia seu veredito. Se o SGA for reprovado, a empresa fica sem a certificação solicitada. Quando o processo é bem-sucedido, a gestão de marketing precisa se controlar e aguardar o pronunciamento do credenciador: ela só pode veicular na mídia a conquista da nova certificação depois do posicionamento final do credenciador responsável, como o Inmetro, o RAB ou o JAB, entre outros. Até lá, só pode ser divulgada a notícia de que a empresa foi *indicada* à certificação.

Se quiser manter o certificado, a companhia aprovada também precisa se submeter a auditorias semestrais. E não é só: de três em três anos é necessário conduzir outra inspeção ainda mais decisiva — a chamada *auditoria de recertificação*. Nesse evento, o OCC avalia o sistema de gestão ambiental e, dependendo do parecer final, o organismo pode optar pela ratificação, pela suspensão, pelo cancelamento ou até pela revogação da certificação.

No Brasil, a ABNT é um dos OCCs mais famosos. Além de representar a ISO, a associação brasileira também opera com certificados da *International Electrotechnical Commission* (IEC). Porém, ela não está só: existem outros OCCs atuantes no mercado nacional. Entre eles, destaca-se o *Bureau Veritas Quality International* (BVQI) *do Brasil*, grupo credenciado para emitir certificações nas áreas de qualidade, segurança, saúde ocupacional, meio ambiente e responsabilidade social. Operante em 140 países, o Bureau Veritas conta com o aval de renomados órgãos credenciadores, o que explica a sua popularidade.

O *ABS Quality Evaluations* (ABS QE) é outra boa opção para quem está em busca de uma certificação abrangente. O órgão recebeu sinal verde para conceder certificações importantes, como ISO 9001, ISO 14001, OHSAS 18001, AS 8000 e ISO 22000.

Para quem deseja uma certificação com ampla aceitação internacional, o *Lloyd's Register Quality Assurance* (LRQA) pode ser uma boa pedida: o órgão está cadastrado em entidades como Ukas (Reino Unido), TGA (Alemanha), RAB (EUA), RvA (Holanda), Belcert (Bélgica), Cofrac (França), JAB (Japão), Swedac (Suécia), JAS-ANZ (Austrália), KAB (Coreia), DAU (Alemanha), Enac (Espanha), Inmetro (Brasil) e Ministério da Economia e Trabalho da Áustria. Criado no Reino Unido em 1985, o LRQA já expediu aproximadamente 53 mil certificações em mais de 120 países.

Há, ainda, organismos certificadores mais apropriados para situações específicas. O *DNV Ltd.*, por exemplo, é uma escolha acertada para quem busca levar seus negócios à Holanda. Já para quem quer ingressar no mercado argentino, o *Instituto Argentino de Normalização* (Iram) pode ser interessante.

No setor da construção civil, o *Liderança em Energia e Design Ambiental* (Leed), um organismo de certificação desenvolvido pelo *Green Building Council* nos Estados Unidos, é uma opção cada vez mais buscada. Para a brasileira Gafisa, por exemplo, é motivo de orgulho ostentar certificados ambientais emitidos pelo órgão em algumas de suas construções. E não é para menos: o certificador norte-americano reúne um grupo exigente de especialistas em engenharia e arquitetura que estabelece moldes sustentáveis para as atividades do setor de construção. Para receber a certificação Leed, é preciso ajustar todo o processo de design, edificação e manutenção aos parâmetros ambientais cobrados pelo órgão. A localização do empreendimento e o uso de recursos como energia, água e outros materiais são apenas alguns itens que integram a extensa lista do grupo.

De acordo com o seu desempenho ambiental, a edificação pode obter uma certificação simples (40-49 créditos), *Silver* (50-59 créditos), *Gold* (60-79 créditos) ou *Platinum* (acima de 80 créditos). Esse *ranking* serve para distinguir os diferentes níveis de desempenho ambiental, incentivando o ramo da construção civil a buscar alternativas mais sustentáveis.

Segundo a revista *Exame* (GOMES, 2008), dá para contar nos dedos as construções com certificação Leed no Brasil. O Banco ABN Amro Real foi pioneiro ao abraçar a ideia de construção "verde" do órgão certificador: em 2007 o banco inaugurou uma agência em Cotia, na Grande São Paulo, que apresenta um sistema de gestão ambiental exemplar. Entre as medidas adotadas, destaca-se o aproveitamento da energia solar absorvida durante o dia para iluminar a área de autoatendimento à noite.

Dois anos depois, foi a vez do McDonald's: a franquia localizada na Riviera de São Lourenço, no litoral sul paulista, esbanjou motivos para receber a certificação Leed. Os índices de economia de água atingem a marca de 50% e os de energia já beiram 15%.

Por outro lado, quando a empresa deseja implantar um sistema de gestão integrado — incluindo saúde ocupacional, qualidade e gestão ambiental, por exemplo —, nada melhor do que recorrer a órgãos certificadores habilitados para emissão de todos os certificados pertinentes (no caso, ISO 9001, OHSAS 18000 e ISO 14001). Como você já viu, não faltam boas opções atuantes no Brasil.

Como não existe um certificado de acreditação mundial, não é fácil escolher entre as diversas alternativas disponíveis. Em geral, convém à empresa optar pelos órgãos certificadores reconhecidos pelo maior número possível de países, como mostra Barbieri:

> Um OCC credenciado apenas pelo Inmetro terá menos apelo comercial que outro que ostente em seu *portfólio* credenciamentos pelo RAB norte-americano, DAR alemão, JAB do Japão e outros órgãos credenciadores de importância reconhecida mundialmente (2007, p. 204).

Não vale a pena fazer escolhas prematuras: o período que vai desde a implantação do SGA até a sua certificação é de cerca de três anos. Ou seja, é muito tempo e dinheiro para "jogar pelo ralo". Dependendo do órgão certificador, pode ser preciso investir em equipamentos e tecnologia ou priorizar a utilização de determinadas matérias-primas. Isso sem falar das despesas com treinamento de pessoal e com a própria certificação: todo o processo requer atenção e cuidado da parte dos gestores, pois mudanças significam aumentar os custos.

ESTUDO DE CASO

A GAFISA E O SELO LEED

Atenta às mudanças nos padrões de consumo, a construtora Gafisa não perdeu tempo antes de investir em meio ambiente. Em 2007, a inauguração do Eldorado Business Tower lançou o quarto empreendimento no mundo que conseguiu a façanha de obter o selo Platinum do Leed. Localizado na capital paulista, o arranha-céu emprega tecnologias inteligentes que reduzem bruscamente o custo operacional, bem como o impacto ambiental provocado pela edificação. O saldo final agrada a todos: os gastos racionados com água e energia pesam menos no bolso dos condôminos e, ao mesmo tempo, agridem menos a natureza.

1. Faça uma pesquisa na Internet sobre o Eldorado Business Tower e responda: quais as principais técnicas usadas pelo empreendimento para combinar redução de custos com proteção à natureza?
2. Por que essa lição é tão importante nos dias de hoje?

NA ACADEMIA

- Escolha uma certificação ambiental entre as citadas neste capítulo e procure saber mais sobre as empresas certificadas. Em seguida, responda às seguintes perguntas: que medidas foram adotadas para obter a certificação? Qual foi o impacto sobre a imagem ou a lucratividade da empresa? De que forma essa conquista ambiental está sendo divulgada?

Pontos importantes

- Autoavaliações são declarações emitidas pela própria empresa, certificando sua conduta ambiental.
- A empresa obtém uma confirmação por partes interessadas quando *stakeholders* como clientes, fornecedores ou vendedores atestam a eficácia do seu SGA, o que confere maior credibilidade à autoavaliação.
- A empresa obtém uma confirmação da autodeclaração por organização externa quando uma entidade de terceira parte aprova seu sistema de gestão ambiental e confirma a eficiência das medidas tomadas.
- A certificação ou o registro do SGA por uma organização externa não é um processo que possa ser realizado dentro dos muros da empresa; ela precisa seguir a cartilha proposta por uma norma e se submeter à avaliação de um órgão credenciador para obter a certificação.
- Organismo normalizador é aquele responsável por ditar as regras que orientarão as práticas empresariais. A ISO é um exemplo internacional de entidade normalizadora, pois cria diretrizes para inúmeras atividades da gestão empresarial.
- Organismo credenciador é aquele responsável pela criação de critérios para definir quem pode analisar os pedidos de certificação e emitir os certificados. Em outras palavras, ele credencia as entidades certificadoras.
- Os organismos certificadores, também conhecidos como organismos de certificação credenciados (OCCs), precisam seguir a "cartilha" do órgão credenciador antes de receber sinal verde para auditar empresas e julgar se sua conduta é compatível ou não com os princípios por trás do certificado.

Referências

BARBIERI, José Carlos. *Gestão ambiental empresarial*. São Paulo: Saraiva, 2007.

GOMES, Luci. A multiplicação das regras. *Exame*, 30 out. 2008. Disponível em: <http://portalexame.abril.com.br/revista/exame/edicoes/0930A/especiais/multiplicacao-regras-396096.html>. Acesso em: 11 jun. 2010.

MAINARDES, Gabriela. Pelo fim do desperdício. *Exame*, 30 out. 2008. Disponível em: <http://portalexame.abril.com.br/revista/exame/edicoes/0930A/especiais/pelo-fim-desperdicio-395967.html>. Acesso em: 11 jun. 2010.

SHIGUNOV NETO, Alexandre; CAMPOS, Lucila Maria de Souza; SHIGUNOV, Tatiana. *Fundamentos da gestão ambiental*. Rio de Janeiro: Moderna, 2009.

SIMÕES, Eduardo. Varejo faz acordo para carne ambientalmente responsável. *Exame*, 7 dez. 2009. Disponível em: <http://portalexame.abril.com.br/meio-ambiente-e-energia/noticias/varejo-faz-acordo-carne-ambientalmente-responsavel-517993.html>. Acesso em: 11 jun. 2010.

Capítulo 11

AUDITORIAS AMBIENTAIS

Neste capítulo, abordaremos as seguintes questões:

- O que é auditoria ambiental?
- O que é auditoria de conformidade?
- O que é auditoria de desempenho ambiental?
- O que é auditoria *due diligence*?
- O que é auditoria de desperdícios e emissões?
- O que é auditoria pós-acidente?
- O que é auditoria de fornecedor?
- O que é auditoria de SGA?
- Qual é a diferença entre auditorias de primeira, segunda e terceira parte?
- Quais são as etapas da auditoria, segundo a ICC?
- Do que trata a norma ISO 19011?

Introdução

Embora sejam amplamente usadas atualmente, as auditorias não são novidade: elas são velhas companheiras dos sistemas de gestão. De acordo com Barbieri (2007), as civilizações egípcia, grega e romana já lançavam mão das auditorias para apurar as contas do poder público da época – elas eram realizadas por cidadãos independentes para verificar se estava tudo em ordem com os registros de cobranças de impostos. No século XV, época das grandes navegações e do capitalismo comercial, a antiga atividade de conferência evoluiu, especializou-se e foi rebatizada como *auditoria contábil*.

A própria palavra *auditoria* ajuda a entender a tarefa dos profissionais que a conduziam. De origem latina, o termo designa *ouvinte* ou *aquele que ouve*, "[...] indicando que ouvir pessoas era um dos principais meios para realizar as conferências, revisões e apurações dos registros contábeis" (BARBIERI, 2007, p. 211). As auditorias de qualidade surgiram bem mais tarde, no início do século XX. Como gestão ambiental é um tema ainda mais recente, as auditorias nessa área só se tornaram realidade no final do século XX, após a ocorrência de acidentes com impactos desastrosos sobre o meio ambiente.

Ao que tudo indica, os novos tipos de auditoria vieram mesmo para ficar. Neste capítulo, você conhecerá um pouco mais sobre os procedimentos e princípios que orientam as auditorias ambientais, explorando também as principais tendências na área.

Modelos de auditoria ambiental

As auditorias ambientais, ao contrário das contábeis, constituem um tema novo para a administração empresarial. Sua consolidação como instrumento autônomo de gestão só aconteceu a partir da década de 1970, quando as primeiras auditorias voluntárias ganharam força nos Estados Unidos. À época, elas ajudavam a medir o desempenho ambiental do empreendimento e julgar sua adequação às normas legais. O objetivo era diminuir os riscos dos investidores: afinal, medidas judiciais contra a empresa poderiam afetar dramaticamente o valor das ações.

Na década seguinte, as auditorias ambientais fortaleceram-se ainda mais nos países ricos e tomaram impulso para alcançar inúmeras empresas nos países em desenvolvimento, onde também se popularizaram. Graças à Conferência de Estocolmo, as próprias legislações ambientais foram fechando o cerco contra a irresponsabilidade ambiental, cobrando das organizações um cuidado maior com o impacto dos seus negócios.

Atenta às mudanças quanto ao trato do meio ambiente, em 1991 a Câmara de Comércio Internacional (ICC) lançou a *Carta Empresarial para o Desenvolvimento Sustentável* durante a Segunda Conferência Mundial da Indústria. No 16º princípio do documento, a ICC recomenda a realização de auditorias ambientais, como instrumento para avaliar o desempenho ambiental da empresa e julgar sua conformidade com as leis locais. Segundo a carta, a transparência também é um ingrediente importante, pois os empregados, acionistas e o público em geral devem ter acesso às informações sobre como o empreendimento afeta a natureza.

Na prática, as primeiras auditorias ambientais não chegavam muito longe: elas se limitavam a julgar se as práticas empresariais estavam ou não em sintonia com a legislação nacional. Às vezes, essas atividades de conferência ajudavam a identificar problemas que, se não detectados, poderiam trazer penalidades como multas e outras indenizações. Preocupadas com o endurecimento das leis ambientais, um número cada vez maior de empresas aderiu à onda de auditorias voluntárias. Porém, movidas por interesses estritamente legalistas, elas não levavam a gestão a reavaliar sua postura em relação à natureza.

Graças à popularização do ambientalismo, as auditorias ganharam novas formas. Hoje, existem auditorias para as mais diferentes necessidades: elas podem comparar os princípios da política ambiental com seus resultados, investigar a dimensão dos impactos ambientais ou, ainda, verificar se estão sendo cumpridas à risca as leis que regem as atividades do setor. De acordo com Barbieri (2007), existem sete modelos diferentes de auditoria à disposição do gestor ambiental, como mostra a Figura 11.1.

Todos os sete modelos são aplicáveis a qualquer empreendimento, independentemente da sua localização, da cadeia produtiva ou do sistema de gestão implantado. Nos tópicos a seguir examinaremos cada modelo separadamente.

Auditoria de conformidade

Quando o meio ambiente se tornou objeto de leis nacionais, não havia ainda um programa de estímulo às práticas sustentáveis, como subsídios ou políticas de incentivo fiscal. Como você estudou no Capítulo 8, as primeiras iniciativas governamentais enquadravam-se no modelo de comando e controle. A ideia era limitar o potencial destrutivo das atividades econômicas e prescrever punições para os infratores.

Figura 11.1 Modelos de auditoria ambiental (BARBIERI, 2007).

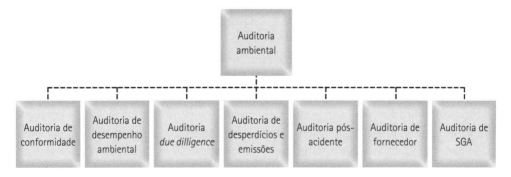

As primeiras auditorias ambientais surgiram, justamente, em resposta a essas medidas de comando e controle. Seu objetivo era poupar a empresa de despesas com multas, indenizações e ações judiciais. Conhecidas como *auditorias de cumprimento* ou *conformidade*, elas têm uma preocupação estritamente legalista: verificar se as atividades da empresa estão de acordo com as normas municipais, estaduais ou federais aplicáveis ao setor. Para evitar problemas judiciais, as auditorias de conformidade também devem monitorar a situação das licenças. É preciso conferir os prazos de validade e o cumprimento das exigências feitas pelo órgão ambiental, por exemplo.

Esse tipo de auditoria também examina a situação das ações judiciais contra a empresa. Se a companhia já provocou danos ambientais, pode ser intimada a reparar os estragos feitos ou indenizar as vítimas. Além disso, é importante ouvir as queixas de ONGs, sindicatos, trabalhadores e da comunidade local: ficar atento às reivindicações e tentar satisfazê-las é uma boa forma de prevenir medidas mais drásticas, como os processos judiciais. Isso sem falar que a atitude preventiva ajuda a preservar a imagem da empresa; depois que a briga chega à justiça pública, é mais difícil voltar à mesa de negociações.

Para evitar todos esses problemas, o melhor caminho é submeter-se a auditorias de conformidade periódicas. O auditor deve ter em mãos a legislação ambiental aplicável ao ramo dos negócios, os documentos referentes ao processo de licenciamento, bem como outros termos de compromisso que a empresa tenha assumido com os órgãos competentes.

Auditoria de desempenho ambiental

Nos capítulos anteriores, você viu que as pressões ambientalistas sobre a empresa não assumem apenas a forma de lei. Os países desenvolvidos, por exemplo, têm por costume lançar mão das barreiras não tarifárias para impedir a entrada de produtos que agridam o meio ambiente. Impulsionada pelas conferências internacionais sobre meio ambiente e desenvolvimento, as próprias Nações Unidas têm sido palco de inúmeros acordos multilaterais com forte impacto sobre as políticas nacionais. Por último, até o consumidor parece estar aprendendo a usar seu poder de compra como instrumento de pressão sobre as empresas: a crescente procura por mercadorias "verdes" está mudando a cara do mercado.

No Brasil — país onde os mecanismos de comando e controle ainda predominam —, o governo está encontrando outros meios de estimular a sustentabilidade. A crescente oferta de subsídios e incentivos fiscais está consagrando a ideia de que ser ecologicamente correto pode se converter em vantagens de mercado.

Para aproveitar essas novas oportunidades, cumprir a lei não é o bastante: é preciso implantar políticas ambientais próprias, capazes de reduzir ou até neutralizar os efeitos nocivos do empreendimento. As empresas que optam por esse caminho podem recorrer a um tipo de auditoria denominado *auditoria de desempenho ambiental*. Ao contrário das de conformidade, essas auditorias não ficam restritas aos ditames da lei. Seu objetivo é avaliar o impacto das unidades produtivas sobre a natureza, medindo as emissões de poluentes e o consumo de matéria-prima, água e energia, por exemplo. Para avaliar o sucesso das medidas ambientais, o desempenho ambiental da empresa é comparado não apenas às metas estabelecidas por lei, mas, também, aos objetivos propostos na própria política interna. Se os resultados ficarem abaixo do esperado, é sinal de que os procedimentos precisam ser revistos.

Na hora de conduzir uma auditoria de desempenho ambiental, o auditor não conta apenas com a legislação ambiental: outros documentos de referência são importantes, como acordos voluntários com sindicatos, trabalhadores e a comunidade vizinha, por exemplo. Também não devem ser esquecidas, como dito, as normas de conduta ambiental estabelecidas pela própria direção da empresa.

Auditoria de *due diligence*

As *auditorias de due diligence* surgiram de uma necessidade diferente. Para entender por que elas são úteis, coloque-se no lugar de um investidor. Antes de apostar em uma empresa, você buscará conhecê-la. Conhecer uma empresa significa avaliar seu patrimônio: examinar o valor aproximado de suas unidades produtivas e equipamentos, certo? Errado. Estimar o valor real de uma empresa significa identificar, também, os passivos ocultos e outros fatores que não constam em um balanço patrimonial à moda antiga. É aí que entram as auditorias de *due diligence*.

Para entender como funciona esse processo, é preciso antes analisar os conceitos de *ativos* e *passivos ambientais*. O primeiro se refere aos bens e aos direitos de uma organização no que diz respeito à questão ambiental. Para Barbieri (2007), os ativos ambientais podem ser divididos em três grupos principais, como mostra a Figura 11.2.

Figura 11.2 Classificação dos ativos ambientais (BARBIERI, 2007).

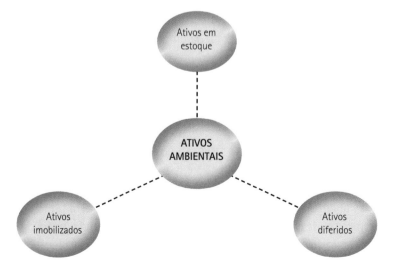

São conhecidos como *ativos em estoques* os materiais ou os insumos úteis nos processos ambientais. Imagine, por exemplo, uma empresa que emprega técnicas de controle de poluição. Os efluentes industriais retidos nas fábricas precisam ser tratados antes da disposição final. As substâncias químicas para tratamento dos resíduos são insumos importantes para esse procedimento ambiental, e não podem ficar de fora na hora de calcular o valor da empresa.

Os *ativos imobilizados* correspondem aos equipamentos e peças utilizados para controlar ou prevenir a poluição. Até as peças de reserva são levadas em conta. O preço dos terrenos e das edificações usados para estocar resíduos também precisa ser considerado.

O último grupo, o dos *ativos diferidos*, engloba os gastos da empresa com serviços para aprimorar sua imagem e seu desempenho ambiental e, também, com pesquisas e outras medidas para conduzir mudanças na sua estrutura. As despesas com treinamento dos funcionários e anúncios publicitários são um bom exemplo de ativos diferidos. A capacitação dos empregados ajuda a torná-los mais aptos ao cuidado com meio ambiente, enquanto as propagandas contribuem para divulgar os investimentos da empresa em sustentabilidade, melhorando a opinião pública a seu respeito.

Os *passivos ambientais* são as obrigações das empresas em relação a terceiros. Essas obrigações podem assumir diversas formas. A British Petroleum, por exemplo, acumulou uma dívida gigantesca com o governo dos Estados Unidos. Responsável pelo maior vazamento de petróleo da história do país, a petrolífera terá de arcar com os custos milionários da reparação dos danos causados no Golfo do México. Antes de comprar ações da BP, os investidores precisam conhecer as dimensões desse tremendo passivo.

Além da recuperação de áreas impactadas, os passivos ambientais abrangem as obrigações legais da empresa, como o cumprimento da legislação trabalhista, a carga tributária sobre produtos e serviços, bem como outros contratos e acordos com acionistas e credores. Também entram no cálculo as ações judiciais e o pagamento de indenizações ou multas. Não devem ser deixadas de fora despesas com consultores e outros profissionais contratados para colocar em prática a política ambiental da empresa. Esses gastos, na verdade, são passivos que geram ativos, pois trazem bons retornos para a organização.

As auditorias *due diligence* servem, justamente, para determinar os valores de ativos e passivos ambientais de uma organização. Chegar ao balanço patrimonial correto exige do auditor um trabalho minucioso — certidões negativas, escrituras, compromissos de compra e venda e patentes são apenas alguns dos documentos que devem compor sua lista de análise. E, conforme o caso da BP nos mostra, a situação de ativos e passivos pode variar enormemente de um ano para o outro, de modo que é indispensável realizar auditorias desse tipo periodicamente.

Em geral, as auditorias *due diligence* são muito úteis para quem precisa estimar o valor de uma empresa antes de fechar negócios como compra, venda, cisão ou até fusão. A admissão de um novo sócio é outro bom motivo para esse tipo de avaliação. Além disso, as auditorias *due diligence* ajudam a fixar um valor justo para a cotação das ações, evitando cálculos equivocados.

Auditoria de desperdícios e emissões

Como o próprio nome indica, as *auditorias de desperdícios e emissões* têm por objetivo medir o impacto ambiental de um empreendimento. Quando realizadas periodicamente, podem ajudar a gestão a fazer os ajustes necessários para melhorar seu desempenho e prevenir acidentes.

Durante a verificação, o auditor precisa ficar atento a uma série de fatores. É possível, por exemplo, que a quantidade de efluentes industriais esteja excedendo os limites previstos pelas leis locais. Por isso, estar a par das leis que regem a atuação do setor é um pré-requisito. Além disso, a equipe de auditoria precisa estar familiarizada com os procedimentos técnicos relacionados ao processo produtivo e conhecer o código que orienta as práticas do ramo, quando houver.

Auditoria pós-acidente

As *auditorias pós-acidente* são um passo importante para remediar os danos ambientais e corrigir as causas da falha. Em primeiro lugar, os auditores devem identificar os responsáveis pelo acidente e avaliar o tamanho dos estragos. Em seguida, a equipe também pode ajudar a empresa, apontando maneiras de conter a expansão dos danos e regenerar as áreas impactadas.

Em 2009, por exemplo, um acidente de pequenas dimensões provocou a morte de um funcionário na plataforma P-34, da Petrobras. A empresa suspendeu a produção imediatamente para realizar uma auditoria, que, em pouco tempo, apontou a falha de uma válvula como a causa do problema. Talvez, se a petrolífera não tivesse interrompido as atividades e apurado os motivos do acidente, uma tragédia maior teria acontecido. Por isso, qualquer anormalidade ou imprevisto na cadeia produtiva deve ser objeto de estudo. Durante a perícia, o auditor deve aproveitar a oportunidade para vistoriar os planos de emergência, as normas técnicas que orientam os procedimentos e os programas de treinamento promovidos pela organização.

Auditoria de fornecedor

Hoje em dia, as empresas não são julgadas apenas pelo que acontece dentro de seus muros: elas também são consideradas corresponsáveis pelas ações dos parceiros. Por isso, tornou-se cada vez mais importante escolher com cuidado fornecedores, produtores e revendedores.

Com certeza, nenhuma companhia gostaria de ter sua imagem ligada a práticas como trabalho infantil ou insalubre, por exemplo. Não é à toa que muitas empresas se orgulham de pagar bem seus funcionários, promover planos de carreira e oferecer benefícios adicionais.

No entanto, todos esses esforços podem ir por água abaixo se um parceiro for, por exemplo, um vilão ambiental. Afinal, do que adianta investir tanto em imagem se a empresa compra madeira resultante do desmatamento da Amazônia, por exemplo? Certamente, ver seu empreendimento associado a situações como essa é o pesadelo de qualquer gestor.

Para evitar esse tipo de situação, a melhor saída é conhecer bem os parceiros antes de firmar uma aliança. É nessa hora que entram as *auditorias de fornecedores*. Recomendadas, inclusive, pela norma ISO 14001, essas vistorias investigam os aspectos ambientais dos produtos e serviços comprados pela empresa. Em outras palavras, são medidos os efeitos ambientais de tudo aquilo que vem do fornecedor. O uso que ele faz da água e da energia ou o tratamento que dá aos efluentes, por exemplo, são levados em conta.

As auditorias de fornecedores podem ser úteis tanto na hora de renovar um contrato como para selecionar novos fornecedores. Na hora de auditar os candidatos, é bom ter à mão as leis ambientais que se aplicam ao processo produtivo da empresa compradora e os documentos de cada empresa auditada — relatório de sustentabilidade, normas técnicas, licenças, premiações e certificações, entre outros.

Auditoria de sistema de gestão ambiental (SGA)

Auditar o sistema de gestão ambiental (SGA) é um procedimento previsto em normas internacionais como a ISO 14001 e o Emas. A auditoria pode ter como objetivo a avaliação do desempenho do SGA, uma verificação da sua conformidade com a política ambiental ou até a obtenção de uma certificação.

Seja qual for o objetivo, o auditor deve ficar atento aos critérios indicados em cada norma para a realização de auditorias. Se a empresa tem certificação ISO 14001, por exemplo, a decisão mais acertada é auditá-la de acordo com os princípios previstos na própria norma. Dependendo da equipe responsável por sua condução, a auditoria pode ser de três tipos principais:

- *Auditoria de primeira parte*: as auditorias internas ou de primeira parte são realizadas por funcionários da própria organização auditada. Seu objetivo pode ser, por exemplo, avaliar o SGA para elaborar uma autodeclaração, a fim de divulgar o desempenho socioambiental da empresa.

- *Auditoria de segunda parte*: as auditorias de segunda parte são aquelas desenvolvidas por partes interessadas. Em outras palavras, quem examina o SGA são organizações fornecedoras ou clientes da empresa auditada. Em alguns casos, o objetivo desse tipo de auditoria é a emissão de uma confirmação de autodeclaração, isto é, os *stakeholders* atestam ser verdadeiro o conteúdo das avaliações expedidas pela própria empresa. Existem também auditorias de primeira e segunda parte que servem apenas como vistorias de pré-certificação: antes de se submeter ao olhar de terceiros, a gestão prefere auditar internamente o SGA para verificar se ele está ou não de acordo com a norma.

- *Auditoria de terceira parte*: para dar mais credibilidade ao SGA, a gestão empresarial pode optar por uma auditoria de terceira parte. Quando isso acontece, o SGA é auditado por uma equipe independente, sem vínculos com a organização. Se o objetivo for a concessão de um certificado, os auditores serão representantes de um organismo de certificação credenciado (OCC), que analisarão a adequação do SGA às exigências da norma.

Independentemente do tipo escolhido, as auditorias são instrumentos importantes para promover a melhoria contínua do SGA: elas trazem à tona falhas, imperfeições, problemas de não conformidade com a política da empresa ou até com as leis que regem o setor. As auditorias podem ser conduzidas no início — na fase de implantação do SGA — ou em qualquer outro estágio do seu desenvolvimento, assegurando a sua coerência com os objetivos de gestão estabelecidos pela empresa.

Para estruturar melhor a auditoria ambiental, Barbieri (2007) sugere dividir os aspectos envolvidos em duas análises distintas, como mostra a Figura 11.3.

Durante a *avaliação dos aspectos contábeis*, o papel dos auditores é calcular os gastos com o meio ambiente. Na hora de colocar os custos na ponta do lápis, vale a pena separar as despesas com remediação e controle de poluição das quantias investidas em prevenção. Afinal, são duas formas completamente diferentes de cuidar da natureza: os dispêndios com remediação, por exemplo, são empregados na reparação dos estragos causados por acidentes ambientais ou pagamento de indenização às vítimas. Quando esses valores são elevados não é possível alegar que a empresa investe pesado em meio ambiente: os custos com reparação não refletem iniciativas sustentáveis, mas sim uma obrigação legal inescapável. Por outro lado, os gastos com prevenção revelam o interesse da empresa em conter o desperdício e apostar na ecoeficiência. Portanto, eles precisam ser objeto de um cálculo separado.

Os *aspectos administrativos e operacionais da análise* trazem para o foco da auditoria os componentes do SGA, como a declaração de princípios, as metas ambientais, o planejamento operacional e o treinamento dos funcionários. O trabalho dos auditores é analisar a eficiência das estratégias de gestão, propondo modificações para o seu aperfeiçoamento.

Figura 11.3 Aspectos da auditoria.

Imagine, por exemplo, uma organização com custos ambientais elevados por causa dos gastos com controle e remediação. Uma auditoria pode ajudar a gestão a encontrar alternativas mais inteligentes, como a implantação de tecnologias para a prevenção de poluição e o uso racional dos recursos naturais. Em alguns casos, pode ser aconselhável trocar uma matéria--prima por outra ou escolher equipamentos mais econômicos do ponto de vista energético. Não faltam maneiras de conter custos e promover desenvolvimento sustentável.

Auditoria ambiental segundo organismos internacionais e nacionais

Como dito, o emprego de auditorias na área ambiental é algo relativamente novo. Isso explica por que ainda é difícil encontrar uniformidade nos procedimentos e princípios adotados. Cientes desses obstáculos, várias organizações públicas e privadas começaram a agir para padronizar e fortalecer a auditoria como um instrumento indispensável à gestão ambiental.

Uma das primeiras iniciativas nesse sentido foi levada a cabo em 1986 pela Environmental Protection Agency (EPA), a agência de proteção ambiental do governo norte-americano. Na ocasião, a agência desenvolveu uma política de incentivos para as empresas que realizassem auditorias de conformidade voluntariamente.

Sete anos depois, o Conselho da Comunidade Europeia lançou o Eco Management and Audit Scheme (Emas), sobre o qual já falamos rapidamente no Capítulo 6. A princípio, esse esquema de auditoria e gerenciamento ambiental seria imposto a mais de 50 tipos de indústria. No entanto, o conselho europeu mudou de opinião e o Emas se consagrou como uma norma de adesão voluntária para qualquer setor da economia. Porém, nem tudo é voluntário em relação ao Emas; às vezes, ele é usado como pretexto para impedir a comercialização, no mercado europeu, de produtos que agridam o meio ambiente.

Em algumas partes do mundo, as auditorias ambientais já se tornaram compulsórias. No Brasil, por exemplo, existe um conjunto de normas e resoluções que as consolidam como obrigação legal de vários setores da economia. Diga-se de passagem, não faltaram bons motivos para tal decisão do poder público. Em 2000, por exemplo, duas catástrofes ambientais envolvendo a mesma empresa – a gigante estatal Petrobras – provocaram a ira dos ativistas e a preocupação da sociedade civil.

A primeira delas aconteceu na cidade do Rio de Janeiro. Conhecida por suas belezas naturais, as terras cariocas também chamaram a atenção por uma mancha negra de 50 km^2 provocada por um vazamento de petróleo na Baía de Guanabara. O acidente aconteceu enquanto transferiam óleo da refinaria de Duque de Caxias para o terminal de Ilha D'Água – no total, cerca de 1.300 m^3 foram derramados, provocando a morte de inúmeros animais. A resposta do Conama não demorou: foi aprovada a Resolução nº 265/2000, que tornou as auditorias ambientais obrigatórias em todas as unidades da Petrobras no estado fluminense, com intervalos de seis meses entre uma e outra.

O segundo acidente do ano 2000 aconteceu na cidade de Araucária, no Paraná, onde cerca de 4.000 m³ de óleo vazaram durante uma transferência. Os rios Barigui e Iguaçu foram contaminados, naquela que ficou conhecido como uma das maiores catástrofes ambientais da história da Petrobras. E não parou por aí: em 2001, outro acidente chocou a população brasileira: o afundamento da plataforma P-36 na Bacia de Campos deixou 11 mortos e um rastro de degradação ambiental.

Felizmente, o poder público e a sociedade civil não ficaram de braços cruzados. Instigada pela mídia e pelos ativistas, a população pressionou o governo, exigindo a criação de leis ambientais mais rígidas. Foram criadas, então, algumas normas federais importantes, como a Lei nº 9.966/2000, que estabeleceu procedimentos para prevenção e monitoramento da "(...) movimentação de óleo e outras substâncias nocivas ou perigosas em portos organizados, instalações portuárias, plataformas e navios em águas sob jurisdição nacional" (BRASIL, 2000, artigo 1º). Além disso, com o tempo, as auditorias ambientais tornaram-se compulsórias para uma série de empreendimentos de alto risco ambiental, tais como portos, terminais marítimos e atividades de exploração e produção do petróleo.

Essas auditorias são realizadas por organismos independentes de dois em dois anos, quando são vistoriados o SGA e as medidas de prevenção e controle de poluição das unidades. Os casos de desobediência são punidos exemplarmente com multas, acompanhadas de outras sanções administrativas e penais prescritas pela Lei nº 9.605/1998, conhecida como Lei dos Crimes Ambientais (reveja o Capítulo 8). Além disso, essas punições não poupam os responsáveis de serem cobrados civilmente pelos estragos provocados à natureza.

Em janeiro de 2002, o Conama aprovou a Resolução nº 306/2002, com informações complementares ao disposto na Resolução nº 265/2000. De forma geral, a Resolução nº 306/2002 acrescentou requisitos mínimos para orientar a realização das auditorias obrigatórias. Por trás de todas essas normas estava a determinação do poder público de conter o avanço das catástrofes ambientais, estabelecendo a prevenção como ingrediente indispensável da gestão de atividades com grande potencial poluidor.

Não demorou para que os estados seguissem o exemplo do governo federal. Hoje em dia, estados como Amapá, Ceará, Espírito Santo, Paraná, Rio de Janeiro e Santa Catarina também regulamentaram a realização das auditorias ambientais. No Paraná, por exemplo, as atividades com elevado potencial de degradação ambiental são obrigadas a promovê-las de quatro em quatro anos. Assim, as auditorias ambientais viraram rotina nas empresas do setor madeireiro, de cimento, processamento, recuperação e destinação de lixo urbano e hospitalar, bem como naquelas ligadas a atividades agrícolas intensivas que lançam mão de agrotóxicos.

Auditoria ambiental segundo a Câmara de Comércio Internacional (ICC)

O amadurecimento das auditorias ambientais como um instrumento para gestão do meio ambiente é, em parte, resultado dos esforços contínuos da já citada Câmara de Comércio Internacional (ICC). Sua atuação nas empresas contribuiu para a consolidação e a padronização dos procedimentos que compõem as auditorias ambientais. Além disso, a ICC reforçou seu caráter sistemático, como lembra Barbieri:

> Para a ICC, a auditoria ambiental é definida como instrumento gerencial que compreende uma avaliação sistemática, periódica, documentada e objetiva do desempenho da organização, da administração e dos equipamentos na salvaguarda do meio ambiente com vistas a facilitar o controle das práticas ambientais e avaliar a adequação das políticas ambientais da empresa com as normas legais. (2007, p. 218.)

Basta uma rápida releitura do Capítulo 6 para constatar que a periodicidade das auditorias proposta pela ICC encaixa-se perfeitamente na filosofia do ciclo PDCA (*Plan, Do, Check, Act*). De fato, elas geralmente integram o conjunto de medidas de verificação necessárias para a melhoria contínua do SGA.

Etapas da auditoria segundo a ICC

De acordo com Barbieri (2007), o processo de auditoria proposto pela ICC divide-se em três etapas principais, como mostra a Figura 11.4. Vejamos cada uma delas separadamente, a seguir.

Atividades de pré-auditoria

Independentemente do tamanho da unidade auditada, qualquer inspeção precisa contar com uma etapa de preparativos. Durante a chamada *pré-auditoria*, toma-se uma série de decisões ligadas ao planejamento: são escolhidos o local, a abrangência e os objetivos da auditoria. Além disso, a equipe de auditores responsáveis também é montada.

Como a auditoria precisa ter começo, meio e fim, é preciso estabelecer com clareza o escopo de atuação dos auditores. O primeiro limite estipulado diz respeito ao espaço: é essencial demarcar a área geográfica da auditoria. Ela pode ficar restrita a uma cidade onde a empresa opera ou abranger, por exemplo, todas as filiais na América Latina. Em segundo lugar vem a escolha dos temas a serem analisados. Uma auditoria ambiental, por exemplo,

Figura 11.4 Etapas da auditoria segundo a ICC.

pode ter como foco as "estratégias de controle de poluição e remediação" – apenas esse tema é o bastante na mão de auditores competentes.

Em seguida, é hora de decidir que atividades ou unidades da empresa serão submetidas à inspeção. Se o tema for controle e remediação, por exemplo, é interessante vistoriar as unidades de produção, verificando, entre outras coisas, a eficiência dos equipamentos e dos planos de emergência.

Por último, a pré-auditoria também deve definir um prazo para coleta de dados e análises. Do contrário, as auditorias poderão se arrastar para sempre, tirando das empresas um importante indicador de qualidade nos processos ambientais. Para tornar as inspeções mais ágeis, vale a pena munir os auditores de um protocolo. Esse documento serve para criar um passo a passo uniformizado que a equipe de auditoria deverá seguir na execução das atividades. É importante, por exemplo, estabelecer um nível de aprofundamento. Imagine a frustração de uma diretoria que espera dos auditores conclusões detalhadas e acaba recebendo informações superficiais. Para atender às expectativas, é necessário orientá-los de antemão, especificando o grau de detalhamento desejado.

Atividades na unidade

Uma vez finalizadas as atividades de pré-auditoria, chega a hora de "colocar a mão na massa": os auditores precisam ser encaminhados ao local escolhido para inspeção. De acordo com Barbieri (2007), as atividades de campo desenvolvidas na unidade podem ser divididas em cinco passos, como mostra a Figura 11.5.

O primeiro passo de um auditor é a compreensão do SGA auditado. Antes de avaliá-lo, é preciso entender seu funcionamento e os processos administrativos e operacionais que o compõem. Munidos dessas informações, os auditores podem começar seu trabalho, identificando os pontos fortes e fracos da administração ambiental. A partir daí, é preciso colher as provas que sustentarão o parecer. Se a equipe julgar que o SGA precisa reestruturar

Figura 11.5 Atividades na unidade.

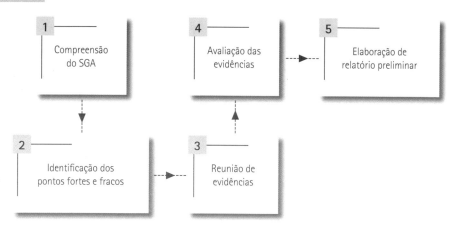

determinadas atividades, é indispensável reunir evidências que apontem a ineficiência das medidas tomadas até o momento. Isso pode ser feito por meio de entrevistas com os funcionários ou testes: o importante é coletar dados verificáveis, que não deixem dúvidas quanto às conclusões da auditoria. Uma vez obtidos os dados, é preciso avaliá-los com cuidado e listar os resultados. Depois de cumpridas essas quatro etapas, é hora de tecer um relatório, apresentando as conclusões dos auditores.

Atividades de pós-auditoria

Com base nas constatações preliminares, a equipe deverá elaborar um relatório final na última etapa, conhecida como *pós-auditoria*. Ele será construído após debates sobre as evidências, os testes e os resultados. Esse documento deve incluir os pontos principais levantados durante as discussões. É interessante também que os auditores sugiram soluções e encaminhamentos, sem deixar também de elogiar os aspectos positivos do SGA auditado.

Depois de concluído, o relatório final deve ser distribuído. Dependendo do público--alvo, a forma de apresentação dos dados pode variar. O documento encaminhado aos acionistas, por exemplo, não precisa conter detalhes técnicos, mas sim as conclusões principais em uma linguagem mais acessível. Já o relatório encaminhado ao gerente operacional da unidade inspecionada deve apresentar riquezas de detalhes e outras sugestões técnicas, que o ajudarão a elaborar um novo plano de ação. Planejar, executar, verificar e agir: a auditoria ambiental deve incorporar a revisão contínua como parte indispensável da rotina da empresa.

Auditoria ambiental segundo a ISO 19011

Embora a série ISO 14000 já apresentasse critérios explícitos para a condução de auditorias ambientais, a ISO disponibilizou em 2002 a norma ISO 19011, substituindo as regras dispostas anteriormente sobre o assunto. Na verdade, o objetivo dessa nova norma era padronizar tanto as auditorias ambientais quanto as de qualidade – dispostas na série 9000. De certa forma, a uniformização facilitou a integração dos sistemas de gestão, unificando as iniciativas para qualidade e meio ambiente.

Ao contrário das instruções contidas na família 14000, a ISO 19011 não determina requisitos mínimos, mas sim princípios e orientações gerais para o desenvolvimento de programas de auditoria interna e externa. Assim como a ICC, a ISO propõe auditorias marcadas pela sistematização e objetividade dos dados: o parecer final dos auditores não pode se apoiar em justificativas subjetivas. Por isso, as conclusões devem se fundamentar em evidências verificáveis colhidas nas unidades auditadas – servem documentos, entrevistas, resultados de testes e anotações sobre os procedimentos observados.

E, da mesma forma que a Câmara de Comércio Internacional, a ISO não abre mão da delimitação do escopo da auditoria: o espaço, o tema e os processos auditados precisam ser anunciados de antemão, contribuindo para a sistematização do processo. Além disso, para ter validade, a inspeção no âmbito da ISO 19011 precisa se orientar por certos princípios, dos quais se destaca a independência. Se as equipes estão presas às organizações por laços de interesses, a imparcialidade da análise fica sob suspeita.

O perfil do auditor também foi previsto pela norma. Em geral, ele precisa reunir características compatíveis com valores como a ética e a integridade. A discrição é outro aspecto importante, visto que os auditores lidam com temas delicados, que influenciam diretamente a imagem da empresa perante o público.

Realizar inspeções e colher evidências também demanda precisão dos membros da equipe. Em vista disso, a ISO 19011 recomenda a seleção de auditores perceptivos, atentos aos detalhes que integram o processo de gestão.

Além dos atributos pessoais, não se pode perder de vista as habilidades técnicas. É preciso, por exemplo, conhecer bem os temas relacionados ao SGA, bem como seus princípios, métodos e ferramentas. Um auditor sem definições claras de impacto ambiental e gestão sustentável dos recursos naturais não conseguirá, por exemplo, medir os efeitos do empreendimento sobre a natureza ou julgar se eles estão dentro dos limites previstos na lei. Por isso, não se deve abrir mão, também, de um bom conhecimento sobre tecnologias ambientais e legislação nacional para o meio ambiente. Na hora de escolher o líder da equipe, a seleção precisa ser mais cuidadosa ainda. Além de reunir os atributos gerais, o responsável pelos demais auditores deve apresentar espírito de liderança e bom relacionamento interpessoal para coordenar a ação do grupo.

Quando o assunto refere-se a auditorias para certificação, as equipes ainda devem somar às exigências anteriores o atendimento aos critérios exigidos pelo órgão credenciador. No Brasil, por exemplo, a contratação de auditores deve se pautar nos requisitos mínimos estabelecidos pelo Inmetro.

Como as inspeções são atividades interdisciplinares, o auditor precisa lidar bem com temas relacionados a direito, tecnologia, contabilidade e administração, por exemplo. Não basta entender de cada assunto: é necessário estar apto a articular as diferentes disciplinas para avaliar os sistemas de gestão. De acordo com Barbieri (2007), a simples verificação do cumprimento das obrigações legais pode exigir a combinação de conhecimentos jurídicos com procedimentos técnicos, como a verificação de práticas de segurança e saúde no trabalho.

Programas de auditoria

Para estruturar melhor as inspeções, a norma ISO 19011 trouxe outra novidade: o conceito de *programas de auditoria*. Na teoria, eles designam um conjunto de auditorias agendadas dentro de um determinado período com o objetivo de tratar temas específicos. Na prática, a função dos programas é limitar o escopo de cada ciclo de auditoria. Quando a empresa auditada apresenta sistemas de gestão de qualidade e ambiental, é possível integrar os programas, promovendo auditorias conjuntas. Medidas desse tipo ajudam a revelar como

214 | Gestão ambiental

diferentes setores de gestão podem trabalhar juntos para atingir objetivos comuns. O tamanho do programa e a sua duração não são fixos: essas escolhas dependem da complexidade dos temas abordados e do grau de detalhamento exigido.

Auditoria ambiental segundo o Emas

Conforme já comentamos no Capítulo 6 e no início deste capítulo, em 1993 o Conselho Europeu criou o Eco Management and Audit Scheme (Emas), que estipulava uma série de critérios mínimos para a implantação de um SGA e para a realização de auditorias. Inspirado pelos princípios propostos pela ICC, o órgão europeu definiu a *auditoria ambiental* como um processo voltado à inspeção e à avaliação sistemática e periódica, pautada no exame de evidências como documentos, testes e entrevistas.

Repetindo alguns dos princípios que já examinamos neste capítulo, o Emas estabelece que a auditoria deve verificar o cumprimento da legislação ambiental vigente, bem como a adequação do SGA aos ideais apresentados na política ambiental da própria empresa. A fim de assegurar a melhoria contínua, cada ciclo de auditoria não pode durar mais de três anos, ou seja, todas as atividades da organização devem passar por uma inspeção de três em três anos. Se, porém, algumas dessas atividades apresentarem maior potencial nocivo, elas poderão ser auditadas com mais fequência.

Por último, assim como a ICC e a norma ISO 19011, o Emas também recomenda a demarcação temática das auditorias. Como não é possível abordar todos os aspectos ambientais ao mesmo tempo, é necessário fazer "recortes", escolhendo assuntos específicos para cada programa de auditoria.

Quanto à seleção do auditor, o Emas é mais flexível que a ISO: a equipe responsável pela condução da auditoria pode ser de primeira, segunda ou terceira parte – tanto faz. O importante mesmo, segundo os europeus, é garantir que o auditor disponha do conhecimento necessário para promover a vistoria, tenha ele vínculos ou não com a instituição auditada. No fim das contas, o que faz a diferença para o sucesso da auditoria, de acordo com o Emas, é o grau de familiarização do auditor com os procedimentos e princípios que compõem o SGA.

Auditoria ambiental segundo o Conama

O Conama pronunciou-se a respeito das auditorias ambientais na Resolução nº 306/2002, que estabelece os critérios básicos para sua realização. De acordo com Barbieri (2007), os requisitos exigidos pelo Conama são muito semelhantes aos da ICC: na resolução brasileira – assim como na carta da Câmara do Comércio –, as auditorias são definidas como vistorias sistemáticas, desenvolvidas com base em evidências verificáveis e objetivas.

A leitura do inciso II do Anexo I, no qual se definem os termos citados na resolução, confirma o ponto de vista do autor:

> Auditoria ambiental: processo sistemático e documentado de verificação, executado para obter e avaliar, de forma objetiva, evidências que determinem se as atividades, eventos, sistemas de gestão e condições ambientais especificados ou as informações relacionadas a estes estão em conformidade com os critérios de auditoria estabelecidos nesta Resolução, e para comunicar os resultados desse processo (CONAMA, 2002).

De acordo com o Conama, as auditorias devem ser conduzidas por entidades de terceira parte. Todos os procedimentos precisam ser documentados e seguir os princípios prescritos no escopo e na metodologia escolhidos para o programa de auditoria. Documentos, entrevistas e testes são sempre bem-vindos.

É importante lembrar que a Resolução nº 306/2002 do Conama surgiu dois anos após a publicação da Lei nº 9.966 e da Resolução nº 265, que tornaram compulsórias a realização de auditorias periódicas para atividades com elevado potencial poluidor. Sua finalidade é, portanto, estabelecer parâmetros para a execução das inspeções, evitando que cada organização crie seus próprios procedimentos.

O artigo 1º da resolução é claro ao estabelecer como função das auditorias a avaliação do SGA e das instalações para verificar se está tudo conforme previsto nas leis que regem o setor. Os auditores devem fazer o levantamento de todas as leis federais, estaduais e municipais aplicáveis ao empreendimento auditado. Também é preciso levar em conta outros compromissos ou acordos ambientais firmados pela instituição com terceiros.

Outro ponto importante diz respeito às licenças das instalações: é necessário checar se o processo de licenciamento está em dia. Além disso, as auditorias servem para examinar o cumprimento das recomendações solicitadas pelo órgão competente durante o processo de licenciamento. Vale a pena lembrar que a detecção de irregularidades pode levar à suspensão ou até à revogação das licenças.

Para medir o desempenho ambiental, é preciso comparar os resultados da inspeção às metas propostas na legislação e na política da própria organização. Qualquer irregularidade deve ser documentada com suas respectivas provas em anexo. Também cabe à equipe de auditores, segundo o Conama, identificar se a empresa mantém aberto um canal de comunicação com os *stakeholders*, informando o impacto ambiental dos negócios e ouvindo suas reivindicações.

Na metodologia proposta pelo Conama, o próximo passo da auditoria está mais relacionado aos aspectos administrativos e operacionais dos negócios. É o momento em que os auditores verificarão a existência de planos de emergência e de gerenciamento de riscos e a realização dos respectivos treinamentos e simulações. É importante checar os registros de ocorrência de acidentes: eles podem revelar falhas na condução dos procedimentos ambientais ou de segurança no trabalho, por exemplo.

Por último, a equipe de auditoria deve confeccionar um relatório. Segundo o Conama, esse documento final precisa conter no mínimo oito itens indispensáveis, como mostra o Quadro 11.1.

216 | Gestão ambiental

Quadro 11.1   Conteúdo do relatório de auditoria, de acordo com a Resolução do Conama nº 306/2002.

1	Membros da equipe de auditoria e distribuição de tarefas.
2	Descrição dos aspectos operacionais e administrativos do setor da empresa e das instalações auditadas.
3	Escolha da metodologia e dos critérios que orientaram a auditoria.
4	Período coberto pela auditoria.
5	Documentos, normas e regulamentos de referência.
6	Lista de documentos e unidades auditadas.
7	Lista de pessoas entrevistadas durante a auditoria e suas respectivas funções na empresa auditada.
8	Conclusões da auditoria, incluindo a identificação de conformidades e não conformidades.

De posse do relatório da auditoria, a empresa é que deve dar o próximo passo: a elaboração de um plano de ação. Os empreendedores devem selecionar um conjunto de ações corretivas para aperfeiçoar o seu sistema de gestão, eliminando as falhas apontadas pelos auditores. De acordo com o Conama, o plano de ação precisa conter no mínimo os seguintes componentes:

- ações corretivas e preventivas para extinguir os problemas com não conformidades indicados no relatório da auditoria ambiental;
- cronograma para colocar em prática o plano de ação;
- indicação de uma equipe responsável pela implantação das medidas;
- cronograma para avaliação da eficiência do plano de ação e para a elaboração de um relatório.

O artigo 7º da Resolução nº 306/2002 estipula um prazo de dois anos para a apresentação do relatório de auditoria ambiental, acompanhado do respectivo plano de ação. Esses documentos devem ser encaminhados ao órgão ambiental competente e anexados ao processo de licenciamento da instalação auditada.

SAIU NA IMPRENSA

CSN DESISTE DE PAGAR EM JUÍZO R$ 2 MILHÕES COBRADOS POR USO DE ÁGUA

Diana Brito

A direção da CSN (Companhia Siderúrgica Nacional), em Volta Redonda (RJ) desistiu nesta segunda-feira de depositar em juízo os R$ 2 milhões cobrados pelo uso da água do rio Paraíba do Sul, que abastece cerca de 85% da população fluminense.

A decisão da empresa foi divulgada após uma reunião de acordo com a secretária estadual de Meio Ambiente, Marilene Ramos, e a desembargadora da 7ª Turma do Tribunal Regional Federal da 2ª Região, Salete Macaloz.

A reunião foi uma tentativa de mudar a postura ambiental da empresa após o último vazamento de óleo, ocorrido em agosto. Segundo a secretária, os depósitos retidos na Justiça, que já somam R$ 12 milhões, devem ser liberados ao comitê das bacias do rio a partir de janeiro de 2010.

O comitê é formado por 60 membros indicados pelo governo de Minas Gerais, São Paulo e Rio de Janeiro, estados percorridos pelo rio.

"Por conta do acidente, o Inea (Instituto Estadual do Ambiente) emitiu a ordem de paralisação das atividades do setor carboquímico da empresa e isso estava trazendo prejuízos financeiros porque ela está em processo de captação de recursos do exterior.

Segundo a secretária, representantes da empresa se reuniram com ela há 15 dias e afirmaram que queriam mudar de postura. "Colocamos para eles que retirar essa ação e voltar a participar do comitê seria interpretado por nós como um gesto concreto de boa vontade", afirmou.

De acordo com a secretária, a cobrança pelo uso da água do rio Paraíba do Sul é feita desde 2003, mesmo ano em que a CSN entrou com uma ação para pagar a conta em juízo. O valor pago ao comitê é proporcional à água captada — a CSN capta 5 metros cúbicos por segundo e paga cerca de R$ 2 milhões, ou 20% da arrecadação na bacia.

A secretária afirmou que cerca de 320 indústrias pagam a taxa ao Comitê desde 2003 e a CSN era a única que fazia o depósito em juízo, alegando que o valor pago não era investido no rio e que nem todos os usuários da água eram cobrados.

Outro lado

A CSN afirmou, em nota, que retirou a ação e que vai depositar o valor após acertar com a secretária que os recursos serão utilizados no rio. A empresa disse ainda que irá compor um grupo de trabalho que vai definir como esses recursos serão utilizados.

Na semana passada, a CSN divulgou que implantará três ações para amenizar os danos causados pelo último acidente: fará uma auditoria ambiental nas instalações de sua usina, irá rever os seus processos para reduzir o risco de vazamentos, e vai instalar uma estação de monitoramento da qualidade da água do rio após a usina.

Fonte: BRITO, Diana. CSN desiste de pagar em juízo 2 milhões cobrados por uso de água. *Folha online*, 14 set. 2009. Disponível em: <http://www1.folha.uol.com.br/folha/cotidiano/ult95u623954.shtml>. Acesso em: 7 jul. 2010.

1. Como pode ser classificada a auditoria que a CSN se propôs a promover?

2. De que forma a realização de auditorias periódicas pode minimizar os problemas ambientais da siderúrgica?

3. Os gastos com a reparação dos danos causados ao meio ambiente, nesse caso, podem ser avaliados por que tipo de auditoria?

NA ACADEMIA

- Existem várias empresas especializadas em prestar serviços de auditoria ambiental. Em conjunto com um colega, localize na Internet o site de três dessas empresas e descubra:

1. Elas prestam apenas serviços de auditoria ambiental, ou também realizam outros tipos de auditoria?
2. Entre os modelos de auditoria apresentados na Figura 11.1, quais estariam aptas a realizar?
3. Na realização das auditorias ambientais, essas empresas seguem os procedimentos e princípios de quais organismos nacionais ou internacionais (ISO, ICC, Conama etc.)?
4. Há informações sobre a equipe de auditores? Em caso positivo, o que podemos deduzir sobre o perfil desses profissionais?

Pontos importantes

- Em geral, a auditoria ambiental é um instrumento para avaliar o desempenho ambiental da empresa e julgar sua conformidade com as leis locais. Dependendo dos objetivos que são somados a essa função principal, ele pode contribuir também para outros fins. Ao todo, existem sete tipos de auditoria ambiental.

- A auditoria de conformidade tem uma motivação estritamente legalista: sua função se limita a verificar o *status* das licenças ambientais e avaliar se as atividades da empresa operam dentro dos limites da lei, atendendo às normas municipais, estaduais ou federais que regulam o setor.

- A auditoria de desempenho ambiental tem por finalidade verificar o impacto do empreendimento sobre a natureza, medindo as emissões de poluentes e o consumo de matéria-prima, água e energia, por exemplo. O desempenho ambiental é comparado não apenas às metas estabelecidas por lei, mas, também, aos objetivos propostos na própria política da empresa.

- A auditoria *due diligence* é muito útil em situações de compra, venda, cisão ou fusão, por exemplo. Além de considerar o balanço patrimonial da empresa, ela avalia os seus ativos e passivos ambientais, incorporando-os ao seu valor final.

- A auditoria de desperdícios e emissões serve para medir os efeitos negativos dos negócios, contribuindo para a implantação de melhorias. As vistorias podem avaliar a quantidade de emissões de poluentes ou efluentes industriais e sugerir, por exemplo, a substituição de insumos ou a troca de equipamentos tradicionais por outros mais eficientes do ponto de vista energético.

- A auditoria pós-acidente mede a dimensão dos estragos e aponta as falhas responsáveis pelo problema. Ela é importante para conter o aumento dos danos e corrigir os instrumentos do sistema de gestão.

- A auditoria de fornecedor investiga os aspectos ambientais dos produtos e serviços comprados pela empresa. Elas são especialmente úteis na hora de escolher ou renovar o contrato de um fornecedor, pois ajuda a vincular a organização a parceiros ecologicamente corretos.

- A auditoria de SGA ajuda a avaliar o desempenho do sistema de gestão, verificando se ele está em conformidade com a política ambiental ou até se merece obter uma certificação.

- As auditorias internas ou de primeira parte são realizadas por funcionários da organização auditada. As auditorias de segunda parte correspondem àquelas desenvolvidas por partes interessadas. Ou seja, quem examina o SGA da empresa são organizações fornecedoras, ou clientes, de uma empresa que está passando por um processo de auditoria ambiental. Quando a auditoria é de terceira parte, o SGA é auditado por uma equipe independente, sem vínculos com a organização. Se o objetivo for a concessão de um certificado, os auditores serão representantes de um organismo de certificação credenciado (OCC).

- De acordo com a ICC, a auditoria é dividida em três etapas: atividades de pré-auditoria, atividades na unidade e atividades de pós-auditoria.

- A norma ISO 19011 propõe padrões uniformes para as auditorias ambientais e de qualidade, integrando os sistemas de gestão propostos nas séries 14000 e 9000 respectivamente. De certa forma, a uniformização facilitou a integração dos aspectos da administração empresarial, articulando as iniciativas para qualidade e meio ambiente.

Referências

BARBIERI, José Carlos. *Gestão ambiental empresarial*. São Paulo: Saraiva, 2007.

BRASIL. *Lei nº 9.966, de 28 de abril de 2000*. Brasília, 2000.

CONSELHO NACIONAL DO MEIO AMBIENTE. *Resolução nº 265, de 27 de janeiro de 2000*. Brasília, 2000.

_____. *Resolução nº 306, de 5 de julho de 2002*. Brasília, 2002.

Capítulo 12

RELATÓRIOS AMBIENTAIS

Neste capítulo, abordaremos as seguintes questões:

- O que é o relatório de sustentabilidade?
- Em geral, quais são os componentes básicos de um relatório ambiental?
- Segundo a GRI, que dados devem ser priorizados em um relatório ambiental: subjetivos ou objetivos? Por quê?
- De acordo com o Ibase, o que é um balanço social?
- Segundo a ISO, como deve ser a comunicação externa da empresa?
- O que é necessário para integrar os Índices Dow Jones de Sustentabilidade?
- Para que servem os Indicadores Ethos de Responsabilidade Social?

Introdução

No Capítulo 9, você conheceu as regras que orientam a obtenção de licenças ambientais para empreendimentos com alto potencial poluidor, como portos e plataformas de extração de petróleo. Você viu que, nesses casos, é obrigatória a apresentação do estudo de impacto ambiental (EIA), acompanhado do seu respectivo relatório (Rima).

No entanto, a prestação de contas do desempenho ambiental não ocorre apenas em casos obrigatórios como esses. Atentas à crescente conscientização ecológica, muitas organizações perceberam a importância de comunicar os aspectos ambientais dos seus negócios mesmo quando isso não é exigido por lei. Para tanto, lançam mão dos chamados *relatórios de sustentabilidade*, documentos que estudaremos neste capítulo. Embora sejam um tipo específico de relatório ambiental, os relatórios de sustentabilidade são muitas vezes chamados também, genericamente, de relatórios ambientais, e portanto, usaremos os dois termos indistintamente aqui.

Na primeira parte do capítulo, explicaremos por que esse instrumento está se popularizando na iniciativa privada e quem é seu público-alvo. Veremos, também, o conteúdo mínimo que um relatório desse tipo deve apresentar. Em seguida, na segunda e última parte, serão descritos alguns modelos de relatório de sustentabilidade propostos por seis organizações renomadas: Ceres, GRI, Ibase, ISO, Dow Jones e Instituto Ethos de Responsabilidade Social.

Relatórios ambientais: o que, por que e para quem

As últimas décadas contribuíram para consagrar os relatórios ambientais como importantes instrumentos de gestão. Em 1991, a Câmara de Comércio Internacional (ICC) lançou 16 princípios para orientar as práticas empresariais — compartilhar as informações de interesse público estava entre eles. No ano seguinte, foi a vez das Nações Unidas. Reunidos na Eco-92, chefes de Estado do mundo inteiro colaboraram na confecção da Agenda 21, que recomendava, em seu capítulo 30, a elaboração anual de relatórios sobre os aspectos ambientais dos negócios.

Esses esforços não foram em vão: seja por meio eletrônico, seja por impresso, os relatórios ambientais já estão por toda parte. Hoje em dia, diversas empresas utilizam o documento para relatar os efeitos das suas atividades no meio ambiente, bem como para divulgar as medidas para mitigá-los. No Brasil, a Lei nº 9.966/2000 contribuiu para essa popularização, pois tornou obrigatórias as auditorias acompanhadas de relatórios ambientais para atividades relacionadas à "movimentação de óleo e outras substâncias nocivas ou perigosas em portos organizados, instalações portuárias, plataformas e navios", como vimos no capítulo anterior.

No âmbito estadual não foi diferente — hoje, vários estados brasileiros exigem a confecção de relatórios ambientais disponíveis ao público. Aliás, a divulgação dessas informações não deveria soar como novidade: em 1988, a Constituição Federal oficializou o direito dos cidadãos brasileiros às informações sobre qualquer serviço ou programa de interesse particular ou coletivo. Antes disso, a Lei nº 6.938/1981 já conferia ao governo a tarefa de garantir o acesso público às informações sobre o meio ambiente. Em 2003, a Lei nº 10.650 confirmou o direito do indivíduo aos dados contidos nos documentos e processos administrativos que circulam nos órgãos do Sistema Nacional do Meio Ambiente (Sisnama); hoje em dia, qualquer um de nós pode ir ao Conama ou ao Ibama e exigir a apresentação de relatórios sobre qualidade do meio ambiente, planos de recuperação de áreas degradadas, entre outros assuntos relacionados à proteção da natureza.

Relatório ambiental: obrigação ou boa vontade?

No Brasil, como acabamos de dizer, a apresentação compulsória de relatórios ambientais se limita às empresas com elevado potencial de degradação da natureza. Como a maioria das organizações não se enquadra nesse grupo, a divulgação dos aspectos ambientais dos negócios depende da boa vontade dos gestores.

Infelizmente, muitos administradores preferem não compartilhar informações, pois acreditam que o compromisso da empresa com a sociedade não precisa ir além do cumprimento da lei. A simples geração de empregos e o pagamento de impostos seriam suficientes — um favor prestado à comunidade. Para quem compartilha esse ponto de vista, somente acionistas ou proprietários podem ter acesso irrestrito às informações sobre os impactos ambientais do empreendimento — os demais interessados não são bem-vindos.

No entanto, essa postura exclusivista está com os dias contados: já foi a época em que a empresa podia atuar de portas fechadas, deixando os anseios da comunidade do lado de fora. Hoje em dia, a aceleração do aquecimento global, o desgaste da camada de ozônio e as ameaças à biodiversidade são incompatíveis com essas práticas. Afinal de contas, se os efeitos das atividades econômicas não são restritos às próprias empresas, é natural que a sociedade civil exija a prestação de contas.

Para o professor Barbieri (2007), existem três princípios que estabelecem a responsabilidade socioambiental como dever moral das empresas. O primeiro é conhecido como *princípio da legitimidade*. De acordo com esse princípio, é a sociedade que confere às organizações o poder e a legitimidade que elas têm. Imagine, por exemplo, uma empresa renomada. Já pensou? Pois bem. Certamente, essa organização não construiu uma história de sucesso da noite para o dia: ela conquistou a confiança do consumidor aos poucos, agregando valor à sua marca por meio de uma boa relação com seus clientes. O segundo princípio estabelece a *responsabilidade pública* como um componente indispensável ao êxito empresarial: as organizações precisam assumir o ônus social e ambiental das suas atividades, comprometendo-se com a mitigação dos impactos negativos causados. Por último, o terceiro princípio propõe a ideia de que todo administrador deve atuar como um *agente moral*, contribuindo para a ação responsável e ética da sua organização.

Por outro lado, Barbieri acredita que tornar obrigatória a divulgação de relatórios ambientais seria um grande equívoco:

> A obrigatoriedade tende a banalizar esse instrumento, na medida em que todas as empresas, compromissadas ou não com o meio ambiente, inclusive as que não atendem sequer a legislação, estarão providenciando seus relatórios para cumprir uma exigência que dificilmente será fiscalizada, até pela enorme quantidade de relatórios que irá se acumular ao longo do tempo. Elaborar o relatório e não realizar práticas que melhorem o desempenho ambiental das suas empresas serão as preocupações de muitos dirigentes empresariais. Um relatório produzido sem compromisso efetivo com a realização de melhorias é um campo fértil para as práticas de maquiagem ou lavagem verde (2007, p. 277).

Apesar da não obrigatoriedade da publicação do relatório ambiental, muitas empresas já perceberam as vantagens dessa prática e a ela aderiram voluntariamente. Essas organizações pretendem manter um diálogo de mão dupla com os *stakeholders*, por isso veem com bons olhos sugestões e críticas do público, aproveitando-as para promover ajustes na sua política. Aliás, em matéria socioambiental não há distinção entre os *stakeholders* primários — investidores, acionistas e proprietários — e os secundários — ONGs e comunidade — a participação de todos é bem-vinda.

Na verdade, transparência é palavra de ordem para a gestão do século XXI. Cada vez mais, os gestores terão de lidar com a "intromissão" de diferentes partes interessadas, tais como funcionários, clientes, ambientalistas e agências reguladoras — atores sociais que prometem atuar de forma ativa no mundo dos negócios. É nesse novo cenário que os relatórios ambientais ou relatórios de sustentabilidade, ainda que não obrigatórios, surgem como uma importante ferramenta de gestão, capaz de garantir qualidade e periodicidade na comunicação externa da empresa.

Conteúdo mínimo do relatório ambiental

Para garantir a comunicação eficiente, o gestor precisa levar em conta diversos fatores na hora de elaborar um relatório. Em primeiro lugar, é preciso escolher um público-alvo. Quando o destinatário é a população em geral, convém abordar temas de interesse coletivo com uma linguagem do dia a dia. Já os ativistas ambientais demandam um formato um pouco diferente: vale a pena incluir informações um pouco mais técnicas, com ênfase nas medidas sustentáveis que a empresa acolheu. Por outro lado, se o relatório será apresentado ao órgão ambiental competente ou à agência reguladora do setor, é hora de abusar dos detalhes técnicos e fornecer dados específicos sobre os aspectos ambientais, operacionais e administrativos da gestão.

Independentemente do público-alvo, é aconselhável manter a clareza: o relatório deve ir direto ao ponto, sem deixar de incluir informações mensuráveis que comprovem o seu conteúdo. Confira, na Figura 12.1, alguns itens que não podem faltar em um bom relatório ambiental.

Figura 12.1 Componentes do relatório ambiental.

A prestação de contas anual sobre os impactos ambientais do empreendimento permite o monitoramento contínuo do SGA, o que favorece o seu aperfeiçoamento. É possível, por exemplo, comparar o desempenho ao dos anos anteriores, testando a eficácia das medidas implantadas. O próprio consumidor pode acompanhar o progresso da empresa rumo à sustentabilidade: no fim das contas, o reconhecimento público dos esforços ambientais da organização pode se converter em lucro, na medida em que agrega uma vantagem competitiva à marca.

Modelos de relatórios de sustentabilidade

Frequentemente, o termo *sustentabilidade* se confunde com práticas ecologicamente corretas. De fato, para se tornar sustentável, a empresa deve acolher medidas para construir um meio ambiente saudável. Porém, isso não é o bastante. Como já vimos em várias passagens deste livro, a noção de sustentabilidade apoia-se em um tripé de desenvolvimento, que inclui economia, sociedade e meio ambiente.

Com o relatório de sustentabilidade não é diferente; é preciso comunicar as três dimensões do desempenho empresarial: responsabilidade ambiental, responsabilidade social e, é claro, desempenho econômico. O relatório de sustentabilidade da Philips na América Latina é um bom exemplo disso. No biênio 2007/2008, por exemplo, o relatório trazia quatro capítulos principais:

1. *Responsabilidade ambiental*: este capítulo apresentava, entre outros itens, um quadro comparativo com dados de 2006 e 2007 sobre consumo de energia e água, geração de resíduos e emissão de CO_2. A queda dos números de um ano para outro, observável em todos os índices, atribui-se, segundo a empresa, a seu programa ambiental EcoVision, também descrito neste capítulo.

2. *Responsabilidade econômica*: neste capítulo, a Philips descreve a dimensão econômica de seu desempenho Entre 2006 e 2007, por exemplo, a empresa registrou melhora no seu desempenho no Índice Dow Jones de Sustentabilidade. De acordo com a SAM Research, que você conhecerá mais adiante, os índices da Philips estavam acima da média do mercado.

3. *Responsabilidade social*: este capítulo abrange as iniciativas da Philips que visam ao bem-estar da sociedade. Entre elas, merece destaque a criação da Unidade Móvel de Diagnóstico Mais Vida, resultante da parceria com o governo de Pernambuco. O objetivo do projeto é oferecer exames diagnósticos gratuitos para a população de baixa renda. Exames dispendiosos, como a tomografia computadorizada, também foram disponibilizados na unidade. Estima-se que mais de 800 pessoas já foram beneficiadas.

4. *Responsabilidade individual*: embora algumas empresas abordem suas práticas de recursos humanos ao lado daquelas ligadas à responsabilidade social, a Philips preferiu dedicar-lhes um capítulo exclusivo, denominado "Responsabilidade individual". Nesse capítulo, a Philips destaca os programas desenvolvidos para controle de riscos, segurança e saúde no trabalho. Em 2007, por exemplo, a empresa deu continuidade ao seu programa interno de qualidade de vida, promovendo campanhas de prevenção de doenças, como a AIDS e outras DSTs (doenças sexualmente transmissíveis).

Além de detalhar a atuação da empresa nas três áreas, os relatórios também devem incluir metas para o futuro ou ações corretivas. Com isso, a empresa informa o público sobre os seus projetos ao mesmo tempo que estabelece objetivos internos de melhorias. Como você pode ver, o que não falta é assunto. Aliás, com uma variedade tão grande de temas, fica até difícil organizar esse documento. Foi justamente para padronizá-lo que organizações como a ISO e o Ibase desenvolveram modelos de relatórios ambientais. É claro que cada empresa pode proceder como desejar: algumas optam pela criação de modelos próprios, enquanto outras adotam aqueles sugeridos pelos institutos. Há, também, aquelas que modificam os modelos padronizados, adaptando-os às suas necessidades. De uma forma ou de outra, a tendência geral é adotar relatórios que deem conta do tripé da sustentabilidade, reunindo informações sobre as dimensões social, ambiental e econômica dos negócios.

Nas próximas seções, você conhecerá os modelos propostos por seis instituições: Ceres, GRI, Ibase, ISO, Dow Jones e Instituto Ethos de Responsabilidade Social. Além de facilitar a comparação do desempenho de diferentes empresas, essas iniciativas de uniformização ajudam a consolidar os relatórios ambientais como um instrumento de gestão. Afinal, sem elas, os relatórios poderiam se transformar em uma ferramenta para promover a "maquiagem verde", ocultando o impacto nocivo dos empreendimentos.

Relatório ambiental segundo a Ceres

Em 1989, o mundo assistiu apreensivo a um dos maiores desastres ambientais da história: o derramamento de milhões de litros de óleo causado pela Exxon Valdez no Alaska atingiu uma região delicada do planeta, colocando em xeque a sobrevivência de inúmeras espécies. Seis meses após o acidente, um grupo de investidores resolveu lançar uma organização para auxiliar a iniciativa privada na promoção do crescimento sustentável. Nascia assim a *Coalition for Environmentally Resposible Economies*, também conhecida pela sigla Ceres.

> *Para conhecer melhor a Ceres, visite o site <www.ceres.org>.*

Poucos anos após sua criação, a organização desenvolveu o *Ceres Reporting*, um modelo de relatório ambiental genérico que poderia ser usado por qualquer empresa, independentemente do tamanho ou setor. Atualmente, a Ceres está concentrando seus esforços na criação de um modelo específico para organizações sem fins lucrativos e empresas de pequeno porte.

A própria Ceres publica anualmente o seu relatório ambiental — apenas na Internet, já que, segundo a entidade, o formato tradicional gasta papel e tinta desnecessariamente. Entre as medidas adotadas, destaca-se a neutralização das emissões: hoje em dia, a Ceres compra créditos de carbono, compensando, assim, o impacto ambiental das suas operações e eventos.

Relatório ambiental segundo a GRI

Fruto dos esforços conjuntos do Pnuma e da Ceres, a *Global Reporting Initiative* — também conhecida como GRI — tornou-se uma organização independente em 2002. Seu objetivo é semelhante ao de seus fundadores: promover o desenvolvimento sustentável no mundo dos negócios por meio da conciliação entre lucratividade e responsabilidade socioambiental.

Desde sua criação, a GRI vem oferecendo ao empresariado princípios e indicadores para medir o desempenho ambiental, econômico e social das organizações. Diga-se de passagem, a atualização dessas diretrizes é uma tarefa interminável: todo ano os representantes do GRI convidam

> *Para conhecer melhor a GRI, visite o site <www.globalreporting.org>.*

diferentes *stakeholders* para criticar seus indicadores. Os resultados são submetidos à análise de uma equipe técnica, que elabora um novo modelo com base nas sugestões colhidas. Em seguida, a proposta segue para o site da instituição, onde os internautas podem opinar à vontade sobre a nova ferramenta. Depois de encerrada a fase de comentários, é

228 | Gestão ambiental

a vez de a comissão técnica incorporar as contribuições, elaborando uma versão final do documento. Só então o modelo é submetido à aprovação dos diretores.

Embora as diretrizes da GRI sofram ajustes anuais, alguns princípios permanecem intocados. A inclusão de dados quantitativos é um deles: em vez de opiniões subjetivas, o relatório de sustentabilidade deve apresentar estatísticas, porcentagens, comparações — enfim, indicadores que traduzam em números o desempenho empresarial nos quesitos econômico, social e ambiental.

O Banco Real é uma das instituições de renome internacional que acolheu o modelo GRI na produção do seu relatório. O Quadro 12.1 apresenta alguns indicadores econômicos, sociais e ambientais que compõem o documento do banco. Para cada um deles é

Quadro 12.1 Indicadores usados no relatório de sustentabilidade do Banco Real.

Indicadores econômicos	Indicadores sociais (apoio e patrocínios)	Indicadores ambientais
Lucro líquido	Esporte	Financiamentos de projetos que contribuem para a redução de gases de efeito estufa
Reinvestimento de lucros	Combate à fome	Créditos de carbono negociados pelo banco
Salários dos funcionários	Desenvolvimento comunitário	Consumo de papel
Remuneração dos acionistas	Preservação do patrimônio público	Consumo de energia elétrica
Despesas operacionais	Treinamentos em sustentabilidade	Consumo de água
Impostos, taxas e contribuições	Erradicação do analfabetismo	Geração de lixo
Resultado bruto da intermediação financeira	Projeto Escola Brasil	Percentual de lixo reciclável
Saldo de operações de crédito	Programa Amigo Real (Direitos da Criança e do Adolescente)	Frota de carros
Captação de investimentos no exterior	Programa educacional Banco na escola	Percentual de carros com biocombustível

Relatórios ambientais | 229

escolhida uma unidade de medição: alguns são medidos em reais; outros, em toneladas ou litros, por exemplo.

Os indicadores apresentados no Quadro 12.1 são apenas alguns exemplos: dependendo da natureza do empreendimento, outros podem ser acrescentados. No quesito meio ambiente, pode valer a pena inserir estatísticas sobre as emissões nocivas à camada de ozônio, os efluentes industriais produzidos, o percentual de produtos reciclados ou reaproveitados e as despesas com multas por infrações ambientais. Por trás de cada indicador, existe um protocolo — uma "receita" que a GRI oferece para orientar a metodologia e a coleta de informações para o seu cálculo.

Balanço social segundo o Ibase

Quando o assunto é comunicação externa, também vale a pena conferir o modelo do Ibase — o *Instituto Brasileiro de Análises Sociais e Econômicas* (Ibase). Fundado em 1981 por personalidades como o sociólogo Herbert de Souza, o Betinho, o Ibase sugere a prestação de contas na forma de *balanço social,* um demonstrativo anual das ações sociais promovidas pela empresa. Mais completo que um relatório ambiental, o balanço social tem como objetivo divulgar as iniciativas adotadas a favor do bem-estar comum, mostrando aos acionistas, aos investidores e à própria comunidade que a empresa não está alheia às demandas sociais. No balanço social, são avaliados os impactos do empreendimento sobre a vida dos funcionários e da comunidade, sem deixar de lado seus efeitos sobre o meio ambiente.

> *Para conhecer melhor o Ibase, visite o site <www.ibase.br>.*

Atualmente, o relatório sugerido pelo Ibase avalia o desempenho empresarial por meio de quatro tipos principais de indicadores:

- *indicadores sociais internos*: incluem gastos com alimentação, saúde e capacitação profissional dos funcionários, entre outros;
- *indicadores sociais externos*: incluem investimentos em áreas como educação, cultura, saúde e combate à fome, por exemplo;
- *indicadores ambientais*: consideram tanto as despesas com melhorias internas, como a implantação de equipamentos e práticas ecoeficientes, quanto os custos com programas externos de preservação da natureza;
- *indicadores do corpo funcional*: incluem registros simples, como número de empregados e admissões no período, e também aqueles relativos à diversidade e à inclusão, como porcentagem de cargos de chefia ocupados por negros e mulheres, ou número de funcionários com necessidades especiais.

Confira o Quadro 12.2 para conhecer mais sobre os indicadores que compõem o balanço social do Ibase:

230 | Gestão ambiental

Quadro 12.2 Indicadores do balanço social proposto pelo Ibase.

Indicadores sociais internos	Indicadores sociais externos	Indicadores ambientais	Indicadores do corpo funcional
Alimentação	Educação	Invesitmentos com a produção/operação da empresa	Nº de empregados
Encargos sociais compulsórios	Saúde e saneamento	Investimentos em programas e/ou projetos externos	Nº de admissões
Previdência privada	Cultura	Metas anuais para minimizar resíduos	Nº de estagiários(as)
Saúde	Esporte	Metas anuais para minimizar o consumo na produção/operação	Nº de empregados acima de 45 anos
Segurança e saúde no trabalho	Combate à fome e segurança alimentar	Metas anuais para aumentar a eficácia na utilização de recursos naturais	Nº de mulheres que trabalham na empresa
Educação			% de cargos de chefia ocupados por mulheres
Cultura			Nº de negros que trabalham na empresa
Capacitação e desenvolvimento profissional			% de cargos de chefia ocupados por negros
Creches ou auxílio--creche			Nº de funcionários com deficiência física e/ou necessidades especiais
Participação nos lucros ou resultados			

Além dos indicadores, o Ibase propõe outras ferramentas para medir o desempenho empresarial. O questionário contém campos para o preenchimento dos aspectos econômicos dos negócios, como folha de pagamento bruta, receita líquida e resultado operacional. Há, ainda, itens bastante peculiares, como a relação entre a maior e a menor remuneração, que permite ao leitor saber como é feita a distribuição dos lucros na organização. Questões relacionadas a liberdade sindical, padrões de salubridade e acidentes de trabalho também são levadas em conta na análise do Ibase.

Como você pode ver, ganhar o *Selo Balanço Social Ibase/Betinho* não é tarefa fácil: todos os campos devem ser preenchidos e respostas vagas não são aceitas. Isso evita documentos maquiados, que só incluem dados favoráveis à empresa. Além disso, os responsáveis pelo preenchimento do balanço social não são apenas os representantes da alta gestão: todos os funcionários recebem um questionário, onde avaliam o desempenho da organização.

Uma vez concluída essa etapa, é hora de ouvir o que a comunidade tem a dizer. O Ibase abre um período de consulta pública para colher opiniões, críticas e elogios à empresa. Por último, o instituto analisa o conjunto de informações e emite o parecer final. Repare que o processo de avaliação do Ibase não fica restrito ao instituto e à direção da empresa: no fim das contas, a "auditoria de certificação" fica nas mãos dos próprios empregados e da sociedade, o que agrega maior legitimidade ao selo. Atualmente, apenas 17 empresas detêm o certificado Balanço Social Ibase.

Relatório ambiental segundo a ISO

Pode parecer estranho, mas implantar um SGA em conformidade com os parâmetros da série ISO 14000 não exige a prestação de contas à sociedade. De acordo com a norma ISO 14001, fica a critério da empresa divulgar ou não as informações sobre seu desempenho ambiental. Seja qual for a decisão, ela precisa ser apresentada por escrito e anexada aos documentos do SGA.

A ISO não deixa, contudo, de incentivar a comunicação externa. Foi elaborada até uma norma para padronizar a elaboração dos relatórios: a norma 14004, que enumera seus itens indispensáveis. Apresentamos alguns deles na Figura 12.2.

Para que a empresa conheça as reivindicações e preocupações dos *stakeholders* antes de divulgar o relatório, outra norma, a 14031, sugere o emprego de questionários, audiências públicas e pesquisas de mercado.

Figura 12.2 Alguns itens indispensáveis do relatório ambiental, segundo a norma ISO 14004.

232 | Gestão ambiental

A norma ISO 14063 é outra referência importante na área, pois aborda especificamente a comunicação externa das empresas. Embora não auxilie na obtenção de certificações, ela é aplicável a qualquer organização, independentemente do tamanho ou setor. De acordo com essa norma, manter o diálogo com os *stakeholders* oferece inúmeras vantagens: para começar, ouvir a opinião das partes interessadas favorece a melhoria contínua do SGA. Além disso, trazer a sociedade para dentro da empresa ajuda a construir confiança, conquistando a simpatia do consumidor e da comunidade em geral.

De acordo com Barbieri (2007), a ISO 14063 propõe duas formas de estabelecer contato com o público externo: a *comunicação ad hoc* e a *comunicação planejada*.

Emprestada do latim, a expressão *ad hoc* significa "com esta finalidade" ou "para o momento", resumindo bem o objetivo desse tipo de comunicação. Ao contrário dos relatórios planejados, a comunicação *ad hoc* é de caráter extraordinário, pois serve para responder a solicitações inesperadas da sociedade. Considere, por exemplo, o caso da British Petroleum, petrolífera responsável pela catástrofe ambiental no Golfo do México em 2010. Os danos ambientais provocados pelo vazamento de óleo não permitiam aguardar a data de publicação do seu próximo relatório de sustentabilidade: a resposta tinha de ser imediata, incluindo a apresentação das medidas de remediação escolhidas.

Em geral, tanto as comunicações *ad hoc* quanto as planejadas podem variar com relação ao grau de participação dos *stakeholders*. Existem, por exemplo, os contatos "de mão única": a empresa publica um relatório ambiental sem estabelecer diálogo prévio com os interessados. Já as comunicações "de mão dupla" são mais democráticas: antes de compartilhar seu desempenho ambiental, a empresa ouve a sociedade, colhendo perguntas, opiniões e críticas. Há também as organizações que simplesmente abrem as portas para as partes interessadas, permitindo seu engajamento ativo durante todo o processo.

Seja qual for o modelo de comunicação externa, o importante é manter a transparência, apresentando todos os aspectos ambientais de interesse coletivo. De acordo com a ISO 14063, é essencial apostar na divulgação de informações mensuráveis, como estatísticas e outros números sobre o desempenho ambiental. Quanto mais objetivos forem os dados, mais confiança o relatório consegue inspirar no público-alvo. Conforme visto anteriormente, a linguagem do documento também é um fator importante: ela precisa ser acessível e clara, evitando-se o uso exagerado de termos técnicos.

Relatórios para admissão nos Índices de Sustentabilidade Dow Jones

Lançados em 1999, os Índices de Sustentabilidade Dow Jones apresentam o desempenho financeiro das líderes em sustentabilidade de diferentes setores. Além de se projetarem internacionalmente, os membros desse seleto grupo transformam-se em verdadeiros "ímãs" de investimentos: estima-se que, atualmente, mais de oito bilhões de dólares sejam injetados nas 317 companhias que compõem o índice. Hoje em dia, empresas brasileiras, como a

Aracruz Celulose, a Petrobras e a Cemig, já garantiram seu espaço no índice, consolidando ainda mais a saúde financeira de seus negócios.

Para conhecer melhor os Índices Dow Jones de Sustentabilidade, visite o site <www.sustainability-indexes.com>.

Independentemente da natureza do empreendimento, o que não faltam são bons motivos para sonhar com a admissão nos Índices Dow Jones de Sustentabilidade. Porém, atender às exigências dos avaliadores não é tarefa fácil.

Responsável pela seleção dos integrantes do índice, o SAM (Sustainable Asset Management) Group examina anualmente o desempenho de cerca de 2.500 companhias pertencentes a 57 ramos da economia. Entre os diversos mecanismos de avaliação, destaca-se o Questionário SAM, cuja finalidade é medir os riscos sociais, econômicos e ambientais dos negócios das candidatas. As perguntas de múltipla escolha garantem a objetividade da análise, o que favorece, inclusive, a comparação entre os proponentes.

Em seguida, os resultados são comparados e as empresas líderes em sustentabilidade são convidadas a integrar ou permanecer no índice. Não adianta obter bons resultados; é necessário estar entre os 10% mais sustentáveis. A Petrobras, por exemplo, já conseguiu repetir essa façanha por quatro anos consecutivos.

Além do Questionário SAM, outros documentos ajudam a "peneirar" as candidatas. Veja a relação dos relatórios exigidos durante o processo seletivo:

- relatório de sustentabilidade;
- relatório ambiental;
- relatório de segurança e saúde ocupacional;
- relatório social;
- relatório financeiro anual;
- relatórios especiais sobre gerenciamento do capital intelectual e governança corporativa, por exemplo;
- outros documentos sobre informações relevantes.

Vale a pena também apostar em relatórios ou publicações que expressem o parecer dos *stakeholders* sobre o desempenho da empresa. Se desejar, a candidata pode anexar documentos como artigos de jornais e revistas para reforçar os aspectos sustentáveis da gestão corporativa. Às vezes, o avaliador entra em contato por telefone ou pessoalmente para esclarecer dúvidas.

Em 2010, a petrolífera BP foi expulsa dos Índices de Sustentabilidade Dow Jones por conta do vazamento de óleo no Golfo do México. Sem dúvida, sua saída do índice contribuiu para agravar a crise da empresa, já abalada pelos gastos milionários com a reparação ambiental das regiões afetadas. Na ocasião, os representantes do índice aproveitaram para reforçar que a permanência dos membros não é incondicional: problemas econômicos, ambientais ou sociais podem ser o bastante para eliminar um integrante.

Indicadores Ethos de Responsabilidade Social

Criado em 1998, o Instituto Ethos de Empresas e Responsabilidade Social é outro exemplo de mobilização brasileira a favor do desenvolvimento sustentável. Organização sem fins lucrativos com sede em São Paulo, o instituto atualmente coordena inúmeros programas voltados para a conscientização das empresas. Seu objetivo básico é construir vínculos entre a iniciativa privada e o compromisso com o bem-estar social e ambiental.

Para conhecer melhor o Instituto Ethos, visite o site <www.ethos.org.br>.

Foi com essa ideia que o instituto criou os *Indicadores Ethos de Responsabilidade Social e Empresarial*. Em geral, eles avaliam a atuação da organização em relação aos oito temas apresentados na Figura 12.3.

Diferentemente do balanço social, os Indicadores Ethos funcionam como instrumentos de autoavaliação: seus resultados são apreciados apenas internamente e não precisam ser divulgados. Se desejar, a gestão da empresa pode lançar mão desses resultados na hora de elaborar documentos de comunicação externa, como os relatórios de sustentabilidade; no entanto, essa decisão fica a critério da própria organização.

O objetivo dos Indicadores Ethos é medir a eficácia das estratégias empresariais de sustentabilidade, favorecendo o monitoramento contínuo do seu progresso em diferentes áreas. O primeiro passo é preencher um questionário, onde os indicadores aparecem na forma de perguntas. Para tornar a avaliação eficiente, é importante que cada unidade da empresa responda às questões. Do contrário, os resultados podem ser tendenciosos, pois refletirão apenas o desempenho de uma filial.

Por último, as empresas podem comparar seus indicadores aos de outras organizações: basta enviar suas autoavaliações ao Instituto Ethos, que se encarrega de comparar os dados

Figura 12.3 Temas abrangidos pelos Indicadores Ethos de Responsabilidade Social e Empresarial.

de todos os questionários recebidos e elaborar um relatório de **benchmarking**. Nesse documento, são apresentados os desempenhos das dez primeiras colocadas em matéria de sustentabilidade. No final, o *benchmarking* é bom para todo mundo: para o grupo vitorioso, o resultado pode dar aos gestores a certeza de que já é hora de conquistar uma certificação, por exemplo; para os demais, o relatório serve para inspirar a confecção de um novo plano de ação, pois deixa claros os pontos fortes e os fracos da gestão corporativa.

Ciente da importância da comunicação externa, o Instituto Ethos também desenvolveu o *Guia de Elaboração do Balanço Social e Relatório de Sustentabilidade*. Seu objetivo é estimular a divulgação do desempenho e das estratégias empresariais para a sociedade e o meio ambiente. De acordo com o instituto, a prestação de contas periódica é indispensável, pois cumpre duas metas importantes: 1) medir o desempenho ambiental da empresa, o que permite revisão e aperfeiçoamento contínuos; 2) estabelecer um diálogo com os *stakeholders*, mantendo-os informados sobre o impacto socioambiental das atividades da organização.

> **Benchmarking** é um termo que designa a procura pelos melhores modelos de atuação em um mercado. Quando uma empresa está disposta a aperfeiçoar seu desempenho, é natural olhar para os exemplos de sucesso no setor e imitar suas iniciativas. Essa comparação é saudável no mundo dos negócios, pois estimula a competição e a melhoria contínua.

Para uniformizar os documentos de comunicação externa, o Instituto Ethos sugere a utilização de dois modelos: o balanço social do Ibase e o modelo da GRI. Seja qual for a escolha da empresa, vale a pena seguir o passo a passo ilustrado na Figura 12.4, também recomendado pelo instituto.

Figura 12.4 Passo a passo da elaboração do balanço social, conforme sugerido pelo Instituto Ethos.

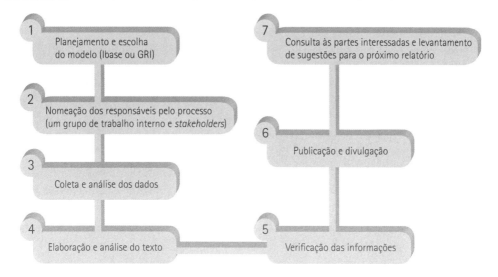

236 | Gestão ambiental

> *Para conhecer melhor o Guia de* Elaboração do Balanço Social e Relatório de Sustentabilidade *do Instituto Ethos, visite o link <http://www.ethos.org.br/_Uniethos/Documents/GuiaBalanco2007PORTUGUES.pdf>.*

Como mostra a Figura 12.4, até o relatório de sustentabilidade está sujeito à melhoria contínua, com base em novas reivindicações dos *stakeholders*. Repare que a participação das partes interessadas é crucial tanto na formulação quanto na revisão da ferramenta, o que dá ainda mais legitimidade a esse instrumento de gestão.

ESTUDO DE CASO

FOREST FOOTPRINT DISCLOSURE: Medindo pegadas florestais

Em 2010, a organização Forest Footprint Disclosure lançou um modelo de relatório ambiental para medir a "pegada florestal" das empresas ligadas à extração de recursos florestais. Os resultados da pesquisa não podiam ser mais desanimadores: das 217 companhias consultadas, apenas 35 concordaram em ceder informações sobre o impacto das suas atividades sobre o meio ambiente. Sem dúvida, a baixa adesão à iniciativa da organização é um mau sinal: para a revista *Exame* (2010), é um indício claro de que os gestores desconhecem a relação dos negócios com as florestas. Para piorar, as conclusões do relatório apontam a maquiagem verde como uma ferramenta comum entre grandes empresas: frequentemente, a propaganda ambiental não é acompanhada de investimentos reais na proteção à natureza, criando uma falsa imagem perante o público.

No Brasil, a situação não é muito diferente. A Forest Footprint Disclosure entrou em contato com 19 empresas, mas só duas aceitaram o convite — o Grupo Independência, do ramo agropecuário, e a Fibria, empresa do setor de papel e celulose recém-aceita no Índice Dow Jones de Sustentabilidade.

Infelizmente, a falta de iniciativa de muitas companhias constitui um sério obstáculo para as exportações brasileiras: inúmeras barreiras são erguidas nos países desenvolvidos, onde objetivos protecionistas se escondem por baixo da máscara de preocupação ambiental. A implantação de sistemas de gestão ambiental eficazes e a obtenção de certificações para soja e a carne, por exemplo, podem ajudar a mudar esse cenário, abrindo as portas do mercado europeu, um dos mais fechados do mundo.

Fonte: Relatório traz pegada florestal de empresas. *Exame,* 12 fev. 2010. Disponível em: <http://portalexame.abril.com.br/meio-ambiente-e-energia/noticias/relatorio-traz-pegada-florestal-empresas-533250.html>. Acesso em: 7 jul. 2010.

1. Qual é a importância de relatórios ambientais como o da Forest Footprint Disclosure?

2. Por que a implantação de SGAs certificados pode colaborar para eliminar barreiras protecionistas nos países desenvolvidos?

3. Como a publicação periódica de relatórios ambientais pode ajudar as empresas a implantar e aperfeiçoar sistemas de gestão para o meio ambiente?

Relatórios ambientais | 237

NA ACADEMIA

- Procure na Internet o relatório de sustentabilidade ou o balanço social de uma empresa renomada e responda às seguintes perguntas:
  - Qual modelo foi escolhido?
  - A empresa menciona no relatório os impactos positivos e negativos de suas atividades?
  - Que melhorias e metas são estabelecidas para o futuro?
  - Você modificaria o relatório? Que inserções ou exclusões faria? Por quê?

Pontos importantes

- O relatório de sustentabilidade é um demonstrativo que inclui as três dimensões do desenvolvimento sustentável. Meio ambiente, sociedade e desempenho econômico são os aspectos que compõem o tripé do documento. Além de detalhar a atuação da empresa nessas três áreas, os relatórios também podem apresentar planos para o futuro ou ações corretivas.
- Em geral, um bom relatório ambiental não pode deixar de apresentar seis componentes principais: 1) a descrição do SGA; 2) a avaliação dos impactos diretos e indiretos; 3) a política ambiental da empresa; 4) a emissão de poluentes; 5) a produção de resíduos; e 6) o consumo de água, energia e recursos naturais.
- Para manter a transparência e a clareza do relatório, o modelo da GRI aposta em dados objetivos, como estatísticas e valores numéricos. Ao contrário das informações subjetivas, os registros quantitativos não deixam dúvidas sobre a *performance* da empresa, pois traduzem seus números.
- O balanço social do Ibase é um demonstrativo anual das iniciativas socioambientais da empresa. O objetivo do documento é divulgar e avaliar os efeitos do empreendimento sobre os funcionários, a comunidade e o meio ambiente. Quatro tipos de indicadores compõem o balanço social do Ibase: indicadores sociais internos, indicadores sociais externos, indicadores ambientais e indicadores do corpo funcional.
- De acordo com a ISO, a decisão de divulgar ou não os aspectos ambientais dos negócios deve ficar a critério da gestão da empresa. Apesar de estabelecer como

facultativa a comunicação externa, a ISO não deixa de criar alguns parâmetros para as empresas que optarem por compartilhar as informações sobre seu desempenho ambiental. Segundo a entidade, existem alguns ingredientes que não podem faltar em um relatório desse tipo: declaração da administração, compromisso com a melhoria contínua, aspectos ambientais de produtos e serviços, política e metas ambientais, geração de resíduos, consumo de recursos, energia e água, cumprimento das obrigações legais, investimentos em meio ambiente e redução de custos.

- Para ser aprovada no processo de seleção do Índice Dow Jones de Sustentabilidade, é preciso, em primeiro lugar, sair-se bem no Questionário SAM, cuja finalidade é medir os riscos sociais, econômicos e ambientais dos negócios. Outros documentos e relatórios também são anexados ao processo e submetidos aos avaliadores. Em seguida, os resultados são comparados e as empresas líderes em sustentabilidade são convidadas a integrar ou permanecer no índice. Não adianta obter bons resultados; é necessário estar entre os 10% mais sustentáveis.

- Os Indicadores Ethos de Responsabilidade Social são instrumentos de autoavaliação da gestão corporativa. Seu objetivo é medir a eficácia das estratégias empresariais de sustentabilidade, favorecendo o monitoramento contínuo do seu progresso em diferentes áreas.

Referências

BARBIERI, José Carlos. *Gestão ambiental empresarial*. São Paulo: Editora Saraiva, 2007.

PHILIPS. *Relatório de Sustentabilidade América Latina 2007-2008*. Disponível em: <http://www.sustentabilidade.philips.com.br/pdfs/philips_relatorio_sustentabilidade_america_latina_2007-2008.pdf>. Acesso em: 7 jul. 2010.

PARTE III
OUTROS ENFOQUES DO SGA NA ORGANIZAÇÃO

As duas primeiras partes deste livro apresentaram importantes componentes da sustentabilidade na gestão empresarial. Ao percorrer suas páginas, você conheceu os rótulos ambientais, as análises do ciclo de vida, os aspectos jurídicos da gestão ambiental e o passo a passo para obtenção de certificações. Esta terceira parte inaugura uma nova fase dos seus estudos. Agora, chegou a hora de ter uma visão mais abrangente das organizações e dos seus sistemas de gestão. Durante a leitura do Capítulo 13, você entenderá melhor como funciona o fluxo internacional de importações e exportações. Prepare-se para saber mais sobre o Gatt e a OMC, responsáveis pela definição das regras fundamentais do comércio entre as nações. Em seguida, o Capítulo 14 introduz o sistema de gestão ambiental e gestão da qualidade total, bem como as suas contribuições para a sustentabilidade e o êxito do empreendimento. Por último, os capítulos 15 e 16 oferecem exemplos contemporâneos de iniciativas ecológicas, verdadeiras receitas "verdes" que prometem revolucionar o mundo dos negócios.

Capítulo 13

A VISÃO DOS EXPORTADORES/ IMPORTADORES

Neste capítulo, abordaremos as seguintes questões:

- Como foi criado e em que consistiu o Gatt?
- O que é a OMC?
- O que é o princípio da nação mais favorecida?
- O que é o princípio do tratamento nacional?
- O que é o princípio de eliminação das restrições quantitativas?
- O que é o princípio da reciprocidade?
- O que é o princípio da transparência?
- O que são as rodadas do Gatt e da OMC?
- O que é o Protocolo de Cartagena e a Convenção da Basileia e qual a importância desses documentos para o gestor ambiental que lida com comércio exterior?
- Quais as principais normas que dispõem sobre exportações e importações de produtos de origem animal e vegetal no Brasil?

Introdução

No decorrer da história, o comércio provou ser mais do que o simples intercâmbio de produtos: o fluxo de importações e exportações desenhou relações de dominação pelo mundo, acentuando as desigualdades entre metrópoles e colônias, nações desenvolvidas e subdesenvolvidas. Aos poucos, disputas comerciais e até confrontos armados tornaram irrefutável a necessidade de criar normas para regular o fluxo internacional de mercadorias.

Neste capítulo, você conhecerá um pouco dessa história e sua relação com a gestão ambiental. Primeiro, reveremos a evolução do conceito de multilateralismo, desde sua emergência, após as guerras napoleônicas, até a criação das Nações Unidas e a assinatura do Acordo de Bretton Woods, nos anos 1940. Veremos, também, como essas importantes iniciativas multilaterais abriram caminho para a criação do Acordo Geral sobre Tarifas e Comércio (Gatt), em 1947 — um acordo que era para ser provisório, mas acabou vigendo até 1995, quando foi instituída a Organização Mundial do Comércio (OMC).

Em seguida, estudaremos os cinco princípios que embasaram o Gatt e continuam valendo no âmbito da OMC, bem como os temas que marcaram as oito rodadas do Gatt e seguem causando polêmica na Rodada de Doha. A ênfase recairá, evidentemente, sobre questões relacionadas ao meio ambiente, como as barreiras fitossanitárias e as medidas que pretendem combater o *dumping* socioambiental.

Depois, veremos dois acordos internacionais fundamentais para o gestor ambiental que atua em empresas de importação ou exportação: o Protocolo de Cartagena, que dispõe sobre a transferência, a manipulação e o uso de organismos vivos modificados resultantes da biotecnologia moderna (como os transgênicos), e a Convenção de Basileia, que estabelece normas básicas para o trânsito internacional do lixo. Por fim, com uma abordagem bem prática, um último tópico examinará as regras para a exportação e a importação de produtos de origem animal e vegetal no Brasil.

Motivações históricas para o multilateralismo no comércio

Antes do século XX, disputas territoriais, contenciosos comerciais e, inclusive, guerras eram considerados fenômenos locais. Para o militar prussiano Carl von Clausewitz, não havia por que se preocupar: a guerra era apenas a política por outros meios, um acontecimento natural e até salutar. Embora soe absurda, a opinião do general não era infundada: confrontos armados não costumavam atingir grandes proporções. Em geral, eles se limitavam a países fronteiriços, que disputavam o acesso ao mar, a posse de territórios ou rotas comerciais.

As guerras napoleônicas, na virada do século XVIII para o XIX, deram os primeiros sinais de que Clausewitz estava errado: a ambição de Napoleão abriu várias frentes de batalha, levando tropas francesas à Rússia, à Península Ibérica, à Europa Central e ao mar. Passado o domínio napoleônico, o continente europeu despertou para a necessidade de frear as guerras e evitar conflitos generalizados. Reunidas em Viena em 1815, as nações europeias firmaram um concerto, inaugurando um período conhecido como "os cem anos de paz".

Contudo, em 1914, um conflito de assustadora proporção pôs um ponto final a esse cessar-fogo. Embora seja costume apontar o assassinato do arquiduque Francisco Ferdinando como estopim da Primeira Guerra Mundial, um exame mais detalhado dos documentos históricos nos mostra que, na verdade, o confronto já era inevitável por inúmeros motivos. A disputa por mercados e colônias vinha alimentando a rivalidade entre as potências europeias fazia décadas. Durante os anos de paz, elas haviam se armado para a guerra.

Contrariando as previsões de Clausewitz, a Primeira Guerra Mundial provou que os conflitos podiam assumir dimensões globais. Países não europeus, como os Estados Unidos e até o Brasil, participaram do confronto, que custou milhões de vidas. Novas invenções, como a granada, o tanque, o avião e a metralhadora, conferiram um poder ilimitado de destruição. No fim das contas, as consequências foram muito além do âmbito local e passaram, portanto, a ser sentidas como intoleráveis. Não foi à toa que, em 1919, o presidente norte-americano Woodrow Wilson propôs a criação da Liga das Nações, o pontapé inicial do multilateralismo do século XX.

No entanto, a organização internacional não deslanchou: o próprio senado norte-americano não ratificou o ingresso do país na liga. Além disso, outras nações também ficaram de fora — até o Brasil optou por se retirar da Liga das Nações. No fundo, nenhum chefe de Estado queria limitar seu livre-arbítrio, submetendo-se à autoridade de uma organização supranacional.

Entre 1939 e 1945, outro conflito extracontinental cobrou milhões de vidas e devastou o continente europeu. Aliado da Alemanha, o Japão também pagou caro — em 1945, os Estados Unidos encerraram o confronto ao lançar duas bombas atômicas sobre as cidades de Hiroshima e Nagasaki.

Foram necessárias duas grandes guerras em menos de 50 anos para que os chefes de Estado entendessem que o multilateralismo é a escolha mais acertada. Em 1944, os "três grandes" — Stalin, Churchill e Roosevelt — reuniram-se em Dumbarton Oaks, nos Estados Unidos, onde decidiram a forma da futura sociedade internacional. Em 1948, seus planos viraram realidade com a *Carta de São Francisco*, que deu vida à Organização das Nações Unidas (ONU).

Como por trás das guerras há sempre motivações econômicas, as relações comerciais não podiam ficar de fora do multilateralismo. De acordo com os historiadores Amado Cervo e Clodoaldo Bueno (2008), é o volume de importações e exportações que define o nível de emprego e as finanças de qualquer país. Portanto, para evitar guerras é importante incentivar as relações comerciais entre os países — afinal, quanto mais interdependente a economia mundial, menor a disposição para a guerra.

Imagine, por exemplo, que exista um intenso fluxo de importações e exportações entre os países A, B e C. Para o país A, iniciar um confronto armado contra B ou C seria insano:

além dos altos custos com armamentos e tropas, o comércio exterior entre eles seria abalado, o que prejudicaria a economia dos três países. Em outras palavras, as trocas internacionais são um importante mecanismo para a manutenção da paz.

Foi essa ideia que esteve por trás do *Acordo de Bretton Woods*, resultado de um encontro realizado na localidade de Bretton Woods, no nordeste dos Estados Unidos, entre 1º e 22 de julho de 1944 – portanto, ainda durante a vigência da Segunda Guerra Mundial. Compareceram ao encontro economistas de 44 países, incluindo a União Soviética, para discutir maneiras de reerguer financeiramente as nações quando a guerra terminasse. Ficou estabelecida, então, a criação de dois organismos voltados especificamente a esse fim: o *Banco Internacional para a Reconstrução e o Desenvolvimento* (Bird), destinado a financiar projetos de reconstrução de longo prazo, e o *Fundo Monetário Internacional* (FMI), especializado em empréstimos de curto prazo, com vistas a sanar problemas de fluxo de caixa nos Estados-membros.

Em relação ao comércio internacional, reconheceu-se que durante algum tempo após o término da guerra ainda seria necessário aplicar barreiras, mas que, em um futuro breve, elas deveriam ser retiradas, para que as trocas comerciais entre as nações – e, portanto, a paz – fossem estimuladas. Ainda em Bretton Woods, os Estados Unidos, ao lado da Inglaterra e do Canadá, foram o país mais atuante nas negociações sobre comércio exterior. Essa liderança permaneceu após o término da conferência e, no fim de 1945, depois que os países do Eixo haviam se rendido, os Estados Unidos propuseram uma nova conferência internacional, dessa vez com o objetivo específico de negociar um tratado geral de comércio. O país também propôs a criação de uma Organização Internacional do Comércio, vinculada à ONU, nos moldes dos recém-criados Bird e FMI.

As propostas dos Estados Unidos foram aceitas e, mais tarde, marcou-se a conferência em que se negociaria a criação do novo órgão para novembro de 1947, na capital de Cuba, Havana. Nesse meio tempo, houve duas sessões preparatórias. A primeira, realizada em Londres, rendeu poucos frutos, principalmente por causa das divergências entre o decadente, mas ainda poderoso Reino Unido, e os próprios Estados Unidos, que despontavam como líderes incontestáveis do comércio mundial.

Já a segunda sessão preparatória, realizada em Genebra entre abril e outubro de 1947, ficaria marcada na história do comércio internacional. Isso porque, nela, foi criado o *General Agreement on Tariffs and Trade* (GATT) ou *Acordo Geral sobre Tarifas e Comércio*. O Gatt foi criado em caráter provisório, para regular o comércio internacional apenas até ser instituída a Organização Internacional do Comércio – mas, como veremos, acabou vigorando até 1995.

O Gatt foi assinado pelos 23 países presentes em Genebra, incluindo o Brasil. Na prática, traduzia-se em mais de 45 mil concessões tarifárias, incidentes sobre transações comerciais que representavam um volume de 10 bilhões de dólares – aproximadamente um quinto de todo o comércio mundial na época (WTO, 2008, p. 15).

Entre novembro de 1947 e janeiro de 1948, realizou-se, como previsto, a Conferência Internacional sobre Comércio e Emprego em Cuba. Seu resultado foi a *Carta de Havana*, que criava a Organização Internacional do Comércio (OIC). Contudo, para entrar em vigor, o documento precisava ser ratificado pelos senados dos países. E foi justamente por causa dessa cláusula que a OIC entrou para o "limbo" do direito internacional – **o senado norte-americano jamais ratificou a Carta de Havana** e, como os Estados Unidos representavam cerca de 50% do fluxo mundial de importações e exportações, qualquer pacto internacional sobre comércio não faria sentido sem sua participação.

Desse modo, o Gatt acabou regulando as trocas comerciais até janeiro de 1995, quando finalmente foi instituído um organismo formal para cuidar do comércio internacional – a Organização Mundial do Comércio (OMC). Conheceremos os detalhes dessa evolução ao longo deste capítulo.

Comércio internacional no âmbito do Gatt

Durante os anos em que o Gatt esteve em vigor, cinco princípios orientaram o comércio internacional, como mostra a Figura 13.1:

- princípio da nação mais favorecida;
- princípio do tratamento nacional;
- princípio de eliminação das restrições;
- princípio da reciprocidade;
- princípio da transparência.

Posteriormente, a própria OMC admitiu a importância do legado do Gatt, e incorporou os cinco princípios. Até hoje, todos eles se aplicam ao comércio internacional, ajudando a regular as trocas entre as nações. Nos tópicos a seguir, estudaremos cada um desses cinco princípios. No final da sequência, um último tópico recuperará a história das oito rodadas do Gatt, que culminaram com sua substituição pela OMC.

Princípio da nação mais favorecida

Para garantir a interdependência entre as nações e o livre-comércio, o Gatt lançou o *princípio da nação mais favorecida*. De acordo com essa diretriz, qualquer concessão

> *Segundo Simon Reisman (1996), chefe da comissão do Canadá na reunião de 1947 em Genebra, inúmeras versões já surgiram para explicar a recusa da Carta de Havana por parte dos Estados Unidos – país que, afinal, esteve envolvido desde o início na tentativa de criar um organismo internacional de comércio. Para Reisman, a raiz do problema estava na discórdia entre diferentes grupos dentro dos próprios Estados Unidos: para os protecionistas, a carta continha concessões e compromissos demais. Para os defensores do livre-comércio, a carta tinha muitas lacunas e exceções. Para os pragmáticos, ela tinha pouco de concreto e tempestivo a oferecer." (REISMAN, 1996, p. 86, tradução nossa). Além disso, ressalta o canadense, "(...) reconhecia-se, naquela época, que os problemas da reconstrução eram mais profundos e duradouros do que a primeira lufada de otimismo do pós-guerra havia levado a crer". Os senadores dos Estados Unidos não estariam dispostos, portanto, a delegar as regras de algo vital para sua economia – o comércio exterior – a um organismo supranacional, no cenário de incertezas e extrema competitividade que começava a se desenhar.*

Figura 13.1   Princípios do comércio internacional segundo o Gatt.

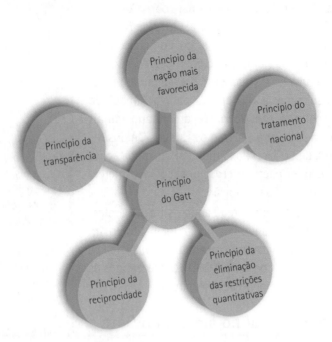

feita a um Estado deve ser estendida aos demais. Se um país, por exemplo, estabelece uma tarifa para as importações de algodão, a taxa alfandegária deve permanecer sempre a mesma, independentemente da procedência do produto. Não é possível cobrar uma tarifa para o país A e outra para o B. Em outras palavras, esse princípio evita a existência de nações mais favorecidas – daí seu nome –, estabelecendo o tratamento igualitário para todas as importações.

Ora, se é assim, como ficam as áreas de livre-comércio, como o Nafta, o Pacto Andino, a União Europeia e o Mercosul, que eliminam ou reduzem as taxas de importação e exportação entre os seus membros? Em resposta às integrações regionais, o Gatt abriu uma exceção para o princípio da nação mais favorecida. O artigo XXIV autoriza a formação de blocos econômicos, desde que não sejam proibidas as negociações com outros países. Os integrantes da União Europeia, por exemplo, baniram a cobrança de tarifas alfandegárias entre si, mas não podem fechar as portas ao comércio exterior.

Em 1979, o Gatt fez mais uma concessão – dessa vez, para atender aos pedidos do mundo subdesenvolvido. Conhecida como *Cláusula de Habilitação*, a nova norma permitiu que países periféricos recebessem um tratamento diferenciado a fim de promover o seu crescimento econômico. Caso desejassem, as nações desenvolvidas poderiam contribuir para alavancar o progresso do Terceiro Mundo, cobrando taxas reduzidas dos exportadores de países pobres. Além disso, a cláusula previa a colaboração entre Estados subdesenvolvidos: a Índia e o Sri Lanka, por exemplo, aproveitaram a exceção para aquecer o comércio bilateral com taxas preferenciais. Apesar da boa intenção da norma, ainda não houve muitos efeitos positivos na prática.

Princípio do tratamento nacional

Para consolidar as bases do livre-comércio, o Gatt também criou o *princípio do tratamento nacional*. Segundo essa orientação, o produto estrangeiro merece o mesmo tratamento que o nacional: ou seja, as mercadorias e os serviços estrangeiros devem ser submetidos aos mesmos impostos, benefícios e oportunidades que os nacionais. O Gatt não consente que um governo faça vistas grossas às falhas dos produtos nacionais e que imponha exigências rígidas às importações. Não é admissível, por exemplo, criar responsabilidades sociais, ambientais ou tributárias adicionais para as mercadorias provenientes de outros países.

Infelizmente, a teoria nunca se aplicou à prática em matéria de comércio. Receosos com a competitividade dos produtos agrícolas do Terceiro Mundo, a União Europeia e os Estados Unidos gastam bilhões de dólares anualmente em subsídios para o setor agrícola: açúcar, arroz, trigo e milho são alguns objetos de auxílio constante do protecionismo europeu e norte-americano.

Para inibir a violação do *fair-play* no comércio internacional, o Gatt desenvolveu estratégias para punir os infratores. Em 1992, por exemplo, o Brasil iniciou um contencioso contra a União Europeia por conta dos subsídios que os países do bloco ofereciam aos produtores de leite em pó. Em resposta, o Gatt autorizou o governo brasileiro a romper o princípio do tratamento nacional em relação à mercadoria em questão: durante cerca de um ano, o Brasil pôde cobrar uma sobretaxa sobre as importações de leite em pó europeu, revidando os danos provocados pelos subsídios.

Já no âmbito da OMC, o Brasil denunciou, em 2002, os subsídios concedidos pelo governo norte-americano ao produtor de algodão. Graças à ação eficiente da diplomacia brasileira, o país conseguiu arrancar da organização uma forte condenação à prática dos Estados Unidos. Em 2010, a vitória foi consolidada: a OMC deu sinal verde para que o Brasil retaliasse, impondo sobretaxas aos produtos norte-americanos. Rapidamente, os Estados Unidos recuaram, e aceitaram voltar à mesa de negociações para rever sua política de subsídios.

Além do caso das medidas antissubsídios, também é possível abandonar o tratamento nacional quando o país exportador lança mão de práticas de *dumping* social ou ambiental, por exemplo. Entende-se por *dumping* a comercialização de produtos com preços abaixo da média graças ao corte de custos básicos com o meio ambiente, direitos trabalhistas ou segurança e saúde no trabalho.

> *Buscar práticas socioambientais mais sustentáveis pode ser um excelente negócio para o setor sucroalcooleiro brasileiro. Em 2008, a União Europeia estabeleceu que, até 2020, 10% do combustível usado nos países-membros deverá ser renovável. Isso significa que o consumo de etanol nesses países terá de aumentar em 17,8 milhões de toneladas (UNIÃO, 2010). Mas, para ganhar a confiança desse exigente mercado, o exportador brasileiro terá de se adaptar. As certificações ambientais são uma solução para demonstrar, por exemplo, que a cana de açúcar não foi plantada em áreas de desmatamento.*

Infelizmente, o Brasil é um grande "vilão" quando se fala no assunto. Imagine, por exemplo, a situação nos canaviais. São frequentes as acusações de que o **setor sucroalcooleiro** não cumpre as leis trabalhistas mais básicas, impondo aos cortadores de cana uma rotina insalubre associada a salários baixos (leia, a esse respeito, a seção "Saiu na imprensa", ao fim do capítulo). A soja e a carne brasileiras também não ficam de fora: o avanço do plantio e da pecuária em direção às áreas de preservação ambiental na Amazônia suscitou o surgimento de barreiras *antidumping* em inúmeros mercados, reduzindo o volume de exportações do país.

Não há como negar que o *dumping* sempre foi uma prática recorrente no mundo subdesenvolvido. Porém, os países periféricos insistem que, frequentemente, as punições são aplicadas de forma injusta. Afinal, os governos não podem impor regras mais severas ao exportador do que ao produtor nacional. Ou seja, os critérios adotados para avaliar os produtos estrangeiros devem seguir à risca os mesmos padrões exigidos internamente — sem tirar nem pôr. Ao que parece, ainda não se avançou nessa matéria: até hoje, a polêmica acerca do *dumping* aquece as discussões no âmbito da OMC.

Conhecidas como *barreiras não tarifárias*, as restrições técnicas e fitossanitárias também são objeto de inúmeros contenciosos. Na década de 1990, a crise da *encefalopatia espongiforme bovina* — nome científico do mal da "vaca louca" — contribuiu para aumentar a rigidez do bloco europeu em relação às importações. E, segundo os analistas, a situação tão cedo não mudará: espera-se que a União Europeia continue estabelecendo padrões rigorosos de qualidade técnica, ambiental e sanitária.

Atualmente, para ingressar no mercado europeu, o exportador brasileiro de carne bovina deve buscar certificações ambientais e sanitárias. É preciso, por exemplo, implantar sistemas de rastreabilidade dos animais e controlar o uso de hormônios e outros medicamentos. Além disso, muitos importadores exigem a prova de que as atividades pecuárias do importador não promovem o desmatamento. Atento às novas demandas, o Ministério de Agricultura, Pecuária e Abastecimento brasileiro não ficou de braços cruzados. Em 2003, o registro do gado cujo destino da carne é a exportação tornou-se obrigatório no Brasil; a ideia é inspirar a confiança do mercado internacional na qualidade do produto brasileiro, incrementando o comércio exterior.

Infelizmente, a implantação da maioria das barreiras não tarifárias ocorreu à margem do Gatt. Mesmo com o nascimento da OMC, a tendência seguiu intocada. De acordo com os países subdesenvolvidos, muitas medidas fitossanitárias não se pautam em evidências científicas sólidas. O embargo do Canadá às exportações de carne brasileira em 2001 é um bom exemplo. Ao contrário do que argumentavam as autoridades canadenses, o boicote não estava ligado

A visão dos exportadores/importadores | 249

à doença da vaca louca: o governo brasileiro provou que os rebanhos estavam saudáveis. Por trás da barreira sanitária, escondia-se o revanchismo canadense: o verdadeiro motivo era a disputa comercial no setor da aviação entre a canadense Bombardier e a brasileira Embraer.

Princípio de eliminação das restrições quantitativas

Em geral, nenhuma forma de protecionismo agride mais o livre-comércio do que as *cotas*, principal mecanismo de restrição quantitativa. Elas distorcem as relações comerciais, pois estimulam limites máximos ao volume de importações, independentemente da demanda interna.

Tradicionalmente, a União Europeia dá mau exemplo em matéria de restrições quantitativas. Durante décadas, o Acordo Multifibras protegeu o mercado comunitário de têxteis: os limites estabelecidos impediam a entrada de novas importações, mesmo quando os estoques chegavam ao fim. Embora o artigo XI do Gatt já proibisse o uso de cotas, o bloco europeu só aboliu as restrições no mercado de tecidos em 1994, com a conclusão da Rodada do Uruguai (falaremos mais sobre as rodadas do Gatt adiante). A assinatura do Acordo sobre Têxteis e Vestuários estabeleceu o ano de 2005 como prazo para o fim das cotas no setor. Porém, o pacto não pôs um ponto final ao uso de restrições quantitativas: hoje em dia, elas ainda estão presentes em outros ramos da economia, especialmente aqueles em que o produtor europeu não é competitivo. As importações de carnes, cereais e frutas costumam ser os principais objetos de cotas.

Aliás, quando o assunto é comércio de produtos agropecuários, as opiniões do Brasil e da União Europeia raramente convergem. Inúmeros contenciosos no Gatt e na OMC marcaram o comércio bilateral entre nosso país e os países da UE. De um lado, a diplomacia brasileira denuncia as cotas e os subsídios europeus, e questiona a legitimidade das barreiras não tarifárias. Do outro, o bloco europeu se queixa da deslealdade brasileira, apontando o desrespeito aos princípios trabalhistas, ambientais e sanitários como causa do seu boicote às importações.

Diante da crescente pressão dos países protecionistas, o Gatt cedeu, criando um instrumento para resguardar o interesse nacional. São as chamadas *salvaguardas*, cotas ou sobretaxas (impostos adicionais), que podem ser aplicadas toda vez que a inundação de importações ameaça a sobrevivência do produtor local. Imagine, por exemplo, que um produto chinês esteja prestes a penetrar no mercado europeu; percebendo que a entrada súbita da mercadoria colocará em xeque o similar comunitário, a União Europeia pode recorrer às salvaguardas, ganhando tempo para que sua indústria se prepare melhor para competir com o concorrente estrangeiro.

Princípio da reciprocidade

De acordo com o Gatt, a *reciprocidade* deve ser a linha mestra das trocas internacionais. Se um país oferece vantagens comerciais a outro, o correto é devolver a cortesia, e reforçar a cooperação entre ambos. O mesmo princípio pode ser aplicado à solução de controvérsias. Quando um Estado viola os princípios do tratamento nacional, por exemplo, o país prejudicado pode revidar, aplicando sobretaxas ou cotas às importações do infrator. Foi o que ocorreu no caso do algodão brasileiro, citado no tópico *Princípio do tratamento nacional*.

Princípio da transparência

A história mostra que a transparência é um componente indispensável à manutenção da paz. Para comprovar isso basta observar as relações internacionais no período que precedeu às Grandes Guerras: inúmeros pactos secretos de cooperação e não-agressão arrastaram os países europeus para o confronto armado. Talvez, se a teia de tratados fosse assinada às claras, os Estados se sentiriam desencorajados a travar um conflito com tantas frentes.

Com as trocas comerciais não é diferente. Evitar contenciosos e promover o livre-comércio exige transparência. Por isso, o Gatt e, posteriormente, a OMC condenaram o estabelecimento de acordos às escondidas. Afinal, não é correto pegar os outros países de surpresa. Para impedir a competição desleal, os tratados comerciais merecem receber a devida divulgação.

Rodadas do Gatt

Desde 1947, a revisão do Gatt é feita por meio de *rodadas*, nome dado às reuniões em que as delegações de diferentes países sentam à mesa para negociar as regras do comércio internacional. O Quadro 13.1 apresenta as oito rodadas organizadas pelo Gatt durante sua existência, começando pela inaugural, a de Genebra, já comentada neste capítulo.

Como você pôde ver, os anos 1960 mudaram expressivamente o formato das rodadas do Gatt. Enquanto as primeiras reuniões eram restritas a grupos pequenos e duravam apenas poucas semanas ou meses, a Rodada Kennedy triplicou o tempo de duração do encontro e o número de participantes. Desde então, as rodadas tornaram-se mais longas e passaram a contar com a atuação de representantes de diversos países. A independência das colônias africanas e asiáticas nas décadas de 1960 e 1970 ajudou a engrossar o coro terceiro-mundista, acrescentando novos temas às pautas de negociações.

Quadro 13.1 As oito rodadas do Gatt.

Ano	Nome	Nº de países participantes	Temas
1947	Rodada de Genebra	23	Tarifas
1949	Rodada de Annecy	13	Tarifas
1951	Rodada de Torquay	38	Tarifas
1956	Rodada de Genebra	26	Tarifas
1960-61	Rodada Dillon	26	Tarifas
1964-67	Rodada Kennedy	62	Tarifas e medidas *antidumping*
1973-79	Rodada de Tóquio	102	Tarifas, barreiras não tarifárias e cláusula de habilitação
1986-94	Rodada do Uruguai	123	Tarifas, barreiras não tarifárias, serviços, têxteis, agricultura, propriedade intelectual, solução de controvérsias e criação da OMC

Comércio internacional no âmbito da OMC

Apesar dos inúmeros acordos comerciais produzidos, as fraquezas institucionais do Gatt nunca garantiram a aplicação das regras na prática. Afinal, ele não fora desenvolvido para cumprir as funções de uma organização internacional, mas sim de um acordo provisório. Por conta de suas limitações, o Gatt sempre teve dificuldades para lidar com os obstáculos ao livre-comércio, como *dumping*, subsídios e restrições quantitativas. Sob sua vigência, não era preciso aderir a um conjunto completo de regras para integrar o sistema de comércio internacional: as nações ficavam livres para ratificar apenas os pactos que lhe interessavam. Esse excesso de liberdade consagrou a expressão *Gatt a la carte*, que ressaltava a ineficácia do órgão na padronização do intercâmbio entre os países.

Por outro lado, os erros do Gatt serviram de lição para o desenvolvimento da Organização Mundial do Comércio (OMC), instituição que substituiu o acordo em janeiro de 1995, como último fruto da Rodada do Uruguai. Para começar, a OMC trocou a lógica *a la carte* pela regra do "ou tudo, ou nada": para tirar proveito de um pacto comercial, o país tinha de ratificar todos os demais tratados firmados durante a rodada.

Em novembro de 2001, a reunião ministerial da OMC lançou a Rodada de Doha a fim de combater o pessimismo que se abateu sobre a economia mundial após os atentados de 11 de setembro. Entre os temas centrais do encontro, destacaram-se a agricultura, o acesso a mercados e a redução de subsídios. Quando a rodada começou, os participantes já desconfiavam de que as discussões não avançariam com rapidez. O maior desafio era dobrar a União Europeia: no início das negociações, os representantes do bloco anunciaram que não estavam dispostos a reduzir os subsídios, considerados instrumentos de sobrevivência do produtor comunitário. Para os europeus, os principais culpados pelas distorções do comércio internacional eram os países emergentes e subdesenvolvidos. Como não se preocupavam em proteger o meio ambiente, eles poupavam gastos com equipamentos e não investiam o suficiente em preservação da natureza. Resultado: seus produtos tentavam ingressar no mercado europeu com preços abaixo da média, o que, se permitido, levaria à ruína os produtores locais, que seguiam à risca a rígida legislação ambiental comunitária. De acordo com a delegação europeia, os subsídios eram a única forma de salvar a produção do bloco; por isso, recusavam-se a abrir mão do protecionismo.

Infelizmente, as negociações não avançaram, e ainda não é possível prever o encerramento da Rodada de Doha. O pessimismo contagiou, inclusive, o ministro das Relações Exteriores, Celso Amorim. Segundo o chanceler brasileiro, a OMC tende a se tornar irrelevante por conta da falta de boa vontade dos países que a compõem. Para os historiadores Amado Cervo e Clodoaldo Bueno (2008, p. 521), as negociações nos foros internacionais têm perdido espaço para ações unilaterais, executadas à revelia de organizações como a ONU e a OMC: "(...) multilateralismo e integração tornam-se duas tendências em declínio, ao tempo em que o andar solto dos Estados nacionais apresenta-se como tendência em alta".

Protocolo de Cartagena

Enquanto as negociações na OMC seguem paralisadas, os Estados procuram outros espaços para regular os aspectos ambientais do comércio internacional. Em 1994, a cidade de Nassau, nas Bahamas, foi palco da primeira Conferência das Partes (COP) sobre Diversidade Biológica. Na ocasião, as representações dos diferentes países concordaram que já era hora de elaborar um protocolo internacional sobre biossegurança. Para tanto, a COP delegou a um grupo de especialistas a tarefa de criar padrões mínimos para a manipulação e o movimento transfronteiriço de *organismos vivos modificados* (OVMs) e *organismos geneticamente modificados* (OGMs), como os transgênicos.

Os primeiros frutos foram colhidos em 2000 com a aprovação do Protocolo de Cartagena sobre Biossegurança. No entanto, a adesão dos países não foi imediata: no Brasil, por exemplo, o protocolo só ganhou força de lei em 2004.

Inspirada no artigo 15 da Declaração do Rio, a COP recomendou a aplicação dos princípios da precaução e da prevenção ao comércio internacional de organismos modificados. Consequentemente, o artigo 1º do Protocolo de Cartagena propõe a adoção de medidas de segurança para manipulação, transporte e uso dos produtos da biotecnologia. Segundo o documento, os países não podem perder de vista os efeitos adversos da modificação genética sobre a saúde humana e a diversidade biológica.

Para tornar as relações comerciais mais transparentes e seguras, o protocolo exige que o exportador apresente informações detalhadas sobre os organismos modificados antes do seu ingresso no país de destino. Munido dos dados sobre os riscos à saúde e à natureza, o importador é livre para acolher ou não os produtos da biotecnologia. Quando as exportações provocam estragos em território estrangeiro, cabe à COP indicar os responsáveis pela reparação. Dependendo do parecer dos avaliadores, os culpados podem ser obrigados a indenizar o importador, respondendo pelos danos causados à saúde pública ou à diversidade biológica.

Apesar da segurança institucional teoricamente proporcionada pelo Protocolo de Cartagena, o mercado internacional continua hostil à comercialização de transgênicos. Driblar os obstáculos ao movimento transfronteiriço de OVMs e OGMs não é tarefa fácil: o exportador precisa agregar credibilidade à sua mercadoria, oferecendo ao comprador as instruções necessárias para o manejo seguro das importações. Afinal, é a falta de clareza e de evidências científicas que contribuem para travar o fluxo internacional de organismos modificados.

No Brasil, os transgênicos não são mais novidade. Atualmente, o país ocupa o segundo lugar no *ranking* mundial de produção de OGMs, perdendo apenas para os Estados Unidos. De acordo com o Serviço Internacional para Aquisição de Aplicações em Agrobiotecnologia (ou Isaaa, na sigla em inglês), o Brasil superou a Argentina nesse quesito em 2009, quando passou a dedicar 21,4 milhões de hectares ao plantio de organismos modificados. No mesmo

A visão dos exportadores/importadores | 253

ano, a entidade calculou que 71% da soja brasileira já era transgênica, bem como 31% do nosso milho e 16% do nosso algodão (BRASIL, 2010).

Convenção da Basileia

O lixo sempre foi um problema incômodo. Infelizmente, muitos países industrializados encontraram um jeito desonesto de lidar com ele, deslocando resíduos perigosos para nações pobres. No Capítulo 2, você viu que países como Estados Unidos e Itália depositavam toneladas de detritos em países subdesenvolvidos, empurrando para eles o ônus do progresso econômico.

A fim de conter o avanço dessas práticas, o Programa das Nações Unidas para o Meio Ambiente (Pnuma) resolveu impor limites ao movimento transfronteiriço de resíduos perigosos. Em 1988, a ONU promoveu a Convenção da Basileia, em que representantes de diversos países concordaram em assinar um acordo para regular o trânsito internacional do lixo. Graças à iniciativa, todos os signatários assumiram o compromisso de abandonar o envio de resíduos tóxicos para regiões sem condições técnicas para o descarte apropriado. E não adiantava recorrer a outros destinos: a convenção incluiu até mesmo as áreas que não participaram do acordo, colaborando para o fim da disposição irresponsável do lixo.

Hoje em dia, a exportação de detritos deve satisfazer requisitos internacionais básicos. Em primeiro lugar, o órgão competente do país receptor precisa emitir uma autorização oficial que permita o ingresso do lixo em seu território. Uma vez aprovada a entrada dos resíduos, a responsabilidade por possíveis danos à saúde e ao meio ambiente passa a ser compartilhada entre importador e exportador.

Importação de resíduos no Brasil

No Brasil, as determinações da Convenção da Basileia são reguladas pela Resolução do Conama nº 23/1996, a qual divide os resíduos em três classes:

- **classe I** – resíduos perigosos;
- **classe II** – resíduos não inertes;
- **classe III** – resíduos inertes.

A classe I abrange os resíduos tóxicos, cuja entrada no país é vetada. Também são proibidas as importações de lixo doméstico e de pneumáticos. No extremo oposto, a classe III refere-se aos dejetos que não são submetidos a restrições de importação. Já a classe II diz respeito aos resíduos não inertes, que são controlados pelo Ibama.

Para obter a anuência do órgão ambiental, o importador de detritos de classe II percorre três etapas. A primeira é preencher seus dados no Cadastro Técnico Federal (CTF). Para tanto, ele deve acessar <www.ibama.gov.br/ctf> e registrar a atividade que a empresa pretende desenvolver com os resíduos. Além disso, o importador precisa estar em dia com o pagamento da Taxa de Controle e Fiscalização Ambiental (TCFA) e possuir licença de operação válida.

Importação e exportação de produtos de origem animal e vegetal no Brasil

No Brasil, os aspectos ambientais envolvidos na entrada e saída de mercadorias são abordados em diversas leis e regulamentações. Ao tratar da Convenção de Basileia já comentamos uma delas — a Resolução do Conama nº 23/1996, que regulamenta a importação e o uso de resíduos perigosos. Poderíamos citar, ainda, a Resolução do Conama nº 24/1994, que exige anuência prévia da Comissão Nacional de Energia Nuclear (CNEN) para toda importação ou exportação de material radioativo, e a Resolução do Conama nº 6/1993, que obriga fabricantes e importadores de automóveis a divulgar dados relativos ao desempenho ambiental dos veículos.

Contudo, há ainda todo um conjunto de normas que interessam diretamente a exportadores e importadores de produtos de origem animal e vegetal. Neste último tópico, examinaremos brevemente tal legislação, dividindo-a em dois grupos: as normas pertinentes ao comércio internacional de produtos de origem animal e vegetal não silvestre; e aquelas pertinentes ao comércio internacional de fauna e flora silvestres.

Produtos de origem animal e vegetal (não silvestres)

O exportador ou importador de produtos de origem animal e vegetal no Brasil deve conhecer, antes de mais nada, a Instrução Normativa do Ministério da Agricultura, Pecuária e Abastecimento (Mapa) nº 36, de 10 de novembro de 2006, que aprova o *Manual de Procedimentos Operacionais da Vigilância Agropecuária Internacional* (Vigiagro). Esse manual encontra-se disponível no site do próprio ministério <www.agricultura.gov.br> e oferece instruções bastante completas, indicando, inclusive, toda a documentação exigida para a exportação e a importação de cada item.

Também merece destaque o Decreto nº 24.548, de 3 de julho de 1934, que aprova o regulamento do Serviço de Defesa Sanitária Animal. Promulgado no governo Getúlio Vargas, esse decreto, ainda em vigor, exige apresentação de certificado sanitário de origem para entrada no país de animais procedentes do estrangeiro, além de estabelecer outras medidas profiláticas.

Fauna e flora silvestres

O documento mais importante para o comércio internacional de espécies silvestres é a *Convenção sobre Comércio Internacional das Espécies da Flora e Fauna Selvagens em Perigo de Extinção* (Cites), assinada em Washington, nos Estados Unidos, em 3 de março de 1973.

> *Saiba mais sobre a Cites no site oficial da convenção (em inglês): <www.cites.org>.*

Atualmente, a **Cites** protege cerca de 5 mil espécies animais e 28 mil espécies vegetais do mundo todo. Essas espécies estão divididas em três anexos, segundo o grau de ameaça a que estão sujeitas:

- **Anexo I** – nesse anexo estão listadas as espécies ameaçadas de extinção, cuja comercialização internacional é proibida. O trânsito transfronteiriço só é admitido em situações excepcionais, como, por exemplo, para fins de pesquisa científica. Exemplos: jacarandá-da-bahia e onça-pintada.

- **Anexo II** – as espécies dessa lista não estão, no momento, ameaçadas de extinção, mas é preciso controlar seu comércio para que, no futuro, sua sobrevivência não fique comprometida. Exemplos: pau-brasil e calopsita.

- **Anexo III** – esse último apêndice lista espécies protegidas em pelo menos um país, o qual pede aos demais que o ajudem a preservá-la controlando sua comercialização. Exemplo: mogno.

O Brasil promulgou a Cites por meio do Decreto nº 76.623, de 17 de novembro de 1975. Contudo, somente 25 anos depois a convenção seria efetivamente implementada com a promulgação do Decreto nº 3.607, de 21 de setembro de 2000. Entre outras providências, esse último decreto ratificou o Ibama como *Autoridade Administrativa* no âmbito da Cites. Isso significa que cabe a esse órgão emitir licenças para a comercialização internacional de qualquer espécie incluída em um dos anexos da convenção.

O mesmo decreto designou as Coordenações Técnicas e os Centros Especializados do Ibama como *Autoridades Científicas* – entidades responsáveis por emitir pareceres concluindo se determinada exportação é ou não prejudicial à sobrevivência da espécie na natureza. É com base nos pareceres das Autoridades Científicas que a Autoridade Administrativa concede ou não a licença para exportação.

O Ibama promulgou, ainda, duas portarias relacionadas à Cites:

- a **Portaria nº 3, de 8 de janeiro de 2004**, que estabelece e regulamenta os procedimentos para emissão de licenças de exportação, importação, certificado de origem e de reexportação de espécies da flora protegidas pela convenção;

- a **Portaria nº 93, de 7 de julho de 1998**, que normaliza a importação e a exportação de espécimes vivos, produtos e subprodutos da fauna silvestre brasileira e da fauna silvestre exótica.

Vamos examinar mais detalhadamente essa última portaria, uma das que mais suscitam dúvidas entre exportadores e importadores. Comecemos pelas definições. Segundo a Portaria do Ibama nº 93/1998, os conceitos de fauna silvestre brasileira, fauna silvestre exótica e fauna doméstica são os apresentados no Quadro 13.2.

As espécies pertencentes à flora doméstica estão isentas da licença do Ibama para importação e exportação (mas terão de se submeter às normas da Vigiagro, como vimos no tópico anterior). Essas espécies isentas são listadas no Anexo I da Portaria do Ibama nº 93/1998. Alguns exemplos são: gado bovino, ovelha, porco, avestruz-africana, bicho-da--seda, canário-do-reino ou canário-belga, porco, pavão e hamster.

Quadro 13.2 Definições da Portaria do Ibama nº 93/1998.

Conceito	Definição dada pela Portaria do Ibama nº 93/1998
Fauna silvestre brasileira	São todos aqueles animais pertencentes às espécies nativas, migratórias e quaisquer outras, aquáticas ou terrestres, cujo ciclo de vida ocorre dentro dos limites do território brasileiro ou em águas jurisdicionais brasileiras.
Fauna silvestre exótica	São todos aqueles animais pertencentes às espécies ou subespécies cuja distribuição geográfica não inclui o território brasileiro e as espécies ou subespécies introduzidas pelo homem, inclusive domésticas em estado asselvajado ou alçado. Também são consideradas exóticas as espécies ou subespécies que tenham sido introduzidas fora das fronteiras brasileiras e suas águas jurisdicionais e que tenham entrado em território brasileiro.
Fauna doméstica	Todos aqueles animais que, por meio de processos tradicionais e sistematizados de manejo e/ou melhoramento zootécnico, tornaram-se domésticos, apresentando características biológicas e comportamentais em estreita dependência do homem, podendo apresentar fenótipo variável, diferente da espécie silvestre que os originou.

A licença do Ibama é, porém, obrigatória para "(...) a importação e a exportação de espécimes, material biológico, produtos e subprodutos da fauna silvestre brasileira e da fauna silvestre exótica" (IBAMA, 1998). No caso de importação de animais vivos (não isentos), também é necessário submeter a operação à autoridade do Ministério da Agricultura, Pecuária e Abastecimento (Mapa). Nesse caso, o exportador ou importador deve consultar as seções correspondentes no já citado *Manual de Procedimentos da Vigiagro*.

A fim de obter uma *licença de exportação* de espécimes da fauna silvestre brasileira ou exótica, o interessado deve (IBAMA, 2009):

1. Encaminhar requerimento ao Ibama por meio do sistema on-line (Siscites).
2. Aguardar que o Ibama verifique se a exportação não prejudicará a sobrevivência da espécie e se o transporte não causará danos ao espécime.
3. Comprovar ao Ibama a aquisição legal do espécime.

Já para obter uma *licença de importação* é necessário (IBAMA, 2009):

1. Encaminhar requerimento ao Ibama por meio do sistema on-line (Siscites).
2. Aguardar que o Ibama verifique se a importação não prejudicará a sobrevivência da espécie.
3. Apresentar ao Ibama a licença de exportação ou, em alguns casos, certificado de origem correspondente do país que está autorizando a exportação ou reexportação dos espécimes.
4. No caso de espécimes vivos, o destinatário deverá comprovar instalações apropriadas para abrigá-los.

SAIU NA IMPRENSA

PRÁTICAS RUINS MANCHAM INDÚSTRIA BRASILEIRA DO ÁLCOOL, DIZ JORNAL

As más condições de trabalho para os cortadores de cana e o impacto ambiental das plantações estão "manchando" a indústria brasileira do álcool, segundo análise publicada nesta quarta-feira pelo jornal britânico *Financial Times* (*FT*).

O artigo destaca que a maior parte da cana ainda é colhida à mão, com facões, que não mudaram muito desde que foram criados. "Os intervalos para beber água são curtos e a comida é pouca e não apetitosa", diz o jornal.

"Essas condições provocaram uma série de críticas da União Europeia de que o Brasil, o maior exportador mundial de álcool, é um ninho de práticas ruins de trabalho e ligadas ao meio ambiente."

Segundo a análise, as críticas e a tarifa de US$ 0,29 por litro imposta pela União Europeia ao álcool brasileiro prejudicam a indústria que o Brasil tenta promover como a alternativa "verde" aos combustíveis fósseis.

Recentemente, o comissário ambiental da UE disse que as cotas de álcool planejadas pelo bloco devem levar em consideração "preocupações sociais e ambientais". Em resposta, o governo brasileiro ameaçou entrar com ação na OMC (Organização Mundial do Comércio).

"Os brasileiros afirmam que as críticas sobre as práticas de produção do país são, frequentemente, uma tentativa mal disfarçada de proteger a indústria doméstica", afirma o *FT*, citando o ex-presidente do fórum Mercosul-UE, o brasileiro Ingo Plöger, que pergunta: "Quais são as preocupações sociais e ambientais impostas pela UE a atuais fornecedores de energia, como a Nigéria, a Venezuela, o Irã e o Iraque?".

O jornal afirma, no entanto, que o governo brasileiro está disposto a negociar com a UE e, em parte como resultado das críticas, o Estado de São Paulo — que responde por quase 80% da produção nacional — está adotando leis para melhorar as condições e eliminar o corte manual dentro dos próximos quatro anos.

"A mecanização, no entanto, não é bem-vinda pela maioria dos 300 mil trabalhadores da cana, para quem ela representa uma limitação no poder de negociação salarial e perspectivas de desemprego em breve", diz o *FT*.

Segundo o jornal, esses trabalhadores, normalmente, têm pouca educação e poucas chances de conseguir outros empregos.

O jornal lembra que a decisão também poderá prejudicar os Estados do Maranhão e Piauí, que recebem o dinheiro enviado por trabalhadores sazonais da colheita.

Minimizar o impacto ambiental, outra fonte de críticas internacionais, também é visto com controvérsia, afirma o *FT*.

Ambientalistas temem que a expansão da cultura da cana "empurre" outras culturas para regiões "sensíveis", mas o governo diz que "(...) está combatendo essas preocupações com medidas como um decreto proibindo a plantação em áreas da Amazônia e no Pantanal".

"Ainda há bastante espaço para a expansão", afirma o jornal. "O Brasil tem cerca de 7 milhões de hectares de terra com cana plantada, dos quais 3 milhões são usados para o álcool, em comparação com 200 milhões de hectares de pasto, cerca de 21 milhões de hectares de soja e 14 milhões de hectares de milho."

Mas apesar de a cultura da cana ter tido pouco impacto ambiental até agora no Brasil, o jornal afirma que a comunidade internacional está esperando para ver o quão bem-sucedido será o governo nos esforços para impedir que a produção cause danos ecológicos.

Fonte: Folha.com, 21 maio. 2008. Disponível em:
<http://www1.folha.uol.com.br/folha/bbc/ult272u403982.shtml>. Acesso em: 10 jul. 2010.

1. De que forma as preocupações ambientais com o setor açucareiro podem se converter em prejuízos para as exportações brasileiras?

2. Por que a certificação ambiental pode ser uma boa saída para o problema?

3. Como o governo pode agir para tornar as exportações brasileiras mais competitivas no cenário internacional?

NA ACADEMIA

- Forme um grupo de quatro colegas. Cada um de vocês deverá colher informações sobre um contencioso comercial submetido ao sistema de solução de controvérsias da OMC. É necessário que as quatro disputas estejam relacionadas a aspectos ambientais ou sociais. Uma vez concluída a pesquisa, respondam às seguintes perguntas:

  1. Qual foi o ponto de discórdia entre os países?
  2. Que princípios foram violados?
  3. Qual foi o parecer da OMC?
  4. Vocês acham que a adoção de certificações, como ISO 14001 e OHSAS 18001, poderia ter evitado o litígio? Por quê?

- Comparem suas respostas e se preparem para apresentar os resultados à turma na próxima aula.

Pontos importantes

- O Acordo Geral sobre Tarifas e Comércio (Gatt) foi criado em 1947, como um desdobramento do Acordo de Bretton Woods, que instituíra, em 1944, o Bird e o FMI. O Gatt foi concebido como um documento provisório, que vigeria apenas até que se fundasse a Organização Internacional do Comércio (OIC); contudo, o senado norte-americano não ratificou a Carta de Havana, que criava a OIC, e, assim, o Gatt vigorou até janeiro de 1995.

- A Organização Mundial do Comércio (OMC) é a instituição que regula atualmente as trocas comerciais em nível mundial. Ela foi criada em janeiro de 1995, como último fruto da Rodada do Uruguai do Gatt.

- O princípio da nação mais favorecida estabelece que qualquer concessão feita a um Estado deve ser estendida aos demais. Em outras palavras, ele evita a existência de nações mais favorecidas, incentivando o tratamento igualitário para todas as importações.

- Segundo o princípio do tratamento nacional, o governo deve estender aos produtos estrangeiros os mesmos impostos, benefícios e oportunidades que oferece às mercadorias fabricadas em seu território. Não é admissível, portanto, criar tributos ou responsabilidades socioambientais adicionais para as importações.

- De acordo com o princípio de eliminação das restrições quantitativas, as nações não devem estipular tetos para a entrada de importações. Atualmente, as cotas são o principal instrumento de restrição quantitativa. Elas distorcem o comércio internacional, porque estipulam limites máximos para a entrada de produtos estrangeiros, independentemente da demanda interna.

- O princípio da reciprocidade tem por objetivo corrigir assimetrias das trocas internacionais. Se um país oferece vantagens comerciais a outro, o correto é devolver a cortesia e reforçar a cooperação entre ambos. Porém, quando um Estado viola os princípios do tratamento nacional, por exemplo, o país prejudicado pode retaliar, aplicando sobretaxas ou cotas às importações do infrator.

- Segundo o princípio da transparência, todos os acordos comerciais devem ser firmados às claras.

- As rodadas do Gatt e da OMC são reuniões em que as delegações de diferentes países sentam à mesa para negociar as regras do comércio internacional.

- O Protocolo de Cartagena é um acordo firmado na COP sobre Diversidade Biológica que determina princípios e padrões mínimos para a manipulação e o movimento transfronteiriço de organismos vivos modificados (OVMs) e organismos geneticamente modificados (OGMs), como os transgênicos.

- A Convenção da Basileia é um acordo que estabelece normas básicas para o trânsito internacional do lixo. Segundo o documento, os países não podem enviar resíduos tóxicos para regiões onde não há capacidade adequada para o tratamento e a disposição final dos detritos.

- As principais normas que dispõem sobre as exportações e importações de produtos de origem animal e vegetal no Brasil são a Instrução Normativa do Mapa nº 36/2006, que aprova o Manual de Procedimentos Operacionais da Vigilância Agropecuária Internacional (Vigiagro), e o Decreto nº 24.548, de 3 de julho de 1934, que aprova o regulamento do Serviço de Defesa Sanitária Animal. Em relação à comercialização de espécies silvestres, o Brasil segue a Convenção sobre Comércio Internacional das Espécies da Flora e Fauna Selvagens em Perigo de Extinção (Cites), que divide tais espécies em três anexos, conforme o grau de ameaça a que estão sujeitas. O Decreto nº 3.607/2000 implementou a Cites no Brasil, e as Portarias do Ibama nº 3/2004 (sobre flora silvestre) e nº 93/1998 (sobre fauna silvestre) fornecem as regras práticas para o comércio internacional desse tipo de produto.

Referências

BRASIL se torna o segundo maior produtor de transgênicos do mundo. *Folha Online*, 23 fev. 2010.

CERVO, Amado Luiz; BUENO, Clodoaldo. *História da política exterior do Brasil*. Brasília: Ed. da UnB, 2008.

IBAMA — Instituto Brasileiro do Meio Ambiente e dos Recursos Naturais Renováveis. *Manual sobre importação e exportação de espécimes, material biológico, produtos e subprodutos da fauna silvestre brasileira e fauna silvestre exótica*. Brasília: Ibama, 2009.

_____. *Portaria nº 93, de 7 de julho de 1998*. Brasília: Ibama, 1998.

REISMAN, Simon. The birth of a world trading system: ITO and GATT. In: KIRSHNER, Orin (Ed.). *The Bretton Woods-Gatt System*: retrospect and prospect after fifty years. Nova York: M. E. Sharpe, 1996.

UNIÃO Europeia vê etano brasileiro como solução. *Exame*, 26 mar. 2010. Disponível em: <http://portalexame.abril.com.br/meio-ambiente-e-energia/noticias/uniao-europeia-ve-etanol-brasileiro-como-solucao-543637.html>. Acesso em: 28 jun. 2010.

WTO — WORLD TRADE ORGANIZATION. *Understanding the WTO*. 4. ed. Genebra: WTO, 2008.

Capítulo 14

SISTEMA DE GESTÃO AMBIENTAL E GESTÃO DA QUALIDADE TOTAL

Neste capítulo, abordaremos as seguintes questões:

- O que significa *qualidade* na gestão empresarial?
- O que é o controle de qualidade total?
- O que significa *previsibilidade* na gestão empresarial?
- O que significa o conceito de *zero defeito*?
- O que é a gestão estratégica da qualidade?
- O que significa a sigla TQEM?
- Quais são as sete ferramentas da qualidade propostas por Kaoru Ishikawa?

Introdução

> "A única coisa permanente no universo é a mudança."
>
> Heráclito, 540-470 a.C.

No século XIX, o cientista britânico Charles Darwin revolucionou a biologia ao desenvolver uma nova explicação para a evolução das espécies. Para ele, a sobrevivência dos seres vivos não é resultado de um processo aleatório, definido pela sorte ou por uma força superior. A reprodução e a multiplicação de uma espécie são definidas por sua capacidade de se adaptar às condições do ambiente e superar desafios. Em outras palavras, sobrevive quem é mais apto a lidar com as adversidades.

A gestão empresarial não foge à regra darwinista. Garantir espaço em um mercado competitivo demanda capacidade de adaptação e flexibilidade. É preciso se adequar ao meio e não temer mudanças. Nas últimas décadas, a disputa por segmentos do mercado tornou-se ainda mais intensa. A abundância de oferta e o incremento do comércio internacional concentraram o poder de escolha nas mãos dos clientes, que passaram a ser mais exigentes em relação aos produtos e serviços. Hoje em dia, manter a viabilidade dos negócios é uma tarefa árdua: é essencial combinar produtividade e custos baixos sem abrir mão da qualidade das mercadorias.

Neste capítulo, você conhecerá mais sobre a influência do conceito da qualidade total sobre o sistema de gestão ambiental. Prepare-se para percorrer as páginas da história e entender como a administração de empresas respondeu às transformações do mercado, criando novas ferramentas para cuidar dos negócios. A partir daí, confira como as técnicas de controle da qualidade encontraram aplicação no gerenciamento do meio ambiente.

O conceito de qualidade

Nas primeiras décadas da industrialização, o termo *produtividade* resumia os objetivos da gestão empresarial. A economia de escala trazida pela mecanização e massificação da cadeia produtiva inundava as prateleiras das lojas com mercadorias a um custo reduzido, levando a rentabilidade das fábricas ao ápice. Mas, aos poucos, a concorrência também aumentou, e várias empresas passaram a disputar a liderança dos seus setores. Chegou um momento, então, em que já não bastava produzir muito: era necessário produzir com qualidade para conquistar a preferência do consumidor.

Na segunda metade do século XX, a intensificação das trocas comerciais e a competição acirrada por novos mercados consolidaram o imperativo da qualidade, tornando-a a principal preocupação da maioria dos gestores. No entanto, definir *qualidade* não é fácil — diferenças sociais, culturais e até individuais agregam sentidos distintos ao termo, conforme mostram os pesquisadores Alexandre Shigunov, Lucila Campos e Tatiana Shigunov (2009, p. 65):

(...) o conceito de qualidade é diferente para pessoas diferentes e em momentos distintos, ou seja, cada indivíduo apresenta um conceito de qualidade para aquele momento vivenciado. Portanto, o conceito de qualidade está relacionado diretamente ao conceito de utilidade e atendimento das necessidades das pessoas (2009, p. 65).

Atualmente, no campo da administração, o termo *qualidade* corresponde às práticas de gestão que conduzem à satisfação do consumidor e à melhoria contínua dos produtos e serviços, o que exige o envolvimento de todos os setores da empresa no desempenho de suas funções. Para garantir o aperfeiçoamento constante, é preciso avaliar a cadeia produtiva, reduzir gastos, combater o desperdício e aprimorar os processos. O resultado costuma agradar empresário e cliente: a combinação de cortes de custos e mercadorias a preços mais acessíveis favorece a inserção competitiva da companhia no mercado, aumentando os lucros.

O uso crescente dessas estratégias popularizou a gestão de qualidade no âmbito empresarial. Hoje, inúmeras organizações já delegam a uma equipe específica o dever de monitorar e aperfeiçoar os processos e os produtos ou serviços comercializados.

A evolução histórica da gestão de qualidade

A gestão da qualidade amadureceu e criou raízes no campo da administração. No decorrer do século XX, seus instrumentos e técnicas evoluíram ao longo de quatro fases principais, representadas na Figura 14.1:

- inspeção dos produtos;
- controle da qualidade;
- garantia da qualidade total; e
- gestão estratégica da qualidade.

Nos tópicos a seguir, comentaremos brevemente cada uma dessas fases.

1ª fase: inspeção dos produtos

Na primeira década do século XX, o desenvolvimento da linha de montagem nas fábricas de Henry Ford tinha dado um forte impulso à produção em massa (reveja o Capítulo 4), o que exigia técnicas rígidas de monitoramento. Em resposta à preocupação com a padronização dos produtos, surgiu a figura do inspetor de qualidade. Sua função era supervisionar as mercadorias, impedindo que peças defeituosas chegassem às prateleiras das lojas.

O foco da inspeção concentrava-se no produto final: o objetivo era submetê-lo a testes para examinar seus atributos e verificar sua conformidade. Quando uma falha era encontrada, a mercadoria era descartada, mas a cadeia produtiva permanecia inalterada. Ou seja, recolhia-se o produto defeituoso sem corrigir o procedimento que o havia gerado.

Figura 14.1 Evolução da gestão da qualidade.

2ª fase: controle da qualidade

A partir da década de 1930, as técnicas de inspeção já não conseguiam acompanhar o crescimento industrial e a velocidade do processo produtivo. Era preciso encontrar uma maneira mais ágil de monitorar a produção sem perder a eficiência. Foi assim que o uso da amostragem se popularizou: em vez de avaliar os produtos um a um, os supervisores escolhiam aleatoriamente alguns deles e os submetiam ao teste de qualidade. O controle passou a ser feito com base em dados estatísticos — se, dentre cem produtos analisados, dez apresentassem falhas, o inspetor chegava à conclusão de que cerca de 10% das mercadorias tendiam a ser defeituosas.

Ao mesmo tempo, com o crescimento da concorrência, as empresas começaram a apostar mais na qualidade para diferenciar seus produtos. Aos poucos, nasceram os primeiros departamentos de controle da qualidade, cujo objetivo era monitorar as mercadorias e assegurar o atendimento às especificações.

3ª fase: garantia da qualidade total

Somente nos anos 1950, o controle da qualidade deixou de abranger a mera análise do produto para incluir todos os aspectos da operação. O que antes se resumia a uma busca por pequenas imperfeições transformou-se em um amplo trabalho de investigação com o objetivo de buscar soluções capazes de otimizar os processos.

Como você estudou no Capítulo 6, a série ISO 14000 também privilegia a participação de todos os funcionários na gestão para o meio ambiente. Segundo a norma, é importante promover treinamentos e disseminar a política ambiental da empresa. Afinal, o sucesso do SGA depende do comprometimento de cada colaborador.

Em 1951, o engenheiro Armand Feigenbaum criou o conceito de *qualidade total*, mencionado pela primeira vez em seu livro *Total quality control* (daí a sigla TQC). Para o autor, a responsabilidade pela qualidade dos processos e produtos de uma organização não podia ficar apenas nas mãos de um setor, o de qualidade: **todos os departamentos** precisavam trocar informações e colaborar para as melhorias.

O Japão foi o grande "laboratório" para a gestão da qualidade total. Arrasado pela Segunda Guerra Mundial, o país lançou-se à industrialização a fim de reconstruir sua economia. Seus esforços concentraram-se principalmente no aperfeiçoamento da indústria nacional – naquela época, a etiqueta *made in Japan* não inspirava a menor confiança no consumidor. Para reverter esse quadro, as empresas japonesas abraçaram a política do TQC, deslocando o foco da qualidade do produto para o processo. Em poucos anos, o milagre japonês tornou-se realidade: na década de 1960, as mercadorias japonesas já competiam com as alemãs, líderes tradicionais em matéria de qualidade.

Em parte, o sucesso do rápido progresso nipônico é atribuído ao norte-americano William Edwards Deming, ao romeno naturalizado americano Joseph Juran e ao japonês Kaoru Ishikawa, que, juntos, desenvolveram no país um rigoroso plano de controle de qualidade.

Autor da obra *Qualidade: a revolução da administração*, Deming alavancou os avanços da gestão em solo japonês. Segundo ele, a qualidade de um produto corresponde ao seu nível de previsibilidade. Para entender melhor a ideia de Deming, coloque-se no lugar de um cliente que vai a uma loja de eletrodomésticos para comprar uma televisão. Ao conversar com o vendedor, você não perguntará se o aparelho consegue trocar de canais ou mudar o volume. Como essas características são comuns à maioria dos televisores, você simplesmente supõe que o aparelho seja capaz de executá-las. Em outras palavras, quando o equipamento é de qualidade, seu desempenho é previsível. Se a televisão for boa, suas expectativas serão atendidas; caso contrário, o aparelho é defeituoso.

O baixo custo é outro ingrediente que não pode faltar à qualidade, na perspectiva de Deming. Entusiasta do ciclo PDCA (que já estudamos no Capítulo 6), o norte-americano apostava na revisão contínua do processo produtivo para combater os desperdícios e aumentar a eficiência. A fim de orientar os gestores, Deming também propôs uma lista com 14 princípios da administração de qualidade. Em suma, eles transmitem quatro lições fundamentais:

- melhoria contínua do sistema de produção e prestação de serviços acompanhada de redução de custos;
- integração dos departamentos em prol de objetivos comuns;
- programas de treinamento para os funcionários;
- engajamento de todos na transformação empresarial.

A gestão de qualidade também não poderia abrir mão das ferramentas de controle estatístico. Segundo Deming, os números são indicadores essenciais da administração, pois apontam o caminho da melhoria contínua.

Graças à atuação de "gurus" da qualidade como Deming, Juran e Ishikawa, o Japão recuperou-se rapidamente, apresentando taxas vigorosas de crescimento. Na década de 1970, o país oriental já impressionava o mundo com o desenvolvimento de novas tecnologias, disputando o mercado de manufaturados com gigantes como os Estados Unidos e os países europeus.

Não demorou para que tanto progresso despertasse a preocupação dos concorrentes. Nos anos 1970, o Japão já exportava mercadorias de qualidade a preços abaixo da média para vários países – inclusive para os Estados Unidos, até então senhores absolutos do comércio internacional. Sob a ameaça japonesa, os norte-americanos não tinham alternativa: era necessário se adaptar e incorporar a gestão de qualidade total.

Publicada em 1979, a obra *Quality is free* (traduzida para o português como *Qualidade é investimento*), do engenheiro Philip Crosby, chegou na hora certa para as empresas norte-americanas. Como o próprio título do livro sugere, Philip Crosby acreditava que os investimentos em qualidade compensavam os custos, pois a satisfação do cliente e o combate ao desperdício tornariam os negócios mais lucrativos.

Entre os princípios mais marcantes da obra, destaca-se o conceito de *zero defeito*, que sugeria a eliminação completa dos erros de produção. Para quem duvidava da viabilidade da proposta, **Crosby** decidiu demonstrá-la na prática. O programa zero defeito foi implantado na Martin-Marietta Materials, uma fábrica de materiais para construção onde Crosby trabalhava como gerente de qualidade. Para garantir a qualidade total, o engenheiro detectava as falhas em sua origem, evitando problemas no produto final. Crosby também fez questão de envolver os funcionários, e incentivou-os a atingir a perfeição na primeira tentativa. Não havia defeito tolerável — o único nível de qualidade aceitável era a perfeição.

> *Saiba mais sobre a biografia e as ideias de Philip Crosby em seu site (em português): <www.philipcrosby.com.br>.*

4ª fase: gestão estratégica da qualidade

A globalização da economia mundial e a intensificação da disputa pelos mercados conferiram um novo *status* à qualidade. Seu controle não podia se limitar à mera inspeção de produtos, como no início do século XX; também não fazia mais sentido confiná-la em um departamento específico da empresa, inibindo o diálogo com outros setores, como o de planejamento, design e marketing. A partir das décadas de 1980 e 1990, era necessário fazer um uso estratégico da qualidade, utilizando-a para tornar a organização mais competitiva. Isso exigia a melhoria contínua dos processos associada à excelência no atendimento ao cliente — sem abrir mão de altos índices de lucratividade e produtividade.

Para assegurar a gestão estratégica da qualidade, é preciso estudar a organização e levar em conta seus aspectos operacionais e administrativos, eliminando os "gargalos" que não acrescentam valor aos produtos e serviços. É indispensável, por exemplo, observar o sistema de gestão sob um ponto de vista sistêmico e crítico, que não deixa escapar as falhas da cadeia produtiva. É impossível colocar todas essas medidas na prática sem o auxílio de ferramentas apropriadas. Por isso, você conhecerá, no final deste capítulo, alguns instrumentos que podem ser muito úteis na hora de monitorar os negócios.

Gestão da qualidade — TQM — e as normas ISO

Atenta à crescente importância do controle da qualidade, a ISO designou um comitê técnico para estudar o assunto em 1979. Passaram-se oito anos e, finalmente, em 1987, veio à luz a série de normas que se tornaria a mais conhecida da entidade — a ISO 9000, que criou padrões para a implantação dos sistemas de gestão da qualidade.

Sistema de gestão ambiental e gestão da qualidade total | 267

A série ou família ISO 9000 é composta, atualmente, pelas seguintes normas:

- **ISO 9000** – essa norma não é usada para obter a certificação em si (para isso, a empresa deve recorrer à ISO 9001), mas sim para explicitar os princípios dos sistemas de gestão da qualidade e a nomenclatura a ser empregada neles;
- **ISO 9001** – principal norma da família, determina o "passo a passo" a ser seguido pelas empresas que pretendem obter a certificação, abordando temas, como, por exemplo, a documentação exigida ou as responsabilidades que cabem aos gestores;
- **ISO 9004** – essa norma está voltada à sustentabilidade do sucesso, isto é, aos procedimentos que garantirão a manutenção e a evolução da qualidade ao longo do tempo;
- **ISO 19011** – conforme estudamos no Capítulo 11, essa norma rege as auditorias tanto dos sistemas de gestão da qualidade quanto dos sistemas de gestão ambiental.

A ISO 9000 elegeu oitos princípios para a gestão da qualidade, nos quais se revela, como você perceberá, uma boa dose de influência do conceito de TQM. Segundo a norma, a alta direção de uma organização deve usar esses oito princípios para conduzir a organização rumo à melhoria do desempenho. Os princípios são os seguintes:

a) **Foco no cliente** – satisfazer e superar as necessidades do cliente deve ser a meta última da gestão da qualidade.

b) **Liderança** – cabe ao líder unificar os esforços em prol da melhoria. Também é sua responsabilidade criar uma atmosfera em que todos se sintam envolvidos com a questão da qualidade.

c) **Envolvimento de pessoas** – como já dissemos em várias passagens deste livro, é impossível conquistar qualquer progresso em uma organização se essa for a luta de um setor ou de um grupo isolado. Todas as pessoas, em todos os níveis hierárquicos, precisam estar comprometidas e motivadas.

d) **Abordagem de processo** – as atividades e os recursos devem ser gerenciados na forma de um processo sequencial; assim, fica bem mais fácil alcançar o resultado desejado.

e) **Abordagem sistêmica para a gestão** – no Capítulo 5, ao estudar o pensamento sistêmico, percebemos como é importante enxergar a organização como um sistema, composto por processos inter-relacionados e em constante troca com o ambiente circundante. Essa perspectiva contribui para a gestão eficiente.

f) **Melhoria contínua** – nesse ponto, a ISO valeu-se, em grande medida, do chamado "TQC à moda japonesa", influenciado pela **filosofia Kaizen**.

> *A filosofia Kaizen foi aplicada primeiramente pela Toyota, em meados do século passado, sob influência do trabalh dos já citados Deming, Juran e Ishikawa. Em essência, a filosofia Kaizen consiste em realizar, continuamente, pequenas mudanças rumo ao aprimoramento de produtos e processos. As alterações podem ser bem pequenas mesmo (por exemplo, usar o verso das folhas de um bloco de notas para não consumir muito papel); o importante é que elas sejam constantes, tornando-se praticamente um hábito diário.*

g) **Abordagem factual para a tomada de decisão** – esse princípio enfatiza a importância de analisar dados e informações antes de tomar qualquer decisão.

h) **Benefícios mútuos na relação com os fornecedores** – esse último princípio recorda a relação de interdependência entre a organização e seus parceiros comerciais. De nada adianta ser rigoroso com a qualidade interna quando os fornecedores não compartilham as mesmas práticas.

Gestão ambiental da qualidade total – TQEM

Como temos visto ao longo deste livro, o movimento ambientalista expandiu suas fronteiras a partir da Conferência de Estocolmo, invadindo os foros multilaterais e modificando as agendas de diferentes chefes de Estado. Não demorou até que o tema também ingressasse no mundo dos negócios. Em 1987, o Relatório Brundtland inaugurou o conceito de desenvolvimento sustentável, fazendo convergir objetivos sociais, ambientais e econômicos.

Três anos depois, foi a vez da iniciativa privada: em 1990, 21 multinacionais, como IBM, Coca Cola e Kodak, fundaram uma organização não governamental chamada *Global Environmental Management Initiative* (Gemi). Inspirada no Relatório Brundtland, a missão dessa ONG é criar estratégias para estimular o sucesso empresarial em matéria de meio ambiente, sociedade e economia, sem deixar de lado os cuidados com saúde e segurança no trabalho. Entre suas principais contribuições, destaca-se a criação do conceito de *total quality environmental management* (TQEM), ou *gestão ambiental da qualidade total*, um desdobramento do *total quality management* (TQM). Nas palavras do professor Barbieri (2007, p. 133), "(...) o TQEM é o conhecido TQM preocupado com as questões ambientais".

Além de reforçar os princípios e as táticas da qualidade total, a Gemi ajudou a consolidar a sustentabilidade como componente da gestão. Segundo a ONG, é preciso envolver funcionários e colaboradores, somando esforços para garantir a excelência em todos os processos.

Como você pode perceber, o TQEM é bem semelhante ao TQM. Pode-se dizer que ambos os modelos compartilham pelo menos sete princípios básicos. Confira a Figura 14.2 para conhecê-los.

Por conta das semelhanças entre os dois modelos de gestão, é fácil evoluir do TQM para o TQEM. Para começar, ambos consideram as expectativas dos clientes na hora de decidir os rumos do empreendimento. De acordo com os princípios do TQM, a gestão deve ficar atenta às reivindicações do consumidor, adaptando os serviços e os produtos às suas necessidades. Para quem já mantém aberto um canal de comunicação com o público, divulgar os aspectos ambientais do empreendimento é o próximo passo para implantar o TQEM. Isso já não é novidade para você: o Capítulo 12 apresentou os relatórios ambientais, importantes instrumentos do SGA para prestação de contas com a sociedade.

A melhoria contínua é outro ponto vital dos modelos de gestão. Tanto o TQM quanto o TQEM apostam na reavaliação permanente da cadeia produtiva para promover a segurança no trabalho, a eficiência dos processos e o controle do consumo de energia e recursos naturais. O objetivo é reduzir ao máximo o custo de produção sem afetar a qualidade dos produtos; o resultado são mercadorias boas e baratas: uma combinação perfeita para aumentar a competitividade.

Na teoria, parece fácil atingir as metas de controle total, mas, na prática, não é bem assim. Para seguir a cartilha do TQM, o gestor não pode fixar níveis de qualidade permanentes. Quando um padrão é estabelecido, é necessário iniciar uma nova fase de pesquisas para superá-lo, mantendo ininterrupto o ciclo PDCA. De acordo com o TQM, a meta é a eliminação completa de falhas, reclamações ou desperdícios – a concretização do *zero defeito* proposto pelo engenheiro Philip Crosby (1979).

O TQEM amplia o entendimento de falhas e desperdícios para abranger os impactos ambientais dos negócios: além de abraçar o objetivo de *zero defeito*, o TQEM inclui os princípios de ecoeficiência e *zero poluição*. A ideia é erradicar os efeitos negativos sobre o meio ambiente, superando continuamente as expectativas dos *stakeholders*.

Além de garantir benefícios econômicos, sociais e ambientais, a implantação do TQEM também melhora a imagem da empresa perante o público. A qualidade assume, então, uma dimensão estratégica: ela ganha a confiança do consumidor e auxilia a empresa na conquista de novos mercados.

Ferramentas de gestão do TQEM

Assegurar o sucesso do TQEM não é tarefa simples: a melhoria contínua dos padrões adotados demanda um controle rígido sobre os impactos ambientais dos produtos e operações. Por isso, o gestor precisa conhecer instrumentos que facilitem o seu trabalho. Neste capítulo, serão apresentadas as sete ferramentas da qualidade sugeridas por Kaoru Ishikawa, que, como vimos, foi um dos responsáveis pela ascensão japonesa no pós-guerra. Embora não tenham sido

Para munir os gestores de ferramentas eficientes e dados precisos, a Gemi promove diversas pesquisas a respeito, principalmente de três temas. As mudanças climáticas e o consumo energético são o primeiro deles. Como não é fácil mudar processos do dia para a noite, a Gemi desenvolveu uma ferramenta on-line que auxilia os gestores na hora de economizar energia e reduzir a liberação de CO_2 na atmosfera. Para saber mais, acesse <www.gemi.org/businessandclimate>. Se você busca trocar informações, também vale a pena ingressar nas redes on-line da ONG. Existem grupos sobre diferentes temas que usam a Internet para compartilhar estratégias de desenvolvimento sustentável.

A cadeia de fornecedores é outro tema que vem recebendo cada vez mais atenção por parte da organização. E não é por acaso: a crescente pressão ambiental sobre as empresas tem combatido a escolha aleatória de parceiros. Confira o link <http://www.gemi.org/newpath.pdf> para entender melhor por que a seleção criteriosa de fornecedores pode contribuir para o sucesso de um empreendimento.

O uso da água é o terceiro foco da Gemi. Para orientar a utilização eficiente desse importante recurso, a organização disponibilizou em seu site um verdadeiro manual de consumo sustentável. Acesse <http://www.gemi.org/waterplanner/> e confira. Todas as páginas mencionadas estão em inglês.

Figura 14.2 Princípios básicos do TQM e do TQEM.

construídas com o objetivo de atender às necessidades da gestão ambiental, elas podem ser úteis na detecção de falhas e no monitoramento de qualquer processo.

Folha de verificação

Também conhecidas como *checklists*, as folhas de verificação combinam simplicidade e utilidade. Elas costumam aparecer sob a forma de tabelas ou planilhas, onde são apresentados os problemas relativos ao produto ou serviço analisado. O uso das folhas de verificação é importante na etapa de coleta dos dados, pois facilita a sistematização dos fatores envolvidos.

Para entender melhor o uso dessa ferramenta, imagine que você acaba de ser contratado por uma fábrica de sapatos que está enfrentando sérios problemas com o órgão ambiental local. Seu objetivo é avaliar o impacto das atividades da fábrica sobre a natureza para identificar problemas e traçar metas de melhoria. Após investigar a cadeia produtiva por 20 dias, você chegou aos dados apresentados no Quadro 14.1.

Com base na folha de verificação, é possível desenhar gráficos para tornar os problemas mais facilmente visualizáveis. O histograma, por exemplo, organiza graficamente a frequência com que cada problema ocorre ao longo de determinado período. Já o diagrama de Ishikawa pode ser uma ferramenta útil na hora de apontar as causas dos problemas detectados. Mas isso é assunto para os próximos tópicos.

Histograma

Às vezes, o volume de informações obtido por meio de *checklists* não permite a interpretação rápida, pois é preciso analisar os dados um a um. Nesses casos, convém lançar mão de um histograma para organizar melhor as informações colhidas. O histograma é

Quadro 14.1 Exemplo de folha de verificação.

Processo analisado: produção de sapatos Quantidade produzida/dia: 2.000 unidades Período de verificação: 01/06/2010 - 20/06/2010 Frequência da verificação: diária		
Problemas	**Frequência (dias)**	**Soma**
Acidentes de trabalho	//	2
Consumo excessivo de água	/////////	9
Consumo excessivo de energia	/////////////////	17
Desperdício de recursos naturais	///////////////	15
Descarte de resíduos no meio ambiente	////	4
Emissão de poluentes acima dos limites legais	//////////	10

um gráfico de barras que nos ajuda a apresentar a frequência com que um determinado comportamento ou falha se repete, especialmente quando a quantidade de dados é grande.

Coloque-se no lugar do responsável pela supervisão de 36 fábricas de uma montadora de automóveis que opera na América Latina. Uma das suas atribuições mensais é monitorar a redução do consumo de água em relação ao mesmo mês do ano anterior e estabelecer novas metas de economia. Para isso, o primeiro passo é dispor em uma folha de verificação os percentuais de redução que cada unidade da empresa

> *Cada célula corresponde ao percentual de economia hídrica de uma fábrica. Os valores negativos significam que houve aumento no consumo de água.*

alcançou. Confira no Quadro 14.2 os 36 números que compõem a folha relativa a junho de 2010.

Sua folha de verificação foi útil para coletar os dados, mas não facilita a comparação do desempenho entre as filiais. Nessas horas, o histograma é um instrumento valioso. Antes de construí-lo, é preciso calcular quatro valores, como mostra o Quadro 14.3.

De posse desses números, é hora de construir sua tabela de frequências. Como o próprio nome indica, ela apresenta a *frequência* com que os dados da amostra aparecem em cada classe. O Quadro 14.4 mostra como seus dados se distribuem pelas seis classes.

Quadro 14.2 Folha de verificação usada para a construção de um histograma.

3%	−5%	1%	5%	13%	2%	−2%	2%	8%
−3%	8%	4%	1%	0%	10%	9%	12%	5%
−5%	−5%	13%	7%	2%	1%	3%	−2%	6%
7%	6%	6%	−2%	4%	1%	−2%	0%	13%

Quadro 14.3 Valores para construção do histograma.

Valor	Descrição	Exemplo
n	Quantidade de valores coletados.	O valor corresponde ao número de filiais analisadas, ou seja, 36.
R	Amplitude da frequência, isto é, a diferença entre o valor máximo e o mínimo.	O máximo de redução do consumo hídrico é 13%, enquanto o mínimo é –5%. Logo, o valor de R é igual a 18.
k	Número de classes que formarão o eixo horizontal do gráfico. Para chegar a esse valor, é preciso calcular a raiz quadrada de n.	Como o valor de n é 36, haverá 6 classes no seu histograma.
H	Tamanho ou intervalo das classes. O valor é obtido quando dividimos a amplitude da frequência (R) pelo número de classes (k).	O valor de R é 18, e o de k é 6. Logo, o valor de H é 3. Isso significa que, a cada 3 dados, teremos uma nova classe.

Como você pode ver, a tabela de frequências agrupou as ocorrências em classes. De acordo com o Quadro 14.4, quatro fábricas aumentaram o consumo de água entre 3% a 5%, dez aumentaram entre 1 a 2%, sete conseguiram reduzi-lo entre 2% e 4%, e assim por diante.

Agora, chegou a hora de construir o seu histograma. No eixo horizontal, serão dispostas as classes. No vertical, a frequência com que cada classe se repete. Se preferir, você pode acrescentar acima das barras o número correspondente à frequência, o que facilita ainda mais a interpretação do gráfico.

Basta observar rapidamente o histograma a (Figura 14.3) para perceber que a maioria das fábricas conseguiu reduzir a demanda de recursos hídricos, ou, se o aumentou, o fez em pequena escala. A classe com maior frequência é composta por unidades que mantiveram um consumo estável ou apresentaram níveis de aumento de até 2%. Também há destaques notáveis, como as quatro fábricas com percentuais de redução entre 8% e 13%. Como gestor ambiental da empresa, cabe a você procurar os gerentes das filiais que não conseguiram diminuir o consumo de água, e discutir alternativas para otimizar o uso desse recurso.

Quadro 14.4 Tabela de frequências.

Classes (%)	Frequência
-5 a -3	4
-2 a 1	10
2 a 4	7
5 a 7	7
8 a 10	4
11 a 13	4
Total	36

Figura 14.3 Exemplo de histograma.

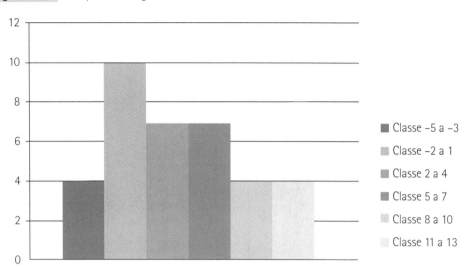

Fluxograma

Os fluxogramas são formas gráficas que ajudam a mapear as fases que compõem determinada atividade. Eles facilitam a análise do processo, identificando falhas como a repetição ou a falta de tarefas. Em geral, o responsável pelo controle da qualidade precisa desenhar dois fluxogramas: o primeiro sugere a sequência ideal de etapas, enquanto o segundo apresenta sua estrutura na prática. Depois, é hora de comparar os fluxogramas e identificar os desvios que não agregam valor ao serviço ou produto. Os problemas costumam residir justamente nas diferenças entre os dois desenhos.

Não se esqueça de que cada etapa conta com representações gráficas específicas: o paralelogramo, por exemplo, é o símbolo que corresponde à fase de coleta de dados. Já o retângulo designa a fase de ação. A título de exemplo, veja o fluxograma da Figura 14.4, onde são apresentadas, de modo resumido, as fases que integram o processo de licenciamento ambiental.

Diagrama de Pareto

Em meados do século XIX, o sociólogo Vilfredo Pareto descobriu que 80% da riqueza da Itália estava concentrada nas mãos de 20% da população. Sua descoberta se popularizou e ficou conhecida como princípio 80/20. Hoje, o princípio de Pareto não se restringe mais à sociologia. No campo da administração, ele também é usado para alertar os gestores de que, às vezes, 20% dos procedimentos são responsáveis por 80% dos problemas.

Agora, imagine-se no lugar de um gestor que acaba de assumir uma empresa com inúmeros desafios socioambientais. Como fazer para torná-la sustentável? Bem, antes de qualquer coisa, é preciso lembrar que não é possível eliminar todas as falhas ao mesmo tem-

Figura 14.4 Exemplo de fluxograma.

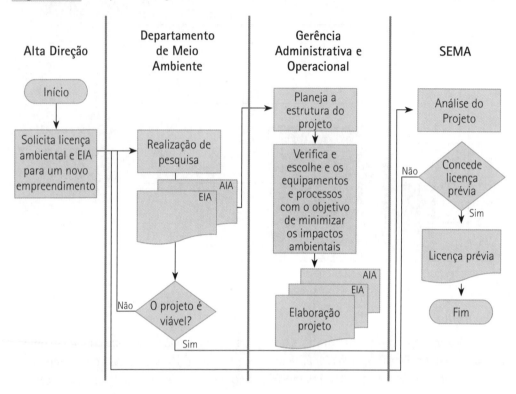

po. O primeiro passo é estabelecer prioridades: você precisa desenvolver um plano de ação estratégica e atacar os problemas mais importantes. Afinal de contas, talvez apenas 20% dos erros estejam provocando 80% dos efeitos indesejados.

O diagrama de Pareto é um recurso gráfico que pode ser útil na hora de ordenar as ações corretivas. Ele descreve, sob a forma de um gráfico de barras, as frequências de cada problema, começando da maior para a menor. Você pode apresentá-lo, por exemplo, em uma reunião para convencer a alta gestão de que é urgente concentrar os esforços na melhoria dos procedimentos que acarretam mais consequências negativas.

Suponhamos que sua organização registre anualmente um grande número de reclamações de *stakeholders*, como acionistas, sindicatos, membros da comunidade local e movimentos ambientalistas. Em média, são recebidas 400 queixas por mês. Para lidar com uma quantidade menor de dados, você pode escolher uma amostra aleatória de 200 reclamações para representar o total do mês analisado. O Quadro 14.5 resume os cinco tipos de reclamações mais recorrentes no último trimestre em números absolutos e percentuais.

Em seguida, é preciso chegar às frequências totais da amostra selecionada. Para tanto, você deve somar os números absolutos correspondentes aos meses 1, 2 e 3. Com isso, será

Sistema de gestão ambiental e gestão da qualidade total | 275

Quadro 14.5 Frequência das reclamações em números absolutos e percentuais.

Tipos de reclamação	Frequência em números absolutos			Frequência em porcentagem		
	Mês 1	Mês 2	Mês 3	Mês 1	Mês 2	Mês 3
Emissão intensa de gases poluentes	64	57	71	32	28.5	35.5
Consumo predatório dos recursos naturais	36	39	32	18	19.5	32
Lançamento de resíduos no meio ambiente	48	41	45	24	20.5	22.5
Falta de segurança no trabalho	38	46	34	19	23	17
Outras	14	17	18	7	8.5	9

obtida uma frequência só para cada reclamação. A partir desse resultado, calcule os novos percentuais, relacionando a frequência acumulada de cada reclamação com o total de queixas registrado no decorrer dos três meses. Considere, por exemplo, a categoria *emissão intensa de gases poluentes*. Seu total em números absolutos equivale a 192. Como cada mês conta com amostras de 200 reclamações, o total de queixas é 600. Para chegar à porcentagem acumulada, basta checar que percentual o número 192 representa em um montante de 600. A resposta é 32%. Observe o Quadro 14.6 para conferir as frequências acumuladas em números absolutos e percentuais.

Uma vez concluídos os cálculos, você já pode desenhar o gráfico de Pareto. Os números absolutos devem ser posicionados no eixo vertical esquerdo, e os percentuais, no lado direito. Já o eixo horizontal deve apresentar os tipos de reclamações. Veja a Figura 14.5.

Embora a falta de segurança e o consumo de recursos também tenham atingido marcas expressivas, é fácil perceber que a emissão de gases poluentes e o lançamento de resíduos ocupam o primeiro e o segundo lugar respectivamente nas reclamações das partes interessadas. Portanto, eles merecem receber atenção da alta administração e integrar sua lista de prioridades.

Diagrama de Ishikawa

Também conhecido como gráfico de causa e efeito, o diagrama de Ishikawa é útil quando se precisa analisar um processo problemático. Ele permite visualizar as causas dos efeitos indesejados, por meio da análise dos 6 Ms da cadeia produtiva. São eles: medição, materiais, mão de obra, máquinas, métodos e meio ambiente.

Para entender melhor a utilização do gráfico, imagine que você é responsável pela supervisão do reaproveitamento de resíduos de sua empresa. Preocupado com o desempenho

Quadro 14.6 Frequência acumulada das reclamações em números absolutos e percentuais.

Tipos de reclamação	Frequência acumulada em números absolutos	Frequência acumulada em porcentagem
Emissão intensa de gases poluentes	192	32
Consumo predatório dos recursos naturais	107	17,83
Lançamento de resíduos no meio ambiente	134	22,33
Falta de segurança no trabalho	118	19,67
Outras	49	8,17

Figura 14.5 Exemplo de gráfico de Pareto.

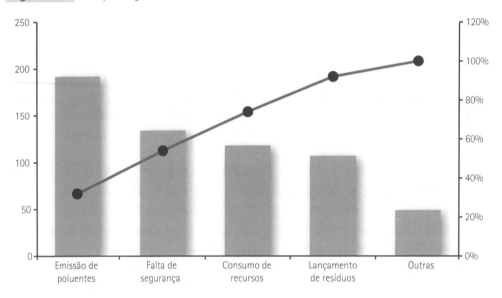

insatisfatório da reciclagem, você decidiu traçar o diagrama de Ishikawa para refletir sobre as possíveis causas dos problemas. Veja na Figura 14.6 como ficou o desenho final.

Ao observar a Figura 14.6, não é difícil entender por que o diagrama de Ishikawa também recebeu o apelido "espinha de peixe": os aspectos envolvidos no baixo aproveitamento de resíduos são fragmentados em seis grupos principais que são subdivididos em "espinhas" menores. Repare nos problemas relacionados ao meio ambiente, por exemplo. O item "desperdício de recursos" indica que materiais que poderiam ser reciclados estão indo diretamente para o lixo. A mão de obra também deixa a desejar: a falta de instruções

Figura 14.6 Exemplo de diagrama de Ishikawa.

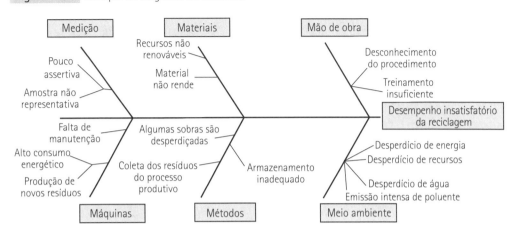

sobre o processo pode ser uma das causas principais do desempenho insatisfatório da reciclagem.

Como você pode ver, o gráfico pode ser uma boa técnica para levantar as causas dos efeitos negativos que dificultam a produção. A análise cuidadosa dos 6 Ms oferece a oportunidade de visualizar os diferentes fatores envolvidos, o que favorece uma avaliação mais sistêmica. Porém, dependendo da falha que se pretende corrigir, pode ser mais conveniente concentrar o foco em um ou dois aspectos. A decisão fica a critério do gestor.

Diagrama de dispersão

Também conhecido como *gráfico de correlação*, o diagrama de dispersão serve para mostrar como duas variáveis se relacionam. Em geral, elas podem ser diretamente ou inversamente proporcionais. Há também variáveis que simplesmente não se influenciam.

Imagine, por exemplo, que você é o gestor ambiental de uma fábrica do setor madeireiro. Seu objetivo principal é aumentar a produtividade sem desperdiçar recursos naturais. Por isso, no último ano, você implantou uma série de mudanças nos processos fabris, adquirindo equipamentos mais eficientes e aproveitando as sobras da madeira para produzir outros objetos. Agora, para avaliar a eficiência do novo modelo de produção, você decidiu utilizar o diagrama de dispersão para verificar se o aumento de produtividade foi diretamente proporcional à redução do desperdício.

O primeiro passo é lançar mão de instrumentos de medição para coletar os dados necessários à análise. A fim de averiguar se houve aumento da produção, basta comparar o número de peças fabricadas no ano em curso com as marcas atingidas no ano anterior. Já o gerente operacional da fábrica poderá calcular a diferença de peso dos resíduos descartados nos dois anos. Veja o Quadro 14.7 para observar os resultados obtidos:

278 | Gestão ambiental

Quadro 14.7 Levantamento de dados para o diagrama de correlação.

Mês	Aumento da produção (%)	Descarte de resíduos (%)
1	6	15
2	10	8
3	8	7
4	15	10
5	20	4
6	10	7
7	18	8
8	16	9
9	17	8
10	15	6
11	19	5
12	16	5

A partir do Quadro 14.7, já é possível traçar o diagrama de correlação. Se preferir, você pode usar o programa Microsoft Excel® para construí-lo. Observe a Figura 14.7 e veja como os dados ficaram distribuídos no gráfico. Não se esqueça de que o eixo horizontal diz respeito aos índices de aumento da produção, enquanto o vertical representa a diferença na quantidade de resíduos descartados.

Para entender o diagrama, é preciso ficar atento à relação entre os eixos vertical (Y) e horizontal (X), levando em conta três interpretações possíveis. Pode-se dizer que há uma *correlação positiva* entre as variáveis quando a distribuição dos pontos permite traçar uma linha a partir de zero em direção ao ponto mais alto do eixo vertical. Nesses casos, entende-se que os valores de X e Y aumentam na mesma proporção. Isto é, eles são diretamente proporcionais. Obviamente, a distribuição da Figura 14.7 não se encaixa nessa descrição.

Ao contrário do que acontece em uma correlação positiva, os pontos do diagrama sugerem uma linha descendente. Ou seja, ela parte de uma marca alta no eixo Y em direção ao eixo X. Repare que, quando o aumento da produção atinge seu ápice, o percentual de resíduos não aproveitados é mínimo. Que conclusão podemos tirar disso? Ora, se a produtividade aumenta à medida que os detritos diminuem, isso significa que estamos diante de uma *correlação negativa*. Em outras palavras, as variáveis são inversamente proporcionais. Provavelmente, o modelo de gestão implantado na empresa aplicou na prática o conceito de *ecoeficiência*, elevando a quantidade de produção sem descartar mais resíduos.

Figura 14.7 Diagrama de correlação.

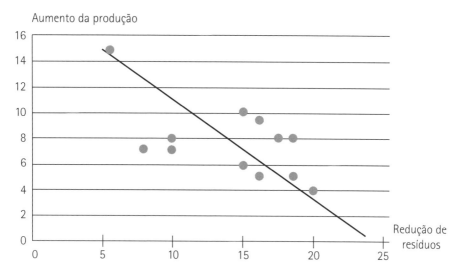

Além de ser classificada como positiva ou negativa, a correlação também pode ser fraca ou forte: isso depende da distribuição dos pontos ao longo da linha direcional. Nos casos de correlação forte, os pontos ficam bem concentrados na linha. Quando estiverem mais dispersos, pode-se entender que a correlação entre as variáveis é mais fraca. Possivelmente, você também encontrará diagramas com pontos completamente dispersos, que não permitem sequer traçar a linha direcional. Se isso acontecer, você estará diante de uma correlação nula. Isto é, as variáveis analisadas simplesmente não se influenciam. Na Figura 14.7, existem alguns pontos dispersos, mas não se pode negar que existe uma correlação. No entanto, ela não é forte.

Gráficos de controle

Os gráficos de controle são ferramentas estatísticas valiosas para o gestor ambiental, pois ajudam a identificar se um determinado processo está ou não sob controle. Você pode utilizá-los, por exemplo, para monitorar a emissão de gases poluentes e a geração de resíduos.

Além de serem úteis, esses gráficos são de fácil interpretação. Pode-se dizer que um determinado processo está dentro dos padrões de normalidade quando a linha do gráfico não ultrapassa os limites de especificação superior e inferior. Esses limites não são criados aleatoriamente: eles resultam de cálculos estatísticos. No caso da emissão de gases poluentes, é preciso estabelecer um teto para que a liberação de substâncias nocivas não represente uma ameaça à saúde pública e ao meio ambiente. A linha inferior também é um indicador importante. Se um empreendimento opera com níveis de emissões estra-

Figura 14.8 Gráfico de controle.

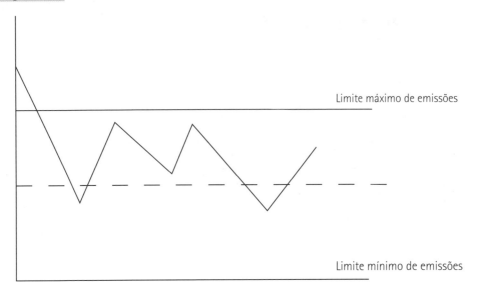

nhamente baixos, pode ser que haja algo errado, como um decréscimo indesejável na produção.

Imagine que a Figura 14.8 ilustra a quantidade de CO_2 liberada na atmosfera pelas atividades de sua empresa. Como você interpretaria o gráfico?

Na Figura 14.8, observe que a linha do gráfico ultrapassa o limite superior no início da medição. Uma explicação possível é que algum defeito nas tecnologias de *end of pipe control* tenha permitido a liberação excessiva de poluentes. Em seguida, as emissões sofrem uma queda brusca. Repare que, em alguns momentos, ela se aproxima da linha tracejada, que representa o nível ideal de emissão.

SAIU NA IMPRENSA

AMBIENTE TAMBÉM É OPÇÃO PARA ENGENHEIROS

A engenharia é composta por mais de 150 habilitações e, por isso, seu mercado de trabalho sempre foi um dos mais extensos. É uma das carreiras que mais evoluem em relação à demanda do mercado de trabalho, apesar de ser uma das mais antigas.

As especializações e as novas atribuições dos engenheiros parecem nunca terminar. Os setores de construção e de mecânica são mais tradicionais, mas o mercado pediu engenheiros alimentares, têxteis, navais, hídricos, bioquímicos, de telecomunicações e de computação, entre muitos outros.

Hoje, com a crescente preocupação com o ambiente, o setor tornou-se um promissor mercado também para os engenheiros.

"Questões como reflorestamento, preservação da Amazônia, escassez de água pelo mau uso dos recursos hídricos e queimadas estão ganhando cada vez mais foco, por isso abrem espaço para um novo campo de trabalho", diz o engenheiro florestal e vice-presidente do Conselho Federal de Engenharia, Arquitetura e Agronomia Fernando Bemerguy.

A principal atribuição do engenheiro na área ambiental é realizar projetos voltados para o aproveitamento racional dos recursos naturais, como avaliar ecossistemas e desenvolver e elaborar estudos e projetos para a preservação de parques e de reservas naturais, recuperar áreas degradadas aplicando técnicas de reflorestamento, além de gerenciamento de resíduos (urbanos, agrícolas e industriais), entre outras funções.

"O desafio é conseguir conservar o ambiente e promover o desenvolvimento econômico ao mesmo tempo", diz Bemerguy. [...]

O professor Vahan Agopyan, diretor da Escola Politécnica da USP, também aponta a área ambiental como promissora, mas ressalta a importância de uma formação sólida, com conhecimentos profundos de engenharia, antes de uma especialização. [...]

Além do ambiente, Agopyan destaca como atribuições recentes e em crescimento para os engenheiros gestão de qualidade e desenvolvimento sustentável. "Engenharia é a profissão do desenvolvimento. Quando o Brasil optar por uma política real de desenvolvimento, o número de engenheiros será insuficiente para a demanda", afirma. [...]

Fonte: UOL Educação. Disponível em: <http://www1.folha.uol.com.br/folha/educacao/ult305u15558.shtml>.
Acesso em: 15 jul. 2010.

1. Por que a qualidade e o meio ambiente tornaram-se conhecimentos importantes para quem trabalha no âmbito da engenharia?

2. De que forma os engenheiros com formação ambiental podem colocar seus conhecimentos técnicos a serviço da preservação ambiental?

NA ACADEMIA

- Acesse o site de uma empresa integrante do Índice Dow Jones de Sustentabilidade e leia seus dois últimos relatórios de sustentabilidade. A partir daí, escolha um aspecto do seu desempenho ambiental e apresente-o em forma de gráfico. Você pode, por exemplo, comparar o consumo energético das unidades da empresa, e organizar os dados em um histograma.

Pontos importantes

- O termo *qualidade* corresponde às práticas de gestão que conduzem à melhoria contínua dos produtos e serviços e à satisfação das necessidades do cliente.

- Em 1951, o engenheiro Armand Feigenbaum criou o conceito de qualidade total, mencionado pela primeira vez em seu livro *Total Quality Control* (TQC). Para o autor, todos os departamentos precisavam trocar informações e colaborar para a melhoria da performance empresarial, compartilhando, assim, a responsabilidade pela qualidade dos processos. Posteriormente, outros conceitos foram acrescentados à qualidade total, como as noções de *previsibilidade* e *zero defeito*.

- O conceito de *previsibilidade* no âmbito da administração foi proposto por William Deming. Segundo o autor norte-americano, a qualidade de um produto depende do quão previsível ele é. Ou seja, ela é determinada pelo nível de atendimento às especificações.

- Criada em 1979 pelo engenheiro Philip Crosby, a noção de *zero defeito* sugere a completa eliminação das falhas nos produtos e serviços. Para Crosby, não há nível de defeito tolerável. O único padrão de qualidade aceitável é a perfeição.

- A gestão estratégica da qualidade ganhou terreno nos anos 1980 e 1990, quando a qualidade passou a ser usada para diferenciar a organização, tornando-a mais competitiva. À época, acentuou-se a busca pela melhoria contínua dos processos e pela excelência no atendimento ao cliente: tudo isso sem abrir mão de altos índices de lucratividade e produtividade.

- Criada em 1990 pela ONG Gemi, a sigla TQEM (*total quality environmental management*) é usada para designar o controle da qualidade total comprometido com as questões ambientais.

- As sete ferramentas da qualidade propostas por Kaoru Ishikawa são as folhas de verificação, os gráficos de Pareto, os diagramas de dispersão, os gráficos de controle, os fluxogramas, os histogramas e os diagramas de causa e efeito.

Referências

BARBIERI, José Carlos. *Gestão ambiental empresarial*. São Paulo: Editora Saraiva, 2007.

CROSBY, Philip. *Quality is free*. Nova York: McGraw-Hill, 1979.

DEMING, William. *Qualidade*: a revolução da administração. Rio de Janeiro: Marques Saraiva, 1990.

FERREIRA, Aurélio Buarque de Holanda. *Novo Aurélio século XXI*: o dicionário da língua portuguesa. Rio de Janeiro: Nova Fronteira, 2001.

FEIGENBAUM, Armand. *Total quality control*. Nova York: McGraw-Hill, 1983.

SHIGUNOV NETO, Alexandre; CAMPOS, Lucila Maria de Souza; SHIGUNOV, Tatiana. *Fundamentos da gestão ambiental*. Rio de Janeiro: Editora Moderna, 2009.

Capítulo 15

COMPROMETIMENTO DA EMPRESA: EMPRESA VERDE

Neste capítulo, abordaremos as seguintes questões:

- Qual é o objetivo principal do modelo de Atuação Responsável?
- O que significa a sigla *Dies*?
- O que é a *PmaisL*?
- O que significa a sigla *DfE*?
- Qual é a proposta de gestão ambiental dos modelos baseados na natureza?
- O que significa o termo *housekeeping* no âmbito da gestão empresarial?

Introdução

Administrar os aspectos ambientais de um empreendimento não era desafiador no início do século XX. À época, a inexistência de legislações ambientais e a falta de conhecimento sobre os impactos das atividades econômicas não exigiam mais que simples medidas isoladas de proteção ao meio ambiente e estratégias de remediação em caso de acidentes.

Hoje, os tempos são outros: é necessário se adaptar à era da sustentabilidade. Para o gestor que pretende adotar iniciativas "verdes", convém implantar um modelo de gestão ambiental para orientar suas medidas. E o que não faltam são opções. Caso não queiram criar seus próprios padrões de gestão, as empresas podem apostar em modelos desenvolvidos pelo Terceiro Setor ou pela iniciativa privada.

Atualmente, existem inúmeras alternativas "verdes". Neste capítulo, você verá como diferentes propostas de gestão ambiental procuram prevenir os efeitos negativos sobre o meio ambiente, transformando, às vezes, obrigações ecológicas em oportunidades de negócios.

Atuação responsável

Conforme você estudou no Capítulo 6, o modelo de atuação responsável nasceu em 1984, quando a Chemical Manufacturers Association, do Canadá, lançou o Responsible Care Program para combater a má fama do setor. A partir de então, a implantação do programa de atuação responsável tornou-se pré-requisito para o ingresso na associação, o que obrigou seus membros a investir em saúde, segurança e meio ambiente.

Na década seguinte, a Associação Brasileira da Indústria Química (Abiquim) decidiu seguir o exemplo. Em 1992, ela criou o programa Atuação Responsável, cuja adoção passou a ser obrigatória em 1998 para todas as empresas associadas. Seu objetivo é contribuir para o desenvolvimento sustentável do setor, integrando as dimensões ambiental, econômica e social às práticas gerenciais. Para tanto, é preciso rever a cadeia produtiva e minimizar os impactos negativos das atividades sobre a saúde pública e o meio ambiente.

Desde então, a Abiquim colocou-se à disposição das indústrias químicas para auxiliá-las na transição para a sustentabilidade. O programa Atuação Responsável serve como importante modelo de referência na hora de reformar a cadeia produtiva. Calcado na ideia de prevenção, ele propõe a escolha de moldes de produção mais eficientes para diminuir a geração de efluentes, o que reduz as despesas com o tratamento de resíduos.

Entre as principais ferramentas da Atuação Responsável, destacam-se a avaliação do ciclo de vida (ACV) dos produtos e o monitoramento contínuo dos processos. Segundo a Abiquim, essas medidas ajudam a promover o progresso das empresas rumo à sustentabilidade. No Capítulo 7, você viu que a ACV analisa os impactos ambientais dos produtos desde a extração da matéria-prima até o descarte. Suas conclusões são essenciais para medir o desempenho da indústria química. Às vezes, os resultados da análise indicam a necessidade de substituir substâncias tóxicas por outras que agridam menos o meio ambiente, reduzindo os efeitos negativos do produto sobre a natureza. A Nokia, por exemplo, foi apontada como empresa mais verde do setor de eletrônicos porque conseguiu eliminar dos seus aparelhos celulares compostos nocivos à saúde, como o bromo e os trióxidos de antimônio.

Existem também outros indicadores importantes para a Atuação Responsável. A taxa de acidentes serve para apontar falhas na segurança ocupacional e de transporte. Também vale a pena conferir outros números, como o consumo energético, a quantidade de efluentes, as emissões de CO_2, os custos com tratamento, entre outros. O gestor pode, inclusive, lançar mão dos gráficos estudados no capítulo anterior para

> *Fruto da ação conjunta de empresas da iniciativa privada, o TQEM também é um modelo apropriado para a gestão de qualidade e meio ambiente. Como foi objeto de estudo no capítulo anterior, ele não será apresentado aqui.*

visualizar as melhorias obtidas com os novos processos. Quando o desempenho fica aquém das expectativas, pode ser necessário investir em equipamentos ou recursos mais eficientes.

Produção mais limpa

Desde a década de 1980, o Programa das Nações Unidas para o Meio Ambiente (Pnuma) e a Organização das Nações Unidas para o Desenvolvimento Industrial (Onudi) vêm unindo seus esforços para a construção de um modelo mais "limpo" de crescimento econômico.

Pressionada pelas reivindicações ambientalistas, a Onudi criou o conceito de *Desenvolvimento Industrial Ecologicamente Sustentável* (Dies). Seu objetivo era estabelecer um padrão de industrialização que equilibrasse os interesses do mundo dos negócios com as necessidades das gerações de hoje e do futuro. Em outras palavras, o Dies buscou incentivar a criação de práticas industriais que mantivessem a lucratividade do empreendimento sem perder de vista os cuidados com a sociedade e o meio ambiente. Para alcançar esse equilíbrio, a Onudi recomenda a eficiência e o respeito aos ciclos de renovação dos recursos naturais.

Em 1990, foi o Pnuma que trouxe uma importante contribuição para o debate ambiental ao definir o conceito de *Produção mais Limpa* (PmaisL). De acordo com o braço da ONU para o meio ambiente, as empresas precisam levar em conta todas as etapas da cadeia produtiva e do ciclo de vida do produto na hora de avaliar seu desempenho.

Também não se deve deixar de lado as tecnologias de produção. No Capítulo 6, você viu que as velhas técnicas *end of pipe control* evitam a liberação de poluentes na natureza, mas não impedem sua geração. Ou seja, elas apenas retêm a poluição, o que não elimina por completo o problema. O tratamento e a disposição final são verdadeiros fardos para a gestão ambiental, pois costumam ser dispendiosos e dependem da aprovação do órgão competente.

Para driblar essas dificuldades, a PmaisL sugere a substituição das tecnologias convencionais de controle por uma abordagem preventiva. Seu objetivo é conciliar prioridades produtivas e ambientais para diminuir a quantidade de detritos. As vantagens são inúmeras. Como a redução do volume de resíduos exige o uso mais eficiente dos materiais, ela colabora no combate ao desperdício. Com isso, é possível cortar despesas com a aquisição de novos recursos e com o tratamento dos resíduos. Além dos ganhos financeiros, a prevenção da poluição ajuda a proteger a saúde das comunidades vizinhas e do próprio meio ambiente.

A fim de atingir essas metas, a organização interessada na PmaisL deve colocar em prática uma série de medidas, como eficiência energética, consumo racional dos recursos e técnicas de reaproveitamento. A Figura 15.1 apresenta uma sequência lógica para a implantação desses procedimentos.

Hoje em dia, diversos Estados já assinaram a *Declaração Internacional sobre Produção mais Limpa* do Pnuma, oficializando seu compromisso com a divulgação das práticas de produção sustentáveis em seu território. Em 2003, as autoridades brasileiras ratificaram o documento, o que representou um passo importante para o país em direção à sustentabilidade. A fim de tornar as empresas nacionais mais "verdes", o governo federal criou um grupo de trabalho interinstitucional para estimular e assessorar a implantação da PmaisL. O grupo reúne membros de diferentes setores: há integrantes do ramo empresarial, da sociedade civil e, inclusive, do poder público.

Figura 15.1 Estratégias para prevenção da poluição.

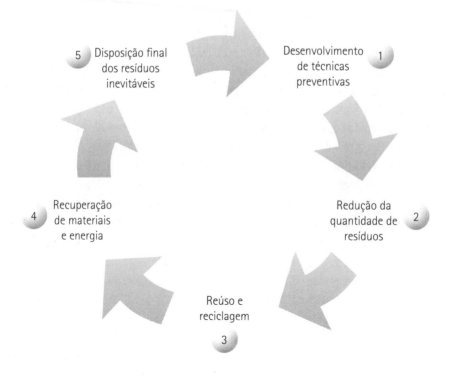

Atualmente, a propagação das estratégias de prevenção no Brasil é administrada pelo Centro Nacional de Tecnologias Limpas (CNTL) do Senai do Rio Grande do Sul. Para orientar a implantação da PmaisL, o CNTL reforça que algumas práticas são preferíveis a outras. A redução de resíduos na fonte, por exemplo, é considerada mais vantajosa que a reciclagem interna. Conheça, na Figura 15.2, os três níveis criados pelo CNTL para hierarquizar as prioridades da abordagem preventiva.

> Além de disseminar as estratégias de produção mais limpa, o CNTL também divulga pesquisas e oferece cursos de capacitação sobre o assunto. Para conhecê-lo melhor, visite o site: <www.senairs.org.br/cntl/>.

Como você pode ver na Figura 15.2, as medidas de nível 1 são coerentes com a redução do desperdício e da poluição, objetivo central da PmaisL. Afinal de contas, o ideal é impedir a geração de resíduos na fonte, diminuindo os custos com o tratamento e o descarte. Para minimizar a quantidade de dejetos, a empresa precisa atuar em duas frentes. A primeira delas

Figura 15.2 Prioridades da abordagem preventiva (CNTL, s/d, p. 1).

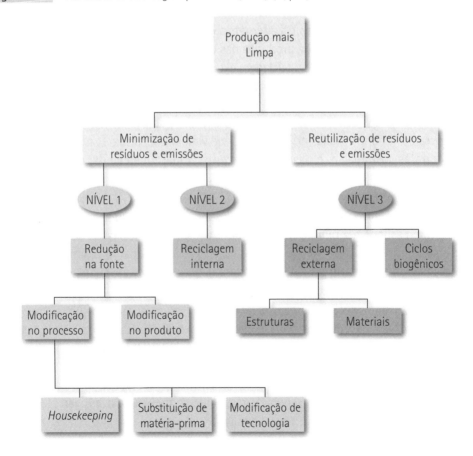

é a cadeia produtiva. Nessa etapa, é importante apostar em equipamentos mais eficientes, menos poluentes e mais econômicos sob o ponto de vista energético.

Em alguns casos, convém também substituir os recursos naturais empregados por outros mais renováveis. O setor madeireiro, por exemplo, dá alguns sinais de mudanças nesse sentido. Segundo a revista *Exame* (2010), o aumento da fiscalização ambiental tem elevado o uso de madeira de reflorestamento. A mesma fábrica que corta as árvores planta as mudas que reabastecerão sua cadeia produtiva em poucos anos. Daí a importância das árvores de crescimento rápido, como o eucalipto.

As práticas de *housekeeping* – do inglês, *arrumação da casa* – também são indispensáveis, especialmente na fase de implantação da PmaisL. Como o próprio nome indica, elas abrangem atividades de sistematização e ordenação. Para entender melhor a utilidade do *housekeeping*, imagine que você não lembre onde guardou um documento importante em sua casa. Se sua casa estiver bagunçada, será difícil encontrá-lo. A solução do problema exigirá mais tempo, esforço e paciência. No entanto, se a casa estiver arrumada, achar o documento será bem mais fácil. Com a gestão empresarial não é diferente. Se a empresa não estiver em ordem, os problemas poderão ficar escondidos em meio à confusão. Por isso, o CNTL acredita que a organização é um fator importante, pois influencia na eficiência dos processos.

Quando não é possível prevenir, a alternativa mais "verde" é reciclar. O ideal é que os resíduos sejam reintegrados à cadeia produtiva das empresas onde foram descartados. Se isso não for viável, é preciso recorrer à reciclagem externa, solução de nível 3 segundo a CNTL. É o caso da Unilever – uma das maiores produtoras de bens de consumo do mundo. As sobras de tubos laminados para creme dental são enviadas para fábricas de telhas e placas de piso a fim de evitar o desperdício. A Nike também investe em reaproveitamento. Atualmente, ela recicla garrafas PET encontradas no lixo. Conforme vimos no Capítulo 6, o poliéster extraído de oito garrafas costuma ser o bastante para confeccionar uma camisa. O sucesso foi tão grande que a seleção brasileira de futebol entrou em campo com as camisas recicladas da Nike na Copa da África do Sul.

Os ciclos biogênicos são outra opção de reutilização de resíduos ao alcance das empresas. Eles pressupõem a reintegração de matérias-primas descartadas ao processo produtivo, minimizando o desperdício do lixo industrial. Mais adiante, quando estudar os modelos inspirados na natureza, você entenderá melhor como funcionam essas práticas.

No Brasil, a PmaisL já conta com alguns adeptos. A Votorantim Celulose e Papel (hoje unida à Aracruz Celulose sob a marca Fibria) oficializou seu compromisso com a *Declaração Internacional sobre Produção Mais Limpa* do Pnuma. Em suas fábricas, o pré-branqueamento da celulose, por exemplo, é seguido da recuperação de produtos químicos. A reciclagem interna também faz parte do cotidiano da empresa. Atualmente, os resíduos de madeira são utilizados nas florestas plantadas para servir de adubo. Além disso, seus processos são executados por meio da melhor tecnologia disponível, o que ajuda a mitigar os impactos negativos de suas atividades sobre o meio ambiente.

Ecoeficiência

No Capítulo 3, você conheceu a *ecoeficiência*, modelo de produção proposto pelo *World Business Council for Sustainable Develoment*. À semelhança da PmaisL, seus objetivos são orientados para a redução da poluição e o uso racional de matéria-prima. A ideia é eliminar o desperdício e diminuir o custo de produção. Com isso, espera-se comercializar produtos a preços mais baixos, promovendo ao mesmo tempo a lucratividade do empreendimento e a qualidade de vida dos indivíduos.

Segundo Barbieri (2007), as empresas não podem perder de vista a capacidade de renovação dos recursos naturais. Afinal, a exploração predatória leva ao esgotamento da matéria-prima, o que torna insustentável o próprio negócio. Por isso, a gestão ecoeficiente aproveita ao máximo o potencial dos recursos e aposta no seu reaproveitamento, por meio, principalmente, do reúso e da reciclagem.

Outro componente indispensável da ecoeficiência é o consumo racional de água e energia. A ST Microelectronics, por exemplo, apostou na economia dos recursos hídricos e energéticos. Dona de uma receita anual superior a sete bilhões de dólares, a empresa com sede na Suíça está entre as maiores produtoras mundiais de semicondutores do mundo. De acordo com Andrew Savitz, a sustentabilidade também foi um importante componente do seu sucesso:

> A ST destina 2% de seus investimentos de capital a melhorias ambientais. As eficiências daí resultantes diminuíram o consumo de eletricidade em 28% e o consumo de água em 45%, com reduções de custo de US$ 56 milhões, em 2001, US$ 100 milhões, em 2002, e US$ 133 milhões, em 2003. Em média, os projetos de conservação de energia se pagam em 2,5 anos – nível extraordinário de retorno sobre o investimento. Pasquale Pistorino, ex-CEO e *chairman* honorário, observa que esses números "demonstram a validade da posição que assumimos há anos: a ecologia é gratuita" (2007, p. 42).

Como você pode ver, a PmaisL e a ecoeficiência têm objetivos semelhantes. Em geral, ambas procuram minimizar os efeitos colaterais das atividades econômicas, impedindo a extração predatória de recursos e a disposição irresponsável de resíduos na natureza. No entanto, também há diferenças entre os modelos. De um lado, a ecoeficiência valoriza a reciclagem e o reúso, pois considera primordial o reaproveitamento dos detritos. Do outro, a PmaisL prioriza a redução de resíduos na fonte; a reciclagem é vista pela PmaisL como uma estratégia paliativa, relegada ao segundo e terceiro níveis.

Design for Environment

Também conhecido como ecodesign, o *Design for Environment* (DfE) é mais um modelo de gestão para o meio ambiente. De acordo com Barbieri (2007), ele surgiu em 1992 quando algumas empresas do setor eletrônico começaram a colocar em prática os princípios do desenvolvimento sustentável. Sob a liderança da *American Electronics Association*, elas criaram um grupo de trabalho para avaliar os aspectos ambientais das suas atividades. Aos poucos, o *Design for Environment* consolidou-se como ferramenta de gestão no ramo.

Ao contrário do que o nome sugere, o foco do ecodesign não reside apenas no planejamento do produto, mas também nos aspectos ligados ao processo produtivo e ao consumo. Sob essa ótica, a equipe de projetistas não pode ficar presa aos componentes tradicionais do design, como estilo, função e custo: ela também deve pesar os impactos ecológicos de suas escolhas. É preciso optar por materiais renováveis, combater o desperdício na cadeia produtiva e priorizar a eficiência energética. Para atingir essas metas, o DfE submete seus objetos de estudo à análise sob diferentes prismas, promovendo o diálogo entre os departamentos da empresa. Quando o assunto é embalagem, por exemplo, a decisão não deve passar somente pelo crivo do marketing: os gestores ambientais também devem entrar em cena e colocar na balança os efeitos sobre a natureza. Na rede de hipermercados Walmart, isso não é novidade. A sustentabilidade já está presente na maioria dos seus produtos exclusivos. A embalagem dos bifinhos para cães Ol'Roy, por exemplo, diminuíram de tamanho para reduzir o consumo de material. As caixas de cereais matinais e de hastes de algodão flexíveis são feitas com papelão proveniente de madeira de reflorestamento e já contam com certificado do FSC.

Como modelo de gestão global da empresa, o DfE propõe a prevenção como estratégia fundamental para proteger o meio ambiente. Porém, ele também pode atuar com fins mais específicos, fragmentando-se em iniciativas localizadas. Segundo Barbieri (2007), o DfE pode assumir diferentes formas, dependendo do objetivo em jogo. Pensando nisso, os professores Thomas Graedel e Braden Allenby (1995) desenvolveram o conceito de *Design for X*, em que "x" pode ser substituído pela inicial do que se pretende avaliar. É possível falar, por exemplo, em *Design for Recycling* (DfR), quando se busca aumentar a reciclabilidade da mercadoria ou dos resíduos gerados na produção. Outra opção é o *Design for Safety and Liability Prevention* (DfSL), em que se analisa a eficácia dos padrões de segurança na prevenção de acidentes.

Como você pode ver, o DfE inclui as questões ambientais na hora de avaliar e planejar diferentes aspectos da produção e do consumo. Observe a Figura 15.3 para conhecer os principais itens que compõem a pauta do *Design for Environment*.

Um dos pontos centrais para o DfE diz respeito à escolha do material. É importante apostar em materiais reciclados e biodegradáveis e evitar o uso de substâncias nocivas à saúde humana ou ao meio ambiente. Novamente, as embalagens de produtos exclusivos do Walmart dão exemplo, pois não utilizam solventes na impressão, a fim de reduzir a emissão de gases poluentes.

Quando elementos tóxicos são insubstituíveis, é necessário incentivar o consumidor a realizar o descarte ecologicamente correto. Em 2004, o Instituto Mauá de Tecnologia resolveu dar um destino melhor às lâmpadas fluorescentes descartadas. Em vez de enviá-las para os aterros sanitários, o instituto contratou uma empresa especializada em reciclagem

Figura 15.3 Principais itens do *Design for Environment*.

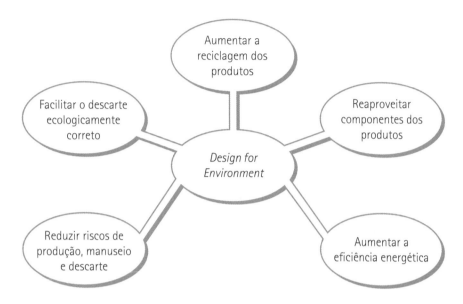

para separar os componentes do material, especialmente o mercúrio, substância prejudicial à saúde e à natureza. As partes da lâmpada são encaminhadas para outras empresas, onde serão reaproveitadas. O mercúrio, por exemplo, é usado na fabricação de termômetros, enquanto o vidro é transformado em material decorativo.

Como o DfE privilegia a abordagem preventiva da poluição, é mais conveniente implantá-lo como modelo de gestão nas primeiras etapas do projeto. Quando o meio ambiente é levado em conta desde o início, é possível adquirir tecnologias mais apropriadas e escolher as estratégias mais ecoeficientes.

Modelos baseados na natureza: ecologia e metabolismo industriais

No século XVIII, o célebre químico francês Antoine-Laurent Lavoisier realizava experimentos com o auxílio de uma balança. Antes de conduzir uma reação, o cientista tinha o cuidado de pesar os reagentes. Pouco a pouco, ele foi percebendo que a massa do produto da reação era exatamente igual à soma das massas das substâncias usadas. Em outras palavras, quando 20 gramas de hidrogênio reagiam com 10 gramas de oxigênio, o resultado eram 30 gramas de água. A partir dessas observações, nasceu a famosa lei "na natureza nada se cria, nada se perde: tudo se transforma".

294 | Gestão ambiental

Fora do laboratório, o meio ambiente parece confirmar as conclusões de Lavoisier. O funcionamento do metabolismo reflete com perfeição a lei do cientista francês, como mostra Barbieri:

> A alimentação é um elemento de ligação entre os organismos que formam uma comunidade biológica. Os organismos extraem alimentos do seu meio e devolvem os restos, que são alimentos de outros organismos (2007, p. 143).

Ora, mas como isso se aplica à gestão empresarial? Mais adiante, o próprio Barbieri (2007, p. 143) explica essa relação: "(...) um conjunto de empresas poderia formar uma comunidade empresarial na qual os resíduos de produção de umas empresas são insumos para outras". Em outras palavras, modelos inspirados na natureza, como *o metabolismo e a ecologia industriais*, aplicam o princípio de Lavoisier nas práticas empresariais e dão um ponto final ao desperdício. Ao contrário dos sistemas gerenciais anteriores, que encaravam os resíduos como efeitos indesejáveis, a *gestão baseada na natureza* é capaz de identificar oportunidades valiosas no lixo.

Sob a ótica da ecologia industrial, os detritos gerados pelas atividades econômicas não são diferentes das trocas em um ecossistema. A solução para o aparente problema está na reciclagem, que pode ser tanto interna quanto externa. Todo resíduo tem uma nova função: basta encontrá-la. Para os defensores dos modelos inspirados na natureza, os dejetos industriais não são aproveitados pelas abordagens de prevenção e controle da poluição, que nem sequer conseguem eliminá-los completamente.

Em relação aos recursos naturais, o metabolismo industrial entende que é inviável extraí-los incessantemente sem provocar seu esgotamento. Para assegurar a saúde da natureza e a continuidade dos negócios, esse modelo insiste na importância de reestruturar a cadeia produtiva tendo em vista os ciclos de renovação da natureza. A ideia é aproveitar ao máximo os recursos que já foram retirados da natureza antes de partir em busca de novos.

A fim de entender melhor essa proposta, tente imaginar uma comunidade industrial onde os resíduos de uma fábrica servem de insumos para outra, formando uma verdadeira "cadeia alimentar" de detritos. Imaginou? Pois bem. Na Dinamarca, esse sonho ambientalista já virou realidade, como mostra Barbieri:

> O parque industrial de Kalundborg, na Dinamarca, é um dos exemplos mais citados para demonstrar que tais exemplos não são utopias. Nesse parque, encontram-se diversas empresas integradas, como a Statoil, maior refinaria de petróleo da Dinamarca, com capacidade para processar 5,2 milhões de toneladas de petróleo, e a maior geradora de energia elétrica, a Asnaes Power Station, que produz por ano cerca de 170 mil toneladas de cinzas resultantes da queima de carvão, usadas como insumos pela fábrica de cimento Aalborg Portland e para pavimentos em estradas. Cerca de 200 mil toneladas anuais de gesso resultante do processo de remoção de SO_2, um dos principais poluentes atmosféricos, são usadas pela Gyproc na fabricação de painéis para a indústria de construção. A energia excedente é transferida para

a rede local de aquecimento. A Novo Nordisk produz insulina e enzimas industriais e gera resíduos ricos em fósforo e nitrogênio, que são transformados em fertilizantes (2007, p. 147).

Famosa por suas iniciativas sustentáveis, a petroquímica brasileira Copesul sempre investiu milhões para incrementar seus processos operacionais com novas tecnologias. Porém, segundo Barbieri (2007), ela gastava 50 dólares por tonelada para se livrar da sulfocáustica, ignorando que essa substância tóxica escondia uma oportunidade de negócio. Tudo mudou quando a Copesul identificou em sua vizinhança uma fábrica de celulose que podia aproveitar o composto químico em sua cadeia produtiva. Hoje, a Copesul vende sulfocáustica, e o que antes era um problema converteu-se em lucro.

No entanto, nem todas as empresas têm a mesma sorte da Copesul. Muitos polos industriais concentram atividades econômicas do mesmo segmento que, por produzir resíduos idênticos, não conseguem viabilizar a reciclagem externa. Nesses casos, é mais conveniente lançar mão das práticas de prevenção, reduzindo na fonte a geração de poluentes.

Vantagens "verdes"

A era da sustentabilidade inaugurou muitas oportunidades no mundo dos negócios. De acordo com Andrew Savitz (2007), as empresas podem se beneficiar de três maneiras básicas do crescimento "verde".

Em primeiro lugar, a gestão ambiental ajuda a *proteger a empresa*. À medida que um empreendimento torna-se mais sustentável, menores são as chances de acidentes ambientais ou conflitos com *stakeholders*. Do lado jurídico normativo, as tendências são as mesmas: a criação contínua de novas leis ambientais ameaça a viabilidade das práticas irresponsáveis. Hoje, as atividades predatórias operam sob o risco de multas e, inclusive, suspensão da licença de operação expedida pelo órgão ambiental.

Além disso, a adoção de modelos pautados na ecoecifiência e na produção mais limpa ajuda a *gerenciar a empresa*. Em geral, as estratégias de gestão para o meio ambiente são benéficas até do ponto de vista econômico, pois contribuem para combater o desperdício e aumentar a produtividade.

Por último, a gestão ambiental também ajuda a *promover o crescimento da empresa*. Conforme você estudou nos capítulos anteriores, o comércio internacional está cada vez mais exigente em matéria ambiental. A superação do protecionismo e o incremento das exportações dependem, em grande parte, da obtenção de certificados ambientais e do atendimento a requisitos mínimos de sustentabilidade. No mercado interno, o panorama não é diferente. O aumento da oferta e, consequentemente, da competitividade exigem a reavaliação das práticas gerenciais. Diante de tantas vantagens, não parece sensato deixar a sustentabilidade de fora da empresa do novo milênio.

ESTUDO DE CASO

TI VERDE: UMA INICIATIVA DO ITAÚ UNIBANCO

Integrante do Índice Dow Jones de Sustentabilidade, o Itaú Unibanco tem transformado os desafios da sustentabilidade em boas oportunidades. Recentemente, a expressão *Green IT* ou *TI Verde* passou a integrar o cotidiano da empresa. Ela designa as práticas que têm por objetivo buscar inovações no setor tecnológico para diminuir o impacto ambiental das atividades. Ao perceber que a área de TI correspondia a 50% do consumo energético da empresa, o Itaú Unibanco não perdeu tempo. Em 2008, foi criado o Comitê TI Verde, grupo responsável por investigar a viabilidade de mudanças na área. No ano seguinte, medidas como a substuição de monitores de tubo por LCD e virtualização de servidores impediram a emissão de 92 toneladas de CO_2 e possibilitaram um corte superior a meio milhão de reais nos custos com eletricidade.

Além disso, o banco também lançou outras iniciativas para o meio ambiente, como o descarte correto do lixo eletrônico, que atingiu a incrível marca de 98% de reaproveitamento. Até o final de 2010, a empresa pretende reduzir ainda mais a emissão de gases causadores de efeito estufa, evitando as viagens de negócios dos funcionários com a criação de 18 salas de teleconferência.

Fonte: BARBOSA, Vanessa. Itaú Unibanco já colhe bons frutos de TI verde. Exame, 30 jun. 2010. Disponível em: <http://portalexame.abril.com.br/meio-ambiente-e-energia/noticias/itau-unibanco-ja-colhe-bons-frutos-ti-verde-574598.html>.
Acesso em: 4 jul. 2010.

1. Que modelos de gestão ambiental abrangem as seguintes medidas tomadas pelo Itaú Unibanco?
   a) aquisição de monitores de LCD mais eficientes do ponto de vista energético;
   b) reciclagem do lixo eletrônico;
   c) substituição das viagens de negócios por teleconferências.
2. Além da redução de custos, que outros benefícios você imagina que o banco esteja obtendo por meio de sua atuação sustentável?

NA ACADEMIA

Com o auxílio de três colegas, encontre exemplos práticos de dois modelos de gestão ambiental apresentados neste capítulo. Ao confeccionar seu trabalho, vocês precisam responder a quatro questões:

- Que ações a empresa vem tomando para combater o impacto ambiental de suas atividades?
- Que modelo de gestão ambiental inclui as medidas adotadas pela empresa? Por quê?
- O foco da gestão ambiental é a prevenção ou o reaproveitamento dos resíduos?
- Que benefícios a empresa colheu com sua iniciativa?

Não se esqueçam de preparar uma apresentação em PowerPoint® para a próxima aula com os resultados da pesquisa.

Pontos importantes

- O objetivo principal do modelo de Atuação Responsável é contribuir para o desenvolvimento sustentável, integrando as dimensões ambiental, econômica e social às práticas gerenciais. Para atingir essa meta, é preciso rever a cadeia produtiva e minimizar os impactos negativos das atividades sobre a saúde pública e o meio ambiente. Isso inclui a adoção de uma abordagem preventiva, que prioriza a redução de efluentes na fonte e diminui os custos com técnicas de tratamento e filtragem.

- A sigla Dies designa o conceito de Desenvolvimento Industrial Ecologicamente Sustentável, criado pela Onudi para estabelecer um padrão de industrialização. Sua finalidade era equilibrar os interesses do mundo dos negócios com as necessidades das gerações de hoje e do futuro. A ideia central do Dies consistia em assegurar a lucratividade do empreendimento sem perder de vista os cuidados com a sociedade e o meio ambiente. A eficiência e o respeito aos ciclos de renovação dos recursos naturais eram práticas fundamentais para atingir esse objetivo, segundo a Onudi.

- Definido em 1990 pelo Pnuma, o conceito de Produção mais Limpa (PmaisL) designa as iniciativas que visam à redução do volume de resíduos por meio do uso ecoeficiente dos materiais e do combate ao desperdício. Baseada nas abordagens de prevenção da poluição, a PmaisL prioriza a eliminação dos resíduos na fonte, o que tende a poupar despesas com o tratamento e a disposição final dos dejetos industriais. Medidas como eficiência energética e técnicas de reaproveitamento também pertencem ao conjunto de ações que compõem a estratégia de Produção mais Limpa.

- Também conhecido como ecodesign, o *Design for Environment* (DfE) é um modelo de gestão para o meio ambiente criado em 1992 por empresas do setor eletrônico. Seu objetivo é conduzir o planejamento ecologicamente correto do produto e sua cadeia produtiva.

- Modelos baseados na natureza, como o metabolismo e a ecologia industriais, procuram eliminar os detritos gerados pelas atividades econômicas por meio de estratégias de reaproveitamento inspiradas nas trocas entre organismos de um ecossistema. Sob esse ponto de vista, a reciclagem, seja ela interna ou externa, é o melhor caminho para atribuir uma nova função ao lixo industrial.

- No âmbito da gestão empresarial, o termo *housekeeping* abrange a sistematização e a ordenação da empresa, fatores que influenciam a eficiência dos processos.

Referências

BARBIERI, José Carlos. *Gestão Ambiental Empresarial*. São Paulo: Editora Saraiva, 2007.

CNTL – Centro Nacional de Tecnologias Limpas. *O que é produção mais limpa?* Disponível em: <http://srvprod.sistemafiergs.org.br/portal/page/portal/sfiergs_senai_uos/senairs_uo697/O%20que%20%E9%20Produ%E7%E3o%20mais%20Limpa.pdf>. Acesso em: 17 jul. 2010.

COSTA, Giberto. Setor madeireiro se moderniza com combate ao desmatamento na Amazônia. *Revista Exame*, 10 jun. 2010. Disponível em: <http://portalexame.abril.com.br/meio-ambiente-e-energia/noticias/setor-madeireiro-se-moderniza-partir-combate-ao-desmatamento-amazonia-568578.html>. Acesso em: 5 jul. 2010.

GRAEDEL, Thomas E.; ALLENBY, Braden R. *Industrial Ecology*. New Jersey: Prentice Hall, 1995.

MAYA, Juliana. Brasil pode economizar R$ 8 bilhões se reciclar todo o lixo. *Revista Exame*. Disponível em: <http://portalexame.abril.com.br/meio-ambiente-e-energia/noticias/brasil-pode-economizar-r-8-bilhoes-se-reciclar-todo-o-lixo-560090.html>. Acesso em: 29 jun. 2010.

SAVITZ, Andrew. *A empresa sustentável*. Rio de Janeiro: Elsevier, 2007.

Capítulo 16

INOVAÇÃO E SUSTENTABILIDADE

Neste capítulo, abordaremos as seguintes questões:

- Qual a relação entre o conceito de inovação e as teorias de Joseph Schumpeter?
- Que etapas devem preceder a implantação da sustentabilidade em uma empresa?
- O que é *bluewashing*?
- Qual é a diferença entre minimizar e otimizar os impactos de um empreendimento?
- Que atividades podem ajudar a empresa a traçar estratégias sustentáveis?
- Qual é o papel do governo na promoção da sustentabilidade?

Introdução

Neste capítulo, você conhecerá estratégias que ajudam a tornar a iniciativa privada mais sustentável. Antes de mais nada, porém, trataremos do conceito de inovação e de sua relação com as teorias de Joseph Schumpeter sobre ciclos econômicos e destruição criativa.

Em seguida, será apresentado o exemplo da Nike, uma empresa que escolheu o caminho mais difícil para adequar seu desenvolvimento aos parâmetros da sustentabilidade. Este capítulo também descreverá o Projeto Juruti, um empreendimento da Alcoa que está mudando o conceito de mineração no país.

No entanto, mudanças como essas não acontecem do dia para a noite. É preciso lançar mão de estratégias que facilitem a inovação dos negócios. Por isso, este capítulo também contém dicas importantes nesse sentido. No decorrer da leitura, você conhecerá as etapas que uma empresa precisa cumprir antes de se tornar ecologica e socialmente correta. Por último, será discutido também o papel do Estado na promoção da sustentabilidade em seu território.

Inovação: um imperativo empresarial

Não basta ter uma boa ideia para garantir o sucesso de um novo produto ou serviço. Para começar, é necessário estudar a concorrência, os prós e os contras de suas mercadorias. A partir das conclusões dessa pesquisa, uma empresa pode desenhar seu produto ou serviço, explorando as fraquezas dos adversários. A esse posicionamento no mercado, a essa definição sobre "o que vamos oferecer ao cliente", dá-se o nome de *estratégia*.

No entanto, imagine que, depois do lançamento do novo produto, os concorrentes reajam rapidamente, reduzindo preços ou modificando seus produtos. Um bom gestor não pode ficar de braços cruzados: é hora de rever a estratégia e se adaptar ao novo cenário. A esse conjunto de mudanças, de revisão dos planos, damos o nome de *tática*.

Esse ciclo de planejamento e revisão não se atém à fase inicial de um produto. Pelo contrário: ele se estende durante toda a sua permanência no mercado. Cabe à gestão da empresa determinar sua duração. É possível, por exemplo, que os gestores elaborem uma estratégia por ano e a submetam a revisões trimestrais. O importante é acompanhar o caráter dinâmico do mercado e reformular a estratégia por meio da tática.

É preciso ter em vista que tanto a falta quanto o excesso de apego a planos pode ser nocivo. Por um lado, engessar mercadorias, serviços ou o processo produtivo prejudica a empresa, pois a mantém alheia às transformações do mercado. Basta imaginar quão inviável seria vender apenas CD *players* enquanto a concorrência oferece MP3 *players*. Porém, por outro lado, a ausência de estratégias contribui para tornar a gestão míope quando o assunto envolve objetivos ou demandas de médio e longo prazo. Considere, por exemplo, uma empresa onde não são fixados modelos ou metas para a cadeia produtiva. Diante da falta de um padrão de referência, a produção tende a variar. Essa imprevisibilidade não favorece a expansão dos negócios para outros mercados, uma vez que a quantidade de mercadorias pode não ser suficiente.

Manter-se no páreo exige certa dose de flexibilidade, bem como capacidade de fazer ajustes e perceber oportunidades. Em outras palavras, tende a ser mais bem-sucedida a empresa que sabe *inovar*. De maneira geral, pode-se falar em dois tipos de inovação: a *incremental* e a *radical*. O primeiro tipo abrange as melhorias de pequeno porte que não resultam em mudanças profundas sobre produtos ou processos. Considere, por exemplo, uma montadora que lança um carro com design mais arrojado. Certamente, essa alteração não altera substancialmente a estrutura dos negócios da empresa. Já a inovação radical provoca modificações fundamentais, pois substitui métodos ou mercadorias tradicionais por outros. É o caso da montadora que troca o motor comum por outro movido a biodiesel.

Agora que já conhecemos os dois tipos de inovação, cabe fazer uma pergunta importante: afinal, que motivos levam diferentes empresas a inovar? A resposta não é simples, porque inúmeros fatores podem interferir. Existem situações, por exemplo, em que uma organização percebe que aprimorar seus produtos e reduzir os custos pode ser a receita para alcançar a liderança em seu setor. Outras inovam para diminuir os efeitos negativos de suas atividades sobre o meio ambiente. Há casos também em que o objetivo é conquistar a eficiência energética ou utilizar menos recursos naturais.

Ciclo econômico e destruição criativa

Quando o assunto é inovação, é impossível ignorar a contribuição de Joseph Schumpeter, um renomado professor de Harvard. Em *Teoria do desenvolvimento econômico* (1912), *Business cycles* (1939) e *Capitalismo, socialismo e democracia* (1942), esse autor desenvolveu dois conceitos importantes para o estudo da gestão empresarial: *destruição criativa* e *ciclos econômicos*, ambos relacionados à natureza do capitalismo. Para Schumpeter, o sistema capitalista não deve ser entendido como um modelo estável. Muito pelo contrário: ele caracteriza-se por períodos que variam entre depressão e expansão.

A causa dessas oscilações não são sempre as mesmas. Fatores como guerras, crescimento demográfico ou aumento de capital podem influenciar a alta ou a baixa da "maré" capitalista. Dentre tais fatores, o mais importante é a inovação, pois a própria dinâmica do capitalismo é capaz de inventar novas cadeias produtivas, novos bens de consumo e até novos mercados. Ao abandono dos velhos modelos e à sua substituição por novos, Schumpeter dá o nome de *destruição criativa*. Quando uma empresa oferece, por exemplo, um serviço inovador, ela pode se tornar líder do seu setor até ser desafiada pela ascensão competitiva de outra companhia. Esse dinamismo determina os ciclos econômicos, compostos por períodos que vão da prosperidade à depressão. A Figura 16.1 ilustra bem os altos e baixos do capitalismo desde meados do século XVIII até hoje.

Figura 16.1 Ciclos ou ondas de negócios (NÓBREGA, 1999).

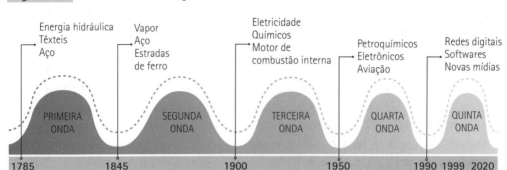

Os anos de pesquisa de Schumpeter abrangeram três das cinco ondas apresentadas na Figura 16.1. A primeira onda registrada por ele diz respeito à expansão da energia hidráulica, da indústria têxtil e da siderurgia. A segunda chegou com os tempos áureos da energia a vapor e das estradas de ferro. Já o início do século XX testemunhou a terceira onda, caracterizada pela ascensão da eletricidade, dos produtos químicos e dos motores de combustão interna. Repare que, com o passar do tempo e a aceleração dos avanços tecnológicos, as ondas tornaram-se mais curtas, o que parece ser a tendência para os próximos ciclos.

A lição da sustentabilidade: o exemplo da Nike

Os desafios ambientais não deixam dúvidas de que a sustentabilidade é um ingrediente indispensável para a empresa do século XXI. Algumas organizações percebem com clareza a nova tendência e rapidamente se adaptam. Outras, no entanto, aprendem do jeito mais difícil: atravessam duras crises antes de notar que é hora de mudar. Às vezes, é necessário pagar indenizações milionárias, ver sua imagem perder a credibilidade perante o público ou até perder a licença de operação antes de tomar o rumo da sustentabilidade.

A Nike, por exemplo, escolheu a segunda opção. Durante os anos 1980 e 1990, ela compactuou com fornecedores asiáticos que utilizavam trabalho infantil em suas fábricas. Não demorou para que o escândalo envolvendo a gigante dos materiais esportivos despertasse o interesse da mídia, como conta Andrew Savitz:

> Atendendo a sugestões de ativistas de direitos humanos do Paquistão, o jornalista veterano Sydney H. Schanberg viajou ao Sul Asiático para investigar acusações de exploração do trabalho infantil para o fornecimento de produtos aos mercados globais. A reportagem daí resultante, intitulada "Six cents an hour" (Seis centavos por hora), irrompeu na edição de junho da revista *Life*. Nela aparecia uma fotografia de um garoto de doze anos, chamado Tariq, cercado por pedaços de bolas de futebol Nike, que ele costuraria durante todo o dia. Pagamento que recebia

por esse trabalho: seis centavos. O contraste chocante com os milhões pagos para atletas como Michael Jordan, para mero endosso, abalou muita gente como atitude moralmente repugnante (2007, p. 132).

Indignados com a gravidade da situação, centenas de ativistas divulgaram campanhas contra a Nike e promoveram protestos em frente a lojas de artigos esportivos para afugentar os clientes. A empresa sabia que não podia deixar ruir a imagem construída com esforços milionários de marketing. Encostada contra a parede, a Nike não tinha alternativa: era preciso reagir à crise e proteger sua marca. Em resposta à chuva de denúncias, foi anunciado um programa significativo de reformas para as fábricas. Para erradicar o trabalho infantil na cadeia produtiva, a Nike passou a exigir que todos os trabalhadores tivessem no mínimo 16 anos de idade. Benefícios adicionais como o ensino fundamental e médio gratuito também se tornaram parte da política empresarial para os funcionários. Até as ONGs foram convidadas para inspecionar as condições de trabalho nas fábricas. Em 2004, a Nike foi mais adiante: seu relatório de responsabilidade empresarial divulgou todos os nomes e endereços dos fornecedores externos, uma prática inédita no setor até então.

Ainda há um longo caminho a ser percorrido, mas a Nike tem dado sinais claros de que mudou de postura. Já existe até quem a aponte como referência em matéria de sustentabilidade. Suas iniciativas de reciclagem são expressivas e, hoje, ironicamente, é ela quem lidera no seu ramo a luta contra o trabalho infantil.

Rumo à sustentabilidade: o papel da empresa

Seja por caminhos mais fáceis ou difíceis, é preciso tomar o rumo do desenvolvimento sustentável. O primeiro passo é voltar o olhar para dentro, e avaliar a própria empresa. A alta administração precisa entender melhor o desempenho econômico, social e ambiental dos seus negócios antes de tomar qualquer decisão. Esse diagnóstico pode ser feito por auditores internos ou por consultores terceirizados. Independentemente da escolha, a avaliação deve se desdobrar em quatro análises principais, segundo Andrew Savitz (2007):

1. o que diz a empresa;

2. como a empresa opera;

3. a natureza do negócio da empresa; e

4. como a sustentabilidade se aplica ao setor.

Vejamos cada uma dessas etapas da análise nos subtópicos a seguir.

O que diz a empresa

Para entender melhor essa etapa do diagnóstico, coloque-se no lugar de um gestor recém-contratado para administrar as iniciativas da empresa em matéria de sustentabilidade. Antes de qualquer coisa, você precisa resgatar documentos relacionados ao assunto, como declarações sobre o meio ambiente, políticas trabalhistas e medidas na área de segurança e saúde. A ausência de documentos ou relatórios desse tipo já é um mau sinal, pois indica o pouco caso da empresa com seu desempenho socioambiental.

Se você encontrar relatórios, não acredite de imediato em todo o seu conteúdo. Examine-os com cuidado e procure indicadores quantitativos sobre o desempenho da organização. Relatórios que só apresentam boas notícias e impactos positivos do empreendimento devem ser encarados como suspeitos: eles podem ser um indício de que a empresa pratica o *greenwashing* ou o *bluewashing*, enganando os consumidores ao transmitir uma falsa imagem de sustentabilidade. Em 2001, por exemplo, a Nike "andou para trás": um ativista social levou à justiça uma declaração mentirosa da empresa, que alegava que os salários e os benefícios concedidos aos funcionários de suas fábricas na Ásia estavam acima dos padrões locais. Mesmo com a mudança de postura da Nike, isso ainda não era verdade. Como resultado, a justiça deu ganho de causa ao ativista, e a Nike foi multada em 1,5 milhão de dólares por propaganda enganosa. Para evitar constrangimentos assim, o gestor ambiental deve ficar atento a declarações que só narram os avanços da organização, especialmente quando não há estatísticas ou outras informações verificáveis.

> *No Capítulo 4, você conheceu o conceito de greenwashing, que designa os casos em que empresas mentem sobre seu desempenho ambiental, ou ocultam os aspectos negativos. Em matéria de responsabilidade social, essas práticas também são comuns. Elas recebem o nome de bluewashing.*

Como a empresa opera

A segunda etapa da avaliação compara o que a empresa diz com a prática. Um dos aspectos mais importantes diz respeito ao levantamento das leis que se aplicam a suas atividades. É o momento em que se verifica o desempenho da organização e sua conformidade às normas vigentes. Também é necessário averiguar, por exemplo, se existem ações judiciais contra a empresa ou multas pendentes. Esses dados são muito úteis, pois revelam como a empresa opera de fato.

Além de analisar o cumprimento das obrigações legais, é importante conferir se a organização vai além do que é exigido por lei, buscando outras formas de contribuir para o bem da sociedade e do meio ambiente. No entanto, deve-se prestar atenção para distinguir práticas reais de declarações vazias, que não saem do papel. Frases elegantes sem efeitos concretos não podem ser contabilizadas como atuação da empresa no âmbito socioambiental.

A natureza do negócio da empresa

No terceiro passo do diagnóstico, é necessário conhecer melhor o impacto dos bens e dos serviços que a empresa oferece sobre o meio ambiente e a sociedade. Talvez esta seja a etapa mais difícil para algumas organizações, pois é preciso medir quão sustentáveis são seus negócios. Imagine, por exemplo, a situação de organizações que produzem e comercializam combustíveis fósseis. Complicado, não é mesmo? Afinal de contas, todos sabem que o petróleo é um recurso não renovável, cuja combustão provoca danos graves à natureza e à qualidade de vida nos centros urbanos. As mudanças climáticas são uma grande prova disso.

Felizmente, algumas empresas do setor petrolífero conseguiram responder ao desafio desta segunda etapa. A Shell, por exemplo, destina parte dos seus investimentos ao desenvolvimento de fontes mais sustentáveis de energia, como a solar. No ramo automotivo, também já existem iniciativas nesse sentido. A Toyota e a Honda estão revolucionando o mercado com motores híbridos que aumentam expressivamente a eficiência de seus veículos.

Não resta dúvida de que questionar a sustentabilidade da natureza dos negócios é uma tarefa difícil. Porém, é preciso encarar os desafios que surgem a partir desse questionamento como oportunidades estratégicas que podem, inclusive, fazer sua empresa largar na frente das concorrentes.

Como a sustentabilidade se aplica ao seu setor

Por último, chega a hora de entender como a sustentabilidade se aplica ao setor da empresa. Dependendo do ramo em que se atua, o desenvolvimento sustentável pode assumir significados diferentes na prática. Basta comparar o relatório de sustentabilidade de um banco ao de uma mineradora para ver como os impactos socioambientais são tratados de formas distintas. Outro exemplo é o agronegócio, que responde a demandas bastante peculiares – questões relacionadas ao desmatamento, a transgênicos e ao uso da água costumam ser as mais relevantes quando se fala em sustentabilidade nesse setor.

Estratégia de sustentabilidade

Uma vez concluída a etapa de avaliação, é necessário traçar uma estratégia para tornar a empresa sustentável. Isso pode ser feito tomando por base os pontos fortes e fracos identificados no diagnóstico. Imagine, por exemplo, que você atua em uma organização que, tradicionalmente, nutre um vínculo forte com os consumidores. Esse canal de comunicação externa pode ser uma ferramenta importante: certamente, pode ser utilizado para colher críticas e sugestões dos *stakeholders*.

Se sua empresa contar com *know-how* em tecnologias sofisticadas, ela pode empregar esse conhecimento em pesquisas para tornar mais eficiente o consumo energético de seus produtos, ou para desenvolver materiais biodegradáveis. O objetivo aqui é apostar nos pontos fortes encontrados na avaliação e transformá-los em oportunidades de negócios sustentáveis.

E o que fazer com os pontos fracos? De fato, eles não devem ser ignorados. É necessário encontrar maneiras para combatê-los até atingir sua superação completa. É o que

Andrew Savitz (2007) chama de *minimização*. Esse termo designa as estratégias empresariais que visam à redução dos impactos negativos de suas atividades. Elas abrangem, por exemplo, medidas para diminuir a emissão de gases de efeito estufa e a geração de efluentes industriais.

Além de *minimizar* o tamanho de sua "pegada", a organização também precisa apostar em iniciativas para *otimizar* o desempenho dos seus processos, produtos e serviços. Isso pode exigir a busca contínua por inovações, como acontece na petroquímica DuPont. No final de década de 1990, ela começou a investir em fontes alternativas de energia, destinando bilhões de dólares a pesquisas em biotecnologia. Suas metas incluem reduções drásticas na emissão de gases de efeito estufa e o aumento na utilização de energia renovável. A Companhia Energética de Minas Gerais (Cemig) também avança com passos firmes rumo à sustentabilidade. Em 2006, a empresa se destacou pelos programas de eficiência energética e pelo combate às queimadas, que frequentemente prejudicavam suas linhas de transmissão – ganhou não apenas a Cemig, mas também o meio ambiente.

Alcançar metas de desempenho sustentável traz inúmeras vantagens para a própria empresa. No Capítulo 13, você viu que o comércio internacional está cada vez mais intolerante em relação a práticas de *dumping* social e ambiental. A União Europeia, por exemplo, tem erguido obstáculos expressivos à entrada desses produtos no mercado comunitário por meio da criação de barreiras não tarifárias e cotas. Por isso, preencher os requisitos do desenvolvimento sustentável pode ajudar a abrir novos mercados para os negócios. De acordo com Andrew Savitz (2007), existem três maneiras de "farejar" oportunidades sustentáveis:

- *Eliminar o desperdício*: combater o desperdício é a forma mais fácil de melhorar o desempenho ambiental de um empreendimento. Qualquer empresa pode lançar campanhas internas para estimular seus funcionários a minimizar o consumo de energia elétrica e água. É indispensável também apostar em equipamentos mais eficientes. O aproveitamento dos recursos naturais é outro ponto crucial: encontrar utilidades para as sobras pode diminuir a compra de novos materiais, reduzindo os custos e o impacto ambiental. Para atingir metas de redução, convém adotar um modelo de gestão, como a PmaisL e o DfE, estudados no Capítulo 15.

- *Solucionar os conflitos com os* stakeholders: uma gestão eficaz não pode abrir mão de conhecer as reivindicações dos *stakeholders*. Em geral, as críticas das partes interessadas refletem pontos falhos da atuação da empresa, o que pode ser útil na hora de reavaliar e reestruturar os processos. O caso da Nike, estudado anteriormente, é um bom exemplo do que acontece quando a empresa prefere ignorar as reivindicações dos *stakeholders*: o assunto chegou à mídia e provocou danos à reputação da marca.

- *Conhecer a concorrência*: conhecer melhor os concorrentes é outra estratégia útil para quem quer detectar oportunidades. Vale a pena visitar sites e ler relatórios de sustentabilidade para descobrir o que é feito para minimizar os impactos e otimizar o desempenho em outras empresas. No Capítulo 12, você viu que o *benchmarking* também pode ajudar, pois compara o desempenho da empresa ao de suas rivais.

O jornalista e ambientalista Washington Novaes (2005) também dá importantes dicas para tornar a sustentabilidade um componente da gestão empresarial. Segundo ele, nove aspectos principais precisam nortear o crescimento econômico das organizações. Confira a Figura 16.2 para conhecê-los.

Para dar conta dos aspectos *ecológicos* e *ambientais*, um empreendimento sustentável precisa utilizar bases materiais renováveis e promover a conservação da natureza. É preciso ter atenção à capacidade do ecossistema de lidar com os impactos das atividades econômicas.

A dimensão *social* da empresa também merece cuidados. Os gestores não devem perder de vista os efeitos que seus produtos e serviços causam sobre a qualidade de vida da população, como mostra Andrew Savitz:

> Lembre-se dos isolamentos térmicos produzidos com asbestos, das gasolinas e tintas com chumbo ou, mais recentemente, talvez, de medicamentos com efeitos colaterais alegadamente não revelados. Embora tais produtos fossem comprados voluntariamente por clientes que os consideravam capazes de atender às suas necessidades, sabe-se hoje que são prejudiciais à saúde (2007, p. 142).

Figura 16.2 Aspectos do crescimento econômico sustentável.

308 | Gestão ambiental

Quanto aos aspectos *políticos* e *institucionais*, vale lembrar o que vimos ao longo deste livro sobre a necessidade de manter uma comunicação de mão dupla com os *stakeholders*, bem como uma governança corporativa adequada. Já os cuidados com os aspectos *econômicos* devem levar a organização a incorporar modelos de produção mais ecoeficientes, que ajudem a prevenir os efeitos nocivos à sociedade e à natureza.

Também é necessário zelar pelos impactos *demográficos* das atividades. Imagine, por exemplo, a inviabilidade de instalar polos industriais em regiões ecologicamente sensíveis. As ondas migratórias provocadas pelas oportunidades de trabalho podem afetar o equilíbrio do ecossistema local. O aspecto *cultural* é outro ponto importante da sustentabilidade. Considere uma multinacional que pretende criar uma fábrica em uma pequena cidade, marcada por traços culturais próprios. É necessário preservá-los por meio de programas de valorização cultural ou outras iniciativas do tipo.

Uma vez traçadas as estratégias para dar conta desses aspectos, chega o momento de colocá-las em prática. Na próxima seção, você conhecerá o Projeto Juruti, um exemplo bem-sucedido no âmbito da sustentabilidade empresarial.

O Projeto Juruti e a sustentabilidade empresarial

Durante anos, atividades mineradoras cultivaram a fama de vilãs da sociedade e do meio ambiente. A insalubridade dos locais de trabalho, a contaminação dos rios e o desmatamento eram marcas típicas do setor. Hoje, algumas empresas do ramo lutam para se livrar desse estigma e reconquistar a confiança do público.

A Alcoa é um exemplo disso. Dona da mina de Juruti, localizada no coração da Amazônia paraense, a empresa tem feito esforços significativos para afirmar uma boa reputação no mercado. O município de Juruti, onde fica o empreendimento ainda em fase de instalação, é pequeno, com uma população de cerca de 30 mil habitantes. Quem visita Juruti não faz ideia de que a região abriga um dos maiores e melhores repositórios de bauxita do mundo. Para ganhar o direito de explorar essa riqueza mineral, a Alcoa elaborou um EIA e seu respectivo Rima. A resposta do órgão ambiental chegou em 2005 e 2006, quando foram concedidas a licença prévia e a de instalação, respectivamente.

De lá para cá, o foco da empresa é a consolidação de suas iniciativas em sustentabilidade. Ciente dos desafios sociais e ambientais do setor, a Alcoa tem buscado cumprir e até superar as exigências legais. As audiências públicas realizadas como parte do processo de licenciamento foram acompanhadas por milhares de pessoas, incluindo membros da comunidade e ativistas. A ampla discussão do projeto entre as partes interessadas resultou em dois programas para a comunidade e a natureza: os Planos de Controle Ambiental (PCAs) e a Agenda Positiva.

Ao todo, os Planos de Controle Ambiental envolvem 35 iniciativas para sustentabilidade. São diversas ações que abrangem o monitoramento e a minimização dos efeitos das atividades com relação a uso da água, geração de ruídos, alterações no clima, bem como preservação da flora e da fauna. Também existem atividades de apoio a segurança pública, saúde e cultura, elaboradas em parceria com o governo municipal.

O objetivo do programa é promover medidas que ajudem a minimizar ou compensar os impactos previstos no EIA. Para atingir esse fim, a Alcoa conta com uma equipe multidisciplinar e com a participação dos próprios *stakeholders*. Os recursos disponibilizados para os PCAs somam mais de 30 milhões de reais.

Essas iniciativas também renderam bons resultados na área de segurança no trabalho. Em julho de 2008, as obras de instalação da mina atingiram um número expressivo: foram 20 milhões de horas trabalhadas sem que houvesse acidentes com afastamento.

Criada durante as negociações nas audiências públicas, a Agenda Positiva compreende projetos nas áreas de saúde, cultura, meio ambiente, infraestrutura rural e urbana, segurança pública e assistência social. Hoje, 89% da população de Juruti aprova a instalação do empreendimento, uma evidência significativa de que os esforços da Alcoa estão na direção certa.

Rumo à sustentabilidade: o papel do governo

Embora o conceito de sustentabilidade tenha sido criado há mais de duas décadas, ainda não é possível dizer que a maioria dos empreendimentos tenha se tornado sustentável. Além disso, basta olhar para os indicadores ambientais dos diferentes países para perceber que os avanços não foram uniformes em todas as partes do globo. Em geral, as nações mais sustentáveis são aquelas que contam com a participação ativa do governo no estímulo a inovações "verdes". Em contrapartida, quando não há políticas públicas de incentivo e controle, a iniciativa privada tende a se acomodar, mantendo os velhos moldes convencionais de fazer negócios.

Para o jornalista Thomas Friedman, essa realidade não é surpresa. Segundo ele, não se deve contar com a boa vontade das empresas para tornar o mundo mais sustentável. Como diz o antigo ditado, "nada vem de graça" – nem a sustentabilidade. Por isso, Friedman é categórico ao afirmar que as empresas e o consumidor só agem mediante sinalizações de preços. A lógica é simples: se os governos pretendem promover o desenvolvimento sustentável, é necessário taxar mais os produtos e serviços que andam na contramão dessa meta. Já aqueles que se enquadram nos novos padrões de produção devem ser premiados com benefícios fiscais, por exemplo. Na prática, o resultado é a diferenciação competitiva das mercadorias sustentáveis, que se tornam mais baratas que aquelas que agridem o meio ambiente.

Na década de 1970, o xeque Ahmed Zaki Yamani já sabia que o papel do governo era central para regular os movimentos do mercado. Como ministro do petróleo na Arábia Saudita, Yamani persuadia seus colegas na Opep (Organização dos Países Exportadores de Petróleo) a não aumentar bruscamente os preços do petróleo. À época, o ministro saudita já previa que o ocidente investiria em inovações energéticas assim que o preço dos combustíveis fósseis não compensasse mais o seu uso. A partir de então, Yamani sabia que os governos ocidentais apostariam em outras fontes, como os biocombustíveis, a energia eólica e a solar, por exemplo. "A Idade da Pedra não terminou por falta de pedras" (FRIEDMAN, 2010, p. 376), dizia ele. De fato, Yamani estava certo. A Idade da Pedra não acabou por falta de pedras, mas sim porque o homem encontrou outros materiais mais eficientes. Com o petróleo, não seria diferente:

> Yamani sabia que, se os países consumidores de petróleo decidissem produzir energia renovável em grande escala, ou aumentassem exponencialmente a eficiência energética, a idade do petróleo terminaria, com milhões de barris ainda no subsolo, assim como a Idade da Pedra terminou com uma infinidade de pedras ainda no chão (FRIEDMAN, 2010, p. 376).

O papel do governo, portanto, é fazer pesar no bolso do produtor e do consumidor os efeitos das suas escolhas. É necessário, por exemplo, criar tributos para a emissão de gás carbônico e impostos adicionais sobre a gasolina, retomando assim o princípio do poluidor pagador (reveja o Capítulo 3). Iniciativas sustentáveis devem ser estimuladas por meio dos mesmos mecanismos. O objetivo é levar o mercado a fazer o que é melhor para o planeta.

É claro que a função do Estado como regulador da economia e a definição de políticas rígidas para a sustentabilidade podem causar apreensão. Por isso, é necessário auxiliar as empresas no processo de transformações, indicando-lhes as alternativas mais viáveis na sua área. Em longo prazo, a tendência é que o desenvolvimento sustentável seja internalizado e passe a fazer parte do dia a dia de cada empresa.

SAIU NA IMPRENSA

MERCEDES-BENZ LANÇA PRIMEIRO AUTOMÓVEL HÍBRIDO NO BRASIL

Tatiana Resende

A Mercedes-Benz lançou ontem à noite o S 400 Hybrid, primeiro automóvel híbrido à venda no Brasil. O sedan de alto luxo, que custa US$ 253,5 mil (cerca de R$ 455 mil), combina um motor a gasolina 3.5 a uma unidade elétrica.

De acordo com a montadora, a emissão de gás carbônico é de 186 gramas por quilômetro, compatível com carros com motor 1.6 a 1.8 na Europa — onde foi lançado no ano passado.

O presidente da Mercedes-Benz do Brasil, Jurgen Ziegler, ressaltou a eficiência do veículo, importado da Alemanha, e sua contribuição para a sustentabilidade. A função chamada de "start/stop" desliga o motor do automóvel ao frear, como, por exemplo, em sinais de trânsito.

Na hora da saída, o motor elétrico faz funcionar o motor principal assim que o motorista solta o pedal do freio ou pisa no acelerador, o que contribui para a economia de combustível e a conservação ambiental. Como o motor reinicia praticamente de forma instantânea, as emissões de poluentes também são reduzidas na partida.

Na comparação com o modelo S 350, da mesma montadora, o híbrido apresenta um consumo médio até 19% menor. Já as emissões de gás carbônico são diminuídas em 21%.

Quando o veículo desacelera, o motor elétrico age como um gerador e converte a energia cinética em elétrica, que é armazenada na bateria de íons de lítio – dispositivo central do sistema híbrido.

Para este ano, de acordo com Dimitris Psillakis, diretor de vendas de automóveis da Mercedes-Benz na América Latina, a previsão é comercializar entre 30 e 40 unidades no país. "Como os consumidores desse mercado começam a se preocupar com o meio ambiente, as vendas tendem a crescer", afirma.

Fonte: RESENDE, Tatiana. Mercedes-Benz lança primeiro automóvel híbrido no Brasil. *Folha Online*, 2 jul. 2010. Disponível em: <http://www1.folha.uol.com.br/mercado/760733-mercedes-benz-lanca-primeiro-automovel-hibrido-no-brasil. shtml>. Acesso em: 8 jul. 2010.

1. De que forma a iniciativa da Mercedes está em sintonia com as tendências contemporâneas em matéria de sustentabilidade?

2. Por que é possível afirmar que iniciativas como essa tornam a natureza do negócio mais sustentável?

NA ACADEMIA

- Com o auxílio da Internet, busque três relatórios de sustentabilidade de empresas de renome. Em seguida, faça um resumo do desempenho de cada uma delas em matéria ambiental, social e econômica. Fique atento aos indícios de *greenwashing* e *bluewashing* mencionados neste capítulo. Por último, prepare uma apresentação de PowerPoint sobre os resultados de sua pesquisa.

Pontos importantes

- Joseph Schumpeter criou a teoria da destruição criativa, segundo a qual é próprio do capitalismo atravessar ciclicamente períodos de depressão, nos quais determinadas tecnologias, mercados ou processos produtivos entram em crise e são substituídos por outros, por meio da inovação – por isso essa destruição é considerada "criativa".

- De acordo com Andrew Savitz, quatro etapas precisam ser cumpridas para tornar uma empresa sustentável. Em primeiro lugar, é preciso coletar tudo o que a empresa já disse em matéria de meio ambiente e sociedade. Em seguida, é hora de contrastar tudo que já foi dito com o modo como ela realmente opera. De posse dessas informações, é necessário avaliar os efeitos socioambientais dos negócios e como a sustentabilidade se aplica ao setor.

- O termo *bluewashing* designa os casos em que empresas mentem sobre seu desempenho social ou ocultam seus aspectos negativos.
- As estratégias de minimização visam à redução dos impactos negativos das atividades empresariais. Elas incluem, por exemplo, ações para reduzir a emissão de gases de efeito estufa e a geração de resíduos. Já a otimização tem como objetivo a inovação dos processos, produtos e serviços a fim de tornar o empreendimento mais ecoeficiente.
- Quatro ações principais podem ajudar a empresa a traçar estratégias sustentáveis: eliminar o desperdício, solucionar os conflitos com os *stakeholders* e conhecer a concorrência.
- A fim de promover a sustentabilidade, o governo precisa ocupar o papel de regulador na economia, taxando as atividades que agridem o meio ambiente e oferecendo incentivos fiscais às iniciativas ecologica e socialmente corretas.

Referências

FRIEDMAN, Thomas. *Quente, plano e lotado*. Rio de Janeiro: Objetiva, 2010.

NÓBREGA, Clemente. A quinta onda é o seu futuro. *Você S.A.* São Paulo, n. 14, ago. 1999.

NOVAES, Washington. Agenda 21. In: TRIGUEIRO, André (Org.). *Meio ambiente no século 21.* Campinas: Armazém do Ipê (autores associados), 2005.

SAVITZ, Andrew. *A empresa sustentável*. Rio de Janeiro: Elsevier, 2007.

NOSSA CAPA

Representando ninfeias em um lago ou capturando a luz filtrada pelo vidro e pela fumaça em uma estação de trem, o francês Claude Monet (1840-1926) pintava a simplicidade dos momentos, em busca do transiente jogo de luz. Esquecido do significado intrínseco dos objetos de sua arte, acabava por revelá-los com uma clareza ainda maior, inaugurando assim uma forma de pintar em que as impressões do momento evidenciavam o essencial. Por décadas, montou seu cavalete ao ar livre e, integrado à natureza, traduziu em suas telas uma paisagem totalmente criada por ele, mas que desabrocha com uma realidade incontestável. Monet foi um líder do movimento impressionista por ter sua mente mais aberta às possibilidades implícitas nas ideias do grupo e também por ser mais capaz de perceber os estímulos do mundo que o cercava, liberto de preconceitos e padrões estabelecidos. Mais do que seu tema, foi sua busca de uma nova forma de ver o mundo a nossa volta que inspirou a escolha de Monet para a capa desta obra sobre gestão ambiental.